8°S. 2637

LE LIVRE

DU

CHASSEUR

SCEAUX. — IMPRIMERIE CHARAIRE ET FILS.

LE LIVRE
DU
CHASSEUR

PAR

CHARLES DIGUET

PARIS
A. FAYARD, LIBRAIRE-ÉDITEUR
78, BOULEVARD SAINT-MICHEL, 78

LE
LIVRE DU CHASSEUR

AUX CHASSEURS

Le livre que je vous offre, chers confrères en saint Hubert, n'est point un volume de compilations; il est le résultat de vingt années d'expérience! c'est, en un mot, une œuvre vécue, dans toute l'acception du mot.

Et ce sont ces observations, accumulées jour par jour, discutées dans la froide réflexion, corroborées par une longue succession de faits, qui forment le fond de cet ouvrage dans lequel j'ai, en quelque sorte, résumé toute ma vie de chasseur.

Dès l'âge de quatorze ans, avant d'*opérer par moi-même*, je m'attachais aux chasseurs de ma connaissance, les accompagnant à travers les guérets, sans souci du soleil brûlant à l'ouverture, m'inquiétant fort peu du froid l'hiver. J'avais un véritable plaisir à être porte-carnier; et déjà j'assistais en spectateur passionné aux péripéties de ces parties si séduisantes, que la ruse et l'adresse convertissent en véritables tournois.

Deux années encore, pendant les vacances, je me complus dans mes modestes fonctions de porte-carnier : observant les chasseurs, ramassant le gibier, jugeant des coups, me rendant compte des allées et venues, inspectant les terrains, tâchant de découvrir un lièvre au gîte, m'occupant de la remise des perdrix. Combien j'étais heureux lorsque, prenant à part un chasseur, je le conduisais droit à une remise où j'avais vu s'appuyer une ou deux perdrix ! Alors qu'au bruissement métallique de leurs ailes, je voyais le fusil s'abaisser en face d'elles, je ne respirais plus. Anxieux, j'attendais le coup !

Si la perdrix tombait, je me trouvais aussi fier que le chasseur ! N'était-ce pas moi qui, la suivant de l'œil, avais conduit le Nemrod, mon compagnon, droit sur elle ? Elle m'appartenait bien un peu !

Et, lorsque j'entendais les chasseurs dire entre eux en me désignant :

— Il ira bien le petit ! il a de l'œil !

J'étais dans un état de joie impossible à décrire ! mes yeux brillaient et je redoublais d'ardeur en faisant de mon mieux le chien, afin d'attraper au vol un nouveau compliment.

Dans ma petite tête, je faisais partie de la chasse et, en rentrant le soir à la maison, je prenais un peu pour moi une partie des éloges qu'on distribuait aux plus heureux.

Je racontais comment, suivant du regard un volier de perdrix, j'avais conduit le chasseur à la remise en les tournant, et, de cette façon, fait enfler *mon carnier*.

— Sans moi pourtant, vous ne les auriez pas tuées, ajoutais-je quelquefois avec une outrecuidance comique !

Puis, il m'arrivait de rectifier les récits des chasseurs. J'avais, en spectateur désintéressé, marqué les coups, et pas un détail ne m'était échappé. Aussi, comme les enfants, avais-je la vérité brutale.

Mais le rôle de simple spectateur me pesait.

La poudre brûlée à mon nez par les autres m'empêchait de dormir.

Je cherchais, pendant les chasses, à aviser un chasseur complaisant qui voulût bien me laisser tirer un coup de fusil.

Car ce simple coup de fusil qui eût fait mon bonheur eût été pour moi comme le merle blanc! mais, au jeu comme à la chasse, il n'y a pas d'amis! D'ailleurs cette complaisance eût pu coûter à celui qui l'eût eue un lièvre ou une perdrix!

Pendant que je tenais le fusil, le gibier aurait bien pu en profiter; et, nécessairement, un chasseur ne veut pas compromettre sa chasse!

On me promettait pour le retour.

Hélas! au retour il y avait toujours des raisons pour ne pas tenir une promesse arrachée par l'importunité.

Les chiens rencontraient!

Il fallait être sur ses gardes!

Au bord des haies, un perdreau ou une caille s'étaient mis à couvert!

Le coup était difficile, je ne pouvais le tenter!

Cent bonnes raisons en réalité, que je trouvais plus mauvaises les unes que les autres!

En résumé, les perdrix tombaient, les lièvres faisaient le manchon, les cailles et les râles décrochés jonchaient les trèfles, et moi, je regardais!

On naît chasseur, absolument comme on naît poète!

Pour mon bonheur ou pour mon malheur, — autrement dit,

pour mes appétits non satisfaits, — la Providence m'avait fait naître l'un et l'autre.

Or, moi, qui pendant deux ans avais été comme victorieux de me trouver avec les chasseurs, partageant abondamment leurs peines, et, hélas! — alors je le croyais — participant un peu à leurs mérites, je me trouvai un zéro capable d'être à la droite d'un chiffre.

Jusqu'alors, j'avais été un soldat sans fusil! le carnier que j'avais si longtemps porté me sembla lourd, chargé des *dépouilles d'autrui*: perdrix, lièvres, cailles, râles, n'étaient point miens; je ne pouvais m'y tromper.

Je voulais bien de la carnassière; mais il me fallait la remplir!

Horace, le poète d'aimable mémoire, jeta son bouclier au fort de la bataille — cela n'est point à sa louange; mais enfin l'histoire est là.

Moi, je jetai le carnier et je me mis à la recherche d'un fusil.

Qu'importait la besace!

N'est-ce pas dans le fusil qu'est la chasse?

Ma mère me fit cadeau d'un joli petit fusil à deux coups, calibre 20, dont la crosse en noyer était ornementée d'une tête de cerf.

Ce jour-là fut un des jours heureux de ma vie, et je m'en souviendrai toujours!

Je ne pensai plus à accompagner les chasseurs; j'étais quelqu'un. J'avais rompu mes lisières, je marchais seul!

Toutefois, je n'avais pas encore de permis!

Mais, que m'importait! Je préférais tuer une douzaine d'oiseaux *à moi tout seul* que de ramasser un lièvre tué par un autre.

Tout le plaisir que j'avais éprouvé à cette besogne d'apprenti était déjà relégué aux neiges d'antan.

« Mon verre n'est pas grand ; mais je bois dans mon verre », a écrit Alfred de Musset.

Je ne connaissais point encore le vers du poète, mais je le mettais en pratique comme un aphorisme de la nature. Tant il est vrai que le poète est le *vates* de la nature.

Ainsi, comme l'enfant qui marche seul, je me mis en route, fusillant les oisillons qui se tenaient à ma portée sur les branches.

C'était toujours pendant les vacances; et durant deux mois j'éprouvai un plaisir sans bornes.

Que d'impatiences je donnai à la cuisinière pour plumer toutes ces épaves de mes premières chasses!

Le premier oiseau un peu fort que je tuai, fut un sansonnet!

Dans un enclos d'un hectare, attenant à la cour de la ferme où j'allais passer mes vacances, était un berger. Un jour, me voyant me glisser prudemment le long des haies pour tâcher de tuer un moineau ou un verdier, il me fit signe.

Un volier de cent cinquante à deux cents étourneaux était abattu sur ses moutons.

Il me fit marcher à côté de lui et j'approchai de façon à voir les sansonnets de très près. Déjà je tourmentais la gachette de mon fusil tant aimé. Cinq étourneaux étaient perchés sur un mouton qui paissait tranquillement, sans souci des parasites becquetant les insectes de sa toison.

Peut-être le berger me vit-il trop ardent ou se méprit-il sur mes intentions.

Toujours est-il qu'il posa sa main sur mon bras et me dit :

— Surtout ne tirez pas sur les moutons !

La recommandation était superflue.

Il ajouta :

— En voici deux en arrière : attendez qu'ils soient à coup pour tirer et, quand la compagnie s'envolera, envoyez votre second coup.

J'avisai un étourneau à quelques pas des moutons et, le visant avec tout le sang-froid dont j'étais capable, je lâchai la détente.

L'oiseau resta à terre. Je me précipitai pour le ramasser, mais j'oubliai de tirer dans le volier. J'étais si content ! En trois minutes, le berger était devenu comme un ami d'enfance. Je lui serrai la main. Puis, je me rendis au pas de course à la maison.

En entrant, je montrai mon oiseau que je tenais par la patte. Je lui avais donné une position artistique. Son aile cassée pendait assez élégamment. J'étais fier comme un chasseur d'izards !

Hé bien ! j'eus immédiatement une désillusion ! Je croyais qu'on allait admirer mon oiseau et me féliciter. A mon éloquent langage muet ma mère répondit :

— Tu jettes donc toujours ta poudre aux moineaux !

Le mot *moineau* pour désigner un *gros* oiseau comme celui que je venais de tuer me sembla un blasphème ! J'étais un peu penaud. Que faire, cependant ? Sans permis je ne pouvais aller bien loin : je me consolai en ajoutant des merles et des mauvis au susdit sansonnet.

Huit jours après, m'étant aventuré dans la campagne, un volier de six perdrix se leva devant moi ; j'en tuai une.

Cette fois-là, je me décernai à moi-même le brevet de chasseur

On me fit fête au logis : je fus réellement heureux. Qui d'entre nous, chasseurs, ne se rappelle les moindres circonstances qui ont accompagné le *véritable* premier coup de fusil, c'est-à-dire la première pièce de gibier abattue ?

Qui ne voit encore après vingt ans, après cinquante, au soir de la vie, quand on se remémore le passé ; qui ne voit le décor dans son entier ? ce joli petit tableau champêtre, ce Corot, ce Daubigny, ce Français, et, dans le coin du cadre, la pièce de gibier, plume ou poil, palpitante encore ! Combien de fois nous l'avons caressé, ce premier gibier, rabattant ses plumes ou lustrant son poil !

Avec quel soin nous l'avons mis dans notre carnier, le couvant du regard !

Mais tout cela est loin ; et depuis, de larges et sérieuses émotions ont succédé à ce premier enchantement de la vie de chasseur, sans le faire oublier toutefois.

A quelque temps de là, je suivais une de ces grosses haies qui forment taillis en basse Normandie : le fossé au milieu, est planté de gros ormes de chaque côté. J'avais mis mon chien dedans, et moi, le fusil en arrêt, l'œil au guet, j'attendais qu'un mauvis ou un merle prît son vol, pour le tirer.

J'avais fait un tiers de la haie, quand un merle partit en poussant son cri.

Je mis en joue.

Mais bast ! je ne savais pas encore jeter mon coup de fusil, en sorte que, pendant que je visais consciencieusement, l'oiseau eut le temps de faire son crochet et de rentrer dans la haie.

Je n'étais pas content, et je pensais en moi-même :

— Si tu ressors, prends garde !

Tout à coup j'entends ma chienne qui donne un coup de voix et, au même moment, je vois débouler du milieu de la haie et me passer de trois quarts un beau lièvre.

J'ajuste !

Pan !

Pan !

Du premier coup je lui casse une cuisse.

Du second il roule, puis se relève, trébuchant entre les mottes de terre. Ma chienne arrive et l'empoigne. Tout cela fut fait tellement rapidement que je ne pouvais en croire mes yeux.

Ma chienne avait les pattes sur le lièvre, m'attendant, et moi j'avais peur qu'elle ne le *dévorât!* Je courais en criant et je n'osais lui dire : *apporte !*

Enfin je saisis l'infortuné qui avait payé de sa vie la rentrée du merle. C'était un bouquin de sept livres. Cette fois, j'étais triomphant ! J'avais gagné mes galons. On me promit un permis pour l'année suivante ! Chasseur d'instinct et de race, j'allais être officiellement admis au nombre des disciples de saint Hubert !

Depuis, chers lecteurs, j'ai tiré bien des coups de fusil, arpenté bien des plaines, broussaillé à travers bien des bois, manquant du gibier et en tuant. J'ai supporté les plus grandes chaleurs, enduré le givre, la neige, des froids excessifs, passant des nuits au gabion, me creusant des trous dans la neige pour attendre la sauvagine : j'ai, en un mot, chassé partout où j'ai pu et quand je l'ai pu, sur les rivières, sur mer ; j'ai tué presque de tous les gibiers qui peuplent notre pays ; et je continue toujours.

C'est donc l'esprit rempli de nombreux et utiles souvenirs, que j'écris *le Livre du Chasseur*.

Je l'écris après l'avoir vécu, offrant ainsi aux nouveaux dans la carrière une expérience acquise : conseils pratiques pour les uns, agréables réminiscences pour les autres ; pour tous, je l'espère, *memento-formulaire* dans lequel les anciens reliront quelques pages de leur vie, et les autres l'abécédaire du métier.

J'ai dit métier parce que j'ai eu en vue la pratique usuelle ; mais, si le tir est un art, le talent de la chasse est un don.

Le chasseur doit être aussi observateur que le romancier ; tout doit l'intéresser :

Nature du terrain, hauteur du soleil, provenance du vent, mois de l'année, température, temps horaire !

Ajoutez à cela une science parfaite de la nature et des mœurs du gibier.

De plus, une habitude consommée des armes.

A ces trois théories, reconnues axiomes, notre traité de chasse répondra.

Nous nous occuperons donc du gibier au point de vue naturaliste ; du chien, cet ami inséparable du chasseur ; du chasseur lui-même, n'oubliant pas ce qui le concerne comme hygiène et comme vêtement ; des armes, ce laissez-passer, dont la perfection est d'un si grand intérêt, etc.

Aussi complet que possible, notre ouvrage ne doit et ne peut point vieillir, puisqu'il touche à tout ce qui constitue la chasse.

En outre, nous nous sommes efforcé d'être rapide dans nos exposés et fort précis dans nos théories, — persuadé, par expérience, que la diffusion est le vice capital de bien des productions.

J'ai, je l'espère, divisé ce livre avec méthode et exposé les faits, c'est-à-dire les conseils, avec clarté.

Je résumerai donc par avance *le Livre du Chassseur :* tableau synoptique de la chasse actuelle et du chasseur.

Le but, le moyen, le don, la science !

A. FAYARD, 78, boulevard Saint-Michel, Paris.

PREMIÈRE PARTIE

LA CHASSE

En 1360, Gaston Phébus écrivait :
« Entre honnêtes exercices et labeurs délectables des hommes, il ne s'en trouve aucun plus excusé d'oisiveté et de péché que le plaisir de la chasse. Sur toutes les libérales occupations, il n'y en a point qui récrée plus l'esprit, agilite le corps, aiguise l'appétit et donne du bon temps. Les chasseurs vivent plus joyeusement que d'autres gens. Je prouverai comment bon veneur ne peut avoir un seul des sept péchés mortels.

« Diane avait dans le Luxembourg un monument qui fut remplacé par une église dédiée à saint Martin. Dans un autre canton, on adopta saint Germain, évêque d'Auxerre et chasseur de grande réputation.

« Dans les vieux missels d'Auxerre, on trouve une messe où, dans les oraisons, saint Hubert, évêque de Liège, et dont le corps fut transféré dans la forêt des Ardennes, est qualifié de bienheureux patron, ce qui prouve combien nos ancêtres étaient grands et dévots chasseurs, et qu'on a de tout temps été persuadé que l'innocence qui règne dans l'exercice de la chasse conduit infailliblement ses amateurs à la sainteté, témoins les grands saints dont nous venons de parler. »

Deux cents ans après le beau Phébus, du Fouilloux disait :
« Tout sous le soleil est frivolité ou vanité, est-il écrit au livre des Proverbes, d'autant plus qu'il n'y a ni art ni science qui puisse prolonger l'existence. Il m'a semblé que la meilleure science que nous pouvions apprendre est de nous tenir et entretenir joyeux, en usant d'honnêtes et vertueux exercices, entre lesquels je n'ai trouvé aucun plus noble et plus recommandable que celui de la vénerie. »

A peu près vers la même époque, Artelouche de Alagona s'exprimait ainsi :

« L'antiquité dressa les enfants de bonne maison à la chasse, pour leur donner du cœur, les accoutumer aux dangers, les renforcer, les rendre plus usités au travail, leur ôter cette délicatesse qui suit les grandes maisons. »

Et simultanément, dans sa *Fauconnerie*, de Franchière formulait cet axiome :

« La chasse fut inventée pour accoutumer les hommes au labeur, les rendre plus adroits aux armes et à chasser leurs ennemis. Elle est un moyen honnête pour éviter l'oisiveté mère des vices, alléger les ennuis qui surviennent quelquefois, et donner plaisir à l'homme, pour lequel Dieu a fait toute chose. »

Dans une langue étincelante, notre grand naturaliste Buffon, parlant de la chasse, en a fait le charmant tableau suivant :

« Que peuvent faire de mieux les hommes qui, par état, sont sans cesse fatigués des autres hommes! toujours environnés, obsédés et gênés, pour ainsi dire, par le nombre; toujours en butte à leurs demandes, à leur empressement; forcés de s'occuper de soins étrangers et d'affaires; agités par de grands intérêts, et d'autant plus contraints qu'ils sont plus élevés, les grands ne sentiraient le poids de la grandeur, et ils n'existeraient que pour les autres, s'ils ne se dérobaient par instants à la foule des flatteurs. Pour jouir de soi-même, pour rappeler dans l'âme les affections personnelles, les désirs secrets, ces sentiments intimes mille fois plus précieux que les idées de la grandeur, ils ont besoin de la solitude ; et quelle solitude plus variée, plus animée, que celle de la *chasse ?* Quel exercice plus sain pour le corps? Quel repos plus agréable pour l'esprit?

« Il serait aussi pénible de toujours représenter que de toujours méditer.

« L'homme n'est pas fait pour s'occuper sans relâche d'études difficiles, d'affaires épineuses; mener une vie sédentaire et faire de son cabinet le centre de son existence, c'est un état peu naturel ; il semble que celui d'une vie tumultueuse, agitée, entraînante, pour ainsi dire, par le mouvement des autres hommes, et où l'on est obligé de s'observer, de se contraindre et de représenter continuellement à leurs yeux, est une situation encore plus forcée.

« Nos vrais plaisirs consistent dans le libre exercice de nous-mêmes : nos vrais biens sont le ciel, la terre, les campagnes, les plaines, les forêts, dont nous avons une jouissance céleste, utile, inépuisable.

« Aussi, le goût de la chasse, de la pêche, de l'agriculture, est un goût inné chez les hommes.

« Pour rendre le plaisir de la chasse plus vif et plus piquant, pour ennoblir encore cet exercice, le plus noble de tous, on en a fait un art. »

Maintenant, empruntons à un contemporain, à un maître, au célèbre d'Houdetot, ce qu'il dit de cet art :

« La chasse entretient et développe les plus nobles facultés de l'âme et du corps. De même que le soldat, le chasseur accomplit les actes de courage et de dévouement les plus héroïques. Voir Jules Gérard et Delagorgne.

« La chasse, dont ne dégoûtent aucuns malheurs. Les chasseurs chassent encore après que la chasse les a estropiés.

« La chasse, avec son parfum d'indépendance et de liberté, est une passion noble, ardente, de toutes les classes.

« La chasse, la joie de mes jours, le rêve de mes nuits, la chasse que j'aurais chantée si j'avais été poète, comme d'autres ont chanté la gloire et l'amour.

« La chasse qui dédaigne les voluptés de la table et demande un cœur, une âme et un corps... de chasseur.

« *Venandi studium cole !* »

Je n'en finirais point si je voulais citer tous les auteurs qui ont préconisé cet exercice.

Un ancien, Xénophon lui-même, a recommandé la chasse aux jeunes gens.

Moi-même, combien de pages n'écrirais-je pas pour énumérer les avantages physiques et moraux de ce plaisir sans remords, à nul autre pareil ! que de pages il me faudrait pour raconter une à une toutes les choses que j'ai faites, et dont je garde le souvenir, ainsi que toutes les jouissances qu'elles m'ont données !

Que de paysages charmants ! que de traits à la sanguine ! que d'hymnes, en passant, à la nature, qu'elle soit verdoyante ou couverte de givre avec ces horizons lointains ! quels séduisants rappels de ces spectacles inattendus toujours nouveaux : les vallées, les montagnes, les forêts et les rivières se déroulant à travers les prairies ainsi qu'un ruban bleuâtre !

Sous la plume du chasseur, il naîtrait des volumes de romans, d'anecdotes, et des traités d'histoire naturelle de l'intérêt le plus puissant ! avec un peu de bonne volonté et un peu de bon naturel, le chasseur deviendrait un peintre coloriste de haute valeur.

Un véritable chasseur est un naturaliste plus profond que tous les ornithologistes réunis et que tous les professeurs du Muséum.

Mais revenons à la chasse en elle-même.

Nous avons vu en quelle haute estime plusieurs écrivains distingués ont eu ce plaisir royal.

Las ! à l'heure où chacun d'eux écrivait, la chasse en France n'était point ce qu'elle est aujourd'hui.

Tout d'abord, elle fut le monopole exclusif de races privilégiées.

La chasse, qui est le droit de tous, puisque c'est un droit humain, était, pour ainsi dire, confisquée par quelques-uns au profit de quelques-uns. Le droit féodal, privilège absurde, absorbait tout.

Aujourd'hui tout a changé.

La législation barbare qui régissait ce plaisir a disparu, ainsi que bon nombre de vieux usages tyranniques.

La civilisation morale, qui marche vers son perfectionnement graduel, a amené cette métamorphose.

Qui ne sait qu'en France, pendant des siècles, un lapin tué, sur des terres dévastées, par un malheureux paysan suffisait pour le conduire aux galères !

Qui n'a lu avec révolte que Guillaume le Conquérant fit subir à l'Angleterre, qu'il venait de soumettre aux armes normandes, une législation barbare qui condamnait à avoir les yeux arrachés quiconque tuerait un daim ou un sanglier, ou même un lièvre; tandis que le meurtrier d'un homme pouvait se racheter de son crime par une faible somme d'argent !

Ces vieux us sont relégués heureusement avec les décrétales poudreuses.

La France, à la tête de tout progrès, a décrété que la chasse sur le terrain qu'il possède ou qu'il soumet à l'agriculture est le droit de tout citoyen qui peut, pourvu que ce soit sans danger pour la société, se pourvoir d'armes, de pièges et de tous les autres moyens de destruction.

Maître absolu de son domaine étroit ou vaste, il extermine tout ce qui lui nuit et défend à main armée les produits de son travail de la rapine des hommes, et, à plus forte raison, contre les animaux malfaisants, usant du droit incontestable qu'il a de conserver sa propriété.

Mais, à mesure que la législation se modifiait pour le bien général, la chasse se transformait.

Si elle s'est généralisée, elle s'est, en raison directe, rapetissée.

Le morcellement des terres, le défrichement des bois, l'assèchement des marais, le changement de culture, les sillons tracés par les lignes ferrées qui se multiplient de jour en jour la division des propriétés, la transformation des armes, ont totalement changé son caractère.

Toute bonne chose a son mauvais côté, puisque la perfection n'est point de ce monde.

Or, toutes les causes que nous venons d'indiquer, unies au braconnage exercé sur une grande échelle et d'une odieuse façon, ont contribué d'une façon inquiétante à la dépopulation giboyeuse des forêts, des plaines et des étangs.

Le gibier décroît en France chaque année d'une façon lamentable !

Le lièvre, en particulier, tend à devenir rarissime. Dans des chasses *ordinaires* où, il y a dix ans, on en tuait trente et quarante pendant la saison, on en tue tout au plus huit ou dix pendant le même laps de temps. Encore ces chasses sont-elles situées à proximité des forêts qui les conservent. Quinze jours après l'ouverture, si l'on en tue un, cela devient une rareté. La perdrix rouge, qui faisait les délices de nos pères, a disparu de bon nombre de départements et s'est réfugiée dans les montagnes. Quant à la perdrix grise, elle diminue notablement, et, si l'on n'y prend garde, elle disparaîtra également.

Malheureusement, depuis bien des années, il n'y a plus de communauté de vues entre les forestiers et les chasseurs; et, protégé seulement par les lois, le pauvre gibier, après lequel nous courons avec tant d'ardeur, disparaît avec une rapidité désespérante.

Le fait existe, il n'y a point à le nier.

Il faudrait y trouver un remède. Nous en reparlerons à l'article « Braconnage ».

De plus, le gibier est devenu plus sauvage; atteint à de plus grandes portées, pourchassé à outrance, sa méfiance instinctive s'est accrue dans des proportions considérables.

Si le gibier diminue, le nombre des chasseurs augmente en raison inverse.

C'est pour ce nombre infini de confrères en saint Hubert que nous divisons notre ouvrage. La chasse s'étant, comme je l'ai écrit plus haut, rapetissée, nous devons nous appesantir sur les détails.

Avant de prendre un fusil, le chasseur doit connaître, théoriquement du moins, le gibier dans ses espèces et dans ses individus.

Nous étudierons donc d'abord le gibier à poil dans chacun des individus qui le composent :

FAUVES. — BÊTES NOIRES. — MENU GIBIER.

Le cerf	Le loup	La fouine
Le daim	Le renard	Le putois
Le chevreuil	Le blaireau	La belette
Le chamois-isard	La loutre	L'écureuil
Le bouquetin	Le lynx	Le lièvre
Le sanglier	Le chat sauvage	Le lapin
L'ours	La martre	

Passant ensuite au gibier à plume, celui qui, à cause de cela, fournit le butin le plus abondant et le tiré le plus fréquent, nous suivrons l'ordre de la nomenclature suivante :

Faisan	La bartavelle	Le héron
Coq de bruyère	La caille	Le butor
Gélinotte	Le râle de genêts	La cigogne
L'outarde	La bécasse	La grue
La canepetière	Le pigeon	Le cygne
Perdrix grise	Le bizet	L'oie
Perdrix rouge	La tourterelle	

Le canard	Le canard franc Le pilet Le pilet agacé Le souchet Le garrot Le milouin Le morillon Le canard siffleur La tadorne La bernache La macreuse La ridenne L'eider

La sarcelle	Chevaliers	L'aigle
La bécassine	Martin-pêcheur	Le vautour
Le bécasseau	L'alouette	Le gipaète
Le pluvier	La grive	L'autour
Le vanneau	Le merle	Le faucon
Le râle d'eau	L'étourneau	L'épervier
La marouette	Le loriot	Le milan
La poule d'eau	La huppe	La buse
Plongeons de rivière	Le pivert	Corbeaux et corneilles
Le courlis	Le geai	La pie

Théoriquement édifiés sur la nature, les mœurs et l'allure de chaque individu, nous étudierons son domaine ; la plaine, le bois, le marais, le temps, la combinaison des meilleures chasses, et enfin les différentes manières de le chasser.

Dans notre seconde partie, nous causerons en particulier de la chasse au chien d'arrêt, le plaisir suprême du véritable chasseur et du bon tireur ; de la chasse d'arrière-saison ; des battues ; de l'affût ; de la chasse au marais et des chasses de mer ; en un mot de la chasse pratique en elle-même.

Nous n'aurons garde d'oublier les petites chasses, c'est-à-dire les chasses à tir du débutant, qui ont lieu, la plupart du temps, dans un terrain enclos et même dans les jardins pendant l'hiver et les temps de gelée et de neige.

Notre livre s'adressant à tous doit être aussi complet que possible.

Ensuite nous nous occuperons de la question si importante du braconnier, de celle du garde, sinon son complice, comme il arrive fréquemment, du moins inhabile souvent.

Ayant déjà dit combien la diminution du gibier se faisait sentir dans toute l'étendue de la France, nous causerons de la destruction des animaux nuisibles auxquels on doit faire une guerre acharnée, et des moyens à employer pour le repeuplement de nos plaines et de nos bois. Nous signalerons les modes d'élevage les plus propices.

La troisième partie sera entièrement consacrée au chasseur, à son vêtement et à ses armes, cette partie intéressante entre toutes

Nous consignerons les différentes espèces de fusils et décrirons le meilleur selon nous, eu égard au mode de chasse le plus usuel.

Chasse au cerf.

Il sera parlé en détail de tout ce qui a trait à la chasse et au chasseur;
Des munitions;
De la poudre;
Du plomb;
Des différentes espèces de poudre;
De la manière de faire ses cartouches;

Liv. 2. A. Fayard, éditeur.

Et enfin du tir, cet art qui s'apprend, il est vrai, mais qui n'atteint sa perfectibilité que chez le chasseur dont le tempérament est prédisposé *ad hoc*.

Un article spécial sera dévolu à l'entretien des armes, au soin quotidien à leur donner, etc., enfin à l'arsenal complet du Nemrod moderne.

Le chien, cet ami de l'homme. cet *alter ego* du chasseur, complètera cette troisième partie :

Les espèces,
Son élevage,
Les soins à lui donner,
Sa nourriture,
Ses maladies,
Constitueront des pages tout à fait spéciales.

La quatrième partie de cet ouvrage aura pour objet de donner aux chasseurs, jeunes et vieux, des conseils de prudence !

Ces conseils, donnés de vive voix, trop souvent oubliés, sont de la plus haute importance.

Un chapitre sur les accidents de chasse prouvera combien les hommes les plus prudents peuvent commettre d'imprudences, et à quel point le chasseur doit être sur ses gardes !

Le retour annuel de la chasse est toujours le retour d'une série d'accidents funestes, enregistrés par les journaux, et qui ne rendent point, hélas ! les imprudents plus sages.

Le cardinal de Retz a écrit quelque part : « Il y a des conjonctures où la *prudence* même ordonne de ne consulter que le chapitre des accidents. »

On regardera donc les pages que j'indique par avance comme les plus importantes. Et si, grâce à ces conseils, grâce à ces rappels incessants sur lesquels j'insiste tout particulièrement, j'arrive à prévenir un malheur ou même un accident, ma conscience me donnera à elle seule le prix de ces pages, et je serai assez payé !

Prenez garde que votre plaisir ne vous coûte la vie d'un homme !

Je vous le dis, votre existence tout entière serait empoisonnée ! Au début de ma carrière, j'ai *failli*, et la faute n'eût pas retombé sur moi, j'ai failli, dis-je, être la cause d'un accident de cette nature... mais n'anticipons point.

Si je ne vous recommande point le luxe des armes, je vous recommande celui de la prudence !

Cette partie sera complétée par une série d'anecdotes et de racontars de chasse qui, reposant le lecteur de la partie théorique, le feront assister au coin du feu à quelques-unes de ces péripéties, qui sont comme le fond du carnier du chasseur.

Enfin la cinquième et dernière partie s'adressera à tout le public : Loi sur la chasse, procès, etc. ; au chasseur ensuite qui aimera ou se trouvera dans la nécessité, fréquente souvent, d'apprêter lui-même son déjeuner, et à tous ceux qui, friands à juste titre de venaison, voudront déguster un bon lièvre, un bon salmis de bécasses, un bon canard à la normande, etc.

Elle sera terminée par des recettes culinaires !

Et maintenant que nous avons indiqué succinctement au lecteur les divisions de notre ouvrage, ainsi que les repères pour les différentes recherches, entrons dans le domaine des fauves !

GIBIER A POIL

Le Cerf

Cet animal, on l'a écrit cent fois, est le plus bel hôte de nos forêts, par la hauteur de sa taille, la grâce de ses formes, le luxe de sa tête et la rapidité de sa course. Ruminant, il habite les forêts et grands bois dans lesquels, depuis une dizaine d'années, il s'est multiplié. Il se nourrit de jeunes pousses et de bourgeons qu'il broute de très près. Il attaque également l'écorce des arbres et les fruits. C'est pendant la nuit qu'il se procure sa nourriture, c'est-à-dire qu'il *viande*.

Les dégâts qu'il commet en ce faisant sont parfois très grands, et il compromet fréquemment les récoltes des champs riverains du bois dans lequel il a élu domicile.

Aussi les habitants des campagnes qui avoisinent les forêts réclament-ils annuellement sa destruction, sans pitié ni merci.

Des auteurs ont prétendu que le cerf vivait quarante ans; et l'on a raconté qu'on avait pris de ces animaux portant au cou des anneaux qui leur furent donnés par des empereurs, des siècles auparavant.

Il faut beaucoup rabattre de cette exagération.

D'après de très sérieuses observations, on est arrivé à conclure que cet animal vit de dix-huit à vingt ans, quand les chasseurs le lui permettent.

Qui sait si du train dont l'on marche, on pourra dans quelques années, lui assigner cette date de longévité!

Il devient pubère à deux ans.

Tous les printemps, les cerfs jettent leur tête et la refont; c'est-à-dire qu'ils perdent leurs vieux bois ou ramures pour faire place à de nouveaux bois dont la croissance ne se termine qu'en juillet.

On sait comment ces bois, fort estimés des amateurs, sont disposés sur la tête de l'animal, lui servant à la fois de défense et d'ornement.

D'une petite éminence, appelée *meule*, sort un premier bois, appelé *perche* ou *merrain*.

De ce premier bois partent des cors, dénommés *chevilles* et mieux *andouillers*.

Maintenant, en vénerie, on compte les ramures par *andouillers*.

De ceux-ci partent de nouveaux cors, nommés *surandouillers*. Les troisièmes se désignent sous le nom de *chevillures;* les bois du sommet de la tête sont appelés *épois* et forment *couronne*, *palmure* ou *enfourchure*.

La totalité des bois se divise en deux branches, portant ordinairement chacune sept cors. Quelquefois, il y a un compte pair d'un côté et impair de l'autre.

Alors que le cerf vieillit, il ne pousse plus que des têtes basses, irrégulières, comme un vieil arbre noué.

On dit alors qu'il *ravale*.

Le cerf n'est *dix cors* qu'à sept ans.

Il est, à ce moment, dans toute sa force, et c'est le triomphe des chasseurs.

C'est au mois de septembre qu'il entre en rut. A cette époque, son caractère doux et timide se modifie. Il est surexcité au point de devenir sinon dangereux, du moins agressif.

Vers cette même époque et à l'occasion de sa folie, il fait entendre la nuit de sombres cris qu'on appelle *raiements*.

Un cerf féconde généralement plusieurs femelles, — on les nomme *biches*.

Celles-ci, qui se reconnaissent à leur tête dépourvue de bois et aussi à leur moindre corpulence, mettent bas en mai ou juin un ou deux *faons* qui portent *livrée*, c'est-à-dire un pelage tacheté de brun et de blanc.

En octobre de la même année, le faon quitte sa *livrée* et est dénommé *hère*.

Des tubercules apparaissent alors sur la tête des jeunes mâles. A un an, les tubercules se développent et deviennent dagues. De là le nom de *daguet*.

On lui conserve ce nom jusqu'à deux ans.

En mai de la troisième année, *il refait sa seconde tête*. Les dagues tombent et font place aux perches qui portent les *andouillers*.

Il est appelé *jeune cerf*.

A quatre ans, il est dit à sa *troisième tête*.

A cinq ans, il est dit à sa *quatrième*, et les bois ont de six à huit *andouillers*.

A six ans, le cerf est *dix cors jeunement*. Il porte douze à seize *andouillers*.

Quand, vers la fin de juin ou de juillet, le cerf a refait sa tête, celle-c est recouverte d'une peau veloutée dont il se débarrasse en se frottant contre les arbres.

C'est ainsi que souvent sa présence est signalée dans les bois. Les jeunes arbres, dépouillés de leur écorce jusqu'à hauteur d'homme, et au tronc desquels il laisse souvent du poil, sont des témoins dangereux pour lui.

Le cerf vit habituellement en troupes ou *hardes*; il est alors comme un pacha au milieu de ses sultanes.

Mais, en mai et avril, époque du refait, il vit à peu près solitaire et s'enfonce dans l'épaisseur des taillis.

Le cerf ne se chasse qu'à *courre*, c'est-à-dire au moyen d'une meute de chiens courants que les chasseurs suivent à cheval jusqu'à ce que l'animal soit *forcé*. Quelquefois il arrive qu'au moment suprême, on veut faire les honneurs de la *mort* à une personne marquante de la chasse; alors le piqueur remet à cette personne une carabine chargée à balle. Celle-ci la décharge dans le cœur de la bête forcée.

Cela s'appelle *servir l'animal*.

Mais ce procédé est mis plus en usage pour le sanglier. Donc, le cerf n'est jamais tué, à part cette circonstance et celle où, dans les battues de biches organisées sur la demande des particuliers pour la destruction des animaux nuisibles, un chasseur, en dépit des conventions, envoie une balle au bel animal quand celui-ci traverse un taillis.

Mais, c'est bel et bien un crime de lèse-chasse! Cependant il se commet assez souvent, car bien des paysans, appelés à ces battues, comptent les cerfs qu'ils ont occis. Il est vrai de dire que, dans ces parties de destruction, il y a souvent peu de *chasseurs*.

On y rencontre des tireurs ; et encore !

Pour bien réussir dans la chasse au cerf, il faut avoir un principal veneur doué de connaissances spéciales. Comme on conserve les biches, il est de toute nécessité que le veneur sache de prime-abord reconnaître par les traces le sexe et l'âge de l'animal.

On juge un cerf par les *fumées*, les *portées*, le *frayoir*, les *abattures* et par le *pied*.

Les *fumées* sont les fientes de l'animal ; or, comme pendant les temps secs le pied marque peu, il est fort important de se bien renseigner par ce moyen.

Suivant les saisons, les fumées changent de forme. On les divise en *fumées entées* si elles proviennent de jeunes cerfs, et en *fumées ridées* lorsqu'elles sont le produit de vieux cerfs ou de vieilles biches.

Formées en plateaux larges, *les fumées* indiquent presque toujours un dix-cors ; mal moulues ou mal digérées, elles appartiennent à un daguet.

Pendant le moment du rut les fumées sont douces et sèches.

On appelle *portées* les branches que dans sa course le cerf heurte ou tortille : elles servent à apprécier la grosseur de l'animal et la hauteur de son bois.

Le *frayoir* est la branche contre laquelle le cerf frotte son bois pour enlever la peau molle dont nous avons parlé plus haut.

Les *abattures*, qui sont le bois sec, et les branches brisées par lui dans son trajet, indiquent la direction qu'il a prise.

Le *pied* se compose de plusieurs parties : les *pinces* sont les deux extrémités antérieures du pied ; le *talon* en est la partie postérieure ; les *côtés* forment la circonférence. Les *os* sont les ergots situés à vingt-cinq centimètres du talon.

Toutes ces parties s'usent avec l'âge, en sorte que l'empreinte des pieds change d'aspect lorsque le cerf vieillit.

Le pied d'une biche est plus étroit, plus pointu que celui du cerf, et les os sont tournés en dedans.

La connaissance approfondie du *pied* est indispensable ; de grand matin, le jour où l'on veut chasser le cerf, s'examinent avec soin les passages frayés par la bête ; on reconnaît par les branches brisées les entrées et les sorties : si on trouve plus de sorties que d'entrées, le cerf n'est point dans le bois.

Le *valet* de limier, accompagné d'un chien dressé à cet usage, qu'on appelle *limier* et qu'il tient en laisse, *fait le bois*.

A chaque entrée ou sortie, il brise une petite branche qu'il met sur la voie ; ce sont les *brisées*.

Cela s'appelle *détourner* le cerf.

On a, par cette manœuvre, suivi la voie de l'animal jusqu'à l'enceinte dans laquelle il s'est réfugié.

Il est là.

Après cette opération, le valet va faire son rapport.

Alors on commence l'*attaque*.

Les chasseurs vont entourer l'enceinte dans laquelle il est signalé.

On découple les chiens.

Après un court espace de temps, le cerf est sur pied. On appelle cela le *lancé*.

Quelquefois, il arrive que le cerf en vidant l'enceinte se fait suivre par une harde de biches. Si l'on n'a pas soin de couper immédiatement la meute, on risque de manquer toute la chasse. Dès qu'on s'est aperçu que le cerf, qui a traversé une allée, est bien seul, on examine avec la plus grande attention le pied afin de l'avoir toujours présent à la mémoire au cas où il se produirait un change.

Ce point est capital!

Car, quand l'animal est fatigué, sa principale ruse consiste à faire lever un autre cerf ou une biche et à les pousser devant lui afin de faire perdre les chiens ; alors il franchit d'un bond les obstacles les plus élevés, parfois il se couche après avoir embrouillé ses voies par des allées et venues les plus croisées qu'il peut.

Le cerf lancé file en droite ligne, rarement il se livre aux *hourvaris*.

Si, pendant la chasse, un défaut se présentait, ce qui est rare, il faudrait entraîner les chiens en avant, car il est rare que l'animal retourne en arrière.

Plus l'animal se fatigue, plus sa voie devient chaude ; quelquefois il essaye de se *raser* comme un lièvre, tant qu'enfin, exténué, il se précipite dans une mare ou dans un étang.

Mais, à peine a-t-il mis ses jambes fumantes de sueur dans cette eau, qu'il regardait comme son salut, qu'il est perdu. L'eau le galvanise et l'achève : il n'est plus capable de lutter.

C'est à ce moment qu'on dit qu'il est *aux bois*.

On sonne l'*hallali*.

Un veneur armé d'un couteau de chasse lui donne le coup de grâce.

Ensuite, on procède à la *curée*, qui consiste à dépouiller le cerf et à le livrer aux chiens.

On dit la *curée chaude* quand cette opération se fait sur place immédiatement après la mort. On appelle *curée froide* celle qui se fait plus tard en dehors du lieu où a eu lieu l'hallali.

Dans l'ancienne vénerie, on partageait toujours la meute en trois relais. Aujourd'hui, on attaque presque toujours *de meute à mort*, c'est-à-dire sans relais.

En France, le cerf se chasse beaucoup plus pour la gloire que pour le profit. Il n'y a que la peau et le bois qui soient utilisés. Toutefois, on prétend que sa chair si dédaignée, ainsi que celle de la biche, est bonne, cuite et mangée en temps convenable. J'en ai mangé en civet, en pâté et à la broche. Bien qu'inférieure à celle du chevreuil, je la déclare bonne. Au reste, nous y reviendrons dans la partie de notre ouvrage qui aura pour titre : « Recettes culinaires ».

La nourriture du cerf, entièrement végétale, ne peut donner d'âcreté nuisible à sa chair, qui, tout en étant moins fine, a cependant une analogie avec celle du chevreuil, dont le goût est si prisé.

Quand il y a trop de biches dans une forêt, on organise des battues, soit avec des chiens courants, soit à l'aide de *rabatteurs;* on les tire alors comme le chevreuil, lorsqu'elles traversent les allées.

Pour les tirer on emploie ordinairement la chevrotine ou la balle. De trente à quarante pas le triple zéro et le zéro me paraissent préférables, la balle étant toujours très dangereuse et les fusils de chasse la portant généralement mal parce qu'elle n'est pas souvent de calibre. Quant à la chevrotine, c'est ce que j'appelle un mauvais coup : c'est une charge qui corrige quelquefois la maladresse de celui-ci et ne répond pas à l'adresse de celui-là.

Avec du triple zéro touchez une biche dans le cou, et elle roulera.

Le Daim

Nous dirons peu de choses de cet animal, qui, pour ainsi dire, ne fait plus partie de la chasse, tant il devient rare à l'état sauvage, surtout dans les contrées où l'on rencontre beaucoup de cerfs. Le daim, facile à apprivoiser, peuple presque uniquement les grands parcs réservés.

Encore une des conséquences de la transformation de la chasse! Le

Chasse au chevreuil.

morcellement infini des propriétés, la destruction des grands domaines, en répandant plus d'aisance dans les masses, a eu pour conséquence de réduire ses plaisirs.

A l'état libre, le daim vit en *hardes* sur les collines boisées et dans les forêts à sol sec et accidenté.

Comme taille, il est intermédiaire entre le cerf et le chevreuil. Son pelage varie selon les saisons : en hiver, les cuisses sont tachetées de blanc; en été, les côtes sont traversées par une large bande blanche.

Mais si les deux espèces, le cerf et le daim, ne se mêlent jamais et même ont une aversion l'une pour l'autre, elles se ressemblent beaucoup comme mœurs. Ainsi que le cerf, le daim s'attaque aux pousses, aux bourgeons, et les dégâts qu'il cause sont encore plus considérables. Il va pareillement au gagnage, et il dévaste les meilleurs pâturages. Cependant il s'éloigne eu de sa demeure.

La femelle, nommée daine, est plus petite, et sa tête est dépourvue de bois; elle se trouve fécondée vers le milieu d'octobre et met bas en juin et en juillet.

Le bois du daim est d'une conformation particulière. Il consiste en deux dagues recourbées intérieurement, qui percent au mois de juin de la seconde année. Les dagues tombent, et, en septembre de la même année, les bois de la troisième tête ont acquis toutes leurs dimensions et sont dépouillés de la peau velue qui les couvrait d'abord. Les bois se succèdent ainsi d'année en année, présentant un nombre d'andouillers de plus en plus grand. A mesure que l'animal vieillit, le sommet du bois s'élargit et se termine par une palette qui finit par se denteler et s'échancrer sur les bords.

A sept ans, comme le cerf, le daim est réputé dix-cors.

La chasse du daim se fait comme celle du cerf. On reconnaît la trace d'un daim par le *pied*, les *formes* et les *abattures*. Ce pied, conformé comme celui d'un cerf est plus petit; ainsi, celui d'un daim dix-cors a à peu près les mêmes dimensions que le pied d'un *daguet*.

Le daim peut se *détourner* à trait de limier, mais comme il se tient toujours en troupes, il est mieux de l'attaquer d'abord avec quelques chiens lents; et lorsque l'animal est *déhardé*, on découple la meute.

Le daim s'éloigne peu du lancé, revient fréquemment sur ses voies et cherche constamment à se mêler aux bandes qu'il rencontre. Il se rase dans les taillis et laisse parfois passer la meute.

Quelquefois, poussé à bout, le daim se jette dans un étang; mais jamais dans les endroits profonds. Il revient presque aussitôt à terre du côté où il est entré à l'eau.

La chasse au daim étant accidentelle, nous engageons beaucoup les chasseurs qui s'y livreront à s'abstenir de la curée, dans l'intérêt de la meute. Les chiens sont en effet tellement friands de la chair du daim qu'il serait à craindre, si on leur laissait faire la curée, qu'ils ne puissent plus garder le change sur le cerf ou sur le chevreuil.

La chair du daim est encore très prisée en Angleterre : le Royaume-Uni est, du reste, un pays privilégié pour le daim, tant à cause de ses immenses parcs, enclos la plupart, que par les lois qui le régissent. Dans certains districts, on en connaît une variété entièrement blanche. En

Norvège, au contraire, on en rencontre une variété entièrement noire : elle produit un bon suc et nourrit beaucoup.

On tire cet animal avec du zéro et du double zéro.

Le Chevreuil

Parmi les fauves, point d'animal plus séduisant que le chevreuil! Le lièvre et lui sont, tant à cause de la variété de leur chasse que par leur charme individuel, les deux *desiderata* du chasseur dans la chasse à poil!

Si le chevreuil a moins de noblesse apparente que le cerf, il a du moins une grâce infinie et une vivacité qui vous tient sous le charme.

Sa forme est plus arrondie, ses membres plus délicats et sa physionomie plus agréable. Qui n'a admiré son œil brillant et parleur, son museau noir, toujours humide comme celui d'un bon chien de chasse! Qui n'a admiré la prestesse de ses bonds élégants et la légèreté incomparable qu'il imprime à tous ses mouvements! Semblable au chat, il est toujours propre : sa robe, constamment lustrée, n'est jamais maculée comme celle de ses congénères. Il est plus rusé que le cerf, il a plus de ressources dans l'instinct, et sa chasse est plus difficile.

Très répandu en France, on le trouve dans beaucoup de bois de moyenne grandeur et dans les parcs dont la superficie ne dépasse pas cent hectares. On le rencontre en grand nombre dans les forêts des environs de Paris. Les revers boisés des collines lui plaisent singulièrement. Très sensible aux excès de température, il ne réside que dans les pays méridionaux.

Sa chasse, nous l'avons dit plus haut, plus difficile que celle du cerf, demande un moins grand appareil; mais elle exige beaucoup de savoir, à cause des ruses multiples de ce bel animal.

Le pelage du chevreuil varie du brun au roux. A la place où devrait se trouver la queue existe un large disque blanc tout à fait caractéristique.

Leur nourriture est à peu près celle du cerf. Mais ils vont peu en gagnage, se contentant de l'herbe des clairières. Les jeunes pousses de ronce et de bourdaine sont l'objet de leur prédilection. Ils s'attaquent aussi au hêtre.

La femelle met bas, en mai ou juin, ordinairement deux *faons* qui se distinguent par une livrée de taches blanches. A dix-huit mois, la tête de ces *faons*, appelés *chevrillards*, se surmonte de deux bosses qui deviennent dagues à la fin de la seconde année.

C'est à cette époque qu'elles tombent, et sont remplacées par d'autres portant chacune un andouiller. On juge de l'âge par la longueur du merrain.

Le *brocard* (mâle) met bas sa tête à la fin de l'automne, il la refait pendant l'hiver. Le *brocard* est le chevreuil de deux ans: c'est à cet âge que ces animaux sont le plus recherchés des chasseurs.

Le chevreuil ne vit pas en hardes comme le cerf et le daim, mais seulement en famille. On prétend qu'il choisit une chevrette et ne s'en sépare point. Les deux *faons* forment le noyau de la famille et ne s'en séparent qu'au moment du rut pour former eux-mêmes une nouvelle famille.

Cependant, en hiver et au printemps, ils se réunissent en troupes de six, huit ou douze individus.

La chevrette recèle sa progéniture dans les plus épais fourrés, et, autant qu'elle peut, à l'abri des loups. Son gîte est-il surpris, elle affronte le danger et se fait chasser pour détourner l'ennemi de sa petite famille.

Si vous venez de tuer, au débouché d'un jeune taillis, un *brocard*, remettez les chiens et attendez: la chevrette n'est pas loin, un rayon de cent cinquante mètres environ la sépare de vous.

Rarement un chevreuil abandonne le bois où il est né; chassé ou poursuivi, il y revient presque toujours.

Les chevreuils causent peu de dégâts dans les champs riverains des forêts qu'ils habitent; bien qu'en été ils aillent, comme le baudet de la Fontaine, tondre de la largeur de leur langue les luzernes ou les avoines, leur dent n'est réellement meurtrière que pour les jeunes taillis dans lesquels ils ont été domicile.

On chasse le chevreuil à courre et à tir.

Il est fort difficile de reconnaître un chevreuil par le *pied*.

Souvent les pieds des chevreuils présentent des signes particuliers, tels que le croisement d'une pince, la petite dimension d'une des pinces.

Ces indications sont très utiles pour reconnaître l'animal de meute.

Mais comme ces indices ne se rencontrent pas toujours et sont en outre difficiles à observer, on se contente des *régalis*.

On désigne sous ce nom les places que le chevreuil a grattées du pied et qui indiquent d'une façon certaine sa demeure.

Généralement aujourd'hui, on attaque le chevreuil à la *billebaude*.

C'est-à-dire, on quête avec les chiens dans plusieurs endroits jusqu'à ce qu'il soit levé, et pour ce on se sert de *meute à mort*.

Une meute pour chevreuil est difficile à choisir; il faut que les chiens aient un nez très fin, car sa voie est douce et légère; en outre, ils doivent être très vifs. Bien que tous les chiens, en général, aient un goût prononcé pour elle, ils ont souvent de la peine à déjouer toutes les ruses de l'animal et surtout à relever les changes.

Afin de pouvoir être à même de relever ces changes fréquents et les *hourvaris,* il faut qu'un piqueur appuye les chiens et les suive le plus près possible.

Dès qu'il est lancé, le chevreuil pique rapidement en ligne droite. Lorsqu'il a pris une certaine avance sur la meute, il commence à ruser, cherche à embrouiller ses voies en revenant en arrière. Après quoi, il bondit à droite et à gauche, pour quelquefois se relaisser sur place. On remet facilement les chiens sur la voie en les ramenant en arrière

Souvent, lorsque les bois sont coupés de fossés, le chevreuil se relaisse près des banques et bondit à nouveau sous le nez des chiens. Si ceux-ci n'ont pas beaucoup de vitesse, il n'est pas rare que l'animal cherche à regagner sa demeure. Alors, on relève le défaut en revenant au *lancé*.

Mais là encore, il faut prendre garde au change, car le chevreuil, qui après bien des ruses, tend toujours à revenir à son point de départ, cherche à retrouver sa chevrette, et celle-ci alors prend sa place et se donne aux chiens.

Le mieux, pour prévenir ce change, est de recoupler une partie de la meute quand elle paraît hésiter; puis on foule en décrivant des cercles concentriques autour du lieu où le change s'est produit, jusqu'à ce qu'on ait retrouvé la bonne piste.

Avec des chiens de vitesse ordinaire, un chevreuil peut tenir pendant quatre ou cinq heures. Avec des chiens très vites, on le force en deux heures au plus.

Quand on remarque que le chevreuil n'appuie plus que du talon et que ses allures sont tout à fait déréglées, il est sur ses fins.

La chasse à tir se fait au moyen de battues ou de chiens courants.

Dans une battue, il est urgent que les rabatteurs conservent bien leurs distances, afin que les animaux ne passent point entre eux. On aura soin aussi de mettre quelques tireurs en retour, car le chevreuil, ne prenant pas immédiatement de parti comme le cerf, se jette à droite et à gauche.

Pour chasser le chevreuil à tir avec des chiens, il est préférable d'avoir des chiens peu vites et en petit nombre.

J'ai chassé le chevreuil avec un seul chien.

La bête, mollement poussée, rusait à son aise et revenait toujours au lancé, se laissant ainsi souvent apercevoir, et donnant toutes les péripéties, irrésistibles pour un chasseur, de la chasse au lièvre. Comptant sur son agilité surprenante, le chevreuil offre de la sorte souvent l'occasion de le tirer au passage.

Nous ne ferons point ici l'éloge de la chair du chevreuil, un gibier des plus recherchés à juste titre.

Les meilleurs au point de vue culinaire, affirment les gourmets, nous viennent des Cévennes, des Ardennes, du Rouergue et du Morvan.

Le chevreuil n'a pas la vie dure ; le meilleur plomb pour le tirer est le n° 4. Atteints à la tête ou au défaut de l'épaule, on en a vu tomber tirés avec du 6.

Le Chamois-izard

Il ne s'agit plus ici de collines boisées, ni même de bois de cent et deux cents hectares. Le gibier dont nous allons nous occuper n'habite que les hautes montagnes et les rochers escarpés. On le trouve sur le versant des Alpes et dans les Pyrénées où, il y a vingt ans, il abondait!

Hélas! lui aussi a diminué et dans une proportion notable. Et cependant les lieux qu'il habite sont presque inaccessibles.

Le chamois appelé izard dans les Pyrénées choisit pour résidence les montagnes les plus élevées dont les sommets sont couverts de neige. Il est essentiellement animal de compagnie. On ne le rencontre seul que dans des cas exceptionnels, et il rejoint, dès qu'il le peut, la troupe à laquelle il appartient.

Le pelage du chamois varie suivant les saisons. D'un brun roussâtre en été, brun foncé en automne, il devient gris blanc au printemps. Le mâle et la femelle portent deux petites cornes creuses et noires ; ces petites cornes, droites à la base, recourbées en arrière, et terminées en pointes, sont composées d'anneaux concentriques dont le nombre indique l'âge de l'animal.

Le chamois se nourrit d'herbes et surtout de plantes aromatiques ; il s'attaque aux parties les plus délicates des plantes, telles que les fleurs et les bourgeons, aux jeunes pousses des haies, aux racines, mousses et lichens.

La femelle entre en folie en octobre et novembre. A la fin d'avril ou au commencement de mai, elle met bas un faon qui ne la quitte qu'au moment du rut, environ à dix-huit mois.

Un chamois vit de vingt-cinq à trente ans.

Pour chasser le chamois, — ici je laisse la parole à un chasseur émérite, mon ami regretté, le vicomte de Dax, rédacteur en chef de *la Chasse illustrée* — « pour chasser l'izard, il ne suffit pas d'en avoir le désir ; le *gnôthi séauton* des Grecs est indispensable. Il faut, en effet, se connaître soi-même, savoir si les jarrets pourront résister à la fatigue de la descente après que les poumons auront supporté celle de la montée ; être exempt de tout vertige et pouvoir contempler froidement et sans oppression le gouffre au fond duquel le torrent blanchit et écume ; être certain que l'on ne reculera devant aucun obstacle, l'hésitation est souvent mortelle comme l'imprudence et pourrait avoir de funestes suites pour tous. Le danger n'est pourtant pas partout ; le précipice n'est pas sous tous les pas ; de vertes prairies, de vastes plaines se rencontrent au sommet des monts ; mais quelquefois au bout de la prairie, aux confins de la plaine, le roc à pic, la pente de neige rapide et glissante : veillez sur vous ; sachez choisir vos compagnons ; fuyez ceux qui ne redoutent rien et qui disent ne jamais manquer un coup de fusil, ils vous feraient probablement manquer la chasse : bon pied, bon œil, réserve et silence sont aussi précieux que prudence, bonne volonté et résolution.

. . . .
. . . .

« L'izard est essentiellement animal de compagnie ; la harde est toujours commandée par un mâle qui, par la toute-puissance de la force et de l'expérience, s'est constitué chef, et emploie toutes ses facultés à la défense et à la sécurité de tous ; il veille pendant que les autres dorment, place des sentinelles, choisit les campements, connaît les pâturages les plus succulents, les paysages les moins exposés à l'atteinte de l'ennemi. Debout et immobile sur la pointe d'un rocher, la tête tournée du côté d'où souffle le vent, il aspire fortement et cherche à saisir les émanations suspectes; ses oreilles droites et mobiles étudient les moindres bruits, ses yeux sondent les plis du terrain, suivent la pierre qui se détache et roule sans cause, l'ombre des ailes de l'oiseau qui passe; et lorsqu'il est bien certain que nul danger n'est proche, il descend gravement, choisit un remplaçant vigilant et expérimenté, lui donne les instructions, et, sûr d'avoir rempli son devoir, rejoint ses sujets et ne prend qu'alors le repos et la nourriture qui lui sont nécessaires. Se confiant entièrement à lui, les femelles, noblement couchées sur le gazon vert, suivent d'un œil maternel et caressant les jeux et les luttes mutines des petits chevreaux. »

Rien à ajouter à ce charmant, poétique et véridique tableau des mœurs de l'izard.

Ce pauvre de Dax a parlé sciemment de cette chasse qu'il a pratiquée en connaisseur approfondi et en tireur habile!

Cette chasse du chamois, malgré et peut-être à cause de ses excessives difficultés et de ses dangers, est une véritable passion pour les populations des montagnes. Cette chasse offre d'ailleurs un profit réel, car la chair du chamois est très estimée et la peau fort recherchée.

Un *véritable chasseur* d'izards est montré au doigt avec une certaine vénération, absolument comme un commandeur de Saint-Louis!

Pour pouvoir tirer les chamois, il faut les surprendre dans ces vallées désertes et bordées de précipices où ils vont en gagnage. Il faut franchir glaciers, rochers abruptes, un bâton ferré à la main, des crampons aux pieds et le fusil en bandoulière.

Après maints dangers, si les chasseurs ont entrevu une harde, ils doivent s'approcher avec des précautions infinies, car au moindre bruit, à la chute d'un caillou que votre pied fait rouler et qui produit un bruit anormal dans le silence majestueux de ces solitudes, elle disparaît. Surtout, gardez-vous bien de fumer pendant ces expéditions; car le chamois, qui évente toujours, a le nerf olfactif excessivement développé... et vous feriez manquer la chasse. La plupart du temps, on va se mettre à l'affût, bien avant le point du jour, en ayant bien soin de se mettre sous le vent dans les passages fréquentés par ces animaux.

Dans les Pyrénées, on se réunit souvent un certain nombre de chasseurs *éprouvés*, afin de faire une sorte de battue. On se divise en deux camps.

Les premiers, conduits par un guide de la montagne, escaladent les rochers et tâchent d'approcher des points élevés où les hardes se tiennent pendant le jour. Les autres attendent le passage. Quand les premiers ont aperçu une harde, ils avertissent les seconds en criant

Sanglier coiffé.

Cette chasse permet souvent de tuer plusieurs chamois, mais elle présente de sérieux dangers.

Les chamois, effrayés par une détonation ou même par la vue de leurs ennemis, franchissent quelquefois avec une rapidité vertigineuse les sentiers escarpés, sans s'arrêter même en face du tireur. Or il est arrivé souvent que des chasseurs postés ont été entraînés dans les profondeurs des précipices, bousculés par ce torrent vivant, affolé, qui ne reconnaît plus d'obstacles.

Le chamois ne se tire qu'à balle ou avec des chevrotines.

Le Bouquetin

Le bouquetin est une variété du chamois ; c'est surtout dans les Alpes qu'on le rencontre.

Il ressemble au chamois par les mœurs ; mais il se tient dans des régions encore plus élevées et encore plus escarpées. Son agilité est en quelque sorte plus merveilleuse.

Les cornes se développent en spirale et atteignent quelquefois un mètre de hauteur. Le pelage est fauve en dessus, blanchâtre en dessous, et se distingue par une bande noire qui traverse le dos.

Ce n'est qu'en hiver que les bouquetins descendent dans les régions un peu plus basses : au printemps ils regagnent les pics inaccessibles.

Leur devise semble être : *In excelsis!*

Les petits du bouquetin s'appellent *cabris*. Qui n'a entendu cette comparaison populaire des habitants de la montagne : « il saute comme un cabri » ? Cet animal, en effet, est d'une prestesse à nulle autre pareille. L'éclair n'est pas plus rapide : on l'a entrevu, et il est déjà disparu.

La chasse au bouquetin se fait comme celle du chamois, mais elle offre encore plus de difficultés, tant à cause de l'*inaccessibilité* de sa demeure, que de sa méfiance, encore plus grande que celle de l'izard. Il y a toujours deux ou trois sentinelles pour veiller sur la harde.

Généralement, on ne le tire qu'à balle.

Le Sanglier

En raison inverse du gros et menu gibier, qui diminue d'années en années, le sanglier a augmenté en France depuis quinze ans d'une façon notable. On le rencontre actuellement non seulement dans des forêts, mais encore dans des bois qui en étaient absolument privés.

Les uns attribuent à Sadowa cette invasion générale de ce gros type des *bêtes noires!* Ces observateurs affirment qu'après cette bataille on a vu des compagnies énormes franchir les frontières et se répandre dans nos forêts.

D'autres, et ceux là sont, croyons-nous, dans le vrai, affirment que le sanglier ne s'est répandu si généralement dans nos bois du Nord, de l'Est, de l'Ouest et du Sud-ouest, que depuis la guerre franco-allemande de 1870.

Chassés par le bruit et la marche des armées envahissantes, ces pachydermes ont bien pu, fuyant le bruit du canon et voyant leurs retraites battues en tous sens, s'avancer comme l'ennemi au cœur de la France et élire domicile dans nos bois éloignés des opérations militaires.

Le fait est même probable et explique leur abondance.

Toujours est-il qu'ils ont établi leurs quartiers dans l'Ouest et le Sud-ouest et que, malgré la guerre qu'on leur déclare annuellement, ils y resteront encore longtemps, au grand déplaisir des riverains des forêts et des bois dont ils dévastent les moissons, mais au grand ébattement des chasseurs qui, longtemps privés de cette bête sauvage, reportent sur elle le trop plein de leur ardeur cynégétique.

Cette bête sauvage et brutale est extrêmement nomade et parcourt en une nuit des distances considérables.

Elle choisit de préférence la partie des bois humides et s'établit volontiers dans ceux coupés de mares et d'étangs, afin de pouvoir aller s'y vautrer

Le museau du sanglier est terminé par un os particulier qui a nom *boutoir*. Les canines, dépourvues de racines, s'accroissent d'année en année et constituent ses *défenses*, dirigées vers le haut, et qui lui servent à *découdre* les chiens qui veulent le *coiffer*.

La femelle est dépourvue de *défenses*, mais sa morsure n'en est pas moins à redouter ; on l'appelle *laie*. Elle porte quatre mois et met bas, en mars et en avril, de quatre à dix petits, qui prennent le nom de *marcassins* et conservent jusqu'à l'âge de six mois une livrée fournie de bandes longitudinales, alternativement fauves et noires. La laie reste dans son *fort* avec ses petits pendant trois et quatre mois, veillant sur eux et les défendant avec une intrépidité courageuse qui souvent lui coûte la vie, lorsqu'on l'attaque pendant ces moments-là.

Vers le septième mois, la livrée des marcassins s'efface, ils deviennent d'un gris sale et prennent le nom de *bêtes rousses*.

A un an, on les dénomme *bêtes de compagnie*; alors ils se réunissent aux laies et aux marcassins, dont ils ne se séparent qu'au moment du rut.

A ce moment, ils sont dits *ragots*.

Le sanglier est dit *tiersan* à sa troisième année ; à quatre ans *quartenier*; et, à partir de cinq ans, vieux sanglier; puis enfin *solitaire*.

Il vit de vingt à trente ans.

Plus l'animal vieillit, plus ses *défenses* changent d'aspect. De tranchantes qu'elles étaient, elles se tournent vers les yeux en forme de croissant.

Si le sanglier est dangereux lorsqu'il est attaqué et surtout blessé, il est loin d'être aussi méchant qu'on a bien voulu le dire. Il tient à sa vie, il défend (la femelle surtout) sa progéniture, et ce n'est que poussé à bout qu'il fait usage des armes que la nature lui a données.

Alors il blesse et tue quelquefois ceux qui l'approchent sans précautions suffisantes.

Jamais il n'attaque le premier. Il fuit l'homme d'aussi loin qu'il l'aperçoit ou l'évente, et ne demande qu'à rester dans la *bauge* qu'il s'est choisie.

J'ai vu des chasseurs se rendant à une battue de sangliers s'imaginer qu'ils allaient essuyer le feu de l'ennemi. Pour un peu ils auraient fait leur testament ! Le fusil double chargé de deux balles, un revolver à la ceinture, ils frissonnaient lorsque les rabatteurs annonçaient « sanglier ».

Quand les bandes débouchaient, ils tiraient sans voir, sans songer même à leur revolver de sauvegarde ; et la compagnie se trouvait déjà bien loin qu'à peine revenus de leur stupeur et de leur émotion, ils croyaient avoir fait un rêve.

Sans doute, il y a à se tenir sur ses gardes ; et comme la bête, seule ou en compagnie, brousse à travers les taillis, bousculant tout sur son passage, il est bon de se tenir un peu de côté, car elle vous renverserait et vous foulerait sans merci; mais il y a loin de ces simples précautions fort utiles à ce luxe de frayeur dont la bête elle-même paraît très surprise.

Attendez le sanglier à six pas de vous et tâchez de le tirer dans l'oreille. Conservez votre calme et, si vous visez bien, l'animal roulera. Toutefois ne cherchez point à le saisir avant d'être assuré qu'il est bien mort. Si alors il se regimbe, méfiez-vous et envoyez-lui une autre balle pour l'achever. Au cas où vous auriez usé vos deux coups de fusil et qu'il ne vous déplairait pas de l'approcher un peu plus près, servez-vous de votre revolver, si vous y tenez.

Mais bien rarement on a besoin d'arriver à ce dernier moyen.

Les ravages du sanglier sont énormes. Il dévaste littéralement les champs qui avoisinent les bois qu'il habite. Il va même fort loin. En sa qualité d'omnivore, il s'attaque à tout : glands, fruits, châtaignes, pommes de terre, œufs de perdrix et de faisans, il n'épargne rien. Il détruit les semis, les plantations nouvelles, et retourne la terre comme le ferait le soc d'une charrue.

Un petit nombre de sangliers suffit pour retourner en quelques heures une pièce de terre d'une grande étendue.

Sa chasse est donc imposée pour le bien-être des bois et de la plaine, les dégâts qu'il cause se chiffrant d'une façon très importante.

Le sanglier se chasse à tir ou à courre. On le chasse à courre, à forcer ou à l'aide du fusil, ou bien encore en battue et à l'affût.

L'équipage employé pour chasser le sanglier s'appelle *vautrait*. La meute doit être nombreuse et de bon pied, remplie d'énergie et de bonne vitesse.

On juge l'animal par ses *traces*, ses *boutis*, sa *bauge* et ses *laissées*.

Par *trace* on désigne son pied. Le pied de devant est beaucoup plus fort que celui de derrière. Les allures du mâle sont plus allongées que celles de la femelle. Celle-ci, à l'encontre du mâle, pose ses traces de derrière exactement dans celles de devant.

Les *ergots* de derrière figurent rarement en terre chez la laie dont les pinces de devant sont plus ouvertes, la sole et le talon plus étroits.

C'est par l'empreinte des *ergots* que l'on juge généralement de l'âge d'un sanglier. Ils deviennent de plus en plus larges quand l'animal vieillit.

On appelle *boutis* les endroits que la bête a fouillés avec son boutoir.

Le mot *souil* répond à l'empreinte du corps.

La *bauge* est l'endroit où il se retire lorsqu'il est revenu des *mangeures*.

Quand on veut chasser le sanglier, le piqueur doit faire le bois de très grand matin, car les bêtes rembuchent de bonne heure.

Il doit étudier particulièrement la manière dont l'animal a *rembuché*. Un vieux sanglier rentre d'assurance dans sa bauge, broussant à travers tout, s'arrêtant souvent à faire des *boutis*, et rembuche plus tard.

Les jeunes, au contraire, rembuchent avant le jour et suivent les chemins; ils se vautrent dans les mares qu'ils rencontrent. A la moindre alerte, ils fuient, tandis que le *solitaire* peut être détourné de court.

Les relais sont utiles dans la chasse au sanglier.

On en met quelques-uns sur les refuites probables.

L'attaque doit être vigoureuse et faite à grand bruit, dans la crainte que la bête ne débute par faire tête aux chiens dans sa bauge.

Quand la meute est découplée, on l'appuie de la voix et du cor.

Le sanglier pique droit dès qu'il est lancé et se fait battre dans les fourrés les plus épais. Ce n'est guère qu'après une heure de course qu'il se décide à faire tête; alors les chasseurs, qui ont pendant la chasse suivi le plus près possible les chiens, doivent accourir pour le faire repartir, à moins qu'on ne veuille le *servir* au milieu de la meute.

Les changes sur le sanglier sont moins à craindre que sur les autres fauves, car son odeur est tellement forte que les chiens la perdent difficilement.

Les chasseurs eux-mêmes perçoivent quelquefois cette odeur.

On s'aperçoit que l'animal est sur ses fins à la manière dont il se fait battre. Lorsqu'il s'arrête fréquemment pour faire tête, l'hallali est proche; et lorsque, malgré le bruit des chiens, des cris des piqueurs et du cor, il s'accule contre un arbre, résolu à ne pas bouger, il est temps de le tuer.

La curée du sanglier n'est pas la même que celle du cerf. On fait cuire la partie que l'on réserve aux chiens, et on la leur donne à la rentrée au chenil.

Pour la chasse à tir, on fait le bois comme nous l'avons indiqué; on met sur la piste un bon chien limier et, alors que la voie devient plus claire, on découple la meute.

Les chasseurs cernent l'enceinte dans laquelle il a été signalé se portant aux endroits probables de passée. Si la bête n'est pas tuée en sortant de l'enceinte, on doit se porter en avant et se guider sur la voie de la meute. Toutefois quelques chasseurs doivent rester en arrière afin de secourir les chiens au cas où le sanglier ferait tête.

Jamais les sangliers ne débuchent d'une enceinte par une clairière. C'est inutile de les y attendre; ils choisissent toujours un endroit très fourré, un taillis qui paraît inextricable et qui se prolonge presque jusqu'au chemin. Quand vous les voyez, ils sont sur vous. Au reste, on les entend venir de très loin, ils brisent les gaulis et arrivent à grand bruit comme une trombe.

Si vous chassez en battue, il faut que les tireurs soient placés à bon vent dans la ligne sur laquelle marchent les rabatteurs, et en équerre sur cette ligne. On a soin également de mettre quelques tireurs en arrière.

Il va sans dire que le sanglier ne doit être tiré qu'à balle.

Si l'animal vient droit devant vous, vous devez viser au poitrail ou dans l'œil; s'il passe de travers, au défaut de l'épaule. — Son armure est tellement épaisse qu'à toute autre place on risquerait de ne pas l'arrêter.

Quand on est posté, le silence et l'immobilité la plus complète sont de rigueur.

Le grand succès du tir dépend absolument du sang-froid, car cet animal vient si près de vous, quand vous vous trouvez sur sa ligne, qu'il vous renverserait si vous n'y preniez garde. Or, comme vous le tirez à douze ou quinze pas, au plus loin, votre balle ne saurait s'égarer si votre main, en lâchant la détente, n'a pas eu un mouvement saccadé causé par l'émotion.

L'Ours

Peu de mes confrères en saint Hubert sont destinés, dans leurs chasses, à se trouver face à face avec un ours. Cependant, comme cet animal se rencontre encore dans quelques-unes de nos montagnes, notamment dans les Pyrénées, il doit trouver sa place ici.

L'ours que l'on trouve encore dans les Pyrénées est de petite taille, roux brun, et a les pieds noirs.

Il ne s'attaque que rarement à l'homme, il ne le fait que lorsqu'il est poussé par la faim ou lorsqu'il est blessé. Alors il est extrêmement dangereux; doué d'une grande force, il étreint le chasseur dans ses longues pattes et l'étouffe.

La nourriture de l'ours consiste en fruits, racines charnues, jeunes pousses des végétaux. Il va chercher dans les arbres les nids d'abeilles dont il est très friand; mais son régal est, dit-on, les fraises; quand parfois il s'aventure dans les vallées, il saccage les champs de maïs et de pommes de terre.

Les montagnards des Pyrénées vont attendre l'ours à l'affût.

Et cette chasse n'est point sans danger!

C'est d'abord après des fatigues sans nombre qu'ils atteignent les régions qu'habite ce solitaire. Là, dans un sentier, au bout d'un ravin, dans une immobilité complète ils attendent ce redoutable adversaire.

Doué d'une extrême prudence, il ne s'avance jamais qu'avec circonspection. Les chasseurs le laissent approcher à dix pas environ et sifflent. Surpris, l'animal s'arrête et se dresse sur ses pattes de derrière.

C'est le moment favorable !

Le chasseur l'ajuste au cœur et tire.

Mais il est rare que l'ours tombe du premier coup, et, blessé, il devient féroce; le chasseur immobile, sans s'approcher, le vise de nouveau et l'achève.

Cette chasse, vous le voyez, ne manque pas d'émotions; ce n'est point là qu'on peut se contenter d'un coup de fusil de parade : il faut tirer juste, car la vie en dépend.

L'ours se tire avec un lingot ou avec deux balles mariées : quelquefois une seule balle fait bien l'affaire; mais...

La chair de l'ours se mange comme rareté; quant à sa toison, elle est recherchée pour les manchons, les tapis et même les vêtements.

Le Loup

Sans être, heureusement, très répandu en France, le loup, le plus grand des carnassiers, est cependant beaucoup plus commun que l'ours. Par les hivers rigoureux, cet animal féroce signale sa présence dans beaucoup de nos provinces et y commet de véritables dévastations.

Le loup est le carnassier le plus dangereux de nos pays, et il serait vraiment redoutable si son courage répondait à sa force. Pour de l'audace, il n'en manque certes point. La vigueur de ses mâchoires le rend redoutable, l'élasticité de ses membres lui donne presque toujours la possibilité de se mettre, par la fuite, à l'abri de ses ennemis. Sa vue est perçante, son odorat et son ouïe d'une sensibilité excessive.

Renard boulé par un chasseur.

Cependant il est craintif.

On peut dire qu'il est, par excellence, le destructeur de gibier des forêts. Chevreuils, faons de cerf, lièvres, lapins, tout lui est bon. Quand, pendant l'hiver, le gibier lui fait défaut, il va jusque dans les villages : il égorge les moutons et quelquefois les vaches; et si son jeûne s'est trop prolongé, il s'attaque aux femmes et aux enfants qu'il rencontre. Ces faits sont cependant assez rares. Mais son appétit pour la chair est tellement véhément que l'on doit le poursuivre à outrance.

Les loups vivent généralement isolés. Ils ne se réunissent en bandes que lorsque, affamés, ils sentent qu'ils ont besoin du nombre afin d'opérer une razzia.

Ce n'est que pendant la nuit que le loup commet ses déprédations ; il ne se montre guère pendant le jour que lorsqu'il est obligé de pourvoir à la nourriture de ses petits.

On a constaté que le loup devient facilement enragé. Il est alors à redouter, car ses blessures sont plus terribles que celles du chien.

Il est donc, de par sa nature, l'ennemi né qu'il faut détruire à tout prix : au point de vue de l'agriculture, de la conservation du gibier et de la sûreté des habitants des campagnes.

L'État, qui s'en est à juste titre inquiété, a accordé des primes par tête de loup. Elles sont ainsi réparties : 18 francs pour un louve pleine, 15 francs pour une louve non pleine, 12 francs pour un loup et 6 francs par louveteau. Autrefois, ces primes étaient beaucoup plus considérables ; mais ces animaux malfaisants ayant diminué, elles ont été abaissées.

Il existe aussi une institution connue sous le nom de *louveterie* Son origine remonte à Charles VI qui l'établit en 1404. — Réorganisée par François Ier, elle subsista telle quelle jusqu'à la Révolution. Elle disparut à cette époque, ainsi que les charges honorifiques.

Napoléon Ier la reconstitua et nomma dans plusieurs départements des lieutenants de louveterie. Aujourd'hui, ce sont les préfets qui les nomment.

D'après les statistiques, on porte, en France, à douze cents têtes environ le nombre de loups tués par année.

Le chiffre est assez joli, et il en reste toujours !

Le loup est généralement de couleur fauve. Ceux que l'on voit un peu bigarrés feraient croire qu'ils proviennent de croisements avec des chiens.

Comme la chienne, la louve porte de soixante-deux à soixante-cinq jours et met bas de la première quinzaine de mars à la fin de mai : la portée est de 5 à 6 louveteaux.

Ce n'est jamais dans le voisinage du lieu où sont ses petits que le loup se livre à ses dévastations. On dirait qu'il craint les représailles. A dix mois, les *louvarts* se séparent de leur mère ; à un an ils sont adultes et prennent le nom de loups.

Le loup se chasse à courre, au fusil et en battue.

La chasse à courre est rare, d'abord parce qu'elle ne peut se faire partout, et que tous les chasseurs, même avec un grand désir, ne peuvent se donner cette satisfaction, ensuite parce qu'elle est très pénible et très difficile.

En raison de son fonds, de sa vitesse et de son énergie, un *vieux loup* est très difficile à forcer ; et, disons-le, peu de meutes y arrivent. Certaines races seules y parviennent, ce sont celles qui sont entées sur des chiens anglais et poitevins.

Le loup se juge dans l'espèce comme les autres animaux dont nous avons parlé, à part les individualités de la bête : par les *laissées*, les *pieds* et les *déchaussures*.

Les *laissées* sont la fiente que le loup laisse dans les carrefours. Celles du mâle sont plus compactes que celles de la louve ; et, le plus souvent, on les trouve sur une petite éminence : pierre ou tertre herbu. Les chiens font souvent ainsi. Celles de la louve sont molles et en plateaux, et on les rencontre au milieu des chemins.

Quant aux *déchaussures*, terme de veneur, ce sont les égratignures que l'on trouve auprès des *laissées*. — Les chiens eux-mêmes ont l'habitude de gratter. Or, lorsque ces *déchaussures* sont profondes, elles deviennent un indice pour l'âge de l'animal. — La louve effleure à peine le sol.

Le *pied* du loup a beaucoup d'analogie avec celui du chien de grande taille ; toutefois, en l'examinant attentivement, on remarque que celui du loup est plus allongé. Son talon est peu large et a la forme d'un cœur. Ses allures sont plus régulières que celles d'aucun chien ; de plus, le loup ne se méjuge point ; s'il marche au trot, le pied de derrière se trouve placé à trois doigts environ de celui de devant.

Le pied du *louvart* ressemble tellement à celui du chien qu'il est difficile de le reconnaître ; il faut pour cela une expérience très approfondie. Quant au pied de la louve, il est plus long que celui du mâle ; le talon est moins large et les ongles moins longs.

Essentiellement nomade, le loup n'a pas, comme les animaux dont nous avons parlé, de passages réguliers.

Lorsqu'on veut rembucher un loup, il faut le faire de *très* grand matin, et commencer par le contre-pied, afin de s'assurer de l'âge et du sexe ; en outre, éviter de rembucher de trop près, car le loup a l'oreille et le nez plus subtils qu'aucun animal, et, s'il vous éventait, il abandonnerait rapidement son liteau.

Il est nécessaire de placer plusieurs relais de chiens, et, quelle que soit leur vitesse, il est rare qu'ils puissent, comme nous l'avons dit, forcer l'animal de meute à mort.

Attaqué, le loup perce rapidement, et son avance est promptement si grande qu'il est difficile de relever les défauts.

De plus, on devra exciter et appuyer les chiens de fort près, car beaucoup ont une répugnance à suivre sa voie.

Quand la bête se forlonge trop, il n'y a point d'hallali possible, et on le comprendra aisément lorsqu'on saura qu'en une nuit un loup parcourt une trentaine de lieues, et cela sans fatigue, car il recommence le lendemain.

Si un loup est sur ses fins, il s'accule à un monticule ou à une roche et livre un combat acharné à la meute.

En août et septembre, un *louvart* ne prend pas de parti et se laisse battre dans une enceinte.

Quand on tombe sur une portée de *louvarts*, il arrive souvent que la louve intervient et donne le change aux chiens.

Si l'on chasse au fusil, et c'est la chasse la plus en usage et la plus fructueuse, on attaque avec une douzaine de chiens ; on chasse à la billebaude et l'on tire au passage.

Il faut avoir grand soin que les tireurs à pied, qui ne peuvent prendre les devants ainsi que ceux à cheval, soient placés sous le vent ; le silence absolu est de toute nécessité, et la fumée de tabac doit être prohibée.

Dans les battues, on place les tireurs en ligne de la même façon et à bordure de bois. Les rabatteurs marchent sur les tireurs en faisant grand bruit et en ayant soin de maintenir leurs distances, car souvent les loups cherchent à franchir les lignes. Pour éviter cet inconvénient, on place quelques fusils sur la même ligne que les rabatteurs.

En hiver, les pièges et les assommoirs sont des moyens de destruction très employés.

Les principaux pièges sont le *traquenard* et le *trou*.

Le *traquenard* est un disque de fer assez lourd composé de deux branches qui s'écartent à l'aide d'un ressort tendu et qui se rapprochent pour saisir l'animal au cou ou à la patte lorsqu'il s'approche pour saisir l'appât fixé entre les deux branches.

Le *trou* consiste en une fosse creusée dans les bois et recouverte de mousse et de branches fragiles, au fond de laquelle on a placé une bête morte. Le loup fait céder les branches sous son poids et tombe dans la fosse. Ce dernier piège nécessite une visite fréquente, car le loup pourrait finir par s'échapper.

A l'*affût*, le tireur se poste dans une hutte formée par des branches d'arbres. Une chèvre, ou même une charogne traînée, à une certaine distance, est le point de mire ; le loup qui a éventé cette pâture arrive la nuit pour la dévorer, et le chasseur y trouve son compte.

Mais, en résumé, l'affût au loup est un des plus problématiques que je connaisse. On en tue un sur quinze fois qu'on y va, et encore !

La question des pièges est des plus complexes.

On ne doit pas toucher aux pièges que l'on amorce, avec des mains nues ; il faut avoir des gants ; de plus il faut préparer les amorces dès le matin, afin que l'odeur de l'homme ait le temps de s'évaporer. L'affûteur devra également frotter ses souliers avec de la chair en décomposition.

C'est une besogne assez répugnante, mais beaucoup s'y soumettent.

L'odorat du loup est si fin que le maniement d'un piège avec les mains nues suffit pour le mettre en défiance et l'empêcher d'en approcher.

Le piège doit être entièrement dissimulé : on le recouvrira de feuilles sèches, de mousses ou d'herbes. Si l'on se sert de charogne pour amorcer, on aura soin d'en jeter quelques morceaux çà et là sur les voies afin que l'odeur serve de traînée jusqu'au piège.

En fait d'appât, en voici un que j'emprunte à la *Chasse Pratique* de mon confrère Ernest Bellecroix.

« Il se compose de vieux saindoux roux et de suif de chandelle mal épuré, en proportion à peu près égale. Cependant le saindoux domine. Quand cette mixture est bouillante, on jette quelques graines de genièvre, une branche de genêt, puis une partie des intestins et de la graisse de la bête crevée, ce qui doit servir à compléter l'effet de la traînée. On fait bouillir ce mélange plusieurs heures, et on le laisse refroidir. »

Ne dirait-on pas que l'on assiste à une préparation de philtre de sorcière?

Avec cet onguent préparé de la veille, l'opérateur frotte ses mains, ses souliers et le piège lui-même.

On fait frire également dans une petite quantité de cette graisse des morceaux de pain destinés à être laissés sur la traînée en même temps que le résidu sur les intestins.

Je ne suis pas pour les appâts empoisonnés : je dirai pourquoi au chapitre des pièges. L'arsenic et la strychnine causent de trop graves accidents. Je préfère la vulgaire bête en décomposition, pour l'affût ; pour le piège, la recette que je viens de transcrire.

Le loup se tire avec du zéro et du double zéro.

Le Renard

Voilà le grand ennemi des chasseurs, le braconnier incorrigible, et la désolation des basses-cours.

Ajoutons à cela que c'est un fort joli coup de fusil, que la fourrure, surtout en hiver, en est très prisée, et nous aurons donné en bloc toutes les raisons qui doivent nous engager à le pourchasser sans trêve ni merci.

Il y a deux sortes de renards : le renard d'un beau fauve et le renard dit le *charbonnier*, à cause de sa couleur noire. Ce dernier est un peu plus fort que l'autre.

Sa défiance et sa finesse extrêmes sont proverbiales.

A l'encontre du loup, il n'est point nomade, il est presque domicilié ; c'est-à-dire que, comme le lapin, il a un terrier : ordinairement il habite sur la bordure, à peu de distance des fermes, où il sait qu'il trouvera sa nourriture.

Toutefois il n'habite pas constamment son terrier, qui ne lui sert que pour cacher ses petits et sa nourriture et pour se soustraire à un danger pressant. Pendant le jour, les renards se tiennent au milieu des fourrés les plus épais, dans les grandes herbes, mais non point très loin de leur habitation souterraine.

Aussi habile que rusé, dans ses excursions nocturnes, le renard fait rarement des tentatives infructueuses. Lorsqu'il a éventé une basse-cour, il en étudie les divers accès et, quand il est bien édifié, il se glisse, se traîne, arrive et, sans perdre de temps, il ravage tout. Il commence par tuer tout ce qu'il peut, et se sauve emportant sa proie qu'il porte à son terrier ou cache en route dans un buisson ; quelques moments après, il revient chercher une seconde victime qu'il emporte et cache de même, mais dans un autre endroit ; puis une troisième, puis une quatrième, jusqu'à ce que l'aube l'avertisse qu'il est temps de songer à sa sûreté personnelle.

Lorsqu'il n'a pas de poulailler à dévaliser, le renard chasse dans l'intérieur du bois, où il détruit lièvres, lapins, perdrix, faisans, et quelquefois les jeunes chevreuils. En plaine, il mange les couvées de perdrix et de caille, prend les lièvres au gîte. — C'est, en un mot, un tombeur de gibier ; la quantité qu'il en fait disparaître est prodigieuse!

Point de chasse possible dans une forêt où ce carnassier est abondant!

Les renards entrent en rut au mois de février. La femelle porte neuf semaines et met bas en avril trois ou six *renardeaux*.

Les mois de janvier, février et mars sont les plus favorables pour la chasse au renard, parce qu'on perd moins les chiens de vue, qu'on découvre plus facilement les terriers et qu'enfin les femelles étant pleines, on détruit d'un coup de fusil quelquefois quatre à cinq renards.

En France, on chasse peu le renard à courre. Cependant, dans les Pyrénées, pendant la saison d'hiver, on organise encore fréquemment ces chasses pour le plus grand plaisir des Anglais qui sont très friands de ce délassement. Il arrive même quelque fois que le renard chassé est un renard pris quelques jours avant et détenu exprès pour le jour du combat. Car ces chasses ayant lieu toutes les semaines, à jour fixe, pendant la saison d'hiver on n'est pas toujours sûr d'en lever et il ne faut pas qu'elles manquent. Mais ce renard, lâché en plaine pour la circonstance, n'a pas le fonds d'un renard levé dans les halliers, perçant devant les chiens, et la chasse devient alors un peu chasse d'opéra-comique.

Lorsqu'on veut forcer le renard à courre, il est indispensable de boucher les terriers pendant la nuit qui précède la chasse, parce qu'alors le renard, après avoir rusé et ne trouvant plus de refuge, cherche son salut dans la fuite et prend *un parti*.

Si la plupart des chiens ont de la répugnance pour le loup, il n'en est pas de même pour le renard. Tous, au contraire, l'attaquent avec acharnement.

Le pied du renard est facile à reconnaître : il est long et étroit, le talon petit et les ongles très minces; de plus, la bête ne se méjuge jamais.

On commence par fouiller à la billebaude. Une fois lancé, il débute par ruser; mais les chiens guidés, par l'odeur très forte qu'il exhale, ne perdent pas un instant sa voie et relèvent vite tous les défauts qui pourraient se produire. Quand il s'est aperçu que toutes les issues sont bouchées, il débuche et entraîne la meute.

Pour chasser à courre, on se sert de chiens anglais dits *fox hounds*. — Mais, nous le répétons, la chasse à courre est fort peu pratiquée.

La chasse au renard la plus fréquente et la plus amusante est celle qui se fait aux chiens courants et au fusil. Pour la raison que nous avons donnée ci-dessus, tous les chiens peuvent y être employés avec succès, surtout les briquets et les bassets à jambes torses. Ces chiens de moyenne vitesse lui permettent de ruser, de se faire battre dans la même enceinte, souvent pendant plusieurs heures, repassant fréquemment aux mêmes points, en sorte que les tireurs ont de nombreuses occasions de tirer.

On a remarqué que le renard, après avoir été débusqué, fait un grand tour, puis revient exactement à une distance à peu près toujours la même de son lancé, à 100 mètres par exemple sur la passée précédente.

Il suffit donc d'attendre l'animal au retour. Et lorsqu'on a bien observé le passage des chiens collés sur la voie, on est sûr, au bout d'un quart d'heure, de l'avoir à portée du fusil.

Mais une des premières conditions de nécessité dans cette chasse, c'est de se placer à bon vent afin de ne point être éventé par la bête dont l'odorat est d'une excessive délicatesse. Les endroits les meilleurs sont : les rencontres de deux voies de communication, les coulées couvertes de ronces et de broussailles et les bords des fossés. Surtout, ne fumez point.

Un renard blessé mord dangereusement lorsqu'on porte la main sur lui; et quelquefois, pour le forcer à démordre, on est obligé de se servir d'un bâton ou d'un ferrement.

Souvent, pour détruire les renards, on les enfume. Pour ce, on bouche hermétiquement les issues du terrier, à l'exception d'une seule dans laquelle on introduit un morceau de drap soufré qu'on allume. Ensuite on comble le trou de paille ou de feuilles sèches. Lorsqu'on s'aperçoit que la fumée commence à remplir le terrier, on bouche hermétiquement cette dernière issue. Le lendemain on trouve le renard asphyxié à l'une des gueules.

Mais, lorsqu'on n'a pas bouché les terriers, il est beaucoup plus amusant de se servir du petit chien terrier qui n'hésite pas à suivre le renard dans tous les dédales de sa demeure. Ainsi forcé, le compère n'hésite pas à déguerpir, et on le tire au déboulé. Ce tir est beaucoup plus facile que celui du lapin fureté.

Le piège employé spécialement pour la destruction du renard est le *traquenard*, dont nous avons donné la description en parlant du loup.

Il faut pour le renard employer les mêmes précautions que pour le loup, car il est aussi rusé et aussi méfiant. On se sert aussi de poison; mais j'ai déjà dit ce que j'en pensais.

On va quelquefois à l'affût au renard. On se sert alors d'un appât que l'on traîne depuis le terrier jusqu'à l'endroit où l'on veut se poster, en ayant bien soin de frotter avec cet appât la semelle de ses souliers. Ces précautions accomplies : patience et immobilité !

Le renard se tire avec du 4 ; — on en tue même avec du 6, mais le 4 est préférable et, en résumé, le seul plomb à employer pour cette chasse.

Le Blaireau

C'est particulièrement dans les bois de moyenne grandeur, peuplés de lapins, que l'on trouve le blaireau.

On a affirmé que c'était l'ami du lapin ! Nous ne savons dans quel sens on doit accepter cette affirmation, car cet animal, carnivore à ses

Chasse au lièvre.

heures, attaque les petits lièvres, les faisans et en général le gibier à plume. Il peut donc parfaitement aimer le lapin; mais ne serait-ce pas pour son usage personnel; et, s'il établit de préférence sa retraite dans les bois qui en sont peuplés, n'est-ce pas plutôt afin de les avoir à sa portée?

Les opinions varient : *Adhuc sub judice lis est.*

Toujours est-il que le blaireau est classé parmi les animaux nuisibles;

et quand cela ne serait que parce qu'il s'attaque aux levrauts et au gibier à plume, la raison est très suffisante.

Le blaireau reste tout le jour enfermé dans son terrier et n'en sort que la nuit afin de pourvoir à sa nourriture. Pour aller faire sa nuit, il suit l'abri des haies, les chemins creux. S'il traverse un herbage, sa voie sera nettement marquée dans les herbes. Ses coulées sont presque toujours parfaitement indiquées. Il rentre de fort bonne heure ; aussi pour le tuer à l'affût est-il bon d'aller se poster sur son passage à quelques mètres du terrier une heure au moins avant que le jour paraisse. Il ne s'écarte jamais du chemin qu'il a suivi en s'éloignant de sa demeure.

On le chasse comme le renard en introduisant des bassets dans le terrier ; mais il arrive souvent que l'animal se défend avec rage et blesse profondément les chiens. Une fois sorti, il est très facile à tirer car ses jambes sont courtes, et son peu d'agilité ne lui permet pas de se dérober vivement.

On l'enfume aussi comme le renard. Les pièges réussissent rarement, car sa méfiance est remarquable, et il les évite presque toujours.

Blessé, il cherche à regagner son terrier afin d'y mourir. Si les chiens l'atteignent auparavant, il se renverse sur le dos, et usant de toutes ses forces, s'escrimant avec ses ongles et ses dents, il leur livre un combat souvent meurtrier. Il a la vie très dure et se défend jusqu'à la dernière extrémité, et quelquefois, comme on ne peut le tirer à cause des chiens, on doit l'assommer à coups de bâton.

La peau du blaireau, difficile à percer, est couverte d'un poil dur, ferme et même cassant. Le blaireau est long d'environ 60 centimètres, presque blanchâtre vers le dos et brun sous le ventre, particularité qui se rencontre dans quelques quadrupèdes de la famille des ours.

Sa peau, garnie de ses poils, fournit un fourrure solide mais grossière.

Sa chair est à demi mangeable et a un goût analogue à celle du mauvais sanglier. Autrefois son sang et sa graisse étaient employés en médecine.

Le blaireau se tire avec du plomb n° 2 et du 3.

La Loutre

Encore un animal qui devient rare en France !

La loutre de belle venue est presque de la taille d'un renard ; mais ses jambes plus courtes la font paraître plus petite. Le museau plat, muni de longues moustaches, est surmonté d'oreilles très courtes. Ses yeux sont petits. Destinés à nager, ses pieds sont palmés comme ceux des canards et autres oiseaux d'eau. Sa queue est longue, grosse à l'origine et pointue à l'extrémité.

Tout le monde connaît sa jolie fourrure, brune sur le dos et blanchâtre sous le ventre, luisante et fine.

Cet animal amphibie est la terreur des pêcheurs, attendu qu'il commet des dégâts considérables dans les étangs et les rivières.

La femelle met bas en avril deux ou trois petits. Il est facile de reconnaître le passage d'une loutre à ses *laissées* toujours remplies d'arêtes de poissons et de débris d'écrevisses. Elle les dépose chaque jour au même endroit, toujours sur un objet saillant ou brillant, comme une pierre blanche.

Aussi le chasseur peut, à la nuit tombante, se poster à une vingtaine de pas de cette pierre indicatrice, et, s'il a eu soin de se cacher dans un repli du terrain ou derrière des broussailles, il ne tardera pas à voir venir l'animal et le tuera à coup sûr.

Autrefois, on chassait la loutre au chien courant ; cette chasse est aujourd'hui abandonnée.

Quand on a remarqué la passée d'une loutre, dans un pré humide ou sur le bord d'un cours d'eau, on s'y rend à plusieurs avec des chiens allant fort bien à l'eau. Les chiens fouillent les racines des arbres penchés sur l'eau et les trous, et finissent par la faire sortir ; il faut alors la tirer avant qu'elle regagne l'eau, vu qu'il ne serait pas facile de l'en faire sortir.

Elle se creuse un domicile dans les îlots que l'on trouve dans presque toutes les rivières en ayant soin d'établir des communications sous-marines avec la terre ferme.

On tue quelquefois une loutre avec un chien d'arrêt; mais c'est un hasard.

Le plus sûr moyen d'en tuer, c'est, comme je l'ai indiqué plus haut, l'affût à une petite distance des *laissées*.

Une jeune loutre prise vivante peut s'apprivoiser et même se dresser à attraper du poisson : elle devient même caressante.

Le 4 et le 3 sont les numéros du plomb dont on doit se servir ; autant que possible, on doit viser la tête.

Le Lynx

Si cet animal était abondant, il serait redoutable ; mais on ne le rencontre guère que dans les Alpes et dans les Pyrénées.

Appelé vulgairement *loup cervier*, le lynx appartient à la race féline. Moins gros que le loup, il est plus bas sur jambes. Doué d'une grande force musculaire et d'une prodigieuse souplesse, il attend généralement sa proie dans l'enfourchure d'un arbre, d'où il fond sur elle avec la rapidité de la foudre.

C'est ainsi qu'il se place pour attendre cerfs, daims, faons, etc. Les lièvres, les martres, les écureuils, sont aussi ses victimes. Ses mœurs ont beaucoup de ressemblance avec celles du chat. Son pelage varie suivant les climats et la saison ; il est en général d'un gris plus ou moins foncé, roux parfois. Le dos est de la nuance la plus obscure et se dégrade jusque sous le ventre, qui est blanc et moucheté de noir. Sa fourrure est d'un excellent usage.

Sa rareté dans notre pays fait qu'on le chasse peu.

Si dans vos excursions vous veniez à le rencontrer, tirez-le avec du n° 3.

Le Chat sauvage

Le chat sauvage est beaucoup plus répandu que le lynx. Il habite les forêts de quelque étendue et même les grands bois où il vit par couples.

On ne le rencontre pas toujours dans toute la pureté de sa race, car il s'accouple souvent avec le chat domestique qui lui aussi fréquente les bois, et finit quelquefois par y élire domicile pour la plus grande désolation des chasseurs.

Le chat sauvage est un destructeur terrible : lièvres, lapins, faisans, perdrix, tout y passe.

Les nids remplis d'œufs ou de petits font également ses délices, il mérite donc le coup de fusil quand on l'aperçoit.

La femelle met bas au printemps cinq ou six petits déposés dans le creux d'un arbre.

Blessé, le chat sauvage est féroce.

Un jour, en chasse dans un bois, un de mes amis en voit un bondir d'un fourré, il le tire. L'animal va bouler dans un sentier entre deux ronces. Lorsqu'il vit que nous marchions vers lui, il se mit à jurer avec une vigueur extraordinaire, il écumait. Rassemblant ce qui lui restait de forces, il voulut bondir sur nous.

L'élan fut donné, mais il retomba à quelques pas ; il avait les reins coupés ! Ainsi, avec la seule force de ses jarrets, il avait fait un dernier bond pour lutter contre son ennemi.

En pareil cas, n'hésitez point à le saluer d'un nouveau coup de feu et prenez garde à votre chien.

J'ai tout à l'heure parlé du chat domestique qui s'accouple avec le sauvage et forme à son tour souche de braconniers redoutables ; j'ajouterai que tout chat rencontré en forêt ou dans un bois doit être tué impitoyablement.

Invités dans une chasse gardée, si vous en rencontrez un, tuez-le ! Votre hôte vous en saura un gré infini! vous lui aurez rendu un véritable service.

Je vais même plus loin ; en plaine un chat rencontré à deux cents mètres d'une ferme doit être tiré.

On vous dira peut-être qu'il *mulotait;* mais je vous dis que, la plupart du temps, il guette les perdrix ou les levrauts dont il fait une grande destruction.

Quant au bois, je le répète, sa présence seule doit être punie de mort.

Et puis, une peau de chat, je le rappelle pour mémoire, est excellente contre les rhumatismes, et nous autres chasseurs, nous devons penser à l'avenir qui nous attend.

On tire le chat sauvage et le chat maraudeur avec du plomb n° 5.

La Martre

Nous voici arrivés aux petits carnassiers qui, bien que de petite taille, causent cependant de grands ravages.

Le plus grand des quatre dont nous allons parler, et le moins connu, c'est la martre.

Elle mesure 80 centimètres de longueur : son pelage est brun avec une tache jaune sous la gorge. On en voit dans quelques départements, notamment dans la Manche. Elle habite les grands bois et ne s'établit jamais à proximité des habitations. Elle n'en approche quelquefois qu'à la façon du renard afin d'enlever sa proie. Le jour, elle dort dans le creux d'un arbre et chasse la nuit.

La martre s'attaque aux levrauts, aux lapereaux, aux faisans et à tous les petits oiseaux : elle fait aussi son régal de tous les œufs qu'elle trouve.

S'il vous est donné d'en rencontrer une, une cartouche de plomb n° 6 vous délivrera d'un ennemi, et vous donnera une jolie peau.

La Fouine

La fouine ressemble beaucoup à la martre; mais elle est plus petite, et son pelage n'a pas de tache jaune sous la gorge qui est d'un blanc net. De plus, elle est très commune. Elle se tient sur la lisière des bois et, l'hiver, bien souvent près des fermes ou des granges. La fouine est pour les basses-cours un ennemi aussi redoutable que le renard. L'été elle chasse en forêt lièvres, faisans et perdrix. La femelle met bas trois à cinq petits.

Supprimez-la avec une cartouche n° 7.

Le Putois

Aussi commun au moins que la fouine, le putois commet les mêmes ravages. Il est un peu plus petit; son pelage, tirant sur le noir, est fauve sur les flancs et jaunâtre sous le ventre : son museau est blanc et sa queue assez longue.

Sa présence dans un bois est immédiatement signalée, non seulement au chien, mais encore au chasseur, par la forte odeur musquée qu'elle dégage. Pressé par le chien, il grimpe dans un arbre et attend, caché dans une fourche, que le danger soit passé. Mais, vous l'avez vu et vous le tirez perché absolument comme une grive.

Si vous ne l'avez point aperçu, votre chien se charge de vous le signaler : il s'assied au pied de l'arbre et regarde en l'air en jappant. Suivez son rayon visuel, et vous verrez l'animal prêt à s'élancer, vous surveillant d'un côté et votre chien de l'autre.

Les putois se tuent souvent à l'affût en se postant près d'une garenne; on les chasse aussi l'hiver à l'aide de bassets quand ils sont réfugiés dans des hangars de ferme.

Tirez-le avec du 7 et tachez de ménager la peau qui est assez prisée.

La Belette

Beaucoup plus petite que les précédents, la belette est aussi nuisible. Son ventre et sa gorge sont d'un beau blanc. Elle détruit la volaille et le gibier; et, toute petite qu'elle est, on en a vu venir parfaitement à bout d'un vigoureux bouquin. Elle grimpe dessus, se laisse emporter par lui, lui enfonce ses griffes et ses dents dans le dos jusqu'à qu'il succombe! Au bois, elle se glisse dans les terriers à lapins et leur suce le sang.

La belette ne marche point d'un pas égal, elle va en bondissant par petits sauts inégaux et précipités.

La seule qualité à l'actif de ce petit carnassier est de faire une guerre acharnée aux rats et aux mulots. Il est leur terreur. Mais comme il ne saurait de cette façon compenser des dégâts qu'il fait dans une chasse, on le servira d'une cartouche de 7 ou de 8.

Ces quatre animaux seront très surveillés par les gardes qui leur feront une guerre à outrance. Dès qu'on connaît un passage, il faut y

Terrier de lapin.

mettre des pièges : les assommoirs, les petits traquenards sont les meilleurs. C'est à l'aide de traînées qu'on amène au piège le putois, la fouine et la belette.

Je mettrai au nombre de ces destructeurs la petite hermine appelée roselet en Normandie, où on la rencontre encore. Son pelage est d'un brun marron pâle en dessus et blanc jaunâtre en dessous. L'hiver il devient blanc jaune, sauf le bout de la queue qui reste noir.

Le roselet fait une grande consommation d'œufs de perdrix, de cailles, etc.; de plus il est très carnassier et s'attaque aux jeunes lièvres et aux lapereaux quand il peut les surprendre. Il se réfugie souvent dans les trous de pierres. On le rencontre le long des chemins de traverse dans les ornières.

Il marche par sauts comme la belette. On le tue avec du 8.

L'Écureuil

Ce petit animal sautillant de branche en branche, traversant comme une fusée les allées des parcs, des bois et des forêts constitue lui aussi une *espèce* de chasse.

Mais cette chasse d'*amateurs* de châtelains et châtelaines — car les femmes sont souvent de la partie — n'a guère de saveur pour le véritable chasseur. Elle n'est en résumé qu'un exercice à tir pour les jeunes et pour ceux qui ne veulent pas se fatiguer.

Tout le monde connaît ce gracieux animal dont la prestesse est merveilleuse. On pourrait l'appeler le singe de nos bois.

L'écureuil ne reste point dans les taillis; mais dans les bois de hauteur, sur les vieux arbres des plus hautes futaies en particulier, sur les chênes et sur les sapins, dont il mange les bourgeons et auxquels il cause un préjudice réel.

A ce point de vue, on ne doit point le laisser se propager en grande quantité dans un parc.

La femelle de l'écureuil met bas, vers la fin de juin, quatre ou cinq petits. L'écureuil détruit les couvées et les œufs des petits oiseaux; c'est donc un animal nuisible à plus d'un titre.

L'écureuil connu dans nos contrées est d'un roux vif sur le dos et blanc sous le ventre. En hiver, surtout dans le Nord, il prend une couleur gris cendrée et sa peau est alors recherché, dans le commerce sous le nom de *petit gris*. Sa chair, dit-on, est bonne; mais je n'ai jamais eu le courage d'en manger.

Tuez et jugez.

La chasse ne demande point grand appareil.

Un seul chien suffit pour faire remonter dans les arbres ceux qui sont descendus à terre en quête de nourriture. En outre vous prenez un homme qui, avec un bâton, frappe le tronc des grands arbres sur lesquels on préjuge qu'ils sont nichés.

Les chasseurs, le fusil au port d'arme, se placent sous les arbres qui font vis-à-vis à ceux que l'on bat.

En entendant les coups sur le bas du chêne ou du hêtre, l'écureuil sort de sa retraite et vient voir; alors ils peuvent tirer.

Ceux qui font le bois pour les exciter davantage poussent à plusieurs reprises les cris *aroux! aroux!*

Lorsque ces animaux sont nombreux dans la futaie qu'on bat, on les voit sortir de tous les côtés, et les tireurs ont beau jeu

Cependant il faut être rapide à jeter son coup de fusil, car dès qu'ils vous ont aperçus ils sautent et ont toujours soin de mettre une branche entre eux et le chasseur. Ils tournent aussi autour du tronc avec une grande rapidité.

Leurs griffes sont tellement aiguës qu'ils gravissent l'écorce lisse d'un hêtre depuis le bas jusqu'au sommet.

Il arrive aussi qu'un écureuil touché par le plomb se cramponne à l'arbre et ne dégringole pas. Dans ses dernières convulsions il se raidit et demeure comme cloué. Le chasseur désorienté ne sait que penser! qu'il attende; l'animal quelques minutes après, mais bien mort cette fois, tombera au pied de l'arbre. Il a cela de commun avec le pic grimpereau.

Si les futaies sont hautes on tire l'écureuil avec du 7, autrement le 8 suffit.

Le Lièvre

> Lièvre je suis, de petite stature,
> Donnant plaisir aux nobles et gentils :
> D'estre léger et vite de nature,
> Sur toute beste on me donne le prix...
> — Du Fouilloux.

Las! ce beau gibier qui fait le fond des chasses de bois et de plaines diminue aussi dans une proportion considérable. Si on ne le protège pas efficacement contre les braconniers de tout genre, il finira par disparaître au moins pour le commun des mortels. On ne le trouve plus que dans les chasses archigardées, et encore là, comme ailleurs, il se comptera dans une proportion décroissante de 3 sur 30.

Tous les chasseurs, dans leur intérêt personnel, doivent faire appel à la société constituée pour la répression du braconnage.

Le pauvre lièvre est le point de mire de tout chasseur, — nous ne disons point de tout tireur — de tout braconnier affûteur et du fabricant de collets, de tous les carnassiers dont nous avons parlé, des oiseaux de proie, et il est la victime du déboisement des plaines. Ajoutez à cela les maladies qui le déciment. Comment, alors, veut-on qu'il résiste?

Il est vrai qu'il multiplie beaucoup; cependant il ne peut y suffire.

Ah! si il n'avait contre lui que la chasse!

Mais la guerre qu'on lui fait est sans merci. Il n'y a pas pour lui de morte saison : toute l'année il est traqué de toutes parts, et son plus mauvais temps n'est pas celui autorisé, pendant lequel on le tire au grand jour!

S'il venait à nous manquer, que deviendrions-nous?

Je ne sais pas d'animal plus charmant, plus gai d'allures, plus intéressant, plus joli à la vue avec sa belle fourrure et ses grands yeux roux, plus agréable au toucher pour le chasseur!

Comme tireur, je préfère abattre une perdrix; mais, en temps que chasseur, il n'y a aucun gibier que j'aime autant à ramasser qu'un beau lièvre blond, bien touché soit en traversant un chemin dans un bois, soit au déboulé en plaine.

Après en avoir bien tué, j'ai encore comme une joie d'enfant à en tenir un par les pattes de devant, pour le contempler à mon aise, la tête renversée en arrière avec ses longues moustaches, son œil jaune d'or, encore brillant et la fourrure blanche de son ventre. Je le protège contre la dent du chien qui se dresse pour l'atteindre. Je lisse le poil de son dos, et je le couche avec un plaisir inouï dans ma carnassière.

Je le plains presque, ce pauvre hère, de tous le plus inoffensif, lui si doux, si beau, si friand de vie sauvage. Je me trouve brutal! Et cependant je suis prêt à recommencer... tant j'aime à le tenir dans mes mains!

Spécialement construit pour la course, le lièvre a les jambes de derrière fortement musclées et plus longues que celles de devant; c'est pour cela qu'il préfère monter que descendre. Doué d'une grande vitesse, il ne tarde pas à distancer les chiens.

Il fait des bonds énormes et franchit de très hautes clôtures. J'en ai un jour vu un égaré dans un jardin muraillé dont la porte sur le parc était restée ouverte; quand il aperçut l'entrée gardée, il s'élança dans une encoignure, et après trois essais infructueux il parvint à franchir la porte qui avait six pieds et quelques pouces de hauteur.

Le lièvre a les yeux placés obliquement, en sorte qu'il ne voit pas devant lui. Aussi saute-t-il un fossé, c'est toujours de côté. Mais, si sa vue est médiocre, il a l'ouïe d'une grande finesse. La forme de ses oreilles lui permet de percevoir les moindres sons, et cela de fort loin.

Le lièvre se nourrit de végétaux et des pousses des arbres. J'ai dit tout à l'heure que sa fécondité était très grande. En effet, le mâle ou *bouquin* peut reproduire toute l'année, mais c'est particulièrement en janvier que les femelles ou *hases* sont en chaleur.

Celles-ci portent trente jours et mettent bas de deux à quatre *levrauts*. Elles peuvent être fécondées presque aussitôt après. Aussi compte-t-on par femelle trois portées au moins par an. Quelquefois elles vont jusqu'à cinq.

L'acharnement des *bouquins* après les hases est incroyable ; ils se livrent entre eux des combats terribles et quelques-uns y trouvent la mort. Mais cela n'arrive que dans les endroits où les lièvres sont en grande quantité.

Il y a peu d'endroits où l'on puisse, hélas ! redouter ces combats.

Les petits quittent leur mère environ vingt jours après leur naissance et pourvoient d'eux-mêmes à leur nourriture. Ils ne s'éloignent du lieu où ils sont nés qu'après quelques mois, et ils se gîtent à peu de distance les uns des autres.

Les lièvres vivent de sept à huit ans, quand on leur en donne le temps.

Comme on le sait, le lièvre ne se terre point ; mais il se gîte. En campagne il gratte la terre avec ses pattes et se pelotonne entre deux mottes de terre de façon que son corps, comme aplati, ne fasse qu'un avec la surface du sol. Quelquefois il revient au même gîte, mais il en change souvent suivant les saisons, la température et l'état de l'atmosphère.

Pendant l'été, et quand il fait chaud, le lièvre se place presque toujours dans une luzerne à dix pas du bord ; dans un champ de colza. Dans l'hiver, au contraire, il se place au midi, à l'abri du vent, sur le bord d'un fossé, pas loin des cours qui entourent les habitations, ou encore dans un guéret anciennement labouré qu'il choisit presque toujours se rapprochant de la couleur de son poil. Il craint la rosée et choisit pour marcher les sentiers battus.

Dans les bois et les taillis, il se fait un chemin qu'il suit toujours. En terme de chasse, on appelle son passage des *coulées*. Elles sont faciles à reconnaître par le chasseur qui a soin de s'y poster quand les chiens chassent, surtout si elles donnent au croisement de deux chemins. Il est alors à peu près certain de tirer l'animal.

Il faut un œil très expérimenté pour voir un lièvre au gîte tant la couleur de l'animal se marie bien avec celle du sol.

Il est cependant utile de s'y exercer, non point afin d'aller *assassiner* l'animal dans sa maison, mais pour ne point être pris au dépourvu quand il déboulera.

Le lièvre fait ne tient jamais le milieu d'un champ, il en aime les bords ; le levraut, au contraire, se gîte au milieu des sainfoins et, comme s'il avait moins de confiance dans son agilité, il se dérobe souvent derrière les chiens, se rase et ne quitte l'enceinte que lorsque le chasseur est à l'autre bout.

Si vous rencontrez un gîte vide, regardez s'il est frais et assurez-vous par le toucher s'il est chaud. Si oui, la terre sera légèrement grattée en avant et le lièvre est souvent rasé à peu de distance. Fouillez les touffes d'herbe avec précaution, regardez autour de vous et ne parlez pas.

J'ajouterai qu'il ne faut jamais chercher un lièvre à *plat* dans le creux d'un sillon ! Il se tient toujours obliquement sur un des deux versants.

Après une gelée blanche, il arrive quelquefois qu'on aperçoit à cent ou deux cents pas dans la plaine une petite vapeur qui semble s'élever de terre à environ quatre pouces. Cette vapeur, que le soleil, s'il est en face de vous, fait facilement découvrir, est le souffle d'un lièvre.

Vous ne devez point marcher droit sur lui à pas légers. Il faut, au contraire, aller vite en faisant un détour et chercher à le tourner. En un mot, — ceci pourra étonner quelques-uns, mais le fait est vrai — il ne faut pas avoir l'air de s'occuper de lui.

Méfiez-vous, dans un guéret ou dans un chaume des légères protubérances. — Vous ferez souvent bien des pas en vain ; mais aussi quelquefois ce qui de loin ressemble à une pierre ou à une motte couverte de filandres est un lièvre !

Le *bouquin* est plus court et moins gros que la *hase* ; le premier appuie plus du talon que cette dernière. Son talon est large, le pied étroit et pointu, les ongles sont moins acérés, parce qu'il fait généralement plus de chemin que la femelle qui s'éloigne peu du canton qu'elle a choisi

Le pied de la hase est plus large, et le talon, garni de poils, est plus marqué que la pince.

Le lièvre voyage beaucoup surtout dans le temps du rut. Il n'est pas rare de le voir faire sept et huit kilomètres pour trouver une femelle.

La nature du terrain influe beaucoup sur la couleur de ces animaux ; les lièvres de montagne sont plus trapus que ceux de plaine, leur pelage est plus sombre, et ils ont plus de blanc sous le cou ; ceux de plaine sont plus roux. Dans les terres argileuses, on en voit de presque jaunes, qu'on appelle lièvres blonds.

Il y a aussi les lièvres dits ladres qui cantonnent dans les marais et les lieux humides ; leur chair est mauvaise, molle et blanchâtre.

La voie du lièvre est assez légère et fugitive ; aussi les chiens que l'on réserve pour sa chasse doivent-ils avoir un excellent nez. De plus il est utile si l'on a une bonne meute à lièvre, de ne la mettre jamais sur la voie d'un autre animal.

La voie de l'animal s'échauffe avec la course, et alors elle devient plus sûre.

Pour chasser le lièvre plus que pour tout autre animal, il faut tenir bien compte de la température. Et, à cause de cette légèreté extrême de voie dont nous venons de parler, les fortes chaleurs, les grandes gelées et les sécheresses prolongées sont défavorables.

On ne doit plus parler que pour mémoire de la chasse au lièvre avec des lévriers. La loi de 1844 est venue la ranger au nombre des chasses prohibées. — Les lévriers qui chassent à vue forcent le lièvre en plaine en moins de six minutes.

La chasse à courre du lièvre est regardée comme une des plus minutieuses pour les raisons que nous venons de donner plus haut.

On ne détourne pas le lièvre; on l'attaque à la billebaude, soit en découplant toute la meute à l'endroit où on croit pouvoir le lancer, soit en découplant seulement deux ou trois chiens avec lesquels on cherche à l'approcher jusqu'au moment où, étant certain de la voie, on lance le reste de la meute.

On doit avoir soin de quêter à bon vent et d'appuyer fortement les chiens de la voix et de la trompe.

La quête du lièvre demande beaucoup d'attention; il faut refaire tous les tours qu'il a faits pendant la nuit.

Si c'est un bouquin, aussitôt lancé, le lièvre passe en avant et prend son parti. Lorsqu'il a distancé les chiens, il commence les ruses dont les principales sont les *hourvaris* qui consistent en retours sur sa route, en bonds à droite et à gauche. Dans les forêts et bois humides les ruses se compliquent à l'infini, il bondit dans les fossés, traverse les ruisseaux : ce qui met les chiens en défaut.

La hase ne prend point de grand parti; surtout quand elle est vieille, elle se fait battre longtemps dans l'enceinte où elle a été levée, et quand elle débuche elle revient au bout de peu de temps au lancé.

Tant que le lièvre n'a pas débuché, il tend à revenir au gîte. Si c'est au bois, il faut donc pour relever un défaut battre en arrière. En plaine, on doit, au contraire, se porter en avant, car il ne ruse que pour gagner du terrain.

Les chasseurs, pour relever un défaut, décriront des cercles concentriques autour du point où la voie a été perdue, parce qu'il arrive que le lièvre se relaisse dans un buisson ou sous une cépée.

Quand le lièvre se fatigue, le sentiment qu'il répand va en s'affaiblissant, ce qui quelquefois rend la chasse infructueuse.

Lorsque l'animal *porte la hotte*, c'est-à-dire lorsque, son dos s'arrondissant par la fatigue, il paraît plus haut sur ses jambes qu'au lancer, l'hallali est proche. Alors ses randonnées sont moins longues, et il se rase plus souvent

On fait toujours la curée chaude d'un lièvre forcé. C'est une récompense pour les chiens, et on les invite à cette chasse. D'ailleurs un lièvre couru quatre heures de temps n'est guère bon pour la cuisine.

La chasse au lièvre avec les chiens courants et le fusil est une des plus attrayantes de l'arrière-saison et de l'hiver.

Vers la mi-octobre, la chasse au chien d'arrêt en plaine est généralement terminée.

C'est donc vers le bois que le chasseur tourne ses yeux remplis d'espérance. S'il ne lui est pas donné de tirer à chaque chasse, il a au moins la consolation d'entendre la musique d'une meute vaillante, si douce pour ses oreilles, et en outre il assiste aux péripéties sans nombre de cette chasse charmante et qui demande une grande expérience.

Pour cette chasse, on se sert ordinairement de briquets ou de bassets.

Si le bois est petit, prenez des bassets à jambes torses, ils vont peu vite, et vous avez le loisir de considérer à votre aise le bel animal mettre à profit toutes ses ruses.

Les chasseurs doivent se placer dans les sentiers et les carrefours qui coupent les enceintes. La lisière du bois est également excellente; mais, pour cela, il faut connaître le terrain et les passages.

Portez-vous toujours en face d'une clairière. Le lièvre, au contraire du lapin, ne suit pas les endroits couverts, tels que les bruyères. Il débuche des grandes herbes blanches pour venir en place nette. Là, il s'assied souvent, s'il a de l'avance, afin d'écouter les chiens. Son tir est alors extrêmement facile; s'il suit un sentier, il ne se dérangera pas; si vous êtes immobile et si vous ne faites pas de bruit, vous le tirerez au moment où vous le jugerez facile à rouler.

Souvent, en restant près du lancé, on a de grandes chances de le tirer.

Le grand savoir dans cette chasse est de bien connaître les habitudes du lièvre, qui est essentiellement routinier, et de suivre attentivement la voix des chiens.

Un chasseur *qui sait*, avec chance égale, car enfin il faut dans tout tenir compte du hasard, tirera dix fois sur un novice quatre.

C'est ce qui fait la grande force des gardes et... des braconniers.

Connaissez bien le bois, en vous pénétrant bien de ces données, trois fois sur quatre vous tuerez le lièvre.

Je dis tuer, car au chien courant un lièvre est très facile à tirer. J'ajouterai encore que souvent il vous passe plusieurs fois.

Vous avez d'abord le lancé, puis la rentrée. La rentrée est fatale pour lui si vous avez bien observé ses hourvaris, et si vous vous portez à quarante pas environ du débuché. Bien mené, il rentrera à trente pas à droite ou à gauche du lancé. S'il s'écartait, à cent pas ou deux cents pas, le voyant revenir en plaine, vous avez le temps de vous porter en avant ou en arrière.

Chasse à la perdrix en plaine.

Surtout, observez les *coulées* et les places *nettes*. Tout est là.

Au chien d'arrêt, on tire également le lièvre au bois, au déboulé en clairière; mais la chasse au chien d'arrêt au lièvre se fait en plaine.

J'ai indiqué plus haut où on le trouve. Au déboulé, lancez vivement votre coup, dès qu'il se trouve en ligne droite de la mire; s'il est manqué ou seulement touché, vous avez la faculté de redoubler.

Un lièvre qui part droit devant le chasseur et qui file droit doit être visé entre les deux oreilles; de cette façon la charge lui arrivant en plein dos le roule, et il fait le *manchon*.

Si vous le tirez en cul, — vous savez le proverbe : « Un derrière de lièvre est un sac à plomb », il vous laissera du poil; mais ce sera tout.

En travers, visez l'épaule, — vous l'atteindrez au flanc. Un lièvre en travers est facile à tirer, mais difficile à toucher. Le temps de mirer, de lâcher la détente, il est souvent passé et le coup tombe derrière.

A trente cinq pas tirez à trente centimètres devant la bête; à cinquante pas, cinquante centimètres en ayant soin de la bien découvrir.

Si le lièvre vient droit à vous, tirez bas. Il faut voir les deux pattes de devant sur la mire de votre fusil.

S'il est à vingt pas, tirez au bas du poitrail.

Si, venant à vous, le lièvre vous aperçoit, il fait un bond et se retourne. Tirez à la tête!

Le lièvre connaît, comme tous les animaux du reste, vingt-quatre heures à l'avance le temps qu'il doit faire. Il est au moins aussi fort que ces messieurs de l'Observatoire.

Pour la chasse au chien d'arrêt, examinez donc scrupuleusement l'état de l'atmosphère.

S'il pleut, ou s'il doit pleuvoir, cherchez le lièvre dans les carrières, dans les terrains pierreux couverts d'herbe, de ronces, de chardons, généralement dans tous les endroits secs à l'abri du vent.

Si le vent est au nord ou à l'est, le lièvre ne s'en garantira que les premiers jours. Le troisième jour il se gîte en plein air, le nez au vent si c'est un bouquin : — une hase se met le derrière au vent.

Faut-il tirer un lièvre au gîte?

En plaine, non !

Car vous l'avez aperçu et vous avez, vous chasseur impressionnable, tout le temps de vous remettre et de l'ajuster de sang-froid en chasseur et *tireur*.

Au bois? Si vous n'avez qu'un chien et qu'en voyant sa position dans un hallier vous pensez qu'il sera perdu pour vous, oui !

Quant à l'affût, jamais, jamais !

C'est un meurtre! Il est si insouciant et si joli, ce lièvre qui, ne se préoccupant de rien, va faire sa nuit ou en revient !

A l'ouverture un lièvre se tire avec du 7 et même du 8. A l'arrière-saison, au bois, ne vous servez que de 4 et mieux de 3, la fourrure étant très épaisse et l'animal, souvent éloigné de vous, devant se dérober dans un buisson, où il pourrait être perdu si vous ne l'arrêtiez court.

Un lièvre qui n'a que la cuisse cassée n'est point à vous, si vous n'avez un chien de grande vitesse et à jarret bas.

Surveillez toujours un lièvre tiré. Si votre œil n'est point très exercé vous pouvez croire que vous n'avez pas touché, quand à cent pas du tiré votre lièvre tombe mort. Il a à peu près la même allure jusqu'au moment où il tombe pour ne plus se relever. D'autres fois vous avez fait voler le poil et vous le croyez perdu. Erreur! Rappelez-vous le sac à plomb!

Le Lapin.

Les habitudes du lapin diffèrent beaucoup de celles du lièvre. Aussi y a-t-il antipathie entre les deux races, et les cantons fréquentés par l'une sont en partie désertés par l'autre.

Vivant cependant dans les terrains qui ne sont point trop humides, le lapin préfère les terrains sablonneux dans lesquels il creuse facilement son terrier. C'est ainsi qu'on en rencontre de grandes quantités dans les dunes du côté de Boulogne et de Dunkerque.

Le propriétaire d'une bonne chasse doit toujours avoir un bois bien fourni en lapins; si la journée est mauvaise, il est au moins certain de ne pas revenir bredouille.

Un bois à lapins est le *refugium* des malheureux. Je ne dis pas des malhabiles, car le lapin n'est pas des plus faciles à tirer.

Le lapin pullule beaucoup. Trois mâles et neuf femelles dans un bois peuvent en fournir deux cents à la fin de l'année.

Les lapins peuvent engendrer et produire à l'âge de cinq ou six mois. La hase porte de trente à trente et un jours et met bas quatre, cinq, six et quelquefois huit petits; et comme elle entre en chaleur dès qu'elle a fait l'allaitement, soit six semaines environ, elle fait une portée au moins par saison. La femelle dépose ses petits non dans son terrier où elle craindrait la voracité du mâle; mais dans un trou appelé *rabouillère* qu'elle creuse à cet effet. Elle tapisse ce *retiro* avec les poils qu'elle s'arrache du ventre, elle recouvre l'entrée avec de la terre et des brins d'herbe sèche.

Le lapin vit beaucoup moins en plaine que le lièvre; il se plaît dans les terrains peu couverts, rocailleux, inégaux, garnis de ronces et de buissons. Son terrier qui est très profond et bien disposé ne lui sert que dans les mauvais temps et au moment du danger. A l'encontre du lièvre, il aime beaucoup le soleil ; aussi, par les beaux jours et par les temps de gelée, se pelotonne-t-il dans les herbes, particulièrement dans les bruyères, au pied des gros arbres dont les racines saillantes et croisées lui forment un double abri.

Une fois blotti, le lapin devient paresseux ; il part difficilement, et dix fois vous passerez auprès de lui sans qu'il bouge, surtout si vous ne vous êtes pas arrêté auprès de son gîte. Il se laisse facilement arrêter par le chien et ne part que lorsque ce dernier est sur le point de le saisir. Mais alors il déboule avec une rapidité incroyable. On dirait une boule.

Ne suivant pas de ligne droite et faisant des crochets il se dérobe dans les fourrés souvent avant qu'on ait eu le temps de le mettre en joue.

Le chasseur doit alors *jeter* avec rapidité son coup de fusil.

Quelquefois même, il est obligé de tirer au *jugé*, c'est-à-dire à l'entrée du buisson où il pense qu'il a dû se retirer.

Je n'ai pas besoin de dire que ce tir, obligatoire dans quelques occasions, est peu sûr.

Quand le lapin a occupé pendant la journée son terrier, c'est vers les quatre heures du soir qu'il sort, — c'est le moment de l'affût, car celui-là est permis sinon par la loi, du moins par les chasseurs.

Au départ, comme à la rentrée au terrier, il n'est ruse qu'il n'emploie pour dissimuler sa piste. Pendant que la bande pâture ou s'amuse, il y a des sentinelles placées sur une petite éminence, chargées de veiller à la sûreté générale. Lorsqu'un bruit insolite se fait entendre, les sentinelles frappent du pied, et la troupe rentre au terrier se bousculant avec une rapidité vertigineuse.

Le lapin se chasse de plusieurs manières : au fusil et au chien courant, au chien d'arrêt, au furet et en battue.

On reconnaît vite la présence de lapins dans un bois : ce sont d'abord les terriers fréquentés, les crottes nombreuses répandues dans les clairières et les *jouettes*, ou grattes sur le sol.

Pour le chasser au chien courant on emploie de préférence des bassets à jambes torses. Un couple de chiens de même pied suffit pour procurer une chasse fort attrayante.

On lâche les chiens dans l'enceinte que l'on désire explorer, et la bête est promptement lancée.

Le lapin une fois debout, ne prend pas de parti, il ruse et fait des randonnées à l'infini. C'est pendant ces randonnées qu'il se laisse entrevoir et que le chasseur peut le tuer.

Comme pour le lièvre, les chasseurs se tiennent dans les carrefours, sur les routes, en ayant soin de se tenir sous le vent. Lorsqu'on veut augmenter les chances de tir, on se tient à proximité des terriers ; car la principale manœuvre du lapin, quand il se sent pressé par les chiens, est de revenir au terrier.

Si vous êtes en lisière, soit dans un chemin, soit sous la route, ne l'attendez pas comme le lièvre dans une clairière ; il surgira au contraire soudainement d'une touffe d'herbes, d'un buisson ou dans une *passée* à demi couverte de bruyères.

Si l'on a eu soin de boucher les terriers, on est sûr de tuer le lapin, — car dans une chasse le même animal vous repasse quatre et cinq fois.

Surtout ne faites aucun bruit.

Vous êtes tout étonné quelquefois que les chiens viennent suivre la piste jusqu'à vos pieds. Le lapin est venu ; mais il vous a vu remuer ou entendu, et déjà il est reparti pour une nouvelle randonnée.

Si la chasse au lièvre est la plus intéressante, celle au lapin est une des plus amusantes.

On chasse le lapin au chien d'arrêt dans les jeunes taillis et dans les broussailles.

On doit battre le terrain avec soin, car le lapin laisse souvent passer chasseurs et chiens. Aussi n'ayez pas peur de battre avec le bout du fusil les buissons que vous rencontrez.

Dès que votre chien tombe en arrêt. Soyez prêt à tirer, parce que l'animal part comme un trait :

Un lapin déboule plus vite qu'un *lièvre !*

Le tir du lapin demande une grande habitude : il exige une grande prestesse de coup d'œil et une excessive vélocité de mouvements. On ne peut assurer le coup comme pour le lièvre.

Tel tire bien en plaine qui échoue souvent dans cette chasse à l'éclair.

Lorsqu'on possède un bois bien fourni de lapins, il arrive souvent que l'on se sert de furet soit pour les détruire, soit pour être sûr de ne pas revenir *bredouille.*

Le furet est un petit animal de la race des martes ; c'est l'ennemi mortel de la gent lapinière. Sa robe est blanche, ou jaune, ou brune avec taches. Son corps exhale une odeur très caractéristique. Il sert à chasser le lapin.

Ordinairement, on le loge dans un tonneau défoncé que l'on remplit au tiers de paille et d'étoupe. C'est là qu'il dort les trois quarts du temps. Sa nourriture se compose de lait, de pain et de son, qu'on lui présente matin et soir.

Pour l'emporter à la chasse, on le met tout simplement dans un sac dont on ficèle bien l'orifice.

Quand on veut fureter, il faut commencer par s'assurer si le terrier est fréquenté.

La chose est facile.

Un terrier fréquenté est recouvert de *grattes* et de *jouettes* et, çà et là, on voit des crottins.

Quelquefois aussi, on se sert d'un chien d'arrêt qui *marque au terrier*, c'est-à-dire arrête sur une gueule quand il sent le lapin.

D'autrefois on fait battre le bois par un ou deux rabatteurs ou bien par deux bassets; houspillé dans les buissons, le lapin ne tarde pas à regagner sa demeure: c'est alors qu'on lâche le furet. — Les chasseurs postés en *arrière* des gueules tirent l'animal au déboulé. Ce tir est très difficile. On appelle cela tirer *à blanc*.

Pendant que le furet explore, les chasseurs doivent non seulement garder un silence absolu; mais encore éviter tout mouvement. Pressé dans ses derniers retranchements, le lapin arrive à l'entrée d'une gueule, et s'il entendait du bruit il retournerait, quitte à se faire étrangler par le furet.

Il ne faut pas croire qu'un terrier soit vidé quand un lapin a déboulé lors même que l'on verrait le furet le suivre de quelques secondes. On renvoie le furet explorer de nouveau les méandres du terrier, et l'on ne change pas de position. Si le furet revient deux ou trois fois à plusieurs gueules sans vouloir retourner, c'est que le terrier est vide; alors on va faire la même opération à un autre.

Il arrive quelquefois que le furet s'acharne après un lapin, lui suce le sang et s'endort dans le terrier.

Si après avoir tiré un coup de fusil à poudre à l'entrée d'une gueule, l'animal ne revient pas, on essaye d'une jatte de lait que l'on pose à l'entrée; si ce moyen, qui est encore le meilleur, ne réussit pas, on bouche toutes les gueules, en laissant à l'extérieur la jatte de lait, et l'on revient le chercher le lendemain. Alléché par l'odeur du lait, il est d'ordinaire couché derrière la paille à l'entrée de l'orifice.

Si l'on veut prendre des lapins vivants à l'aide du furet, on tend des bourses à chaque gueule du terrier. On appelle bourses, de petits sacs en filet à grandes mailles dont l'entrée se ferme au moyen d'une ficelle passée en coulisse à l'entrée.

Pour fureter, avec succès, il va de soi qu'on choisit la température qui engage les lapins à se réfugier dans leurs demeures.

Les battues au lapin sont très fructueuses; mais pour cela il faut un bon nombre de traqueurs faisant assez de bruit pour les mettre tous sur pied. Les tireurs se placent dans une allée ou sur la lisière du bois.

On tire le lapin avec du 7. — Toutefois je préfère le n° 6 parce que ce plomb l'arrête plus nettement et évite de le perdre, surtout quand il est tiré à l'entrée du terrier.

GIBIER A PLUME

Le Faisan.

Nous voici arrivés dans le domaine du brillant tireur.

Le tir au vol, celui qui demande le plus de possession de soi-même, en un mot le plus de qualités.

Dans la chasse au gibier à poil, il faut fréquemment jeter son coup : tirer au jugor.

Ici l'on peut quelquefois jeter son coup, c'est-à-dire tirer aussitôt ajustée; mais encore faut-il suivre la pièce. Le tir au jugé n'existe pas.

Le très bon tireur à la plume peut manquer au bois; mais il manquera moins souvent qu'un bon tireur au bois ne le fera en plaine, s'il n'a pas l'habileté requise qui fait le parfait chasseur.

On tire le gibier à plume de plus loin que le gibier à poil, donc il faut dans le coup d'œil plus de précision. Le tir de loin étant plus lent et plus réfléchi exige une ampleur hardie dans les mouvements et une puissance concentrée dans l'esprit.

Au bois on peut tirer les deux yeux ouverts, en plaine il faut fermer l'œil gauche et suivre le guidon.

La vue des oiseaux est tellement perçante que l'homme s'en fait difficilement une idée; du plus haut des airs ils aperçoivent sur le sol la graine ou l'insecte que nous ne pouvons distinguer du haut de notre chétive stature; leur facilité de locomotion est telle, et la précision de leur regard si parfaite, qu'ils descendent sur leur proie en ligne directe et la saisissent immédiatement avec le bec, sans hésiter, sans se tromper. Ajoutons à cela que leur domaine est l'immensité.

Il nous faut donc lutter contre un nombre infini d'avantages et *quintessencer* votre adresse afin de compenser les chances et d'obtenir la victoire.

Nous parlerons du tir dans un chapitre spécial. Procédons, comme nous l'avons fait pour le poil, par l'histoire naturelle, et les mœurs de chaque gibier à plume.

Le roi Crésus sur son trône incrusté de diamants et de pierres précieuses, ceint de son diadème, couvert de pourpre demanda à Solon, un des sept sages de la Grèce, s'il avait vu quelque part plus de magnificence.

— Oui, lui répondit le sage, j'ai vu les faisans et les paons.

Le faisan, sans être réellement aussi merveilleux que le disait Solon, est un des plus beaux oiseaux de nos forêts.

Originaire des bois de Phase, d'où il tire son nom, il a été, dit-on, apporté en Grèce par les Argonautes, et de la Grèce où il s'était propagé rapidement, il passa en Europe où il s'est acclimaté.

Aujourd'hui, il peuple les plus belles chasses et fait rêver les jeunes chasseurs; car c'est un magnifique coup de fusil; non que le tir soit mal aisé, mais parce que la bête est superbe et qu'on n'en rencontre pas partout. Puis son plumage lustré fait si bon effet dans le carnier entre les pattes d'un lièvre!

Le faisan commun, celui dont nous nous occuperons, a la tête et le cou d'un vert doré à reflets bleus; les flancs et la poitrine sont d'un marron pourpré brillant; le manteau est brun bordé de marron, la queue est d'un gris olivâtre à bandes transversales noires.

Le coq se distingue de la *poule* par sa plus grande taille, son plumage beaucoup plus éclatant et par deux membranes rouges au milieu desquelles les yeux sont placés.

La femelle a le plumage gris et terne.

Les départements dans lesquels on le rencontre en plus grande abondance sont la Seine-et-Marne, la Seine-et-Oise, et l'Oise.

En Sologne, en Touraine, ainsi qu'en Corse, il existe à l'état sauvage. Point de faisanderies organisées. Ailleurs, on ne le chasse que dans les domaines privilégiés et toujours en nombre proportionnel à l'élevage.

Les climats frais et boisés sont ceux qui conviennent le mieux aux faisans qui ont besoin de la plaine pour nuit; ils se branchent, et le jour ils se tiennent dans les taillis.

Au matin, ils descendent dans la plaine pour le gagnage; vers neuf heures, ils rentrent et ne ressortent qu'entre quatre et cinq heures. Après quoi ils se branchent non point au sommet des arbres, mais à vingt-cinq mètres du sol.

La nourriture du faisan consiste en graines de toutes sortes : baies de genévriers, ronces sauvages, dont il est friand, graines de genêts et de fausses nèfles, groseilles, baies de sureau, insectes, vers, fourmis et escargots.

LE LIVRE DU CHASSEUR 63

Chasse aux faisans.

Les dispositions sauvages du faisan qui le portent à fuir, non seulement les autres oiseaux, mais même ceux de son espèce, ne s'adoucissent qu'à l'époque de la pariade qui a communément lieu en mars et en avril.

Un coq féconde toujours plusieurs femelles.

La poule construit son nid soit au bois dans un buisson, soit en plaine dans un champ de blé ou d'avoine, soit encore dans une petite cavité en terre qu'elle garnit d'herbes. Elle y pond douze à vingt-quatre œufs de couleur olivâtre marqués de taches brunes. Ils sont un peu moins gros que les œufs de poule.

Les faisandeaux naissent après une incubation de vingt et un à vingt-trois jours. Ils se mettent immédiatement à courir. Mais la mère est moins attentive que la poule et elle donne indifféremment ses soins à tous ceux qui la suivent.

Le coq se joint souvent à une des couvées et à la poule et forme compagnie jusqu'à la fin de septembre.

A partir de cette époque les faisans sont isolés.

On chasse le faisan au chien d'arrêt ou en battue; mais on ne doit pas le tuer avant le mois d'octobre, c'est à ce moment que les faisandeaux ont acquis leur entier développement.

Le faisan a l'aile courte et le vol pesant, il court généralement à pied devant le chien laissant un sentiment très vif. Aussi, est-il facile de reconnaître qu'un chien est sur la piste du faisan à cause de ses nombreuses allées et venues jusqu'au moment où la bête se rase et où l'arrêt se dessine.

La femelle piète moins, et s'enlève au premier arrêt :

C'est par les temps humides après de grandes pluies que le faisan fuit le plus longtemps à pied.

Quand il part sous l'arrêt du chien, il s'élève d'abord perpendiculairement en poussant un cri si c'est un coq, puis, il file horizontalement.

Gare au chasseur inexpérimenté dans ce genre de chasse. Il ne verra que la plus grande queue de l'oiseau et tirera en dessous, ou tout au plus lui en coupera un morceau.

Il faut le viser en plein corps.

Le faisan est dans le gibier à plume ce qu'est le renard dans le gibier à poil. La longue queue de ces deux animaux a causé bien des mécomptes !

Le faisan se blottit comme la bécasse dans le plus épais des jeunes taillis ; il est assez difficile à faire lever. Il laisse souvent passer le chasseur.

Jusque vers les dix heures vous le trouverez en plaine dans les couverts qu'il faut battre pied à pied en ayant soin de se mettre à bon vent.

Lorsqu'au bois vous vous apercevrez que la queue du chien devient agitée, suivez-le le plus près possible.

Si votre chien a fait plusieurs faux arrêts sans le faire lever, examinez les arbres qui vous environnent, car l'oiseau se dérobe quelquefois et va se brancher quand on ne l'a pas tiré.

Quant aux jeunes faisans, ils partent l'un après l'autre et l'on fait aisément coup double.

Un faisan au démonté est difficile à trouver, il faut un excellent chien.

On tue beaucoup de faisans en battues et c'est un procédé employé fréquemment dans les chasses des environs de Paris.

Pour tirer le faisan, servez-vous du plomb n° 6, et si vous avez un fusil à canon court, ce qu'on appelle un fusil de bois, vous réussirez encore mieux.

Je parlerai de l'élevage du faisan à l'article du repeuplement.

Le Coq de Bruyère.

Ce superbe gibier est devenu rarissime. Ce n'est guère plus que dans les forêts résineuses des Pyrénées, des Vosges, du Jura et des Alpes qu'on le trouve; et encore en très petite quantité.

Appelé aussi grand tétras, le coq de bruyère mesure jusqu'à un mètre de longueur et pèse cinq à six kilos. Il est avec l'outarde le plus gros gibier à plume de France et même d'Europe.

Son plumage noirâtre à reflets métalliques vert foncé est superbe. L'œil est entouré d'une peau unie écarlate, et la poitrine est parsemée de taches blanches. Comme dans tous les oiseaux, la femelle est plus petite et son plumage plus terne. Les jambes sont couvertes, chez le mâle comme chez la femelle, de plumes du haut en bas.

Le coq de bruyère ne craint pas le froid; il se tient habituellement sur les hauteurs moyennes : il se nourrit de feuilles, de bourgeons de pins et de sapins, de ceux des saules et des bouleaux, de baies, de myrtilles, de génévriers, des fruits du hêtre, de vers et d'insectes.

Il ne va point au gagnage dans les champs, il ne quitte les bois que pour les bruyères.

Très musculeux et fort brave, il lutte contre l'aigle.

La saison de la pariade commence vers la mi-février. La femelle pond de six à dix œufs, qu'elle dépose au pied d'un sapin. Elle couve ses œufs vingt-cinq jours environ. Ses petits restent en compagnie quelquefois jusqu'au printemps suivant.

Cet oiseau est tellement passionné au temps des amours qu'il ne voit et n'entend rien. Vers la fin de l'hiver, les tétras se rassemblent par troupes et s'attaquent avec frénésie pour la possession des femelles.

On comprend qu'à cette époque la destruction en soit facile. On s'approche facilement d'eux sans qu'ils s'éloignent et on les tue posés dans les arbres.

En temps ordinaire, ils sont excessivement défiants, s'enlèvent de fort loin ; et on n'arrive à les approcher à l'affût qu'au moyen d'une hutte couverte en feuilles.

On chasse le coq de bruyère au chien d'arrêt. Cette chasse n'est praticable qu'au mois de septembre ; mais alors même il n'y a guère que les jeunes qui se laissent arrêter. Les vieux ne se laissent approcher pour les tirer à portée que lorsqu'il fait grand vent.

On le chasse aussi avec des briquets.

Le coq de bruyère est assez sédentaire ; on le rencontre toujours dans les mêmes cantons.

Par un temps sec il se tient à terre dans les bruyères très fourrées ; il faut battre pied à pied et sous bon vent. Jamais il ne piète, il s'envole tout d'un coup. En temps de pluie, il se perche et c'est alors qu'on peut le surprendre.

C'est au braconnier qu'on doit le presque anéantissement de ce beau gibier. Les forêts montagneuses étant en partie à l'abri de toute surveillance, les braconniers l'épient et le tirent branché, profitant de l'époque des amours pendant laquelle il ne songe qu'à sa femelle. Ils se servent aussi d'une femelle empaillée et le font arriver à portée de leur coup de fusil.

On tire le coq de bruyère avec du gros plomb, soit n° 2, soit n° 3, à cause de son épais plumage et de sa chair ferme.

Le petit coq de bruyère ou tétras à queue fourchue se trouve dans les Alpes, les Pyrénées, en Auvergne et aussi dans le Dauphiné.

Sa taille est celle du faisan.

On le chasse comme son congénère, le coq de bruyère. Sa nourriture et ses mœurs sont les mêmes.

Le plomb n° 4 suffit.

Sa chair est très délicate et très estimée.

La Gélinotte.

C'est encore dans les contrées que nous venons de nommer que se trouvent les gélinottes ou *poules de bois*.

La gélinotte est plus petite que le faisan; son plumage est roux tacheté de noir. Le mâle ne se distingue de la femelle que par une tache noire très marquée sous la gorge et par son arcade sourcillière qui est d'un rouge vif.

Elle se nourrit à peu près comme les tétras.

La gélinotte fait son nid à terre et pond de douze à dix-huit œufs. Quand la saison est bonne, elle fait une seconde ponte à l'automne, on la tire branchée. Le soir elle se tient au sommet des arbres les plus élevés.

Dans le Midi, on donne le nom de *Ganga* à une espèce de gélinotte qui se tient au milieu des plaines. On la tire à l'abord des ruisseaux et des mares où elle vient boire.

La gélinotte se tire avec du plomb n° 4.

L'Outarde.

Voici le plus gros gibier ailé qu'un chasseur puisse ambitionner de tuer, moins à cause de sa chair, qui cependant est exquise, qu'à cause de sa rareté. Cet oiseau ne fait que passer dans nos climats au printemps et à l'automne. Il en reste bien toute l'année quelques couples; mais ils sont si rares que peu de chasseurs ont la bonne fortune d'en rencontrer.

Les départements privilégiés pour cette chasse sont l'est, le nord et l'ouest. On en voit aussi en Poitou, mais c'est particulièrement en Champagne et en Picardie qu'elle choisit ses quartiers d'émigration.

L'outarde a les ailes courtes et vole peu. Le plus souvent elle se sert de ses jambes comme l'autruche et se met ainsi vite hors de la portée du chasseur.

Le plumage de l'outarde est jaune vif sur le dos et traversé d'une multitude de raies noires. Tout le reste est grisâtre.

Le mâle, beaucoup plus gros que la femelle, pèse jusqu'à dix kilos; il porte de chaque côté des oreilles deux longues plumes.

Les outardes campent au milieu des grandes plaines dénudées. La femelle pond deux œufs de la grosseur de ceux de l'oie, dont la couleur rappelle celle du plumage.

On force quelquefois l'outarde au moyen de chiens, mais, le plus souvent, il faut la surprendre. Comme elle se plaît avec les bestiaux et les chevaux, on se sert d'une vache artificielle dans laquelle le chasseur entre, et il trouve ainsi moyen de l'approcher.

On dit que la chair de l'outarde résume celle de tous les gibiers à plume : chair blanche et chair noire, elle réunit tout; les cuisses et la poitrine sont très recherchées.

Eu égard à la distance à laquelle on doit le tirer et à son plumage compact qui offre une grande résistance, on ne doit la tirer qu'avec du zéro.

La Canepetière.

On nomme ainsi la petite outarde, beaucoup plus répandue en France que la grosse dont je viens de parler.

La canepetière ne diffère de la grosse outarde que par la grosseur.

Elle arrive en mai et ne s'en retourne qu'en octobre. La femelle pond de trois à quatre œufs d'un beau vert lustré.

Les canepetières vivent en troupes et partent de plus loin encore que les grosses outardes. Il est fort rare que le chien puisse en arrêter une; cependant cela s'est vu lorsqu'il s'en trouvait une isolée. Autrement, la compagnie a toujours ses sentinelles pour l'avertir.

Il faut donc user de ruse.

Comme elles ne fuient ni les chevaux ni les voitures conduites par des charretiers, on marche à côté des chevaux et on parvient ainsi à les tirer à bonne portée. On emploie aussi la vache artificielle. En hiver, pendant la neige, on va jusqu'à se faire une hutte que l'on recouvre de draps blancs; enfin, au temps des amours, on spécule sur l'ardeur du mâle, on a une femelle empaillée placée sur un piège. Posté à distance, on imite le cri de l'outarde : *Prout! Prout!* Le mâle du plus loin qu'il voit cette forme qu'il croit vivante, accourt et se précipite tête baissée dans le piège.

La chair de la canepetière a la même variété et la même saveur que celle de l'outarde.

Si vous en connaissez une bande dans un canton, chargez votre fusil avec du 2 ou du 3. Prenez même une canardière.

LA PERDRIX

La perdrix est le gibier à plumes le plus commun en France, et s'il faut nous lamenter d'une chose, c'est de sa diminution. N'est-ce pas en effet un délicieux manger, et, je le dis hautement, ce qui vaut encore mieux, le plus beau tir que puisse rêver le chasseur bon tireur.

Quel plus joli tableau qu'un chasseur se possédant bien, tirant presque à coup sûr au milieu d'une plaine giboyeuse!

Les deux chiens bien dressés le précèdent. Le pointer fine nature chasse le nez haut à trente ou quarante pas de lui; un autre, un braque français, quête sous le canon du fusil. Chasseur et chiens entrent dans un sainfoin.

— Marche.

Un perdreau se lève.
Le coup part et la pièce est par terre!
Sans se préoccuper de sa pièce de gibier le chasseur se dirige vers le pointer ferme à cinquante pas.
— En avant.
Le pointer fonce; un autre perdreau se lève pour tomber aussi.
Derrière le chasseur se tient le braque avec la première perdrix en gueule. Le pointer arrive avec la sienne et tous deux présentent leur butin au maître qui le met dans son carnier.
Deux nouvelles cartouches remplissent les canons du fusil et, sans émotion, comme s'il se trouvait dans un cercle diplomatique, le tireur continue à battre la pièce. Presque arrivé au bout, les deux chiens tombent simultanément en arrêt au bord d'une éteule qui le borde. Tous deux tournent leur regard vers le maître.
Ce n'est plus une perdrix, il y en a plusieurs! c'est une compagnie.
L'ordre est donné pour les deux à la fois.
Au signal les deux chiens forcent l'arrêt. Une compagnie de douze perdrix prend son vol.
Il y a deux coups au fusil :
— Pan, pan.
Coup double.
L'une tombe à droite, l'autre à gauche.
Et pendant que le chasseur regarde remiser le reste de la compagnie, ses deux chiens sur le cul, le comtemplant avec des yeux brillants, attendent qu'il leur prenne les deux nouvelles victimes.
C'est bien! Elles vont là-bas dans un champ de betteraves, il va s'y rendre et renouveler : attendant pour tirer que deux perdrix se croisent afin de faire d'une pierre deux coups. Il en tuera peut être trois.
Mais malgré ses succès, comme il mesure son pas! comme il est maître de lui! son tir est précis, point accidenté, c'est le tir dans toute son ampleur, dans toute sa perfection.
La perdrix seule offre au chasseur toutes les occasions de développer ses facultés : le coup d'œil, la précision et le sang-froid.
On compte plusieurs sortes de perdrix :
La perdrix grise;
La perdrix voyageuse ou roquette;
La perdrix rouge;
La bartavelle;
La perdrix rochassière;
Nous parlerons d'abord de la perdrix grise, la plus répandue, la meilleure au point de vue des gourmets et celle dont la chasse à notre avis est la plus élégante et dont le tir fait le plus de plaisir au chasseur; quand ce dernier a fait du tir un exercice d'art.

Bécasses au bois.

La Perdrix grise.

Elle habite les plaines cultivées. Elle est sédentaire, et s'éloigne peu du canton où elle est née.

La perdrix commence à s'accoupler avant la fin de l'hiver, s'il vient une recrudescence de froid elle retourne avec d'autres former une compagnie; mais dès que le temps doux se fait sentir, elle se sépare de nouveau.

Si le mauvais temps détruit sa première couvée, elle en fait une nouvelle appelée *recoquetage ;* mais cette seconde réussit souvent fort mal.

Elle établit son nid à terre dans les sillons, dans l'empreinte du sabot d'un cheval, au milieu des trèfles, des luzernes. Depuis quelques années,

ou a remarqué qu'elle choisissait de préférence les prairies artificielles, ce qui est une des causes certaines de nos tristes chasses d'automne. Autrefois les perdrix choisissaient les blés ou d'autres céréales ce qui était une garantie pour les chasses ultérieures. Hélas ! pourquoi semblent-t-elles y avoir renoncé? est-ce parce que souvent les blés sont en retard? Je le crains !

Toujours est-il que les couvées déposées par elles dans les prairies artificielles causent un grand préjudice au chasseur. En effet, la première coupe se fait avant que les perdreaux soient en état de voler et les faucheurs détruisent — faut-il dire malgré eux? — des couvées entières! Souvent même il arrive qu'ils coupent sur le nid le cou à la pauvre mère, qui n'a pas voulu abandonner ses petits.

Respectent-ils même les œufs? Nous en causerons au chapitre du braconnage. La femelle pond de quinze à vingt œufs gris verdâtres; dès que les petits sont éclos, ils se mettent à courir comme de petits poussins. Le père et la mère les surveillent avec une sollicitude admirable. Si le coq suspecte quelque danger, il traîne l'aile d'un côté pour attirer vers lui le chien tandis que la femelle fait un long vol dans une direction opposée, puis elle revient à pied dans le creux des sillons pour rejoindre sa nichée. Ayant retrouvé ses petits, elle les emmène ailleurs.

A la fin de juin, les perdreaux sont assez vaillants pour prendre leur volée.

On dit alors qu'ils sont *pouillards.*

Plus tard, lorsque la couleur grise des plumes est mélangée de taches jaunes et rousses qui donnent à l'ensemble un aspect de mailles régulières on dit qu'ils sont *maillés.*

En avançant en âge, les perdreaux subissent de nouvelles transformations. Il leur vient au coin de l'œil une tache rouge ; — alors ils ont *poussé le rouge*. Quand leur poitrine se garnit de plumes d'un rouge foncé comme la rouille, qui a l'aspect d'un fer à cheval chez le mâle, ils sont perdrix.

A la saint Jean perdreaux volant. — A la saint Remy perdreaux sont perdrix.

Les perdrix grises préfèrent la pleine campagne aux bois, taillis et haies ; cependant elles s'y réfugient lorsqu'elles fuient le chasseur ou l'oiseau de proie ou quand la chaleur est excessive. La nuit, elles reviennent se blottir dans les sillons.

Blessé, le perdreau se réfugie dans un buisson ou dans une haie double. La perdrix grise ne se branche point. Buffon dit que la durée de sa vie ne dépasse point sept ans.

La chasse à la perdrix grise est par excellence la chasse d'ouverture ! Comme elle a l'ouïe très fine, afin de n'être pas éventé par elle, il est important que le chasseur marche contre le vent, surtout s'il s'approche des remises, taillis ou couverts.

Si vous chassez dès le matin, commencez par explorer les chaumes et les genêts, car les perdrix n'aiment pas la rosée. Elle ne reviennent dans les prairies artificielles et les taillis que vers les onze heures, quand ils sont séchés. C'est alors qu'elles se blottissent, font leur sieste, encouragées par le soleil qui les chauffe et tiennent sous l'arrêt du chien.

Un bon chien évente les perdrix de fort loin. J'en possède un qui me les marque à plus de cinq cents mètres.

Dès que la quête commence à s'animer, il faut le maintenir afin qu'il ne fasse pas partir la compagnie hors portée ; et cette précaution est d'autant plus importante que la plaine est découverte et que la perdrix fuit toujours à pied devant l'arrêt du chien. Et vous savez qu'elle fait rapidement du chemin.

Aussitôt que la compagnie est levée, suivez-la de l'œil avec persistance, afin de savoir où elle se remisera. De cette remise, elle ira dans un autre couvert ; il faudra l'y poursuivre. De cette façon vous finirez par les débander et vous les tirerez beaucoup plus facilement quand elles seront isolées.

Les perdrix en compagnies, surtout quelque semaines après l'ouverture, se lèvent d'assez loin, tandis qu'une perdrix seule vous offre un tir à bonne portée et facile. Et, je dis ceci pour les jeunes chasseurs qu'impressionne à juste titre le coup de fouet d'ailes d'une quinzaine de perdrix, ils auront plus de chance de tirer à bonne portée la perdrix qui se lèvera seule, d'abord parce qu'une seule les remuera moins, ensuite, parce qu'ils n'auront point d'hésitation dans leur tir, éblouis par le nombre de pièces partant à la fois.

J'ajoute aussi pour eux :

Quand une compagnie se lève, ne tirez jamais au hasard dans le milieu avec l'espoir qu'il en tombera une; c'est le plus sûr moyen de ne rien abattre. Choisissez au contraire une d'entre elles : celle qui vous paraît le plus à portée, et ne vous occupez point des autres. Celle que vous trouverez le mieux en ligne avec votre fusil lorsque vous épaulerez, c'est celle-là! couvrez-la avec le guidon et tirez. Suivez de l'œil votre pièce; si elle ne tombe pas, redoublez.

La température influe sur les habitudes de la perdrix. Par le temps venteux, on la trouvera dans les bas-fonds à l'abri des haies, sur les revers des côteaux. Par les temps de pluie cherchez-la sous bois; en temps de sécheresse dans les luzernes et les prairies artificielles.

Au mois de novembre on les chasse quelquefois en battue, alors, comme elles volent haut et avec une extrême rapidité le tir demande beaucoup de précision et une grande habitude.

En hiver la perdrix part de très loin et on ne peut guère l'approcher que dans les taillis où elle se croit plus en sûreté.

Le meilleur moment de la journée pour que la perdrix tienne devant le chien, c'est entre onze heures et quatre heures; le soir comme le matin elle vagabonde trop pour que vous puissiez compter sur un arrêt bien ferme de la part de votre chien. Ayez bien soin que celui-ci n'aboie pas quand une perdrix part, c'est un grand défaut.

Quand la perdrix part devant vous à moyenne portée, tirez en plein corps; si elle part loin, tirez haut; si elle passe de côté visez en avant de l'aile; si elle vient à vous, tirez au bec ou à quelques centimètres en avant suivant la distance.

On tire la perdrix grise à l'ouverture avec du 7 et du 8. Quand il n'y a plus de couverts avec du 6, en arrière-saison avec du 4. Le n° 3 n'est quelquefois pas de trop en décembre.

La perdrix voyageuse ou roquette est plus petite que celle dont nous venons de parler. Elle a le plumage de la perdrix grise mais sa couleur est plus fauve : elle est presque blonde.

Elle arrive dans nos contrées en octobre et novembre; on les rencontre par compagnies, de trente à quarante : elles sont plus sauvages que les grises avec lesquelles elles ne se mêlent jamais. Il est difficile d'en approcher.

En basse Normandie, j'en ai vu une compagnie de quarante-huit qui s'était posée au milieu d'une pièce entourée de haies de chaque côté; j'ai essayé par tous les moyens possibles de l'aborder, et, je n'ai pu y réussir, malgré la hauteur des haies qui me masquaient. Elles se sont enlevées à plus de deux cents pas.

On ne peut les tuer que par surprise ou lorsqu'elles vous passent en tournant renvoyées par d'autres chasseurs.

Leur vol est très puissant. On pense qu'elles viennent d'Amérique. Toujours est-il qu'elles traversent les mers et c'est d'abord sur le littoral qu'on les signale ; de là elles prennent leur vol pour l'intérieur des terres.

La Perdrix rouge

La perdrix rouge est plus grosse que la grise ; et celle des montagnes est encore plus forte que celle de plaine. Elle a un collier noir moucheté qui s'étend sur une partie de la gorge dont le fond est blanc. Le dessus de la tête et le dos sont d'un roux verdâtre, le jabot est jaspé de noir : la poitrine bleu ramier, le ventre et les cuisses d'un beau marron clair, le flanc barré de traits noirs, le bec et les pattes d'un rouge vif.

C'est un bon et beau coup de fusil !

On la rencontre rarement dans le nord de la France ; elle a même déserté quelques départements dans lesquels on la chassait par occasion, il est vrai ; mais enfin où on la voyait, notamment dans le Calvados et l'Orne.

Elle est devenue l'apanage du midi et du centre.

Elle se tient principalement sur les centres boisés et couverts de bruyères.

Son vol est plus rapide et plus bruyant que celui de la grise. Elle diffère surtout de cette dernière par ses mœurs et ses habitudes. Sa nourriture habituelle consiste en insectes, en vers et en fourmis. Le plumage de la femelle est plus terne que celui du mâle.

La perdrix rouge fait son nid dans la bruyère, sur la lisière des bois ou des haies et y dépose 15 à 20 œufs jaunâtres tachetés de roux et de couleur cendrée.

Les perdrix rouges vont tous les matins à la même heure au gagnage, et passent dans les bruyères et dans les vignes une grande partie de la journée. Par les temps de pluie ou harcelées par les chiens, elles se perchent sur les arbres. Souvent pour fuir le danger, il leur arrive aussi de se blottir dans un trou.

On la chasse au chien d'arrêt, comme la perdrix grise. En général, elle tient bien l'arrêt; mais plus rusée que la grise, quand elle a piété, elle croise ses voies en tous sens, ce que ne fait pas l'autre. Sous l'arrêt du chien, les perdreaux d'une même compagnie s'envolent généralement chacun de leur côté. Le chasseur les suit de l'œil, va vers chacun d'eux et les lève successivement, ce qui rend le tir facile. Toutefois, elle est difficile à relever; il faut un chien patient.

Le tir de la perdrix rouge est de *beaucoup* plus facile que celui de la grise.

Seulement, il faut être familiarisé avec son vol. Si elle se lève sur le milieu d'un côteau, elle pique vers le sommet en suivant une ligne verticale; si, au contraire, elle se trouve sur le sommet, elle se laisse tomber verticalement avec une grande rapidité.

La perdrix rouge manquée se dérobe dans le bois en piétant, puis elle se relève en volant et va se remiser ailleurs : de cette façon, elle fait aisément perdre sa trace au chien.

Le plomb n° 6 suffit pour la perdrix rouge.

La Bartavelle.

Comme plumage, la bartavelle ressemble beaucoup à la perdrix rouge; mais elle est d'un volume presque double. On la trouve dans le midi et au sud de la Loire.

Bien que plus sauvage que la perdrix rouge, elle a des mœurs analogues; elle aime les terrains accidentés et elle ne descend dans les vallées que pendant les mois rigoureux de l'année et aussi après l'accouplement. Là elle fait son nid où elle dépose de huit à quinze œufs. Elle choisit pour emplacement un lieu désert et aride. A l'automne, elle remonte dans les bois.

Sa chasse est plus difficile que celle de la perdrix rouge, à cause des lieux escarpés et agrestes qu'elle hante.

On la tire avec du 4.

On trouve en Dauphiné, une perdrix qu'on appelle *perdrix-rochassière* parce qu'elle se tient de préférence dans les anfractuosités des rochers, et qui tient de la bartavelle et de la perdrix rouge. Elle diffère comme plumage et est un peu plus petite.

La Caille.

Quel aimable et charmant gibier que la caille ! Quel chasseur n'a pas eu un peu de compassion, lorsqu'il a tenu en ses mains, cet oiseau mignon démonté ! A qui n'est-il pas arrivé de penser alors à la brutalité d'un coup de fusil ! cependant, il a tiré de nouveau ; nous en avons tous tué après, j'en ai tué et, s'il plait à Dieu, j'en tuerai encore.

Expliquez cette commisération réelle même chez les chasseurs passionnés !

Cependant cela est.

Revenons à l'ornithologie pure et simple.

La caille ressemble à la perdrix grise, par la forme de son corps, par la disposition de son plumage ; elle se nourrit de même, pond dans les mêmes lieux ; mais est beaucoup plus petite, et ses mœurs sont différentes.

Les cailles ne se réunissent point en compagnie ; elles vivent isolées avec leurs petits, qui eux-mêmes se séparent promptement.

La caille préfère les pays plats aux pays de montagnes, et la plaine aux bois. Elle affectionne particulièrement le littoral et les terrains situés à l'embouchure de certains fleuves.

Cet oiseau essentiellement, voyageur, arrive en mai sur les côtes de la Méditerranée, d'où il se répand dans le reste de la France pour y faire sa ponte.

Chaque mâle féconde plusieurs femelles, qui font leur nid dans les prairies et dans les blés. La ponte se compose de douze à dix-huit œufs gris verdâtre tachetés de brun.

Les cailleteaux éclosent après vingt et un jours. Ils se développent très promptement et au mois de septembre, ils sont en état d'opérer leur migration.

De par un article de la loi sur la chasse votée en 1842, la caille est considérée comme un oiseau *sédentaire!* Nos législateurs, qui quelquefois votent les lois comme les corneilles abattent des noix, ont lésé les chasseurs dans une de leurs chasses les plus charmantes.

Si, au moment de la migration, quelques-uns de ces oiseaux restent dans certaines contrées du Midi, il est d'une ignorance crasse d'avoir été écrire que c'était un oiseau *sédentaire*.

Le préjudice est sensible, nous allons le voir!

Les cailles arrivent au mois de mai sur le littoral méditerranéen ; épuisées de fatigue d'avoir traversé la mer, elles tombent plutôt qu'elles ne se posent. Or tout le monde (les riverains), passants et braconniers se jettent sur ces malheureux oiseaux. Ceux qui échappent, et on les compte encore par milliers, se répandent dans leurs départements de prédilection.

Mais la chasse est fermée !

Les préfets ne peuvent point — toujours pour obéir à cette loi — en autoriser le tir.

Attendez encore, ce n'est pas tout !

Comme la caille repart dès le mois d'août ou au plus tard fin septembre, il en résulte que si la moisson a été retardée par le mauvais temps, et, par conséquent, l'ouverture de la chasse reculée, nous avons en France à peine quelques jours pour chasser ce gibier exquis.

Toutefois, il n'est venu à l'idée de personne de penser que nos législateurs n'étaient point gourmands : l'éloge culinaire de cet oiseau n'est pas à faire ! Il est vrai qu'ils savent toujours s'en procurer ! Et par une coupable tolérance, on voit tous les marchands de gibier conserver une partie de l'année à leur étalage des cailles en cages.

Le chasseur donc seul est lésé et lésé sans profit pour ces volatiles dont la propagation n'aurait pas à souffrir, si on les considérait, ainsi qu'ils le sont en réalité, comme des oiseaux de passage.

Pourquoi, dans la rédaction d'un projet de loi quelconque, ne pas s'adjoindre une ou deux personnes du métier ! On commettrait moins de bévues.

La caille se chasse comme la perdrix. Tous les chiens la chassent avec plaisir et avec entrain. Elle manœuvre comme la perdrix, piète beaucoup et tient très bien sous l'arrêt.

On trouve la caille, de bon matin, dans les chaumes, dans les jeunes trèfles ; à midi dans les prairies, les sainfoins.

Chasse aux hérons.

Son vol est lourd et bas, mais facile, à part les jours de vent où elle fait quelques zigzags. Il faut bien la suivre avec le canon du fusil et se garder de la tirer trop vivement. Comme elle part de très près, on doit la laisser filer vingt-cinq ou trente mètres.

La chair en étant extrêmement tendre, un coup de fusil à trop courte distance, la brise.

J'ai un jour tiré une caille à quinze pas avec du plomb à perdrix : je n'ai retrouvé que les pattes et la tête attachée à la peau du dos !

Il y a toujours de l'espoir avec la caille ; si vous la manquez de vos deux coups, la remise n'est pas loin, surtout si elle est grasse; allez-y sans courir, votre chien l'arrêtera de nouveau, et vous la tirerez.

Quelquefois, après trois remises successives, une caille bien grasse se laisse prendre par le chien.

Ces cailleteaux ne partent point en compagnie comme les perdreaux, mais un à un, le chasseur a beau jeu. Si vous en avez rencontré un, les autres sont éparpillés dans un rayon de vingt mètres; et si vous possédez un bon chien, vous les tirerez tous successivement.

A l'arrière-saison, on trouve la caille près des lisières des bois, dans les fossés.

Ce qui fait que certains chasseurs peu habitués à ce gibier le manquent, c'est qu'ils tirent trop bas; et tout cela parce que le gibier s'enlevant à hauteur de couche semble plonger. Il y a illusion d'optique.

Elle file en ligne droite, prenez votre temps; couvrez-la, elle tombera.

Sur vingt cailles vous devez en tuer quinze ! Elle part littéralement sous vos pieds, vole horizontalement et bien moins rapidement que la perdrix : donc lorsqu'il y a abondance de ce gibier, si vous n'en revenez pas chargé, c'est qu'il y a de votre faute ou... de celle de votre chien.

On tire la caille avec du 8 et du 9.

Le Râle de genêt.

Nous placerons ici le râle de genêts, appelé aussi le *roi des cailles*, parce qu'il voyage aux mêmes époques que la caille et qu'on le trouve ordinairement dans les mêmes terrains.

Bien que comme tous les échassiers à la classe desquels ils appartiennent, on en fasse lever dans les prairies humides, on le rencontre surtout dans les champs d'avoine, dans les sarrasins, dans les friches couvertes de jeunes genêts, dans les vignes et dans les hauts trèfles, les aulnaies, etc.

A l'ouverture on le trouve un peu partout.

C'est un de nos plus excellents gibiers.

Son plumage est d'un brun roux à reflets brillants; couvert sur le dos de raies noires, et jaunâtre sous le ventre.

La femelle fait son nid au printemps dans les prairies. Sa ponte varie entre sept et douze œufs d'un brun jaunâtre, avec taches rouge sale.

Moins gros que la prerdrix, plus gros que la caille, le râle vit par couples et non par compagnie.

La chasse au râle de genêt est très amusante, mais demande une grande patience. Il piète longtemps devant le chien, et ses ruses sont comparables à celles du lièvre. Souvent il revient sur sa voie afin de donner le change, et il ne se lève qu'à la dernière extrémité.

Son vol est lourd et peu long, il s'élève les pattes pendantes et son tir est des plus faciles. C'est comme si l'on tirait dans une feuille de papier.

Un râle qui s'élève devant un chasseur doit être un râle mort! On ne peut le manquer!

Malheureusement, il ne s'en lève pas toujours, et il finit quelquefois, par ses innombrables ruses, à lasser chien et chasseur.

Servez-vous d'un chien qui ne chasse pas le nez haut.

Si votre chien tombe en arrêt sur un râle, marchez droit sur lui afin de le faire partir; car il ne garderait pas longtemps l'arrêt, il piéterait faisant une nouvelle ruse, et il faudrait recommencer la quête à nouveau.

Il est facile de reconnaître que le chien est sur la voie d'un râle à la vivacité de ses mouvements, à l'opiniâtreté qu'il met et à ses nombreux faux arrêts.

Lorsque vous rencontrez des râles de genêt, acharnez-vous après eux, car, la nuit venue, ils repartent pour un autre canton.

Il faut tirer le râle après la pointe, lorsqu'il commence à filer.

Servez-vous de plomb n° 8 ou de 9.

La Bécasse.

La bécasse est un gibier de premier ordre.

Pourquoi est-ce un oiseau de passage?

Mais ne récriminons pas : la Providence a tout bien réglé, et nous ne gagnerions pas — si cela était possible — à changer son ordonnancement.

La bécasse se tient en été dans les hautes montagnes des Alpes, dans les Pyrénées, en Suisse, en Savoie et en Auvergne; à l'automne, vers la Toussaint, elle nous arrive pendant la nuit alors que soufflent les vents du sud et de nord-ouest.

A la Saint-Denis, bécasse en tout pays!

Les meilleurs temps de passage sont les temps de brouillard à l'époque du déclin de la lune.

Il y a plusieurs variétés de bécasses.

On en distingue en France trois sortes : ce son la *grosse*, la *moyenne* et la *commune*.

Les différences de taille et de plumage tiennent, croyons-nous, à des circonstances locales, et la petite provient de couvées tardives.

Il en est de couleur marron, de blanches grises et de couleur isabelle. Mais les mœurs sont les mêmes.

La bécasse ordinaire est grise ; son plumage, grivelé de noir et de jaune, a une grande ressemblance avec les feuilles mortes au milieu desquelles elle se blottit. La femelle est un peu plus grosse, et son pelage plus sombre que celui du mâle.

Ce qui caractérise surtout la bécasse et ce à quoi elle doit son nom, c'est son bec noir, mince, uni et droit, dont la longueur est égale à la moitié du reste du corps.

Elle préfère les bois marécageux où elle trouve l'atmosphère humide qui lui convient, et un sol meuble qu'elle peut fouiller avec son bec pour y chercher sa nourriture, qui se compose de vers, de limaçons, d'insectes.

Les côtes de la Bretagne et de la Normandie sont privilégiées pour le passage des bécasses. On la trouve dans les terrains humides et tourbeux, dans les prairies où séjournent les bestiaux, dont elle tourne et retourne les fientes pour saisir insectes et vermisseaux. Pour sa remise ordinaire elle choisit les jeunes taillis clairs voisins des sources ou des mares, les haies doubles, les oseraies, enfin tous les buissons voisins de cours d'eau. Elles vivent solitaires, hors le temps de la pariade. Chaque mâle a sa femelle. Celle-ci pond cinq œufs dans un nid placé à terre près d'un arbre ou dans les herbes. Au bout de dix-huit jours les petits sont éclos

Si la bécasse est jolie, rien de laid comme ses petits dont les yeux occupent toute la tête couverte de poils follets.

On en trouve quelquefois des nids dans les forêts de l'Ouest.

Arrivées dans nos climats fin octobre, les bécasses effectuent en mars un nouveau passage en sens inverse. Elles retournent au pays frais et humides pour passer l'été. Les mois de décembre et de janvier sont les plus mauvais mois pour la chasse, car pendant les gelées elles se replient sur elles-mêmes regagnant, les bois où l'on rencontre des sources d'eaux chaudes.

La bécasse a des habitudes très régulières. C'est au déclin du jour qu'elle quitte les taillis pour aller dans les endroits marécageux. Au point du jour avant de rentrer dans les buissons, elle se rend aux ruisseaux ou aux fontaines pour se laver les pattes et le bec.

Malgré ses jambes courtes et ses longues ailes, elle se dérobe facilement et se blottit dans les cépées en se mettant à plat ventre au milieu des feuilles mortes.

La chasse à la bécasse au chien d'arrêt est assez difficile parce que d'abord les passages sont si incertains qu'à part quelques bois privilégiées on ne va pas à coup sûr. La plupart du temps, on la rencontre par hasard. Ensuite, changeant de demeure suivant l'atmosphère, elle se trouve au bois aujourd'hui, demain le long des cours d'eau. Les temps humides lui font rechercher une exposition chaude, la sécheresse la renvoie dans les vallées.

Le meilleur chien pour la chasse à l'arrêt est le *setter* ou l'épagneul anglais.

Vous aurez soin au préalable d'attacher un grelot à son collier. Quand vous n'entendez plus la sonnette, c'est qu'il est en arrêt. Dirigez-vous alors vers l'endroit où vous entendez le dernier tintement ; et vous trouverez votre chien ferme.

La bécasse tient bien l'arrêt et part toujours à portée ; la seule difficulté qu'elle présente pour le tir dans le bois, c'est qu'elle s'élève dans les gaulis, se dissimulant vite derrière les baliveaux.

On doit la tirer au cul levé et très rapidement. Les bons chiens à bécasse sont rares ; plusieurs même ne veulent pas la rapporter. De plus, la quête est difficile, car si elle n'a pas été dérangée, elle reste au même endroit toute la journée en sorte que son *sentiment* laisse peu ou point de traînée.

La bécasse a le vol lourd et bruyant. Si vous la tirez dans un taillis découvert, laissez-la faire son premier crochet et tirez sans vous presser. Le coup est magnifique et si séduisant que bien des chasseurs se sont passionnés tellement pour ce tir, qu'ils ne comptent dans leurs exploits que les bécasses.

Je connais un chasseur, excellent tireur, qui a marqué toutes les bécasses tuées au chien d'arrêt. Il en est à sa dix-huit cent cinquante-deuxième au moment où j'écris ce chapitre ! Il est vrai de dire qu'il a soixante-douze ans. Lequel d'entre nous pourra en dire autant à cet âge, s'il y arrive ! Mais pour nous consoler, avouons que ce fortuné chasseur a vu les beaux temps de la chasse.

Pauvres chasseurs d'aujourd'hui, nous ramassons les miettes de la table de nos aïeux !

Une bécasse levée ou manquée doit toujours être suivie à la remise ; on la relève facilement.

On chasse aussi la bécasse avec des bassets. Les chiens donnent de la voix en l'apercevant, et l'on tire encore assez fréquemment.

Dans les battues, ce n'est qu'accidentellement qu'on trouve l'occasion de la tirer.

Un chasseur qui mérite ce nom peut se permettre d'aller à l'affût de la bécasse. C'est ce qu'on appelle aller à la passée. Au crépuscule ou avant le jour, on va se poster sur la lisière d'un bois ou dans un chemin vis-à-vis une clairière ; bientôt on les entend passer deux à deux à quelques mètres au-dessus de la tête en poussant leur cri, on les tire rapidement. La passée ne dure pas plus de quinze minutes. En mars, au déclin de la lune, cette chasse est souvent fructueuse, car c'est le moment de l'accouplement, et on les voit quelquefois se becqueter deux à deux offrant ainsi un large point de mire.

Ce précieux oiseau est, à juste titre, vénéré des gourmets.

On tire la bécasse avec du plomb n° 8. Elle tombe frappée d'un seul plomb. Si vous chassez dans de hauts gaulis, munissez-vous d'un fusil court afin de pouvoir l'ajuster au moment où vous l'entrevoyez.

Le Pigeon.

Nous avons en France trois sortes de pigeons : le *ramier*, le *biset* et la *tourterelle*.

Plus grand que le pigeon de colombier, le *ramier* a le plumage d'un gris cendré avec un collier de couleur changeante. Bien qu'il arrive en plus grande quantité au mois de février, on trouve dans nos bois toute l'année ; il niche sur les arbres les plus élevés. Les ramiers, comme tous les pigeons, font plusieurs couvées par an. Ils se nourrissent de glands, de faines, de fraises et de graines de toute sorte.

Souvent ils causent de graves préjudices aux cultivateurs.

Ils sont presque toujours en bandes : très farouches et très défiants, ils ont toujours des sentinelles qui les avertissent du danger; aussi est-il difficile de les approcher, à moins qu'ils ne soient occupés à picorer dans un champ de colza; en ce cas on les tire au cul levé.

On peut aussi en tuer à l'affût en se cachant à l'heure du crépuscule à peu de distance des hêtres ou sapins, sur lesquels ils viennent passer la nuit; ou encore en les attendant sur le bord des fontaines qu'ils ont coutume de fréquenter trois fois par jour : au lever du soleil, à midi et vers quatre heures.

On ne doit tirer qu'à coup sûr.

Dans les Pyrénées les ramiers sont appelés *palombes*. On leur fait une chasse très sérieuse. Il y a des *palombières* renommées. Pendant l'hiver, quand les vols de palombes sont abondants, on en tue en abondance; ces hécatombes ressemblent à celles des canards que sur nos étangs on fait à la hutte.

La chair du ramier est très bonne, surtout quand il est jeune.

Son plumage très épais nécessite l'emploi d'un plomb assez fort; — le 4 à l'affût est de rigueur.

Le Bizet.

Un peu plus petit que le précédent, le bizet doit son nom à sa couleur bise ou plombée. Il fait son nid dans les rochers les vieilles murailles et le creux des arbres. Son vol est d'une excessive rapidité; on a calculé qu'il faisait trente lieues à l'heure. Il arrive au printemps et repart en novembre dans les forêts. Le bizet est la souche du pigeon voyageur.

Tirez-le avec du n° 6.

La Tourterelle.

Ce charmant oiseau au plumage cendré se montre en avril pour repartir en octobre.

La tourterelle fait son nid dans les taillis, quelquefois à hauteur d'homme, dans les pommiers. Son vol, comme celui du ramier, est élevé et soutenu, précipité et bruyant au départ; mais elle est de beaucoup moins sauvage. On l'approche assez facilement; elle se laisse comme tomber de l'arbre où elle est, et file assez droit au départ. Si on la lève, dans un champ de sarrasin ou autre, et qu'il y ait non loin de là une haie avec des arbres élevées ou des pommiers, elle tendra dans son vol à se relever pour gagner la cime de l'arbre, il faut donc tirer haut.

On le tue facilement avec du 7.

Le Héron.

Dans l'ancienne vénerie, le héron était très considéré. Son vol constituait la *haute volerie* et, qui plus est, sa chair était considérée comme un *mets royal*.

Aujourd'hui ce mets est bien distancé, et les gallinacés dont je viens de parler le laissent bien loin derrière eux.

Cependant je dirai que dans une chasse au bord de la mer où j'en avais tué deux, un jeune et un adulte, j'en donnai un à rôtir, et que

LE LIVRE DU CHASSEUR

Chasse aux canards.

malgré ma prévention je l'ai trouvé bon. Sa chair très noire, chargée de fer, n'avait nullement goût de poisson et avait une certaine saveur. Mais il y a loin de là à la bécasse.

Toutefois c'est un agréable coup de fusil, pour le chasseur qui le rencontre.

Le héron se tient sur le bord des étangs et des cours d'eau et dans les marais qui avoisinent la mer. Doué d'une grande patience, il attend des heures entières le poisson qui doit lui servir de nourriture. Du reste il est très sobre et vit de très peu.

Les hérons nichent sur les arbres et pondent trois à quatre œufs de couleur verte.

Sa tête, armée d'un fort bec jaune proportionné à son cou, est surmontée d'une aigrette noire : son plumage est d'un cendré bleuâtre mêlé de jaune et de noir.

Il est bien craintif et doué d'une vue excessivement perçante. Perché sur une patte et caché dans les roseaux, il découvre le chasseur de très loin et prend son vol.

On le surprend parfois le long des rivières aux bords escarpés. Si vous en avez aperçu un pêchant, faites un grand tour dans le marais, vous cachant le plus possible, et arrivez droit sur lui. Vous pourrez ainsi avoir la chance de le tirer. On va quelquefois à l'affût le tirer sur le sommet des arbres.

Si, après avoir tiré un héron, vous n'avez fait que la démonter, empêchez votre chien de l'approcher, car il se défend vigoureusement, et il dirige toujours ces formidables coups de bec vers l'œil de l'animal. Il en serait de même pour vous, si vous cherchiez à vous en emparer.

A l'affût tirez le héron avec du 3. Si c'est au marais, et qu'il se lève à portée, le n° 4 est suffisant.

Le Butor.

Il y a deux espèces de butor : le gros et le petit. Le petit butor se tient dans les marais et le long des rivières bordées de roseaux ; il part de près et se tue aisément quelquefois même perché. Sa chair est bonne.

Plus solitaire encore que le héron, le gros butor se tient immobile dans les roseaux et laisse quelquefois passer le chasseur. Mais à peine celui-ci est-il éloigné de quelques pas que l'oiseau, avec un grand bruit d'ailes frappant les roseaux, prend son essor.

La femelle pond de quatre à cinq œufs dans un nid, par terre, sur un monticule inaccessible.

Cet oiseau se rencontre beaucoup dans les marais du Nord, notamment dans ceux de Montreuil-sur-mer. Une seule pièce de roseaux en abrite quelquefois un douzaine.

Le butor est un oiseau courageux qui se bat bien; mais il n'attaque jamais, — il attend l'oiseau de proie de pied ferme. Il se défend même contre le chasseur qui l'a blessé.

C'est dans les mois de février et de mars que les mâles jettent ce cri guttural qui ressemble à l'explosion d'un fusil de gros calibre. C'est alors que les femelles accourent.

Les jeunes naissent presque dépourvus de plumes et sont hideux. Le père et la mère veillent avec un grand soin sur leurs petits et, mal avisé serait celui qui, ayant découvert un de ces nids, voudrait l'enlever. Je n'ai point besoin d'ajouter qu'il est très dangereux pour le chien.

Le mâle est plus roux que la femelle, et les plumes du cou et de la gorge sont plus longues et plus brillantes.

On tire le butor avec du 4; visez-le en plein dos afin de l'atteindre au cou.

La Cigogne.

C'est au printemps que les cigognes arrivent en France : on voit quelquefois des cigognes noires ; mais c'est la blanche qui est la plus répandue.

Elle atteint jusqu'à 1m 20 de longueur : elle a le plumage blanc et les ailes noires, son bec et ses pieds sont rouges.

En Alsace, où elles sont en grand nombre, elles sont regardées comme des oiseaux privilégiés; et le chasseur qui se permettrait de les tuer serait très mal venu. On prétend que les maisons sur lesquelles elles veulent bien faire leurs nids sont sauvegardées des malheurs!

Dans l'Égypte on avait, et l'on a encore une grande vénération pour ces oiseaux ; et c'est avec raison, car ils y détruisent une quantité innombrable de reptiles venimeux. Mais cette vénération justifiée dans les pays chauds, devient un préjugé sous notre climat.

La cigogne, dans nos pays, se nourrit de grenouilles, de lézards, de couleuvres, de souris, de taupes et de mouches à miel. Elle cause même, à ce dernier point de vue, des dégâts souvent très appréciables.

La cigogne fait son nid sur les toits, sur les clochers et même sur les arbres. Elle se laisse assez facilement approcher.

Dans ses longues pérégrinations, elle vole le jour et se pose le soir sur le sommet des arbres. On peut alors la tuer perchée. Il arrive quelquefois, lorsqu'elles sont plusieurs, que les autres ne s'envolent pas.

Tirez-les avec du 3.

La Grue.

La grue est un des plus grands oiseaux de l'Europe. Elle passe en France à l'automne et au printemps. Lorsqu'il s'en abat une troupe sur un champ ensemencé, elle cause de grands dégâts, car elle dévore les grains aussi bien que les insectes. Elle tient à la fois du héron, de la cigogne et de l'outarde. Son bec droit et pointu ne mesure pas moins de 10 centimètres.

La grue se plaît dans les climats tempérés ; de là ses migrations régulières dès que le froid et les chaleurs commencent à se faire sentir.

Ses vols sont donc des présages de changement de temps.

Dans l'air, lorsqu'elles volent, elles forment un triangle ; rassemblées dans une plaine, elles ont des sentinelles qui veillent à la sûreté générale. Les cris des grues annoncent la pluie et le vent.

Les Romains, dit Varron, estimaient beaucoup la chair de la grue ; on en mange encore dans certaines parties de l'Europe.

Un chasseur ne peut guère espérer de rencontrer qu'une grue isolée ; — il la tirera avec du plomb n° 3. Mais on ne doit la regarder que comme un gibier de hasard.

Le Cygne.

Celui-là est favorisé de saint Hubert qui, dans les chasses d'hiver, a le bonheur inespéré de tuer un cygne. Il se rappelle les moindres détails de ce beau coup de fusil, et ce jour devient pour lui une date cynégétique. Il est bien entendu que je ne parle pas d'un cygne tué à la hutte en compagnie d'oies et de canards. Certes le coup n'est pas des plus ordinaires et est heureux ; mais il ne compte point dans l'existence du chasseur, comme le coup de fusil qui fait dégringoler dans les airs cette superbe bête s'élevant d'un cours d'eau ou vous passant sur la tête dans un marais.

Votre premier coup l'a atteint au flanc, il a fléchi ; mais sa puissance de vol l'entraîne encore ; tout d'un coup il retourne sur lui-même, revient vers vous, comme tout oiseau de marais frappé à mort revient à son lancé. Le ciel est clair, le soleil luit et l'éclaire en plein ; des gouttes d'un sang vermeil tachent sa blanche fourrure. Votre cœur bondit : vous passez subitement par toutes les alternatives de crainte et d'espoir.

Le voici qui baisse ; vous l'ajustez encore, tant vous êtes anxieux de le posséder, et votre second coup, dirigé sûrement vers le cou, le fait tomber comme une masse, les ailes étendues.

Oui, je vous le dis, chasseur véritable tireur, vous êtes plus heureux que si vous aviez couché une biche à vos pieds.

On ne voit des cygnes sur les rivières et sur les étangs que par les hivers les plus rigoureux. Leur vol est léger et rapide, et ils nagent avec une grande facilité.

Ils sont rarement seuls, leurs migrations se faisant en bandes.

Le cygne ne mange pas de poisson, il se nourrit de plantes aquatiques. Toutefois sa chair est assez médiocre. Il n'est recherché que pour sa fourrure et son duvet.

Sur les rivières et les étangs, on ne peut guère espérer l'approcher qu'en nageret. On appelle *nagerets* de petits bateaux qui sont juste assez grands pour contenir un homme ses armes et une perche garnie d'une fourche en fer. Le poids de ces bateaux est calculé de telle sorte qu'ils s'enfoncent presque à fleur d'eau, le chasseur peut diriger l'esquif avec la main.

Il faut, pour l'abattre, se servir de chevrotines ou mieux encore de zéro et de double zéro.

La femelle du cygne couve six semaines, ses œufs sont au nombre de 5 ou 8, placés dans un nid d'*herbes sèches* au milieu des roseaux. Le cygne défend ses petits à outrance.

L'Oie.

En novembre, le passage d'oies est considéré comme le prélude d'un hiver rigoureux. Ils passent en bandes de cinquante à soixante formant un triangle. Leur vol est toujours très élevé. Elles préfèrent les marais et surtout les champs aux rivières. C'est surtout dans les blés verts et les plaines ensemencées qu'elles font halte. La nuit elles vont dans les étangs et les rivières ; au matin elles se séparent, et les bandes se reforment.

On compte deux espèces d'oies : l'oie commune et l'oie cendrée.

L'oie sauvage pond de 10 à 15 œufs qu'elle dépose sur un tas de roseaux et de plumes. L'incubation est d'un mois. Aussitôt nés les petits suivent la mère à l'eau.

La méfiance de ces oiseaux est légendaire. Rappelons-nous les oies du Capitole !

Elles ont l'ouïe et la vue d'une perfection rare.

Sur l'eau, on les chasse en nageret ; au reste, la chasse se fait comme celle du canard.

Tirez l'oie avec du zéro ou du 2.

Le Canard.

Nous voici arrivés à une des chasses d'hiver les plus fructueuses, les plus fécondes en péripéties, des plus *empoignantes*. Les bandes innombrables de canards qui traversent la France pendant l'hiver depuis le mois d'octobre jusqu'à la fin de mars sont pour les chasseurs, dans certains départements, la source de plaisirs toujours renaissants. Pour chasser le canard on brave neige, tempête, froid excessif et, il faut bien l'avouer, on hypothèque sa santé pour l'avenir !

Et si, plus tard, on est affligé de rhumatismes, on sait pourquoi ; on peut dire : C'est la faute aux canards !

Mais aussi que de joies on a éprouvées et dont le souvenir vous fait encore tressaillir !

Le canard sauvage est un gibier de haut goût et un beau coup de fusil ; de plus, et dans certaines localités et par certains temps, il abonde ! Tout cela n'est-il pas bien capable de vous faire affronter les rigueurs de l'hiver. Je vous assure qu'un chasseur intrépide, qui a le feu sacré, est bien payé de ses peines.

Originaires du Nord où ils passent l'été, les canards, au moment où pointent les premiers froids, nous arrivent en suivant le cours des fleuves et des rivières ou les bords de la mer.

De proche en proche, ils se transportent vers des zones plus hospitalières. Ceux même qui sont sédentaires et peuplent habituellement nos étangs et y font leur ponte ne quittent point nos climats ; mais, quand le froid s'accentue, ils se dirigent vers les lieux que la gelée n'a point atteintes. C'est un va-et-vient continuel. Les canards d'étang qui séjournent toute l'année vont au gagnage dans les bois, où ils se nourrissent de glands, pour lesquels ils ont une prédilection marquée. Si la congélation des rivières et des cours d'eau arrive, ils s'éloignent davantage et gagnent les bords de la mer. Quand la neige couvre la terre abondamment, il en reste un plus grand nombre, car elle remplace pour eux l'eau qui leur est indispensable.

Si méfiants que soient les canards, ils perdent de leur méfiance dans les moments de disette absolue, et c'est alors qu'on en tue d'énormes quantités.

C'est au mois de février et de mars que s'effectue le second passage ou le passage de retour. Les bandes sont toujours en triangle, dont le sommet est tourné vers le nord. Quelques-unes séjournent dans les marais, d'autres passent sans s'y arrêter. Comme la pariade a déjà commencé, ils se laissent souvent approcher.

L'accouplement a lieu vers la fin de l'hiver. Ils choisissent avec soin l'emplacement pour leurs nids afin qu'ils ne soient point envahis par les eaux. Suivant les espèces, la ponte varie de dix à seize œufs. Les *canetons* naissent après trente jours d'incubation ; ils ne commencent à voler que vers la fin de juillet. On leur donne alors le nom d'*halbrans*. A ce moment, on les tire très facilement. Leur chair est très délicate et très recherchée. Ils s'éloignent peu de l'endroit où ils sont nés ; et le chasseur qui parvient à tuer la mère peut aisément tirer à coup sûr tous les individus de la couvée.

Le dessèchement de beaucoup de nos grands marais a rendu la chasse aux canards moins fructueuse qu'il y a vingt ans. Elle est cependant encore assez importante pour que nous relations ici les différentes manières de chasser mises en pratique.

La chasse au fusil à découvert donne de moins beaux résultats ; mais elle est et sera toujours celle qui emportera les suffrages du véritable chasseur.

Il faut d'abord, pour cette chasse, posséder un chien docile qui obéisse, non pas à la parole, mais au geste, et en outre qui sache très bien rapporter et ne craigne pas d'aller à l'eau fourrager sous les cépées d'aulnées et dans les roseaux.

L'épagneul noir anglais, l'épagneul français et le griffon sont les meilleurs pour cette chasse.

Si vous battez un étang en batelet, faites le moins de bruit possible, et explorez-le dans tous ses coins. Si vous vous trouvez dans un marais, cherchez-le le long des sources et dans les rigoles.

Par les temps de grand vent, blotti sous les berges des rivières, le canard laisse quelque fois passer le chasseur.

Au plus fort des gelées, c'est toujours auprès des eaux tièdes qu'on est sûr d'en trouver.

Les temps de dégel sont très favorables au tir du canard au cul levé : à ce moment on les trouve un peu partout, car ils vont et viennent en tous sens.

Une méthode qui produit aussi de bons résultats dans les étangs : c'est de les faire battre par un homme monté dans un bateau. C'est lui alors qui, faisant l'office de rabatteur, vous envoie le gibier. Le chasseur

Chasse à la bécassine.

doit se tenir caché *à bon vent* à une extrémité de l'étang. Les canards passent, et il les tire avec facilité.

La chasse aux *halbrans* est la plus facile ainsi que nous l'avons déjà indiqué. Leur vol encore incertain n'atteint guère plus haut que les roseaux, ce qui permet le tir horizontal, le plus aisé de tous.

On les chasse aussi, dans certaines contrées, *au réverbère*. Pour ainsi faire, voici le procédé que l'on emploie.

On prend un falot avec réflecteur en fer-blanc ou en cuivre, et l'on se promène le long des rivières et cours d'eau. Les oiseaux sont attirés et fascinés par la lumière qui sert en même temps à les découvrir; de telle sorte qu'on peut les approcher de fort près et les tirer sur l'eau fort commodément.

Ce procédé fort simple obtiendra facilement créance auprès de ceux qui ne le connaissent point, lorsqu'ils sauront que dans les ports de mer, pendant les nuits sombres d'hiver, les canards et autres oiseaux aquatiques attirés par l'éclat des phares, qui dominent les falaises et les jetées, viennent se briser la tête contre les grilles qui protègent ces lentilles lumineuses.

La chasse au gabion ou à la hutte. Cette chasse commence dès le mois de novembre et peut durer jusqu'au mois de mars; elle produit beaucoup. Dans les marais qui avoisinent la mer, un bon gabion bien situé peut, dans certains hivers, rapporter deux ou trois cents canards.

En Hollande, il y a des propriétaires d'étangs qui tuent ou font tuer à leur profit pendant une seule saison jusqu'à deux mille pièces de gibier, tant sarcelles et canards qu'oies, cygnes et hérons.

J'emprunte à mon livre *Tablettes d'un chasseur*, la description de cette hutte pittoresque :

Située soit au milieu, soit au bord de l'étang, cette hutte est construite comme une petite maison. On l'entoure d'épais roseaux pour la dissimuler : le toit bas, généralement fort large, est recouvert d'une couche de terreau dans lequel poussent des iris et autres plantes de marais. La charpente se trouve ainsi méconnaissable pour l'ennemi. La porte est garnie de joncs tressés en forme de lattes et maintenus entre eux au moyen de lèches. Les soins que l'on prend pour ne pas éveiller les soupçons du gibier sont tels qu'un gabion bien fait a l'air d'un buisson naturel au bord de l'eau. J'ai quelquefois vu des sarcelles s'approcher si près dans les roseaux qu'avec le canon du fusil, on aurait pu les toucher. Il n'y a pas de minces détails à négliger dans la confection de cette maison de chasse. Une brique trop en évidence peut faire déserter l'étang par la sauvagine.

Entrons maintenant dans ce buisson d'allure sauvage. On y arrive par un petit chemin étroit garni de roseaux. Le milieu seul est nu et foulé de façon que le tressaillement des joncs ne trahisse pas le passage d'un être humain; quelquefois on ajoute des buissons d'aulnes et de saules. De plus, le chasseur doit se baisser le plus possible ; de là la locution *se gabionner*. Une fois à la porte, il met la clef avec précaution dans la serrure, *sicut latro furens;* il la ferme avec la même précaution: le voilà installé.

Aux murailles sont appendus les fusils chargés. Le gros calibre sert dans les grandes occasions, lorsque le gibier persiste à stationner à l'extrémité de l'étang, soit qu'il soit dénommé gros gibier, cygnes et oies, ou s'il est là en grande quantité. Il arrive fréquemment qu'on est obligé d'assujettir le gros calibre au moyen d'un pieu. En dessous se trouvent des canardières calibre 14, puis enfin le fusil à deux coups et la petite canardière. Il va sans dire que chaque chasseur apporte le sien.

Il y a des gabions où l'on trouve tout le confortable désirable : lit, provisions de table et couvertures, etc., de façon à passer une excellente nuit si le cœur vous en dit. Dans un coin sont les boîtes généralement en fer-blanc, pour aller chercher le gibier.

La façade et les côtés du gabion sont garnis de meurtrières, une grande et plusieurs petites : ce sont des planches à coulisses qui glissent dans une rainure; on s'en sert aussi comme de lucarnes. Mais, malheur à celui qui en ouvrirait une sans avoir hermétiquement clos la porte ! une seule meurtrière, du côté opposé où l'on regarde, laissée béante compromettrait la situation et cela se conçoit. L'intérieur d'un appartement, se trouve obscur pour les gens du dehors, lors même qu'une large croisée serait ouverte, si le fond est noir.

Donc, en principe, une fois dans la hutte, voulez-vous voir à gauche, fermez à droite; voulez-vous voir devant, fermez derrière.

A quelques mètres du gabion, verticalement par rapport à lui, sont piqués les *appelants*. (On dit *appelants* des canards à demi sauvages élevés en domesticité et destinés à attirer par leurs cris les bandes qui passent sur le marais.)

Ils sont ordinairement au nombre de sept : quatre mâles et trois femelles.

En voici la distribution : les quatre mâles sur une ligne à vingt pas des femelles qui leur font vis-à-vis, un sabot ou une planche en bois est fixé devant chaque appelant : c'est là que matin et soir on leur met le blé et l'avoine; grâce à cette intelligente disposition, le mâle pipe toujours après la femelle qu'il voit en face de lui et qu'il ne peut rejoindre parce que l'un et l'autre sont attachés. J'ai vu des appelants qu'on laissait libres : ils allaient et venaient appelant les sauvages; et lorsqu'une bande descendait sur l'eau, ils manœuvraient si bien qu'ils les amenaient à portée du gabion. Puis, peu à peu, instinctivement, ils s'éloignaient pour se garer.

Si la mare est grande, çà et là des piquets sont plantés qui indiquent le nombre de mètres. D'après l'indication, on choisit le fusil nécessaire pour balayer la place.

Lorsqu'on est deux à l'affut, il y a en a un chargé de faire feu sur le tas, tandis que l'autre, armé d'un fusil de chasse, se tient prêt à abattre les suivants qui voudraient s'éloigner.

Supposez maintenant un groupe de douze canards; le coup part, onze restent sur place; le douzième, effrayé, se lève, puis, s'il ne voit rien bouger, souvent il se rabat à quelques mètres sur le côté, inquiet, regardant ses compagnons se débattre. Alors le chasseur qui veille fait passer son fusil par une autre meurtrière et tire au posé comme sur une poupée.

Dans les temps de dégel, on tue quelquefois quinze et vingt canards à la fois.

Les plombs employés au gabion sont le double zéro, le zéro et le 3 avec double charge de poudre.

En chasse à découvert, avec un chien, chargez le coup droit avec du 3 ou du 4 et le gauche avec du zéro. Avec cela augmentez la charge de poudre, et visez le cou.

Il m'est arrivé de tirer un canard avec du 7 et de le tuer raide ; mais il me partait à vingt pas, me présentait le flanc gauche. C'est donc une exception. Je n'engage pas les chasseurs à en essayer. Ce jour-là je ne chassais pas le canard, je l'ai rencontré par hasard.

Mais, pour la chasse aux halbrans, le 6 suffit.

A la suite de chaque description des différents canards qui fréquentent nos régions et que j'ai cru devoir signaler spécialement, j'indiquerai le numéro du plomb que je crois, par expérience, le plus favorable. Chez quelques-uns le duvet est moins serré et le vol moins rapide.

Le duvet du canard est impénétrable de face, gardez-vous de tirer en pleine poitrine, vous verriez voler de la plume, et ce serait tout. Un canard démonté est difficile à retrouver : il plonge, nage entre deux eaux jusqu'à ce qu'il ait trouvé un abri et reste là immobile.

On compte quarante-deux variétés de canards !

Nous allons indiquer les principales.

Le *canard franc* de son croisement, duquel proviennent nos canards domestiques, et qui fréquentent le plus habituellement nos étangs et nos rivières, est remarquable par son plumage gris cendré ; la tête, chez le mâle, est d'un vert très foncé couleur d'émeraude, ainsi que le cou dont la partie inférieure est entourée d'un collier blanc. La poitrine est marron foncé ; à la queue se trouve un petit bouquet de plumes recourbées, de la couleur de la tête. La femelle est plus petite : sa livrée est grivelotée et plus terne. — N°s 4 et 3.

Le *pilet*. — De la même taille à peu près que le précédent il se fait remarquer par deux filets étroits qui terminent sa queue. Son plumage, dont le fond est gris tendre, est formé de bandes blanches et noires avec les ailes couvertes d'une plaque de couleur marron ; le bec bleuâtre ; il est fort joli et se laisse assez facilement approcher, mais il plonge. — N° 4.

Le *pilet agacé*. — Tire son nom de la similitude de son plumage avec celui de la pie. C'est de tous les canards le moins méfiant. Son vol n'est pas rapide, et on le tire aisément. Sa chair est excellente. — N° 4.

Le *souchet*. — Il n'arrive guère que vers le mois de février ; il niche dans nos marais. Sa chair délicate conserve même après la cuisson une couleur rosée, ce qui lui a fait donner le nom de *rouge de rivière*. Il est plus petit que le canard ordinaire. On le trouve souvent barbotant isolé dans la vase des sources. Son plumage est très brillant. — N° 6.

Le *garrot*. — Ce canard a le dos et la queue noirs ainsi que les grandes pennes des ailes ; le reste est blanc. Ses yeux, dont l'iris est d'un jaune d'or vif, lui ont fait donner le nom dans certaines contrées de *canard aux yeux d'or*. On le trouve beaucoup sur le littoral. Son vol est rapide, mais peu élevé ; il rase l'eau et ne se mêle pas aux autres canards. On l'approche assez facilement. On le trouve particulièrement en Normandie, en Picardie et dans les Landes. — N° 4.

Le *milouin*. — Il est plus gros que le canard commun. Son plumage est gris rayé de noir. Il part de loin et est très dur à tuer. — N° 3.

Le *morillon*. — Ce joli canard à bec bleu, aux gros yeux jaune tendre, a dos noir brun, à ventre blanc et à tête panachée est assez rare ; c'est vers le mois d'avril qu'on en voit le plus sur le littoral. — N° 4.

Le *canard siffleur* ou *oignard* ou encore *vingeon*. — On rencontre ce canard en grandes bandes, dans le Nord et sur les côtes de l'Océan. Ils se tient bien à la mer et à l'embouchure des rivières. — Plus le vent est rude, plus il voyage. — Son bec est court, nuancé d'un beau bleu, et sa pointe est noire. La partie supérieure du cou est rousse ainsi que la tête, moins le sommet, qui est blanc ainsi que le dessous du corps. Le manteau des ailes est traversé de zigzags noirâtres. On rencontre les siffleurs par les plus grands froids. — N°s 3 et 4.

Le *tardorne*. — On trouve ce canard dans les falaises boisées qui bordent la mer. Il est un peu plus gros que le canard commun et a les jambes plus hautes. Son plumage bariolé est éclatant. Le collier est blanc, le garot et la gorge sont bandelés de jaune cannelle ; le cou et la tête de couleur noir vert. Le bec est rouge pâle, légèrement arrondi, les pieds sont roses. Il creuse un trou en terre pour pondre ; il choisit même des terriers à lapin. — N° 3.

La *bernache*. Elle quitte rarement la mer ; il lui faut pour gagner la plage de violents vents. Le tête et le cou sont d'un beau noir, tandis que le ventre et la gorge éclatent dans leur blancheur moirée. — N° 4.

La *macreuse*. — Il y a deux sortes de macreuses : la macreuse noire, d'un beau noir brillant, et la double macreuse, qui a un miroir blanc sur l'aile : elles se distinguent à la largeur et au ronflement de leur bec qui est gibbeux à la base.

Cette espèce de canards est très abondante dans la Manche où on les compte par milliers. On leur fait aussi une chasse particulière dans les grands étangs qui avoisinent Marseille. Les premières grandes chasses ont lieu en novembre ; on les appelle *volées*. Par chaque *volée*, nom caractéristique qui dépeint le nombre de ces oiseaux, on en tue quinze à dix-huit cents.

La macreuse vole très bas et rase l'eau, puis retombe, plonge et reparaît. En barque à voile on en tue beaucoup, surtout à l'embouchure des rivières. On l'appelle aussi *foulque* et *judelle*. — N° 6.

La *ridenne*. — On l'appelle aussi chipeau dans la Seine-Inférieure. Ce canard, habile plongeur, se tue souvent à la hutte devant laquelle il s'abat aux cris des appelants. La ridenne arrive en bandes considérables avec les siffleurs. — N° 4.

L'*eider*. — Ce canard, dont la taille approche de celle de la petite oie, a le bec étroit en avant, allongé, remontant sur le front échancré par un angle de plumes. On ne le trouve que sur les bords de la mer et par les hivers rigoureux. Ce sont les eiders qui produisent ce duvet recherché connu sous le nom d'édredon. Ce duvet est la plume molle et fine dont leur ventre est garni. — N°s 2 et 3.

La Sarcelle.

Bien que plusieurs chasseurs l'appellent petit canard, elle n'est point à classer parmi ces derniers, quoiqu'elle leur ressemble par l'aspect et par ses habitudes voyageuses. Originaires des étangs du Nord, les sarcelles arrivent en petites bandes vers le mois d'octobre. Le froid vif les fait promptement s'éloigner; elles ne reparaissent plus qu'en février et par couples. Ce sont celles que l'on appelle sarcelles d'hiver. Elles sont maillées de noir sur fond gris avec un trait blanc sur le côté de la tête et un miroir cendré sur les ailes.

La sarcelle d'été, qui niche dans nos marais, a la tête rousse avec une bande verte bordée de deux lignes blanches à la suite de l'œil, la poitrine d'un blanc roussâtre tacheté de points ronds et les ailes marquées d'un miroir vert.

Cette dernière est de beaucoup la plus jolie.

Des chasseurs prétendent en connaître une autre ; je n'ai jamais rencontré que les deux espèces précitées. Au moment des gelées, la sarcelle d'été rabat sur les rivières et les fontaines d'eaux chaudes : elle se nourrit de cresson, de cerfeuil sauvage, de graines.

La chair de la sarcelle est très recherchée pour sa finesse. Les sarcelles ont le vol facile et léger. Atteintes d'un plomb, elles plongent, mais elles reparaissent bientôt.

On chasse la sarcelle au chien d'arrêt et à la hutte. Quand elles sont isolées, on en approche souvent à portée, tuez-les avec du n° 6.

La Bécassine.

La bécassine n'a de ressemblance avec la bécasse que par le bec et les pattes. Pour le reste, elle en diffère absolument.

La bécasse est un oiseau de bois.

La bécassine un oiseau de marais.

C'est ce qui nous a empêché de classer cette dernière à la suite de la bécasse.

Le plumage de la bécassine est gris, sillonné de bandes noires et blanches. Elle nous arrive vers la Madeleine, à la grande joie du chasseur de marais qui prise au premier rang cet oiseau savoureux, car le tir est fréquent et l'abatis nombreux. Elle peuple immédiatement les marais du Nord et de l'Ouest.

La bécassine se plaît dans les terrains tourbeux où paissent les bestiaux et pâture aussi dans les fientes de vaches.

Aux premières gelées, elle disparaît pour gagner dans les marais de l'Europe méridionale. En somme elle redoute les grands froids et les grandes chaleurs ; car, dans l'été, elle gagne toujours vers le Nord, et l'hiver elle se dirige vers le Midi.

Les bécassines effectuent leur second passage vers le mois de mars et d'avril et disparaissent l'été. Les passages ont lieu par des temps sombres et pluvieux et surtout au déclin de la lune.

Dans nos contrées, elles sont presque nulles en janvier, février, mai et juin.

La bécassine voyage par bandes assez nombreuses; et dans ses stations, elle ne s'arrête point isolément, toute la bande s'abat. Aussi n'est-il pas rare au mois de mars, quand le passage est actif, de voir des colonnes de bécassines s'appuyer en s'irradiant; et si l'une d'elle part, presque toutes suivent l'impulsion et s'enlèvent.

Il est fort difficile d'apercevoir une bécassine à terre. La couleur de son plumage se fond tellement avec les brindilles d'herbes sèches qu'on marche à deux pas d'elle en inspectant le sol, sans la découvrir, quand bien même on l'aurait vue remettre.

On compte trois sortes de bécassine : la *bécassine ordinaire*, dont je viens de parler, la *bécassine double* et la *bécassine sourde* ou *bécot*.

La *bécassine double* a le bec un peu moins long : elle est d'un volume égal à peu près à celui de la petite bécasse, mais elle est assez rare. On la rencontre particulièrement dans les prairies fréquentées par les bestiaux. On en tue un peu partout dans les départements de l'ouest; mais en petite quantité. J'en ai tué une dans le département de l'Eure sur les bords du Liton.

La *bécassine sourde* ou *bécot* est d'une saveur très fine, plus délicate encore que la bécassine ordinaire. A l'automne, elle est dodue comme la caille et bien faite pour séduire les gourmets.

La bécassine sourde vit de suc terreux et de petits vers, son plumage a des reflets aurifères du plus bel effet. On la dit sourde ! Pourquoi? rien ne nous le prouve. Est-ce parce qu'elle part sous les pieds, et qu'elle laisse passer le chien? mais la caille, le lapin n'en font-ils point autant?

Elle se laisse approcher de très près, c'est vrai ; mais n'est-ce point une ruse, n'est-il pas au contraire dans son instinct d'agir ainsi afin qu'on ne pense point à elle? Je la crois, pour ma part, victime, dans l'opinion des ornithologistes, d'un préjugé qui ne repose sur rien.

On chasse la bécassine au chien d'arrêt, et c'est une des jolies et intéressantes chasses.

Il faut que le chien quête toujours à bon vent en ayant soin de décrire un cercle afin de faire partir le gibier entre lui et vous. La bécassine a toujours une propension à se lever le vent au bec, elle est donc, par cette manœuvre, obligée de vous passer à gauche ce qui vous donne un tiré plus facile. Le chasseur doit toujours chercher à avoir le vent au dos. Le meilleur temps pour la chasse est le temps sombre et brumeux; alors elle tient devant le chien. Quand il fait du soleil, elle part vivement.

La bécassine est l'oiseau le plus difficile à tirer, elle fait au départ deux ou trois crochets qui la font souvent manquer par le chasseur inexpérimenté.

Il y a deux manières de la tirer : au cul-levé, ou après le moment qu'elle a fait son crochet, alors qu'elle file horizontalement.

Chasse aux alouettes au miroir.

Bien des chasseurs, rompus à ce tir, la tirent des deux façons à volonté. Je l'ai rapporté dans le livre déjà cité *Tablettes d'un chassseur;* je le répète encore : mon oncle, le marquis de Valois, a tiré un jour dans le marais de Percy près Mézidon, dans le Calvados, vingt-quatre bécassines sans en manquer une ! Et il les tirait au cul levé ou après le crochet. C'est M. Scipion de Beaumont, son ami, qui m'a raconté le fait. Je ne tire pas la bécassine comme lui, beaucoup s'en faut ; mais je conseillerai au chasseur qui n'a pas beaucoup chassé ce gibier de le tirer en partant, surtout à petite distance et, s'il est doué de prestesse dans les mouvements. De la sorte, il aura toujours le second coup pour redoubler après le crochet.

Les bécassines viennent souvent se remettre après quelques minutes à l'endroit même où elles ont été tirées, ce qui leur est souvent fatal.

Le tir de la bécassine double est à peu près le même que celui de la bécassine ordinaire.

Quant au tir du bécot, autrement dit de la bécassine sourde, il est des plus facile. On peut ne point s'inquiéter du vent. Il part de très près, comme nous l'avons dit, il ne fait aucun crochet, et son coup d'aile est mou ; cependant, quelquefois après avoir rasé la terre, il prend son essor, pique en l'air en oscillant. Le tout est de le faire lever de nouveau. Il piète peu et tient parfaitement l'arrêt.

On tire la bécassine avec du 8 et du 9.

Le Bécasseau.

Sur les côtes de la Manche et dans quelques départements, cet oiseau est connu sous le nom de *cul-blanc*.

Plus petit que la bécassine, il en a la forme et un peu les habitudes. Son plumage est d'un gris plus pâle, le bec mesure quatre centimètres. Les bécasseaux arrivent au printemps sur les rives des cours d'eau et des rivières de toutes les régions de la France. Une fois accouplés, ils viennent faire leur nid à l'embouchure de fleuves et au bord de la mer. Ils reparaissent dans les terres au mois d'août.

Leur vol est rapide, sinueux et peu élevé. Ils partent souvent hors portée en poussant un cri. Pour parvenir à les approcher lorsqu'on est à pied, il faut remonter le courant afin de n'être pas éventé. Mais le mode de chasse le plus employé est la chasse en bateau ; c'est ce qui se fait sur la Seine et sur la Loire. Ils ne partent alors qu'à bonne portée, et on les tire aisément. Au bord de la mer on se blottit derrière les galets, et on les tire en bandes soit posés, soit lorsque, rasant les berges pour se poser, ils volent en écharpe.

Comme on en rencontre beaucoup sur les côtes de la Manche et de l'Océan, cette chasse est assez suivie. Le tir du cul-blanc est un excellent exercice pour se faire la main ; en outre, la chair de ce gibier est délicate et estimée.

On doit le tirer avec du 7.

Le Pluvier.

C'est vers la fin de septembre qu'apparaissent les premiers pluviers.

A mesure que les froids se font sentir et que les gelées durcissent la terre, ils se rapprochent du Sud. Leur nom de *pluviers* vient de ce que ces charmants oiseaux s'abattent dans nos marais et nos plaines avec les pluies automnales.

Les pluviers voyagent toujours par bandes nombreuses. C'est un des oiseaux qui possèdent le plus l'instinct social. On ne les rencontre jamais moins de quarante ou cinquante ; et les bandes comptent souvent de trois à quatre cents individus.

Les pluviers se mêlent quelquefois avec les vanneaux. Ils volent sur une ou plusieurs bandes parallèles présentant toujours un front très étendu.

Leur second passage a lieu à la fonte des neiges. Ils regagnent le Nord pour le moment de la pariade.

On distingue trois sortes de pluviers : le *pluvier doré*, qui doit son nom aux taches jaunes métalliques dont est orné son plumage brun ; le *pluvier gris* un peu plus petit. Celui-ci fréquente peu les plaines, il préfère les bords de la mer et les marais ; enfin le grand pluvier qui ressemble au courlis. Le plus sauvage de tous est le pluvier doré : les deux autres sont timides, mais se laissent encore approcher. Le pluvier doré et le pluvier gris, à peu près de la taille d'un petit pigeon, sont très estimés.

La défiance et la mobilité constante des pluviers dorés rendent leur chasse difficile et très incertaine. On n'y réussit guère que par les grands vents, parce qu'alors ils se décident plus difficilement à prendre leur vol.

Lorsqu'on prévoit qu'il doit y avoir un passage, on se poste pour tâcher de les surprendre en ayant soin de laisser le chien à la maison. Si vous arrivez à en tuer un, laissez-le à terre, toute la bande reviendra vers lui, et vous pourrez alors tirer de nouveau. Dans certains départements, on le chasse la nuit au flambeau.

Le pluvier est très facile à tuer, je conseillerai toutefois le n° 4 à cause de la distance à laquelle on est obligé de le tirer.

Le Vanneau.

Il y a un proverbe qui dit : « N'a pas mangé un bon morceau qui n'a mangé ni bécasse ni vanneau. » Et le proverbe est vrai. Les œufs sont encore plus estimés ; mais il n'est pas un véritable chasseur qui voudrait satisfaire sa gourmandise au prix d'une nichée de ces jolis oiseaux qui peuvent un jour ou l'autre payer sa sobriété en lui faisant tirer un coup de fusil de plus. En Belgique, on les gobe par milliers : mais les Belges sont si gourmands, dit-on, ils aiment tant à mettre *panse sur forme* ! Ce sont des tueurs et non des chasseurs.

Le vanneau doit son nom au bruit qu'il fait en volant et qui ressemble à celui qu'on produit en vannant le blé. Il est remarquable par son plumage bronzé et par sa belle aigrette mobile plantée à l'occiput. Le ventre et le dessous des ailes sont d'un beau blanc.

En partant, il vocalise clairement le mot dix-huit ! dix-huit !

Son vol est d'une grande élégance. Ces oiseaux nous arrivent au printemps et se répandent dans les plaines, les marais, sur les plages : on en trouve un peu partout. Quelques-uns restent toute l'année. La femelle pond trois ou quatre œufs de la grosseur de ceux de la perdrix et d'un vert foncé.

Ainsi que les pluviers, ils sont difficiles à approcher.

Il existe plusieurs tactiques recommandées par les vieux chasseurs. La première est de marcher vers eux en décrivant des lignes irrégulières sans avoir l'air de les surveiller, de se baisser, de se relever, de faire si l'on veut l'homme ivre titubant à chaque pas. L'oiseau, très curieux, observe ce manège par pur intérêt de curiosité et se laisse ainsi quelquefois approcher. La seconde manière est d'étendre à terre, à quelque distance du lieu où ils sont posés, un mouchoir blanc que l'on fixe au moyen de pierres sur les quatre points; avec cela le chasseur doit avoir un chien blanc. Ils se trouvent attirés par cette place blanche qu'ils n'ont pas la coutume de voir auprès du corps blanc qui se meut (le chien). Ils se lèvent de l'endroit où ils se trouvent, tournoient, plongent pour voir de près, se relèvent et reviennent. Alors on les tire.

Je vous donne ces tactiques pour ce qu'elles valent, ne les ayant point expérimentées. Si un de mes lecteurs les essaye et qu'elles lui profitent, je le prie de m'en faire part.

Pour moi, ce que j'ai dit de la chasse au pluvier s'applique à celle du vanneau. On le tire également avec du 4.

Le vanneau s'apprivoise parfaitement et est d'un bon auxiliaire pour détruire les vers d'un jardin. Interné, il ne tarde pas à suivre les allées et venues du personnel; c'est un hôte charmant et très gai.

Le Râle d'eau.

Le râle d'eau, appelé aussi râle noir, nous arrive à la chute de l'hiver; il habite les joncs et les roseaux des marais, il est plus petit que le râle de genêt. La femelle fait son nid avec des joncs coupés et y dépose six à dix œufs jaunâtres tachetés de rouge brun. Le râle d'eau court avec une grande rapidité devant le chien, il tourne très longtemps avant de prendre son vol. Cet oiseau vole fort mal et est très facile à tirer. Si un cours d'eau se trouve à proximité de l'endroit où votre chien a marqué le premier arrêt, c'est là qu'il se dirigera après avoir épuisé toutes ses ruses sous la quête active du chien.

On le tire avec du 8. Sa chair est médiocre.

La Marouette.

Ce délicieux et gras gibier porte aussi les noms de caille de marais, de râlet et de râle perlé. C'est le plus plus petit des râles, mais il vaut bien des gibiers beaucoup plus forts ; sa chair toujours grasse est un véritable régal. La marouette piète un peu devant le chien, mais est beaucoup moins difficile à lever que les autres râles. Elle part de très près et doit être tuée chaque fois. Le dessus du corps de cet oiseau est marron verdâtre, et moucheté de petits points blancs ainsi que la gorge. La queue est pointue et chinée à sa partie inférieure ; les pattes sont vert jaune.

Tirez la marouette avec du 8 ou du 9.

La Poule d'eau.

La poule d'eau va plus à l'eau que le râle. Son plumage est d'un brun noirâtre gris blanc sur le ventre : le bec est court et renflé vers la pointe ; il est surmonté d'une plaque frontale, rouge jaune ou olivâtre, suivant l'âge. On la dénomme aussi *gallinule*. Elle habite le bord des eaux, rivières et étangs, et se nourrit d'insectes et de plantes aquatiques. Douée d'une grande légèreté, elle se promène sur les feuilles de nénuphar sans leur imprimer de secousse apparente. A la voir ainsi marcher, on dirait qu'elle vole.

Ce gibier, par ses ruses, sait faire damner chien et chasseur. Grâce au fumet qu'elle dégage et qui est très fort, le chien l'évente de loin ; mais il faut que le chien soit très bon et aille à l'eau pour la faire partir. L'oiseau se laisse d'abord arrêter, soit au milieu des joncs, soit sous des racines; mais bientôt il déménage et si c'est au bord de l'eau il plonge pour aller à trente et quarante pas plus loin se remiser sous une souche ou dans un trou.

Aux premiers froids, les poules d'eau émigrent vers les grandes rivières. On ne les revoit qu'au printemps.

Quand la poule d'eau n'est que blessée, elle plonge si c'est sur l'eau et reste cachée sous une feuille; aussi est-il souvent difficile de la retrouver.

Toutefois, pour rassurer les jeunes chasseurs, disons bien vite qu'un coup de fusil l'arrête presque toujours et qu'elle est très facile à tirer avec ses ailes pendantes.

On la tire avec du 7 et du 8.

Plongeons de rivière.

Qui n'a pas remarqué l'hiver, sur les rivières un peu profondes, ces oiseaux paraissant à la surface de l'eau, puis, par un mouvement brusque, disparaissant rapidement? Quel chasseur en les apercevant de loin, n'a, au premier abord, pensé avoir à faire à de petits canards?

Le plongeon de rivière le plus répandu est cendré noirâtre sur le dos, le ventre est blanc. Le bec, très pointu, est conique et un peu recourbé: les pattes, dont les doigts sont palmés, sont noires en dessous et grises en dessus. Le plongeon se nourrit de poissons, de vers, d'insectes et de plantes aquatiques; sa chair est musquée. Cependant on trouve sur la Seine des plongeons renommés pour la finesse et la saveur de leur viande.

On rencontre sur les rivières plusieurs espèces de plongeons: des nains, ceux dont nous venons de parler, d'autres dont le volume égale celui de la sarcelle, d'autres enfin qui ont la taille du canard.

Le plongeon, qui sans cesse plonge et n'est pas vingt secondes sans bouger, passant son temps en baignades, est difficile à tirer. Si, dissimulé derrière des oseraies ou un arbre, vous êtes parvenu à le mettre en joue, il a souvent disparu au moment où vous lâchez la détente.

Pour le tirer sur l'eau, les meilleurs moments sont le grand matin, à onze heures, à deux heures et vers le coucher du soleil lorsque le temps est doux et aussi par les temps de pluie quand il ne vente pas. Quelquefois, le matin, on le trouve dans les roseaux qui bordent l'eau, et on le tire au vol. Mais il faut une grande prestesse, car il est vite rentré dans l'eau qu'il frise en volant. Du reste, son vol est très court, ses ailes les portant peu.

On peut les approcher de près, mais, comme le duvet est très fourni on les tire avec du 4.

Le Courlis.

Les courlis qui, à proprement parler, sont des oiseaux de mer se rencontrent aussi dans les grands marais et dans l'intérieur des terres. Il y a deux espèces de courlis : le grand et le petit.

Le grand est de la taille du faisan ; ses ailes mesurent un mètre d'envergure et sont très vigoureuses. Il vole très haut en poussant un cri clair et mélancolique. Son vol dans les terres présage du mauvais temps. On le rencontre souvent le long des affluents des fleuves. Isolément le grand courlis se tire encore à portée.

Le petit courlis ou *corlieu* est souvent en bandes, on l'approche assez facilement malgré cela, si l'on a soin de se baisser. On en voit presque toute l'année sur les bords de la Loire. Sur les plages de la mer, à marée basse, on peut faire sur ce gibier de très bons coups de fusil. Le petit courlis est moitié moins gros que le grand ; mais il a le même plumage et les mêmes habitudes. Toutefois, les deux espèces ne se mêlent jamais.

La chair du grand courlis est noire et succulente ; celle du corlieu est plus médiocre.

Tirez le grand courlis avec du n° 3 à cause de la vigueur de son coup d'aile : pour le petit, comme il se laisse approcher davantage, tirez-le avec du 4.

Chasse à l'aigle.

Les Chevaliers.

Les chevaliers sont des échassiers à pieds rouges, gris et se nourrissant de vers. Leur chair est très bonne. Très grands voyageurs ils ne se fixent nulle part. On les rencontre quelquefois le long des rivières, mais les plus grandes quantités sont sur les plages de la Manche et dans les marais salins. Ils vivent à la manière des bécasseaux. Ils sont très sauvages et on ne les tire la plupart du temps que lorsqu'ils passent en bandes. — Le n° 6 suffit.

Je ne finirai pas ces chasses au marais et le long des cours d'eau, sans signaler la *guignette*, le *combattant* et les *barges*. La barge noire est

un peu grise, elle est de la grosseur d'une perdrix et a un long bec; sa chair est mangeable. Bien que souvent en compagnie, on les voit quelquefois isolées ou par paires; elles sont faciles à tirer. Plomb n° 6.

Le Martin-pêcheur.

Quoique ce bel oiseau ne soit point un gibier — ce n'est pas des plus délectables — on le rencontre trop souvent sur les rivières et les cours d'eau, où il sert de cible au chasseur, pour ne point lui consacrer quelques lignes.

Ainsi que l'a écrit le magister humain Buffon, « il semble que les matériaux dont se sont chargés des oiseaux où le soleil verse avec le plus de lumière plus que tous les trésors des plus belles couleurs... » En un beau soleil, à la vue du martin-pêcheur filant d'une flèche, lorsque nous au-dessus de l'eau, on dirait une pierre précieuse formée à la fois du saphir, de l'émeraude et de la turquoise, lancée avec vigueur pour rayer d'une tranche mince l'onde limpide. S'il vient à crier, on jurerait une braise enflammée qui va s'éteindre dans l'eau.

J'ai tué bien des martins-pêcheurs en ma vie; chaque fois qu'il m'en part un, j'ai encore toujours le fusil à l'épaule, pour arrêter ce trésor de beauté. A ce point de vue donc, il est très séduisant de le tirer; en outre, ce tir étant très difficile, c'est d'un excellent exercice pour le chasseur qui doit tirer vite et avec une grande précision.

Le martin-pêcheur part de loin en poussant d'une voix perçante le cri de ki, ki. Peu d'oiseaux ont les mouvements aussi prompts et le vol aussi rapide. Il est très rare de le voir posé. Cet oiseau a la propriété unique de se conserver. Je m'explique : lorsque vous aurez tiré un martin, sans l'avoir abîmé, passez-lui un fil dans le gras du bec et suspendez-le à un clou, de manière qu'il puisse tourner à son aise sans toucher à la muraille, en dessous placez une assiette ou une feuille de papier : au bout de dix ou douze jours l'oiseau commencera à se vider de lui-même et vous trouverez votre récipient rempli de vers blancs. Au bout de quatre à cinq jours ce sera terminé, et il vous restera la carcasse couverte de plumes dans sa forme de nature morte. Les plumes ne tomberont point; j'en ai conservé un huit ans, ses couleurs n'étaient point altérées au bout de ce laps de temps, et pas une plume n'était tombée.

Faites-vous donc bon tireur aux dépens de cet oiseau que, dans les débuts, vous manquerez souvent.

Le meilleur plomb pour ne pas l'abimer est le 8.

Il nous reste à présent à parler des petits gibiers et de quelques oiseaux que l'on tire ou à cause de leur plumage ou parce que leur grosseur appelle un coup de fusil.

L'Alouette.

L'alouette, connue chez les restaurateurs sous le nom de mauviette, est très répandue dans notre pays et on lui fait la guerre par tous les moyens possibles. C'est un oiseau charmant qui égaye nos plaines par son chant gai comme le printemps et par son vol incessant. Sa chair est très appréciée, et on affirme qu'elle ne peut point donner d'indigestion. Elles se nourrissent de vers, d'œufs de fourmis, de chenilles, de sauterelles, etc. Elles ne nuisent à personne, bien au contraire : les services qu'elles rendent sont réels ; mais elles sont si bonnes !

En dépit de la loi de 1844, qui interdit de les chasser autrement qu'au cul levé et au miroir, les braconniers en prennent des quantités considérables ua filet. Ce sont eux qui fournissent à la grande consommation qui s'en fait dans les villes.

On compte trois sortes d'alouettes :

L'*alouette commune*, qui est celle que l'on rencontre en abondance dans tous les endroits cultivés ; le *cochevis*, dont le plumage est plus gris et dont une aigrette surmonte la tête. Le cochevis vole moins et se branche quelquefois ; il vient jusque dans les rues des villes, pendant les froids. Il fait deux pontes par an ; l'*alouette lulu* ou *alouette des bois*, qu'on trouve dans les jeunes taillis et les clairières ; elle ne fait qu'une ponte tardive.

L'*alouette commune*, fait jusqu'à trois pontes par année, la première a lieu vers le commencement de mai.

On ne chasse l'alouette au cul levé que dans le milieu du jour, c'est-à-dire de onze heures à trois heures : c'est le moment où elles partent le moins loin. Le chien arrête très bien ce menu gibier ; le chasseur battra la plaine à bon vent et tirera haut, car l'oiseau tend toujours à s'élever. Il prendra le plomb n° 8. Quand il y a peu de gibier en plaine, cette chasse est très amusante.

Quant à la chasse au miroir, elle est universellement connue. On sait comme les oiseaux sont curieux et se laissent facilement attirer par ce qui brille. Ils ont cela de commun avec les femmes ! cela soit dit sans offenser ce sexe aimable.

Le miroir le plus répandu se compose d'un disque de bois couvert de petits carrés de glace. Posé sur un piquet à pivot, on le fait tourner au moyen d'une ficelle ; on accélère ou on ralentit le mouvement à volonté. Il y a des miroirs adaptés à une petite boîte dans laquelle se trouve un ressort de tournebroche qui, une fois remonté, le fait tourner sans l'aide de ficelle ; mais je préfère le premier, par la raison que j'ai donnée plus haut, à savoir qu'on règle sa rotation à son gré, ce qui est souvent nécessaire. D'ailleurs, si vous ne voulez pas le faire tourner vous-même, vous prenez avec vous un enfant, qui fait très bien cet office.

On place le miroir au milieu d'un champ, dans un endroit bien découvert : le chasseur s'assied à une distance convenable, le fusil en main et ses cartouches autour de lui, car le tir est fréquent, et il ne faut pas avoir besoin de chercher.

Dès que l'instrument est mis en mouvement et que les facettes scintillent, les alouettes s'approchent. On les voit monter, descendre et planer sur le miroir. C'est le moment de tirer. Quelquefois le vol est si abondant qu'on n'a pas le temps d'aller chercher les victimes : à peine le premier coup est-il tiré qu'elles reviennent en masses tourner autour du miroir.

C'est avec les premières gelées blanches, en octobre, que les alouettes commencent à donner au miroir. Les moments favorables pour cette chasse sont depuis le lever du soleil jusqu'à dix heures du matin et de trois heures à cinq heures.

Je n'ai pas besoin de dire que plus il fait de soleil, plus la chasse est fructueuse.

Pour cette chasse, on peut faire des demi-cartouches que l'on charge avec du 9 ou du 10.

La grive.

Plusieurs poètes latins ont fait l'éloge de la grive ; et ils n'ont point eu tort. Ce petit gibier est en effet très bon surtout à l'automne après les vendanges.

Le genre grive compte beaucoup d'espèces, mais, il n'y en a réellement que quatre qui nous soient bien connues :

La *grive commune*, la plus estimée comme chair.

La *draine* ou *jocasse*, la plus grosse de toutes.

La *litorne* ou *claque*.

Le *mauvis* ou *grive rouge* ainsi appelée parce que le dessous de ses ailes est rouge orange. Cette dernière est la plus petite des quatre.

Toute l'année, on rencontre des grives dans nos bois et dans les haies du bocage où elles nichent. Toutefois elles sont en petite quantité. Celles qui demeurent parmi nous, pendant l'hiver, sont celles qui, trop grosses ou trop paresseuses aux premiers froids, n'ont pas voulu se joindre aux bandes d'émigration. Elles pondent au printemps six œufs d'un bleu pâle glacé de vert et tacheté de rouge et de noir.

C'est vers le milieu d'octobre que les grives arrivent en énormes quantités.

La grive commune, indépendamment des raisins pour lesquels elle a une grande prédilection, se nourrit d'insectes, de vers, de baies de tous les arbres. La draine se nourrit particulièrement de gui, ce qui rend souvent sa chair un peu amère. La litorne est très gourmande de baies d'alizier et de genièvres : elle arrive en bandes considérables, et, comme la précédente, elle est assez dificile à approcher ; elle affectionne le bord des marais et des prairies humides ; son bec est jaunâtre et ses ailes marron relevé de gris cendré. Quant au mauvis, il est moins farouche, on peut le tirer posé sur les échalas. Il en est ainsi de la grive commune.

Le vol de la grive est inégal, brusque et saccadé. Une fois envolée, elle va quelquefois se poster sur un arbre voisin ; mais il est assez difficile de l'apercevoir.

Au moment des vendanges, on tue de grandes quantités de grives dans les vignes d'où elles partent quelquefois sous l'arrêt du chien.

Tirez les grives dans les vignes ou le long des haies cul levé avec du 8.

Pour les claques ou litornes, commes elles se trouvent souvent agglomérées sur le sommet d'un hêtre, employez le n° 7.

Dans le midi, on chasse la grive au *poste*. Voici comment on s'y prend:

Dans chaque bastide ou maison de campagne, les propriétaires font une plantation d'arbres verts sur la partie la plus élevée de leur terrain. Au milieu de ces arbres verts, ils ménagent un espace découvert pour y placer un arbre mort. A quelque distance de cet *arbret*, ils établissent, à moitié enfouie en terre, une hutte qu'ils percent de plusieurs meurtrières dans la partie supérieure et qu'ils dissimulent avec des branchages. Aux branches de l'arbre dénudé sont attachées des cages contenant des grives en domesticité. Celles-ci, par leur ramage, attirent leurs congénères voyageuses qui se posent en bandes sur l'arbre et le chasseur a beau jeu. La récolte est souvent très abondante.

Dans nos bois et haies, on en prend beaucoup au lacet.

Le Merle.

Cet oiseau noir à bec jaune est connu de tout le monde. Il a la forme et la grosseur de la grive commune et partage ses habitudes ; mais il est encore plus sauvage. Il vit seul ou en couples dans les bois épais, au milieu des arbres verts, près des fontaines ; il se nourrit d'insectes, de baies et de fruits tombés qu'il vient l'hiver grapiller jusque dans nos jardins. Le merle construit son nid dans les taillis épais, à peu de distance du sol ou sur les troncs des vieux arbres. Il fait jusqu'à trois couvées par an. Chacune de ses pontes est de quatre à cinq œufs.

Bien que sa chair soit moins fine que celle de la grive, il vaut cependant bien le coup de fusil... quand il part à portée ! Car, très méfiant et rusé, il ne donne pas toujours au chasseur le temps de le tirer. Toutefois son vol rapide est droit et exerce à ajuster promptement et à tirer juste.

Tirez-le avec du 7 ou du 8.

En dépit de son humeur farouche, il s'apprivoise aisément ; aussi lui tend-on des pièges pour le prendre vivant ! Les merles de Corse sont très prisés ; on les envoie en grandes quantités à Paris.

Le cardinal Fesch, oncle de Napoléon, en faisait venir tout l'hiver. On allait dîner chez son Éminence, pour ses nobles manières, son gracieux accueil et surtout pour... ses merles.

En Corse, on a retourné le proverbe du continent et l'on dit : « Quand il n'y a pas de merles, on mange des grives ! »

L'Étourneau.

L'étourneau ou *sansonnet*, ne fait pas partie du gibier ; mais on le rencontre quelquefois en troupes si nombreuses que le chasseur cède souvent à la tentation d'envoyer un coup de fusil dans la compagnie.

L'étourneau, du reste, sans valoir aucun des gibiers passereaux précités, se laisse encore manger en brochette quand on a eu soin de le faire bien saigner afin de lui enlever le goût amer qui le distingue. Puis c'est un oiseau assez séduisant avec son plumage noir, à reflets métalliques, nuancé de petits points blancs.

On rencontre les étourneaux dans les marais tourbeux et surtout dans les prairies où pâturent les bestiaux. Ils affectionnent les troupeaux de moutons, et s'abattent au milieu d'eux par bandes de deux et trois cents. On peut en apercevoir de grimpés sur ces animaux quelquefois au nombre de dix sur le même. Il est alors aisé de les approcher ; et avec deux coups de fusil chargés l'un avec du 7 l'autre avec du 8, on peut en tuer quinze à vingt.

L'étourneau ne vit que d'insectes et de chenilles. Il niche dans les vieilles masures ou dans le trou des vieux arbres.

Le Loriot.

Avec son plumage d'un beau jaune, la queue et les ailes noires, le Loriot attire souvent l'œil de celui qui porte un fusil. Il habite tous les bois dans lesquels il se tient à bordure, ainsi que les grandes futaies. On le voit arriver au printemps pour faire son nid, qu'il bâtit très habilement et suspend à la bifurcation des branches les plus élevées des arbres.

Le loriot fait la guerre aux insectes et aux chenilles ; mais il a une prédilection pour les cerises : aussi est-il la terreur du possesseur de cerisiers, qui vous recommandera toujours de le tuer. Malheureusement il est très méfiant et se laisse difficilement approcher. Il faut souvent s'embusquer pour pouvoir le tirer. Chargez votre fusil avec du 6.

La Huppe.

La huppe nous arrive au printemps et repart en automne. C'est un bel oiseau de la famille des grimpereaux qui doit son nom et à la huppe

Le geai.

longue et rouge qui surmonte sa tête, et au cri *pu*, *pu*, qu'elle pousse en s'envolant.

Ainsi que tous les oiseaux d'un certain volume et d'un plumage brillant, la huppe est le point de mire des jeunes tireurs. Comme elle a l'habitude de descendre à terre dans les prairies humides et les prés avoisinant les maisons, explorant les bouses de vaches, il arrive qu'on peut la tirer quelquefois au cul levé.

Le plus souvent cependant, on ne l'aborde que par surprise, soit en surveillant les pommiers qu'elle fréquente volontiers soit en la tirant par-dessus une haie.

A bonne portée un coup de 7 sufit.

Son plumage est roux clair et ses ailes, noires ainsi que la queue, sont tachetées par zones de petites plumes blanches.

Le pic vert.

C'est au même point de vue, c'est-à-dire comme oiseau dont le plumage brillant attire l'œil, aussi à cause de son volume, que je parlerai du Pic vert. Ce grimpeur par excellence que l'on voit sans cesse monter et descendre le long des arbres est vert comme son nom l'indique et la tête est rouge. C'est un bel oiseau. Son bec robuste et pointu lui sert à frapper sur l'écorce à coups répétés qu'on entend de fort loin. Grâce à ce bec, il fait des trous profonds dans les vieux arbres et dans les couvertures en chaume ce qui le fait traiter en ennemi par les gens de la campagne.

Cet oiseau est toutefois fort utile à cause de l'innombrable quantité de larves et d'insectes qu'il détruit.

Souvent il s'abat sur une fourmilière, tire sa langue qui est longue de dix à douze centimètres, la tend sur le passage des fourmis et lorsqu'elle en est couverte les avale.

Il se jette d'un arbre à un autre en volant par élans et par bons. Son cri *tiacacan tiacacan* qui s'entend de fort loin, décèle sa présence.

Il n'est guère facile à approcher, à moins qu'on ne le surprenne grimpant sur un arbre ou le frappant de son bec, encore est-il que, tournant sans cesse, il vous aperçoit promptement.

Tirez-le avec du 6.

Quant à sa chair, elle est coriace et ne mérite pas d'être apprêtée.

Le *pic épièye* est plus petit, son plumage est noir gris zébré de rouge.

Le Geai.

Son air goguenard, son cri assourdissant et les férets bleus qu'il porte sur les ailes le font quelquefois tomber sous les plombs du chasseur.

Cependant on ne peut lui reprocher les méfaits de la pie, mais c'est un bel oiseau assez fort et cela suffit.

Il est plus difficile de l'approcher lorsqu'on a un fusil en main que de le prendre avec des pièges. J'en ai vu souvent se prendre soit aux lacets que l'on tendait pour les grives, soit encore aux pièges à ressort que l'on tend à terre pour les oiseaux et les rats. Sa nature pétulante, ses mouvements brusques le jettent les yeux fermés à travers tous ces engins plus ou moins dissimulés.

Si, dans un bois, vous entendez plusieurs geais pousser leurs cris désagréables et tournoyer en l'air, fondre à la même place et s'élever de nouveau, il est presque certain que ce manège et ces accents de colère ont pour but de faire peur à un animal de rapine, soit un putois soit un renard, pour lequel ils ont une antipathie marquée.

Ils se font ainsi quelquefois les auxiliaires inconscients du chasseur.

Le geai est un animal à précautions ; malheureusement pour lui, il a peu de mémoire ! Ainsi il enfouit sous terre pour l'hiver une grande quantité de semences du chêne et du hêtre ; mais, comme il ne les retrouve pas toujours, il contribue à la propagation de ces deux espèces. Il détruit beaucoup de chenilles et d'insectes. C'est un oiseau sédentaire qu'on trouve toute l'année dans nos bois.

Tirez-le avec du plomb n° 6.

OISEAUX DE PROIE

Nous allons maintenant nous occuper des oiseaux de proie, ces braconniers de l'air qui eux aussi font une guerre terrible au gibier et sont d'autant plus redoutables que l'air est leur domaine, et qu'on les approche fort difficilement.

C'est donc un devoir pour le chasseur qui les rencontre, de les poursuivre à outrance.

La nomenclature n'en est pas très longue ; plusieurs d'entre ceux que nous nommerons sont rares, mais ils produisent beaucoup, et un seul d'entre eux, dans une contrée, est un dévastateur.

Les plus petits ne sont pas les moins à craindre, parce qu'on les rencontre partout et en grande quantité.

Sus donc à tous sans trêve ni merci !

L'Aigle.

Je commencerai par l'aigle, le roi des habitants de l'air. Il mérite à tous égards ce titre et par sa taille et par sa vigueur, et par son regard plein de flammes, et par son vol majestueux. Les anciens l'appelaient céleste, parce que, de tous les oiseaux, c'est celui qui s'élève le plus haut.

Le bec des aigles est extrêmement puissant, recourbé au sommet ; ils ont les serres crochues et acérées, et leurs ailes longues et nerveuses leur permettent de saisir au vol les mammifères et les oiseaux. Souvent, les aigles choisissent leur proie au milieu d'un troupeau, ils attaquent le gibier. Toutefois leur petit nombre ne les rend point aussi terribles pour la destruction que quelques autres que nous signalerons plus loin.

Parmi les différentes espèces d'aigles, deux seulement sont indigènes en France.

La principale est l'*aigle royal* ou *aigle fauve*. Sa longueur dépasse souvent un mètre. Son plumage est d'un brun foncé à reflets fauves. Sa ponte varie de deux à trois œufs d'un blanc sale tacheté de roux ; il construit son aire dans les rochers et quelquefois sur les arbres.

On le rencontre dans les Alpes, les Pyrénées et même dans la forêt de Fontainebleau.

L'*aigle criard* est plus petit. Son plumage est uniformément brun chez les vieux et marqué de taches blanchâtres sur les ailes et aux jambes chez les jeunes. On le trouve sur les lieux élevés et boisés et, en été, dans les Pyrénées. Il vient aussi jusque dans les départements du Nord, en Provence, en Anjou et en Dauphiné. Il fréquente aussi, mais en passage, les bords de la mer. J'en ai vu un sur les falaises d'Orcher, près du Havre.

L'aigle criard, qui doit son nom à ses cris fréquents, est peu audacieux ; il détruit peu de *gibier* ; il niche sur les arbres élevés, pins et chênes, et pond deux œufs marqués de raies rouges.

L'*aigle impérial*, remarquable par une tache blanche placée sur les épaules, ne se rencontre en France qu'accidentellement.

Pour chasser l'aigle royal, on s'embusque derrière un rocher, quand on est certain de sa présence dans une contrée, ce qu'on reconnaît par les débris qu'il laisse aux environs de son aire ; le chasseur se sert d'un lapin mort qu'il place à quelque distance de lui, sur la plate-forme d'une autre roche. L'aigle, soit qu'il ait découvert l'animal, — ce n'est pas à tort qu'on dit « un œil d'aigle » — soit qu'il l'ait flairé, ne tarde pas à venir pour l'enlever : alors la poudre parle. On tire l'aigle royal avec une balle.

L'aigle criard se trouve quelquefois fortuitement.

On l'abat avec du double zéro.

Le Vautour

Originaires des contrées les plus chaudes, les vautours diminuent en nombre à mesure que l'on approche du Nord. Dans les régions relativement froides, on les voit quelquefois ; mais ce n'est qu'un passage.

Ce sont généralement des vautours qui, au commencement de l'hiver, émigrent des pays froids pour regagner les pays chauds : ils appartiennent presque tous à un vautour originaire d'Afrique et appelé *vautour oricou*.

Le vautour à peu près sédentaire que le chasseur peut espérer rencontrer en France est le *vautour chasse fiente*. Le nom n'est pas beau; qu'y faire cependant? l'ornithologie observatrice est là! Or le susdit vautour mesure 1 mètre 30 centimètres et habite les montagnes élevées et ardues du midi et de l'est où il niche et pond deux œufs blanchâtres et rugueux.

Nous avons aussi le *vautour griffon* ou fauve qui est plus petit et qu'on ne voit que dans les Pyrénées.

Le nom de vautour est proverbial pour exprimer la voracité tant au moral qu'au physique. Les usuriers qui se regardent dans la glace ne nous démentiront point *in petto*.

L'aigle attaque sa proie vivante : le vautour attend qu'elle soit morte! l'un affronte le danger; l'autre est un voleur, un *chapardeur*.

Demandez aux champs de bataille s'ils savent venir en nombre déchiqueter les cadavres! Les *chapardeurs* retournent les poches ; eux, ils éventrent les cadavres : ce sont les cousins germains de ces détrousseurs de morts.

Le vautour est doué d'une grande force.

Tirez-le avec des balles ou avec des chevrotines.

Le Gypaète

C'est un bel oiseau qui mesure jusqu'à trois mètres trente centimètres d'envergure.

Très répandu autrefois dans les Alpes, il était un ennemi terrible pour les bouquetins, les chamois et même pour les grands animaux qu'il harcelait afin de les précipiter dans les gouffres, où il les déchiquetait pantelants ou morts. On a mis sa tête à prix, et il a diminué heureusement.

Ses serres de dimension moindre que celles de l'aigle ne lui permettent d'enlever que les lièvres, renards et agneaux. A défaut de proies vivantes, lui aussi il détrousse les cadavres.

Le gypaète vit par paires ; il niche sur les rochers inaccessibles et il pond deux œufs blancs marqués de tâches brunes.

Si vous le rencontrez, envoyez lui une bonne cartouche de double zéro.

L'Autour

Voici un ennemi beaucoup plus dangereux pour le menu gibier ! Il chasse au vol levrauts, perdrix, grives etc. Courageux et intrépide, il fond obliquement sur sa proie. Bien qu'il vive dans les montagnes boisées et dans les grandes forêts, il s'approche des habitations pour enlever les animaux des basses-cours.

L'autour niche dans les forêts, particulièrement dans celles où les hêtres, les chênes et les sapins sont en grande quantité ; c'est sur les arbres les plus élevés qu'il construit son aire. Sa ponte est de deux à quatre œufs gris verdâtre. A l'état d'adulte, l'autour se reconnaît facilement aux zônes transversales qui diamantent son plumage et à la courbure prononcée de son bec.

Son vol est moins élevé que celui du faucon. L'autour peut se prendre au piège dit piège à poteaux.

Tirez-le avec du 2 ou du 3.

Le Faucon

Bien inférieurs en taille aux aigles et aux vautours, les faucons n'en sont pas moins à redouter pour le gibier. Beaucoup plus nombreux que les oiseaux de proie dont nous venons de parler, universellement répandus dans notre pays, ils sont de véritables dévastateurs.

De tous les rapaces, ils ont le vol le plus puissant et le plus rapide.

L'autour se laisse prendre dans un filet, le faucon jamais! Il tombe à plomb sur l'oiseau victime qui sert d'amorce dans l'enceinte des filets, le tue, le dévore sur place s'il est trop lourd, sinon l'emporte en se relevant à plomb. C'est un des oiseaux qui causent le plus de dommages à nos faisanderies.

Le faucon fait la guerre au milan et le force à lâcher sa proie. Dans l'ancienne vénnerie, le faucon était désigné *oiseau noble*; le faucon dit *gerfaut* était le plus prisé.

Il fond sur sa victime avec la rapidité de l'éclair.

Nous comptons en France quatre espèces de faucons :

La *cresserelle* ou *émouchet*;

Le *hobereau*;

L'*émerillon*;

Le *faucon commun* ou *pèlerin*.

La cresserelle se trouve partout, dans les bois, dans les masures et dans les clochers. Elle chasse les rats, les mulots, les petits oiseaux, les buses, les milans, les corbeaux. Sa ponte est de trois à quatre œufs roussâtres tâchetés de brun.

La cresserelle ou émouchet se tue avec du 4 ou du 6, suivant la distance.

Le hobereau s'attaque en plaine aux cailles, aux alouettes et aux hirondelles; au bois, il prend les grives, les merles et les petits oiseaux. Il niche dans le creux des rochers; quelquefois dans les arbres.

LE LIVRE DU CHASSEUR

CANARDS
1. Pilet. — 2. Siffleur. — 3. Musqué. — 4. Garrot. — 5. Macreuse. — 6. Beau canard huppé. — 7. Milouin. — 8. Morillon.

Chasssant un jour dans un marais, aux environs de Caen, j'en vis un qui planait auprès de moi. Ma chienne était sur la piste d'une caille ; elle tombe ferme, l'oiseau planait toujours, se rapprochant insensiblement. Je veux faire forcer ma chienne, elle ne bouge pas. Je la presse et la pousse : elle court et me rapporte la caille vivante ! La pauvrette, surveillée depuis longtemps par le rapace n'osait s'envoler. J'ai eu le temps de tuer le hobereau qui attendait sa proie. — Je l'ai tué avec du 6.

L'émerillon habite les forêts des montagnes. Il est vif et audacieux.

il attaque les perdrix et les jeunes tétras, poursuit les alouettes et les grives. Il niche sur les arbres et dans les rochers ; il dépose dans son nid cinq à six œufs de couleur blanchâtre.

Tirez-le avec du 6.

Le faucon commun habite de préférence les contrées accidentées. J'en ai rencontré beaucoup en Normandie.

Ce faucon est essentiellement voyageur. Le chasseur doit le redouter comme un braconnier de la pire espèce. Il détruit tétras, perdrix, pigeons, et ne se gêne nullement pour emporter dans les airs un canard ou une sarcelle. Il est aussi très friand de bécassines.

Lorsqu'il paraît à l'horizon tous les oiseaux sont pris d'une frayeur qui les paralyse. Seuls les corbeaux lui font la chasse ; mais pour ce, ils se réunissent en bandes.

On le tue fort bien avec une cartouche de 4.

L'Épervier

Petitesse à part, l'épervier a beaucoup de ressemblance avec l'autour. Ce braconnier se rencontre partout. Il niche sur les grands arbres à proximité des champs et des prairies. Sa ponte est de six œufs d'un blanc sale, avec tâches rouges. L'épervier vit solitaire, sa vie se passe à harceler perdreaux, grives, alouettes et les petits oiseaux qui en ont une peur effroyable.

Comme l'autour, on le prend à l'aide de filets : comme il a l'habitude d'emporter sa proie et de la dévorer sur un arbre, on plante en terre des poteaux sur lesquels sont fixés des pièges qui se referment sur lui lorsqu'il vient s'y poser avec sa victime.

Autrefois, l'épervier se dressait avec succès pour la chasse de la caille et de la perdrix. Il possède une puissance fascinatrice extrême. Une compagnie de perdrix qui l'a aperçu planer dans l'air est à votre merci ; elle ne part pour ainsi dire que *bourrée* par votre chien.

On arrive quelquefois à le tuer lorsqu'il remonte de terre emportant dans ses serres le gibier sur lequel il a fondu. C'est un coup double qu'un coup de 6 peut parfois procurer.

Le Milan

Si l'aigle est l'oiseau qui vole le plus haut, le milan est celui qui plane le mieux. A le voir, découpant sa noire silhouette dans l'azur, on pourrait croire par instant qu'il est attaché à un point fixe, les ailes étendues. Les ailes déployées et immobiles, il attend sa victime sur laquelle il fond perpendiculairement avec une rare précision.

Mais, il n'a pas la ténacité de l'épervier. Une corneille audacieuse peut lui faire lâcher sa proie.

Dans la fauconnerie, le milan était déclaré *oiseau ignoble*, et on le chassait avec l'épervier.

Le milan niche dans les chênes et les hauts sapins, quelquefois aussi dans les buissons qui poussent sur les falaises. Il pond quatre œufs blancs tachetés de rouge.

On le tire avec du 2 ou du 3.

La Buse

Les buses sont moins terribles pour le gibier que pour les basses-cours. Leur vol est lourd et ne leur permet pas souvent de chasser à tire d'ailes. La plupart du temps, elles surprennent leur gibier du haut d'un arbre, ou posées sur un monticule. Ce sont des braconniers d'affût.

Les deux espèces de buses les plus répandues dans notre pays, sont la buse commune et la buse pattue.

Elles sont toutes les deux à peu près de la même taille. Elles mesurent environ 60 centimètres de longueur de la pointe du bec à la queue.

La buse commune se trouve dans les bois avoisinant les plaines; elle construit son nid sur le sommet des grands arbres, et y dépose trois ou quatre œufs d'un blanc verdâtre marqués de taches brunes.

La buse pattue se distingue de sa congénère, par ses pattes emplumées et par sa queue à peu près complètement blanche. — Elle habite de préférence les bois qui sont en plaine.

De par ses mœurs, la buse est un des oiseaux de proie les plus faciles à surprendre. Quoique bien fournie en plumage, elle est facile à abattre.

Le n° 4 est le meilleur plomb.

Je citerai aussi la *Bondrée*, un oiseau diminutif de la buse, qui vit dans les mêmes bois, mais qui, en résumé, fait peu de tort au gibier. Elle se nourrit de larves et d'insectes.

Parmi les rapaces, je ne signalerai au nombre des oiseaux nocturnes que le *grand duc*.

Du reste, on ne le rencontre que rarement en France, encore est-ce seulement pendant l'hiver.

Il s'établit dans les forêts du midi et de l'est, dans les sapinières d'une certaine étendue et dans les vieux édifices ; sa destruction est utile, car il s'attaque aux jeunes chevreuils et aux lièvres.

Comme tous les oiseaux de nuit, il est très facile à abattre ; le plomb n° 6 suffit.

Les *Pies grièches* sont funestes aux petits oiseaux ; à ce point de vue, elles ne doivent pas être épargnées par le chasseur.

Corbeaux et Corneilles

Le corbeau proprement dit est assez rare en France ; on ne le rencontre guère que dans les Vosges, les Alpes, le Jura et les Ardennes.

La taille du corbeau noir atteint quelquefois 70 centimètres de longueur. Ses mœurs ont beaucoup d'analogie avec celles des rapaces : il s'attaque au gibier, lièvres et lapins, et même aux faons. Buffon affirme qu'il vit cent ans; d'une défiance extrême, il évente son ennemi de fort loin, et sait par ses ruses nombreuses le tenir toujours à distance. De plus, il est très difficile à abattre et supporte beaucoup mieux un coup de fusil que bien des oiseaux d'une plus forte corpulence : il a la vie très dure.

Pour le tuer, il faut une bonne charge de poudre, du zéro ou du 2, s'il vole.

Dans les bois où il réside, on parvient à le tirer à portée en plaçant au haut d'un arbre un chat-huant vivant. Les corbeaux arrivent pour le combattre et le chasseur à l'affût les tire.

Les corneilles, qu'on désigne généralement sous le nom de corbeaux, sont en bien plus grande quantité et on les voit partout. De moitié moins grosses que le corbeau, elles ont le même plumage noir à reflets métalliques et le bec noir et très vigoureux.

L'hiver, elles se rassemblent en troupes fort nombreuses, se rapprochent des habitations et s'abattent dans les champs cultivés.

La corneille niche sur le sommet des grands arbres et dans les trous des vieux édifices : elle pond six œufs. Bien que les corneilles rendent quelques services en détruisant les mans, les hannetons, les insectes et les vers, elles sont très nuisibles à la propagation du gibier. Elles détruisent une grande quantité d'œufs de faisans, de perdrix, de cailles, et d'alouettes etc. Elles attaquent les levrauts et les lapins; aussi dans les forêts de chasse sont-elles avec raison rangées parmi les ennemis du chasseur, on encourage par des primes leur destruction.

En rase campagne, elles sont très difficiles à approcher.

L'hiver, on en tue de grandes quantités le soir dans les hautes futaies, lorsqu'elles sont rassemblées sur un arbre pour passer la nuit.

Dans le pays de Caux, on se livre souvent à cette chasse dans les avenues d'arbres qui entourent les fermes. On en tue beaucoup, et il en reste encore des quantités innombrables.

Dans certains endroits où elles sont en grand nombre, on place, par les temps de neige, sur le sol, à une certaine distance les uns des autres, des cornets dont les bords sont enduits de glu et au fond desquels est un morceau de viande. Les corneilles pour saisir l'appât, y introduisent leurs tête, et les plumes adhèrent à la glu qui assujettit le cornet au corps de l'oiseau. Celui-ci n'y voyant plus cherche à s'envoler et retombe bientôt épuisé.

On en détruit aussi par les mêmes temps de neige, en faisant des traînées de paille dans les cours de fermes.

Outre l'affût du soir, celui qui voudra en tirer n'aura qu'à suivre le laboureur au milieu des champs, il les verra bientôt s'abattre derrière la charrue dans les sillons retournés et il pourra les tirer posées ou au vol ; mais ce manège très simple ne pourra être renouvelé plus de deux fois, car elles sont très fines.

Parmi les corneilles on en distingue trois sortes : la *noire*, la plus répandue, celle dont je viens de parler; *le freux et la corneille à mantelet*.

Le freux est plus gros que la corneille, il se distingue par la nudité de toute la base du bec. On le considère en France comme oiseau de passage. En Angleterre, on le chasse tout particulièrement.

Les freux restent en troupes sur la lisière des bois.

La corneille à mantelet niche dans les sapinières et les forêts de mézèles. Elle se distingue de la corneille noire par un manteau grisâtre qui s'étend depuis la base de la tête sur le dos et sur le ventre, laissant les ailes et la queue noires. Cette corneille s'attaque aussi aussi aux œufs de gibier.

On en voit beaucoup sur le rivage de la mer.

J'ai tué des corneilles avec du n° 6, mais c'était par hasard ; je conseille le n° 4, à cause de la distance à laquelle on les tire et aussi à cause de la vigueur de leurs muscles.

La Pie

La pie est au moins aussi malfaisante que la corneille ; elle détruit autant d'œufs de gibier, tue les levrauts et attaque en plaine des lièvres qu'elle épuise en les harcelant, jusqu'à ce que, grimpant sur leur dos, elle leur mange la cervelle.

Quelques chasseurs la tuent pour son plumage. Je vous dirai : tuez-la impitoyablement, parce que c'est un oiseau réellement préjudiciable au gibier.

Elle est au moins aussi méfiante que la corneille : on l'approche difficilement, mais, à portée, elle est facile à démonter.

Le plomb n° 6 suffit.

Voici la nomenclature des oiseaux classés comme nuisibles par les arrêtés préfectoraux, avec les dénominations en usage dans chaque département.

AIN. — Émerillon, épervier vulgaire, milan noir, buse pattue, busard des marais, grand-duc, pie-grièche grise, pie, bec-croisé des pins, corbeau noir, corneille noire et mantelée, ramier, colombin, biset, plongeon.

AISNE. — Autour, faucon, épervier, balbusard, pie, corbeau, ramier.

ALLIER. — Emouchet, vautour, pie, pie-grièche, corbeau.

ALPES (BASSES-). — Gypaète, aigle, faucon, autour, milan, épervier, buse, grand-duc, pie-grièche, pie-agasse, bec-croisé des pins, corbeau, corneille, geai, ramier, colombin, biset.

ALPES (HAUTES-). — Aigle, faucon, épervier, milan noir, grand-duc, corbeau, corneille, pie.

ALPES-MARITIMES. — Émouchet, épervier, pie, moineau, gros-bec, mauvis.

ARDÈCHE. — Aigle, buse, milan, faucon, épervier.

ARDENNES. — Buse, busard, milan, autour, faucon, épervier, émouchet.

ARIÈGE. — Vautour, percnoptère, gypaète barbu, faucon, busard, balbusard, aigle, pygargue, milan, grand-duc, héron, ramier, colombin, biset, geai, circaète, autour, corbeau, pie.

AUBE. — Oiseaux de proie, corbeau, pie, ramier.

AUDE. — Milan, faucon, corbeau, pie.

AVEYRON. — Vautour, faucon et autres oiseaux de proie, corbeau, pie.

BOUCHES-DU-RHONE. — Pie, corbeau, corneille, oiseaux de proie, excepté la chouette.

CALVADOS. — Faucon, busard, balbusard, pygargue, autour, épervier, milan, pie, hibou, corneille, corbeau, ramier.

CANTAL. — Oiseaux de proie, pie, pie-grièche.

CHARENTE. — Oiseaux de proie, excepté le hibou et la chouette, pie, corneille noire, ramier.

CHARENTE-INFÉRIEURE. — Oiseaux de proie et pigeons.

CHER. — Vautour, épervier, buse, corneille, pic, pie-grièche, corbeau, ramier.

CORRÈZE. — Oiseaux proie, pie, geai, corbeau.

CORSE. — Corbeau, pie, ramier, poule d'eau, canard.

COTE-D'OR. — Milan, buse, tiercelet, héron, martin-pêcheur, épervier, pie, corbeau, ramier.

COTES-DU-NORD. — Buse, épervier, ramier, corneille.

CREUSE. — Milan, épervier, vautour, buse, faucon, corbeau, émouchet, pie, pie-grièche.

DORDOGNE. — Aucun n'est indiqué.

DOUBS. — Ramier, pie, buse, épervier, milan, aigle, pie-grièche, corbeau, sansonnet.

DROME. — Aigle, épervier, faucon, milan, corbeau, pie.

EURE. — Buse, busard, balbusard, faucon, pygargue, autour, milan, pie, pie-grièche, corneille noire et mantelée, ramier.

EURE-ET-LOIR. — Oiseaux de proie, pie, corbeau, pie-grièche, ramier, colombin, biset.

FINISTÈRE. — Milan, épervier, buse, pie, geai, corbeau, ramier.

GARD. — Aigle, faucon, épervier, pie, corbeau.

GARONNE (HAUTE-). — Faucon, épervier, milan, buse, pie, corbeau, corneille, ramier, colombin, biset.

GERS. — Oiseaux de proie, pie, corbeau, corneille, ramier, colombin, biset.
GIRONDE. — Oiseaux de proie, corbeau, pie-grièche, corneille noire et mantelée, ramier.
HÉRAULT. — Pie, corneille.
ILLE-ET-VILAINE. — Aigle, faucon, épervier, milan, buse, corbeau, corneille, ramier.
INDRE. — Aucun n'est indiqué.
INDRE-ET-LOIRE. — Emerillon, épervier, buse, corbeau, corneille, pie-grièche, ramier.
ISÈRE. — Aigle, faucon, épervier, milan noir, buse, grand-duc, pie, pie-grièche grise, bec-croisé des pins, corbeau, corneille.
JURA. — Aigle, milan, épervier, buse, pie, pie-grièche, ramier.
LANDES. — Milan, buse, épervier, pie-grièche, corbeau, corneille, corneille, pie grive.
LOIR-ET-CHER. — Pie-grièche grise, corbeau, corneille, plongeon, goëland, émerillon, crécerelle, jean-le-blanc, autour, épervier, milan, buse, busard.
LOIRE. — Circaète, autour, épervier, émerillon, crécerelle, jean-le-blanc, buse, busard, grand-duc.
LOIRE (HAUTE-). — Corbeau, corneille, pie, épervier, milan, faucon, buse.
LOIRE-INFÉRIEURE. — Buse, corbeau, corneille, pie, épervier, milan, faucon.
LOIRET. — Corbeau, corneille, pie, pie-grièche, ramier.
LOT. — Oiseaux de proie, pie, corneille, corbeau.
LOT-ET-GARONNE. — Oiseaux de proie, corbeau, pie, geai, palombe, ramier.
LOZÈRE. — Aigle, buse, faucon, milan, épervier, pie-grièche, corbeau, corneille, ramier.
MAINE-ET-LOIRE. Oiseaux de proie, corbeau, corneille, pie, pie-grièche, ramier.
MANCHE. — Faucon, busard, balbusard, pygargue, autour, épervier, milan, pie ramier.
MARNE. — Autour, épervier, faucon, corbeau, pie.
MARNE (HAUTE-). — Oiseaux de proie, corbeau, pie, geai.
MAYENNE. — Faucon, jean-le-blanc, buse, busard, balbusard, épervier, autour, pygargue.
MEURTHE-ET-MOSELLE. — Autour, épervier, faucon, milan, busard, pie, geai, étourneau, pigeon sauvage.
MEUSE. — Geai, pie, gypaète, faucon, aigle, circaète, buse, busard, balbusard, pygargue, autour, épervier, milan, pie-grièche, bec-croisé, ramier.
MORBIHAN. — Gypaète, faucon, aigle, circaète, buse, busard, balbusard, pygargue, autour, épervier, milan, hibou, pie-grièche, bec-croisé, corbeau, corneille, grèbe, plongeon, goëland, cormoran, fou, harle, ramier.
NIÈVRE. — Pie-grièche, buse, pie, tiercelet, jean-le-blanc, corbeau, corneille.
NORD. — Faucon, autour, buse, busard, balbusard, pygargue, épervier, milan, pie, pie-grièche, corbeau, corneille.
OISE. — Aigle, autour, faucon, épervier, milan, buse, balbusard, crécerelle, émerillon, pic, corbeau, ramier.
ORNE. — Gypaète, faucon, aigle, circaète, pie, pie-grièche, corbeau, bec-croisé, colombe, tourterelle, corneille, ramier, grèbe, plongeon, pétrel, goéland, cormoran, fou, harle.
PAS-DE-CALAIS. — Faucon, busard, balbusard, pygargue, autour, épervier, milan, pie-grièche, corbeau noir, ramier.
PUY-DE-DOME. — Geai, pie, épervier.
PYRÉNÉES (BASSES-). — Aigle, vautour, milan, épervier, corbeau, pie, ramier, palombe, émerillon, faucon, tourterelle.
PYRÉNÉES (HAUTES-). — Aigle, vautour, milan, épervier, corbeau, pie, étourneau, ramier, colombin, biset.

Le canard tadorne.

PYRÉNÉES-ORIENTALES. — Aigle, faucon. gypaète, autour, épervier, milan, busard, grand-duc, guêpier, ramier, colombin, biset.

RHIN (HAUT-). (Territoire de Belfort.) — Faucon, pie, buse, busard, épervier, milan, aigle, pie-grièche.

RHONE. — Oiseaux de proie.

SAONE (HAUTE-). — Aigle, faucon, autour, épervier, milan, buse, busard, duc, bec-croisé, corbeau, corneille noire et mantelée, geai, sansonnet.

SAONE-ET-LOIRE. — Aucun n'est indiqué.

SARTHE. — Faucon, jean-le-blanc, buse, busard, balbusard, pygargue, épervier, milan, pie.

SAVOIE. — Aigle, vautour, épervier, buse, faucon.

SAVOIE (HAUTE-). — Aigle, épervier, buse, milan, émerillon, grand-duc, corbeau, corneille, pie-grièche.
SEINE — Pie, corbeau, hobereau, émerillon, crécerelle, balbusard, pygargue, autour, épervier, milan royal, buse, busard, corneille noire et mantelée, ramier.
SEINE-INFÉRIEURE. — Faucon, busard, balbusard, pygargue, autour, épervier, milan, pie, ramier.
SEINE-ET-MARNE. — Aigles fauves, bonelli et criards, épervier, milan royal et noir, buse, busard, pie-grièche, bec-croisé, pie, corneille, tourterelle, ramier, colombin, biset, faucons (pèlerin, hobereau, émerillon, kobez, concolore, éléonore).
SEINE-ET-OISE. — Pie, corbeau, hobereau, émerillon, crécerelle, buse, busard, balbusard, pygargue, autour, épervier, milan, pie-grièche, corneille noire et mantelée, ramier.
SÈVRES (DEUX-). — Hobereau, émerillon, crécerelle, épervier, buse, busard, pie-grièche, corbeau noir, corneille noire et mantelée, pie, ramier, plongeon, alouette [1].
SOMME. — Autour, faucon, épervier, balbusard, pie, corbeau, ramier.
TARN. — Vautour, milan, buse, faucon, épervier, pie, pie-grièche, corbeau, corneille.
TARN-ET-GARONNE. — Corbeau, pie, corneille, ramier, colombin, biset.
VAR. — Oiseaux de proie, pie.
VAUCLUSE. — Oiseaux de proie.
VENDÉE. — Corneille, corbeau, geai, épervier, buse, milan.
VIENNE. — Pie, prie-grièche, corbeau, corneille, ramier, faucon, circaète, épervier, buse, busard, grand-duc.
VIENNE (HAUTE-). — Epervier, milan, buse, busard, pie, ramier, geai.
VOSGES. — Corbeau, épervier, faucon, milan, buse, duc et autres de la même espèce.
YONNE. — Corbeau, geai, pie, oiseaux de proie diurnes.

1. *Nota*. Nous n'avons pas besoin de dire que le préfet qui a considéré *l'alouette* comme un *animal nuisible*, a fait preuve d'une ignorance inqualifiable et superlativement rare. — L'alouette, ai-je dit, ne donne pas indigestion ; mais, en lisant cet arrêté, je crains bien de m'être trompé, car je ne puis attribuer qu'à une copieuse indigestion l'arrêté de ce préfet si peu naturaliste pour le pauvre volatile.

DEUXIÈME PARTIE

LA CHASSE AU CHIEN D'ARRÊT

Des goûts et des couleurs il ne faut pas discuter, dit le proverbe, et le proverbe a raison. Le plus beau, c'est celui qu'on aime !

Toutefois je n'hésite pas à affirmer que la *chasse au chien d'arrêt* est la plus magnifique des chasses et la plus prisée du véritable chasseur. Beaucoup de nos confrères sont, je n'en doute pas, de mon avis.

Elle est la plus magnifique, parce qu'elle est la plus brillante et laisse au chasseur la faculté de déployer toutes ses connaissances cynégétiques, son sang-froid et son habileté de tireur.

La chasse au chien d'arrêt, est celle qui exige :

1° Le plus de science.

Il faut connaître à fond les mœurs du gibier, le terrain, les influences atmosphériques, le maniement complet du chien.

2° Le plus d'habileté comme tireur.

Le chasseur ne *doit* pas être surpris ; il doit parer à toutes les éventualités du tir, le calculer d'une façon infaillible.

En un mot tirer dans toutes les positions, devant, derrière en faisant rapidement volte-face, pivoter sur la droite ce qui est le coup le plus difficile, tirer en haut, en descendant, etc ;

3° Le plus de sûreté de coup d'œil et le plus grand sang-froid ; et être passé maître en fait d'illusions d'optique ;

4° Les meilleurs et les plus rares chiens, et les armes les plus fines ;

5° Enfin le plus de passion, le plus de dons natifs, sans compter le plus de santé.

Un chasseur très médiocre peut faire quelquefois excellente figure dans une chasse aux chiens courants, si le hasard le favorise, tandis qu'en chasse au chien d'arrêt, il sera jaugé au bout d'une heure de chasse.

Il sera jugé bon chasseur, même après plusieurs coups manqués, s'il a décelé les qualités requises ; et on ne saurait être longtemps à s'en apercevoir.

La chance est bien aussi pour quelque chose dans cette chasse : sur deux chasseurs, l'un peut, pendant une matinée entière, être bien favorisé du hasard et faire lever à tout coup le gibier sous ses pas, tandis que l'autre ne trouvera pas à brûler une cartouche. Mais cette chance fortuite ne déjuge pas ce que j'ai avancé.

Avec un bon chien et un excellent fusil, le chasseur au chien d'arrêt qui tire le mieux et sait où trouver et retrouver le gibier, est le meilleur. Car, il ne s'agit pas seulement de bien tirer, il faut encore savoir chasser.

D'abord commencez par vous orienter ; si le vent vient du nord, il faut marcher vers le nord ; si le vent vient du midi, il faut marcher vers le midi.

Cela s'appelle prendre le vent.

De cette façon le gibier ne vous évente point et vous favorisez la quête du chien auquel le vent amène toutes les émanations de la plaine. Et alors celui-ci sera plus disposé à quêter le nez haut, ce qui vaut mieux.

Il ne s'agit pas ensuite d'aller loin ; mais de marcher beaucoup et surtout de marcher bien.

J'entends par marcher bien, explorer ou plutôt *éplucher* toutes les pièces, ne rien négliger, ne point laisser une touffe d'herbe sans s'assurer qu'elle ne recèle rien.

Si vous venez de battre à bon vent une pièce de trèfle, et si tout auprès, il s'en trouve une autre ne la descendez point à mauvais vent ; revenez sur vos pas pour prendre à bon vent la pièce encore inexplorée.

Ces marches et contremarches sont absolument nécessaires.

Bien fouler le terrain ! voilà un des grands secrets de la chasse.

Le lièvre qui n'est pas parti la première fois, déboule la seconde et vos pas sont bien payés.

Si vous prenez une pièce en long, vous allez sous le vent comme je l'ai dit et rien n'est plus facile ; mais si elle est large et que vous la battiez en travers, présentez au vent tantôt le côté droit, tantôt le côté gauche en un mot, tracez des zigzags de vingt à trente degrés.

Un chasseur expérimenté doit comprendre au premier coup d'œil ce qu'il doit faire tel jour en tel pays.

Il y a des jours où une quête minutieuse n'aurait pas de raison d'être ; une grande quête sera préférable.

Si vous n'avez que peu de temps à chasser, épluchez une petite quantité de terrain.

Suivant les cas, économisez le temps, mais ne le gaspillez point.

Un chasseur doit s'arrêter de temps en temps, avoir l'œil partout et être tout oreilles.

Une halte de quelques secondes fait quelquefois sortir un lièvre que n'avait pas effrayé le mouvement régulier de votre marche.

Mais, me diront quelques-uns, et le chien ? Dans certains temps, lorsqu'il fait très chaud où très sec, s'il y a longtemps qu'il n'a bu, le meilleur chien peut passer a vingt pas d'un lièvre et ne pas l'éventer, surtout si ce chien à la *quête basse.*

Le même fait peut se passer aussi dans un sainfoin ou une luzerne en fleur; les colzas, les émanations de plantes dominent parfois la voie du lièvre qui, comme nous l'avons dit, est très légère.

On doit donc appuyer et seconder le chien.

Un chasseur doit en entrant dans une plaine voir immédiatement le parti qu'il en tirera; d'un coup d'œil, il embrassera les champs de betteraves, les chaumes, les guérets, les taillis. Il doit s'efforcer de *mener le gibier* au lieu d'être mené par lui, ce qui cependant est fatal la plupart du temps.

La chasse du matin n'est pas la même que celle de l'après-midi.

Le matin est avantageux pour la chasse au lièvre.

L'après-midi pour celle des perdrix.

Ne vous mettez point en plaine avant neuf heures, avec un chien d'arrêt, à moins que vous ne vous trouviez dans une contrée très chaude.

Le jour de l'ouverture fait seul exception.

Si une haie se présente, ne la laissez jamais franchir à votre chien avant vous.

Quand il fait chaud, le lièvre se place presque toujours sur le bord d'une luzerne, d'un champ de pommes de terres ou de betteraves ou dans un fourré.

En hiver, il se place au midi, à l'abri d'un fossé ou protégé par une colline, dans un fond, dans un labour qu'il choisira de la couleur de son poil.

Jamais un lièvre ne se trouve au milieu d'un champ, il est toujours à une des extrémités, à vingt pas du bord environ, en haut ou en bas, suivant l'atmosphère.

Le lièvre craint la rosée et a peur de se mouiller les pattes; aussi ne le trouverez-vous jamais dans les prairies artificielles, si la rosée a été forte, *à fortiori* s'il a plu.

Le levrault seul diffère un peu du lièvre et brave les aphorismes que nous venons de donner.

Il se gîte souvent au milieu d'une luzerne ou dans un épais fourré qui semble le protéger. Peut-être n'a-t-il pas encore assez de confiance dans sa vitesse qui est le partage de sa race?

Il craint davantage le chien, se dérobe, se rase souvent, change fréquemment de place.

Dans le bois, le lièvre passe toujours par les chemins et dans les places claires, ainsi que je l'ai déjà dit à l'article lièvre.

S'il pleut, cherchez le lièvre dans les carrières, dans les terrains pierreux, les ronces, les chardons, en général dans les champs ou endroits qui paraissent incultes.

Si vous avez vu un lièvre se raser, remarquez bien son gîte; éloignez-vous un quart d'heure vingt minutes, rapprochez-vous ensuite en décrivant des cercles concentriques — sans avoir l'air de l'apercevoir.

A l'article « Lièvre » j'ai indiqué la manière de le tirer.

La perdrix, qui est vagabonde, change de remise suivant les heures du jour.

Le matin, s'il a plu ou seulement si une abondante rosée est tombée, vous la trouverez dans les chaumes et les labours se chauffant au soleil. Elle se laisse alors difficilement approcher.

Vers les onze heures, quand le soleil a séché tout et darde ses rayons brûlants, elle gagne les couverts, luzernes, sainfoins, prairies artificielles; elle s'y tient jusqu'à trois et quatre heures. C'est le bon moment de la journée pour la tirer à bonne portée.

Si une compagnie se lève, comptez les individus, choisissez-en un, si vous pouvez tirer, et observez bien la remise, en prenant des repères. Ne vous pressez pas trop d'y aller; ils tiendront mieux après un petit laps de temps. S'ils sont divisés, commencez par les fractions moins nombreuses, vous aurez beaucoup de chance de pouvoir les tirer.

Vous êtes presque sûr de tuer un perdreau remis dans un champ, si vous l'approchez à bon vent.

Si le perdreau est dans une haie, donnez le bon vent à votre chien et tenez-vous du côté opposé.

N'abandonnez jamais une compagnie de perdreaux si elle est divisée. J'ajouterai même : si une compagnie se lève devant vous hors portée, envoyez un coup de fusil après, peut-être réussirez-vous à le diviser et alors, comme je le disais, vous irez à la plus minime faction. Ce coup perdu d'avance m'a souvent profité.

Un bon chien sait distinguer dans une compagnie un perdreau blessé, il le suit de l'œil et se met à sa recherche.

Si vous êtes dans un terrain découvert, et qu'une pièce de gibier se lève près de vous, ne vous pressez pas, vous avez grandement le temps de tirer avant qu'elle soit à 30 pas, une belle portée et la distance la plus favorable pour l'abattre. Vous aurez même souvent le temps de doubler le coup avant qu'elle soit hors de portée.

Si vous avez manqué une pièce de gibier, retirez votre arme de l'épaule. Peut-être aviez-vous mal épaulé. En tout cas, il faut changer d'attitude.

Assurez bien votre premier coup d'abord, le coup double viendra ensuite.

Laissez toujours filer la caille pour ne la tirer qu'à vingt-cinq ou trente pas, C'est un oiseau extrêmement gras et délicat : plus près, vous le briseriez.

Une caille se remise toujours très près : si vous l'avez manquée, allez où vous l'avez vue se poser et, prévenu par votre œil d'abord et par votre chien, vous la tirerez et ne *pourrez* la manquer.

Il faut viser la caille en tête.

Quant au tir de la perdrix, il offre une grande variété.

Le tir le plus facile, c'est quand elle suit une ligne horizontale :

En ce cas visez l'oiseau droit à mi-corps ;

Si elle monte, tirez haut à cause du mouvement ascensionnel ;

Si elle plonge en bas d'une côte visez les pattes ;

Si elle vient droit à vous, à hauteur, visez la tête, mais, si son vol est élevé, dirigé de la même façon, visez à quelques pouces en avant du bec ;

Si ce vol était très rapide et encore accéléré par le vent, tirez un pied en avant :

Si la perdrix décrit une spirale en montant, tournez comme elle, en pivotant sur vous-même et visez en plein corps ;

A l'article *Tir*, je résumerai les différentes manières de tirer.

Si, après votre coup tiré, la perdrix est démontée, il faut sur le champ faire chercher le chien. Si elle pique en l'air, suivez-la de l'œil, c'est qu'elle est touchée à la tête et elle tombera comme une pierre loin de vous quelquefois, mais elle sera morte et la plupart du temps vous la trouverez sur le dos.

Tous les temps ne sont pas agréables pour chasser, mais on peut dire qu'ils sont tous bons.

Par une belle pluie, les perdrix se laissent aisément approcher ; elles partent de près, leur vol est lourd et elles ne se remisent pas loin ; les luzernes et les trèfles étant trop mouillés ne sont pas bons ; mais un champ de betteraves sous la pluie est excellent. Les perdrix se ramassent sous les larges feuilles et ne partent qu'à la dernière extrémité.

Il en est de même quand le soleil est très chaud.

Par le temps de pluie, les chiens ont moins de nez, mais on y supplée par les marches et les contremarches.

Par les temps de grand vent, on surprend très bien un lièvre. En hiver, par le vent du sud, il se laisse approcher. Quant aux vents d'ouest et de sud-ouest, ils sont bons en toute saison.

Si la lune est vieille, on cherchera le lièvre sur les côteaux, si elle est nouvelle dans les bas-fonds.

L'OUVERTURE

Voici le grand jour de l'année pour le chasseur! Il y pense des mois d'avance ; la semaine qui précède cette ravissante journée est une semaine d'agitation fébrile ; et la nuit qui précède l'aurore attendue est sans sommeil.

Et ne croyez pas qu'avec le temps ces sensations disparaissent! Non. Après vingt ouvertures, vous êtes aussi ardent que le jour de la première.

Vous êtes peut-être un peu moins fou, c'est-à-dire, que, comme à dix-huit ans, vous ne vous levez pas la nuit afin de voir si le ciel est clair et promet une bonne journée, mais, pour être plus raisonnables, vos désirs ne sont pas émoussés.

La veille de l'ouverture ou les jours qui précèdent, il est bon de faire quelques promenades dans la campagne où vous devez chasser, afin vous renseigner si la caille grasse chante, si les belles volées de perdreaux sont abondantes, si les lièvres qui restaient à la fermeture ont tenu leurs promesses et peuplé abondamment le canton.

De plus, le chasseur examinera la topographie de la plaine, nombrera les luzernes, les sainfoins, les champs de betteraves, toutes les remises, et combinera son plan stratégique du lendemain.

Cette précaution qui, au premier abord, pourrait paraître frivole est un grand auxiliaire ; et c'est à cette exploration de la veille ou des jours précédents que beaucoup de chasseurs doivent leur succès du fameux jour!

La connaissance approfondie du terrain est un atout majeur dans la main du chasseur. Celui-là découvrira du gibier là où les autres n'ont rien trouvé.

Il se rencontre des chasseurs bons tireurs à l'ordinaire dans le cours de l'année et qui, le jour de l'ouverture, éprouvent une émotion invincible devant les premiers lièvres et par conséquent les manquent ; soyez calme, vous tirerez vite et bien.

Le jour de l'ouverture, si votre chien est jeune, tenez-le à la corde, c'est moins pénible qu'on ne le suppose généralement. Et il s'agit ce jour-là de tirer le plus de pièces possible. De plus ses écarts n'empêcheront pas vos compagnons de chasse de tirer.

Le jour de l'ouverture, pour un calibre 16, employez 4 $^1/_2$ de poudre, le même volume de plomb avec 1$[$5 en plus. Pour ce jour-là, le gibier partant de près, la poudre fine est la meilleure, elle garnit plus.

Quelques chasseurs conseillent de la mêler en partie égale avec de la

Rendez-vous de chasse

superfine parce que cette dernière perce mieux. Je ne suis point de cet avis, pas plus pour la poudre que pour le plomb, je n'admets les mélanges.

Le jour de l'ouverture et les premiers jours qui suivront, sol couvert, perdreaux en majorité, quelques cailles et quelques lièvres, servez-vous des n° 8 et 7.

Dans les pays abondants en cailles, on fait merveille avec du 9.

Après les premiers jours et jusqu'à la fin de septembre, 7 et 6. Octobre et novembre, 6 et 4.

Pour le lièvre en plaine, à la fin de la saison, un coup de 3 est excellent.

LA CHASSE AU CHIEN COURANT

C'est vers la fin d'octobre que commencent les chasses au chien courant. La plaine est entièrement dénudée, les bois perdent déjà leurs feuilles ; le gibier à plume, décimé, ne tient plus.

Le chien d'arrêt a terminé sa mission en plaine. — Nous le reprendrons pour le marais — c'est la période de la chasse avec mise en scène : celle des chiens courants.

Les équipages, les grandes meutes de quinze à vingt chiens, les couples de briquets et de bassets font leur apparition.

J'ai précédemment déclaré que la chasse au chien d'arrêt était la chasse par excellence et je ne me dédis point. J'ai du reste, à l'appui de mon assertion, donné les motifs qui me la font regarder comme telle. Et maintenant que j'en suis arrivé à parler de la chasse aux chiens courants, je dis que c'est une chasse des plus passionnantes et, si je la mets au second rang parmi les chasses, je la place au premier rang des plaisirs que la Providence nous a dispensés avec tant de profusion. Dans cette chasse, se retrouve le chasseur avec toutes ses qualités d'observation, d'intrépidité, et de sang-froid.

Le chasseur est moins lui-même ; mais le décor est plus complet, les auxiliaires plus nombreux, l'intérêt plus surexcité et soutenu jusqu'à l'extrême limite. De plus, dans la chasse aux chiens courants, vous possédez l'orchestre.

Dans la chasse au chien courant, on distingue deux chasses très différentes : la petite chasse, la plus commune aujourd'hui, qui se fait avec deux, quatre ou six chiens, et la grande chasse, celle des grands domaines, qu'on appelle à course, à cor et à cri.

La petite chasse se fait au fusil, à pied.

La grande chasse au contraire se fait à cheval, sans fusil, avec la trompe en sautoir, le couteau de chasse à la ceinture et le fouet en main.

Les animaux de *petite chasse* sont : le lièvre, le lapin, le renard, le chevreuil, le loup, le sanglier.

Ceux de grande chasse : le cerf, le chevreuil, le daim, le lièvre quelquefois ; mais cette dernière chasse devient de plus en plus rare. Cette chasse, une des plus savantes et des plus difficiles à cause de la légèreté de la voie de l'animal, nécessite des équipages choisis qui réunissent le nez, la gorge, la vitesse et le fond, et ces équipages se nombrent actuellement en France. La chasse du lièvre à courre ou mieux *à force* est un peu délaissée.

Je citerai cependant l'équipage rarissime de M. Jules de Vorys, qui a forcé pendant l'année où j'écris ce livre vingt-trois lièvres, ce qui est fort beau.

Cette meute modèle a été créée par M. de Vorys à l'aide de croisements successifs entre *chiennes — briquettes* à poil dur et des étalons anglais *harriers*. Les mères donnent la ruse, la gorge, le nez, la vitesse ; les pères la forme et le fond.

Cet équipage attaque aussi vaillamment le sanglier, mais à tir.

Je donne ces renseignements aux chasseurs qui voudraient se former une excellente meute à lièvre. Cette race est désormais fixée et il est facile aux amateurs de la créer. Quant à moi, à tort ou à raison, je ne suis nullement enthousiaste de la chasse à courre pour le lièvre. Je suis chasseur et passionné pour le tir : or un lièvre après plusieurs randonnées doit-être tiré. C'est pour lui particulièrement que le chasseur doit, suivant son caprice, à la sortie ou à la rentrée, faire parler la foudre !

Bien que je me sois réservé de traiter ultérieurement et dans une partie spéciale la question des chiens, je crois devoir ici donner quelques avis sur les chiens courants.

Le chien courant ne ressemble en rien au chien d'arrêt. Ce dernier chasse pour le maître, celui-là pour la curée. Les qualités de l'un sont un vice rédhibitoire chez l'autre.

Le choix des chiens dépend beaucoup de l'espace réservé au chasseur. C'est en quelque sorte une question financière ; — si vous ne possédez qu'un petit bois ou quelques bouquets de bois attenant à une plaine où se trouvent lièvres et lapins, choisissez des bassets à jambes torses et très petits. Comme ces chiens vont peu vite, ils effrayent moins le gibier et vous donnent beaucoup plus de chances de tirer. Deux chiens de cette espèce suffiront ; si vous avez quelques centaines d'arpents, vous pouvez employer les briquets qui mènent plus vite. Si maintenant la Providence vous protège, en vous accordant la chasse soit d'une forêt, soit de plusieurs cents d'hectares de bois et de terres labourables, précautionnez-vous d'une meute complète, de deux même, afin d'avoir des relais.

Dans chaque province, on trouve une nouvelle espèce de chiens courants. Parmi ces chiens, qui ne sont pas de race, à proprement parler on en rencontre parfois d'excellents.

Mais si vous désirez avoir une meute réelle qui mérite ce nom, c'est une autre affaire.

Prenez des chiens Anglais ou des chiens Normands. Les premiers ont beaucoup plus de vitesse, les seconds sont mieux coiffés et ont plus de fond.

Ne faites jamais chasser ces deux races ensemble, car vous n'obtiendrez point ainsi une meute homogène, ce qui est la première qualité.

Aussi, dans une meute de choix, fait-on toujours chasser ensemble les chiens du même pied ; ajoutez à cela que les chiens doivent autant que possible être de même couleur (on préfère la couleur blanche, parce qu'elle se détache mieux sur la verdure d'un côteau), et surtout prenez des animaux de même taille.

On doit mettre à part et même réformer les chiens qui vont trop vite ou trop lentement.

La beauté d'un chien est principalement dans les oreilles ; mais la bonté est dans le nez et dans l'ardeur à suivre la piste.

Le pied doit-être petit, sec, nerveux et allongé, le jarret droit, la jambe musculeuse et bien détachée du corps, la queue forte à son attache, relevée en trompe et terminée en queue de rat. Ceux qui ont le train de derrière plus haut que celui de devant sont les plus vites.

Surtout, n'achetez jamais un chien sur sa bonne mine ; vous devez l'essayer pour savoir à quoi vous en tenir.

Méfiez-vous des *marchands* de chiens !

Que de tours ils ont joué à des chasseurs inexpérimentés et même à d'excellents chasseurs, hélas, trop confiants !

Le basset est un très bon chien pour chasser à tir, il va doucement et longtemps : devant lui, le lièvre ruse, s'arrête dans les clairières, s'assied dans les sentiers et offre maintes fois l'occasion de le tirer ; le lapin ne se terre pas, trotte s'en trop s'en soucier et présente ainsi plusieurs fois le flanc au chasseur : en outre, le basset offre un grand avantage au petit propriétaire dont les bois ne s'étendent pas loin. L'animal chassé ne sortira pas des limites, tandis que s'il chassé avec des briquets ou autres chiens, la chasse commencée chez lui sera bientôt chez le voisin et il ne peut prévoir où elle le mènera.

On a dit que les meutes nombreuses étaient les meilleures. Je ne suis pas absolument de cet avis surtout pour le lièvre et le lapin. Pour le sanglier et le cerf, une meute sérieuse avec relais est préférable. Quant au chevreuil je l'ai vu quelquefois chasser avec un seul chien, mais un excellent chien, s'entend, et chaque fois la chasse a été très bonne.

Toutefois, je ne donne point ce détail pour principe. Et, comme ordinairement le nombre des chiens courants est au moins de deux, j'ajouterai qu'il faut toujours que les chiens d'une meute soient en nombre pair. La raison est celle-ci : pour aller et revenir du bois, il faut qu'ils soient couplés, sans quoi ils pourraient se jeter les uns sur une voie, les autres sur une autre, ce qui pourrait faire manquer la chasse.

Dans la petite chasse au chien courant, on ne se sert point de trompe car on porte un fusil; mais chaque chasseur doit avoir dans son carnier une corne de chasse. Cette petite corne, en métal ou en corne, rend un son perçant qui se fait entendre de fort loin, et sert à s'appeler mutuellement et à se renseigner sur la marche de la chasse.

Avant le départ, on convient du nombre de sons que l'on donnera pour dire telle chose. Après le coup de fusil, si l'animal est tué, on sonne la mort pour rassembler les chasseurs éloignés.

Voici quelques signaux usités pour la corne de chasse :

Les chiens chassent.................	—.. , —.. , — ..
Les chiens ne chassent pas.......	.
L'appel des chasseurs............	... , ... , ...
L'appel des chiens................	— .....
Le perdu ou pour interroger...	—
Le grand gibier....................	.. — .. — , .. — ..
Le lièvre............................	. , . , . . , .
Le renard...........................	— — —
La vue..............................	.... —
Le débuché.........................	. — .
Changement de forêt............	— — , ... , — — ....
Hallali sur pied...................	... — , ... — , ... —
Hallali..............................	. — , . — , .

Pour dire qu'on entend, on répète. A chaque virgule marquer un temps d'arrêt en respirant.

— Prolonger les signes — et donner un fort coup de langue sur les signes.

Mais comme ce système assez compliqué demande une grande habitude de la chasse, nous préférons les conventions établies par celui qui dirige la chasse, avant d'attaquer et qui se résument habituellement ainsi qu'il suit :

Les chiens chassent....	deux coups de corne
Un chevreuil.........	un
Un lièvre............	trois
Un renard............	quatre
Hallali..............	six

La chasse au chien courant est presque théatrale et est une source de profondes émotions que le véritable chasseur met au-dessus de toutes celles que les plaisirs factices des grandes villes pourraient lui procurer. A chaque instant, l'action se complique, le drame se noue s'enchevêtre de façon à remplir le cœur et l'esprit au point de l'absorber entièrement. Toujours le dénouement imprévu. Et, par dessus tout, n'oublions pas l'orchestre dont j'ai parlé plus haut.

Quelle harmonie est comparable, pour l'oreille du chasseur, à cet ensemble de douze, quinze, vingt voix de chiens hululant sous bois et ponctuant d'une si admirable façon toutes les péripéties de la chasse! Rien n'y manque : les notes d'attaque, le prélude, le chœur dans sa plénitude, les lointains etc.

Quelle réunion d'instruments feront ainsi battre le cœur! Cette joyeuse fanfare porte sur ses ailes l'espérance en troublant le silence des bois. Et ce concert dure quelquefois cinq et six heures durant.

Vous croyez la chasse perdue ; tout à coup le vent vous transmet une note aiguë : c'est le ténor de la meute, la chasse revient ! La basse se fait entendre ; puis les choristes donnent de nouveau à pleine voix. Vous n'espériez plus, et voilà qu'avant les chiens que vous n'avez pas encore aperçus ou débouche le chevreuil ou le lièvre !

Ces musiciens-là sont les vrais — ils ont parlé et ce n'est point en vain. —

Si donc vous cherchez à vous créer une meute, qu'elle soit nombreuse ou restreinte, ne deviez vous-même en avoir que deux, ayez soin qu'ils soient d'abord du même pied et, en outre, qu'ils aient bonne gorge et surtout gorge *appareillée* : clairon basse et ténor.

Et alors, vous aurez le *desideratum* du chasseur au chien courant, et vous passerez des heures incomparables.

Voici, d'après du Fouilloux, l'explication des signes qui caractérisent un bon chien courant : « Il est à savoir que les naseaux ouverts signifient le chien de haut nez; les reins courbés et le jarret droit signifient la vitesse. La queue grosse près des reins, longue et déliée au bout, signifie bonne force aux reins, et que le chien est de longue haleine. Le poil rude au-dessous du ventre dénote qu'il est pénible, ne craignant point les eaux ni le froid. La jambe grosse, le pied de renard et les ongles gros démontrent qu'il n'a point les pieds faibles, et qu'il est fort sur les membres pour courir sans s'aggraver. »

Dans la chasse au chien courant, le tir n'est pas fréquent. Il arrive même souvent que dans les chasses les plus intéressantes, les plus *empoignantes* on ne tire point. Sur dix chasseurs, il n'y en a quelquefois qu'un qui ait cette bonne chance. Donc assurez votre coup, c'est-à-dire, comme souvent vous tirez de loin, n'ayant qu'une demi-seconde pour apercevoir l'animal, au jugé même, ayez soin de bien charger votre fusil afin que la bête reste sur place. Souvenez-vous que la plupart du temps vous ne pouvez pas redoubler; or, réservez le coup gauche pour longue portée, et qu'il soit chargé en conséquence comme poudre et comme projectiles. Le coup droit peut être réglé sur l'éventualité, c'est-à-dire selon le gibier, et d'après une courte distance. Un chasseur qui se possède aura double chance, il choisira et ne tirera pas au hasard.

La grande affaire au bois, est de vivement mettre en joue.

J'ai dit, en parlant du chevreuil et de la biche, ce que je pensais des balles et des chevrotines. Pour s'en servir sans danger à la chasse au bois, il faut être bien certain non seulement qu'il ne se trouve personne devant les chasseurs, mais encore connaître bien ses compagnons de chasse.

On se place ordinairement sur une ligne, et on ne tire que lorsque la bête l'a dépassée.

De toutes les chasses au chien courant, la chasse au lièvre est celle qui exige le plus de science, de calcul ou d'expérience; c'est, à mon avis du moins, la plus palpitante d'émotion.

Pour que cette chasse soit couronnée de succès, il faut éviter les temps de sécheresse. Un vent humide est excellent pour ce genre de chasse. Évitez aussi les temps de forte gelée. Un ciel gris, un terrain humide et non boueux, voilà ce qu'il faut.

Partez le matin, quand la rosée a disparu.

S'il a fait grand clair de lune la nuit, le lièvre est moins facile à trouver, par la raison qu'il a gambadé, sauté, et que les voies plus enchevêtrées sont moins continues et moins ardentes.

Si vous chassez en plaine et que vous voyiez le lièvre partir avant que les chiens l'aient chassé, ne le donnez jamais à vue à la meute. Car, s'il en était ainsi, vos chiens chercheraient à le prendre à vue sans s'inquiéter de la voie, et ils s'épuiseraient vainement; puis, vous devez les accoutumer à chercher. Alors, conduisez-les au lancer,[1] et faites-leur

---

Nota. — Dans les premières pages de ce livre le mot *au lancer* a été écrit *au lancé*. Il en est de même pour l'expression *au juger*. Il est peu de livres de chasse dans lesquels ces deux

prendre la voie : ils partiront avec ensemble, et vous le ramèneront pour que vous puissiez le tirer.

Marchez, suivez les chiens le plus près possible en les excitant, et aidez-les à relever un défaut s'il se présente. Par les temps humides, cherchez le lièvre sur les coteaux, dans les lieux secs et les endroits pierreux, car si le lièvre rentre au bois, ce n'est pas pour y rester : il ruse un instant, à bordure souvent, et revient en plaine.

Par un temps sec, c'est le contraire, il fait une pointe en plaine et revient au taillis.

Il y a aussi une distinction à faire entre un lièvre de bois et un lièvre de plaine. Le premier revient toujours au bois, et le second en plaine; le premier se fait battre dans les enceintes boisées, sans prendre immédiatement un parti; le second ruse en plaine avant de gagner le bois.

Au moment d'un défaut, repassez rapidement dans votre esprit toutes les randonnées qu'a faites précédemment l'animal, il les répétera vraisemblablement.

Ne négligez ni les devants ni les arrières. Un lièvre qui a des devants sur les chiens, rencontre soit un chien étranger soit un bûcheron, il fera un hourvari imprévu, peut-être aura-t-il doublé sa voie, fait un bond et ensuite se sera foulé.

Si vous chassez dans un bois bien peuplé de lièvres, ayez grand soin que vos chiens chassent toujours l'animal de meute. C'est un principe dont on ne doit point se départir. S'il partait un autre lièvre que celui déjà lancé et qu'ils se missent à sa poursuite, il faudrait les rompre immédiatement.

Pour reconnaître l'animal de meute, on compare les piquets avec ceux observés précédemment; si le sol est trop sec et ne les a pas gardés, allez à l'endroit d'où il est parti, et voyez si il était gité, et si le gîte est chaud. Un lièvre chassé se rase, se flâtre mais ne se gîte jamais.

Au bois, il faut un grand silence, au début surtout : l'animal lancé n'hésitera pas, à l'approche des chiens, à sortir, et, si la chance vous favorise, il vous passera à portée.

La chasse redevient difficile, lorsque l'animal est sur ses fins; la voie devient si légère que les chiens la perdent; souvent l'animal se relaisse dans un coin et les laisse passer, les chiens sont dépistés, lèvent la tête et

---

expressions techniques aient été pareillement orthographiées. Point donc selon nous de règle absolue.

Si vous dites *le lancer* de la bête, le mot lancer doit prendre un r; si au contraire vous écrivez : « Il a tué le lièvre *au lancé* » vous devez écrire *lancé* et non *lancer*, car la tournure de phrase indique que la bête est partie, en un mot est lancée; c'est un espèce de qualificatif.

Vous n'écrirez jamais : j'ai tué un lièvre au *débouler*; mais bien au *déboulé*, la similitude est parfaite (En ce qui concerne la formule *au jugé*, jamais pensons nous, on ne doit l'écrire autrement. En effet que veut dire l'expression *tirer au jugé*? Elle signifie que, dans votre esprit, l'opération d'appréciation que le gibier doit être là est accomplie ; donc le participe est de rigueur

FAISANS

Faisan panaché. — Lophophore Drouyn-de-Lhuys. — Faisan commun. — Argus.

semblent ne hurler que pour acquit. Ce lièvre est quelquefois perdu, surtout si c'est une femelle. En effet, la hase sur ses fins, ne fait pas cent pas droit devant elle.

Enfin, je le répète, les ruses du lièvre sont infinies, le poil d'un lièvre qui est sur ses fins, s'assombrit devient noirâtre, ses allures sont courtes et déréglées ; il n'a prise que sur le talon, son dos s'arrondit en bosse, et l'on dit alors qu'il *porte la hotte*.

La chasse au lapin, au chien courant est beaucoup moins intéressante; mais elle est très *amusante*. On tire beaucoup et on tue de même. Si l'on chasse en une matinée un lièvre, deux au plus, on peut dans le même laps de temps, tuer dans un bois giboyeux huit à dix lapins. Un de tué, on en attaque un autre et ainsi de suite.

Pour cette chasse principalement, les chiens de petite taille sans vitesse sont les meilleurs.

Si, dans le bois où vous chassez, il y a des terriers fréquentés, je conseille à un des chasseurs de se poster sous bois à quelques pas du terrier, et il aura grand chance de tirer, les autres chasseurs garderont les chemins et les bordures. Si le bois est en pente, on devra choisir de préférence le bas, le lapin à l'encontre du lièvre tend toujours à descendre.

Le lecteur pourra trouver que, dans ce chapitre affecté à la chasse au chien courant, nous avons répété plusieurs choses déjà dites dans le cours de cet ouvrage. Ces répétitions étaient indispensables, étant donné le plan que nous avons suivi. En commençant par l'histoire naturelle, j'ai cru devoir, après avoir parlé des mœurs et coutumes de chaque individu, indiquer les différentes manières de le chasser. Je n'ai donc dans ce chapitre, fait que compléter ce que j'avais déjà dit. J'avais d'abord individualisé : ici, j'ai généralisé.

LA CHASSE A COURRE

La grande vénerie est devenue chose rare en France.

Il n'y a guère plus que trois ou quatre provinces où l'on puisse encore chasser à courre. Cette chasse, à proprement parler appelée *vénerie*, est la chasse de nos pères.

On naît veneur comme on naît poète.

Sur dix veneurs, neuf sont fils de veneurs. Un bon veneur est *quelqu'un*. Il doit d'abord avoir une excellente santé, connaître son histoire naturelle à fond, non seulement théoriquement, mais par une suite d'observations nombreuses faites en forêt.

Il doit connaître parfaitement un animal par le pied et par les formes. Il distinguera par les voies, un cerf d'une biche, un sanglier d'une laie, un loup d'une louve, un brocard d'une chevrette.

Le veneur doit être bon cavalier, et posséder à fond la médecine du vétérinaire. En outre, il doit savoir sonner en maître de la trompe, ce qui est indispensable dans la chasse à courre.

La vénerie a été étudiée de tout temps. La manière de tuer seule a changé : la science est restée la même.

Pour la chasse à courre comme pour la chasse au chien courant, lorsqu'il s'agit du sanglier, du chevreuil ou du loup, le piqueur fait le bois le matin avec un limier.

Il y a des limiers pour chaque espèce de bête. Ces chiens, qui complètent les équipages bien ordonnés, sont dressés à la voie d'un seul animal; on leur fait négliger toutes les autres.

Le limier de race normande est très prisé.

Le piqueur conduit au trait le limier, et fait le tour des enceintes. Dès qu'il voit le limier se *rabattre*, il raccourcit le trait et examine la terre; s'il aperçoit une voie de l'animal qu'il veut détourner, il casse une branche, la plante en terre en dirigeant le gros bout du côté où va l'animal. Cela s'appelle des *brisées*. Alors il examine bien le pied, afin de le reconnaître plus tard, puis il raie le talon. Il est essentiel de rayer toutes les voies que l'on rencontre, afin de distinguer dans le cours de la chasse une voie nouvelle. Lorsque le chien se rabat de nouveau, il le laisse rentrer dans le fort, mais à une longueur de trait seulement, car, si il le laissait pénétrer plus avant, il pourrait lancer l'animal qui n'est peut être pas loin. Ensuite il retire le limier, et lui fait prendre le contre pied pour chercher les fumées. Par l'examen de la rosée, on peut facilement voir si les voies sont fraîches; si elles sont fraîches, elle sera abattue. Quand après bien des observations, le piqueur sait que l'animal est entré là, il doit s'assurer qu'il n'est point sorti. Pour cela, il quitte le chemin de rentrée, et suit en avant et en arrière celui où il aboutit. Il cherche d'autres rentrées et d'autres sorties; à chacune d'elles, il met des brisées qu'il compte avec grand soin. Si le nombre des entrées est plus grand que celui des sorties, l'animal est là.

Le rapport une fois fait, les chasseurs montent à cheval et les valets de chiens conduisent la meute et les relais, et l'on va droit au rembûchement pour le lancer.

Lorsqu'on entre en chasse, on sonne *la quête* pour encourager les chiens.

Ensuite : *l'échauffement de la quête.*
    id. *le lancer.*
    id. *la vue.* (Chaque fois qu'un chasseur qui a une trompe voit la bête de meute, il doit sonner).
    id. *le hourvari.*
    id. *le retour.*
    id. *le requête.*
    id. *le rapproché.*
    id. *le relancé.* (C'est lorsque la bête après s'être relayée, bondit de nouveau devant les chiens).
    id. *le débuché.*
    id. *l'hallali.*

Pour la chasse à courre, il faut des chiens spéciaux remarquables par le fond, le pied et la vitesse.

Les principales variétés sont :

Les chiens de Gascogne et de Saintonge ; *finesse de nez très grande, jarret d'acier.*

Les chiens de Haut et de Bas Poitou ; *chiens de haut nez, voix de tonnerre.*

Les chiens d'Artois ; *très fins pour la chasse au lièvre.*

Les chiens normands ; *leur gorge sonore, le fond et l'odorat sont choses proverbiales.*

Les chiens vendéens, (ceux à poil ras et les griffons) *flair parfait, chasse gaie, ardeur soutenue, voix faible.*

Les stag-hounds ;
Les blood-hounds ; } *admirables bêtes anglaises de haute taille, — très vite.*
Les southern-hounds ;

Les fox-hounds ; *vitesse, fond et odorat très fin.*

Quant aux chevaux de chasse, ils doivent avoir bonne haleine, les jambes fines, les épaules plates, le corps allongé, la bouche douce et pas trop sensible ; il faut qu'ils soient légers à la course et qu'ils franchissent sans hésitation haies, barrières et fossés. Il y a une soixantaine d'années, le cheval de chasse anglais constituait une des plus belles races connues ; mais il a dégénéré sous l'influence des croisements et a fini par se rapprocher du cheval de course.

La première qualité d'un cheval de chasse est d'avoir du fond et d'être très docile.

Je terminerai ce chapitre en disant que pour les veneurs, la chasse à courre est le *nec plus ultra* des plaisirs, comme aussi pour les chasseurs la chasse à tir n'a rien d'égal au monde.

VOCABULAIRE DES PRINCIPAUX TERMES EMPLOYÉS DANS LA CHASSE AU CHIEN COURANT ET DANS LA CHASSE A COURRE

Abatis, nom que l'on donne aux traces que laissent les bêtes fauves en passant par les taillis.

Abattures, on donne ce nom aux foulures laissées sur l'herbe et dans les taillis par les pieds ou la tête d'une bête.

Abois, un cerf est aux abois lorsque, épuisé, il s'arrête devant les chiens.

Accompagné, un animal est accompagné, lorsqu'il se fait suivre par un autre afin de donner le change.

Accul, extrémité d'un terrier de renard, de blaireau, de lapin.

Aiguillon, quand les fumées de cerfs sont formées et se terminent par une petite pointe, on dit qu'elles sont aiguillonnées.

A la mort, chiens, quand le cerf est pris, on se sert de ce cri pour appeler les chiens retardataires.

Aller au vent, se dit d'un chien qui chasse la tête haute.

Aller au gagnage, se dit de toutes les bêtes lorsqu'elles sortent du bois pour aller viander ou manger dans les champs.

Aller d'assurance, se dit d'une bête, qui marche sans être effrayée.

Ameuter, mettre les chiens en meute.

Andouillers, on appelle ainsi les branches latérales qui ornent la tête d'un cerf, d'un daim ou d'un chevreuil.

Appuyer les chiens, les suivre en sonnant de la trompe, en leur parlant pour les animer.

Armures, on appelle ainsi la peau qui couvre les épaules du sanglier. Dans cet endroit, elle est plus épaisse qu'ailleurs.

Arrières, quand les chiens sont en défaut, on les fait revenir sur la voie. On prend les grands arrières ou les petits arrières.

Attaquer, c'est mettre la bête sur pied.

Au retour, quand les chiens sont en défaut, pour les faire rentrer au taillis.

Battre, une bête se fait battre lorsqu'elle randonne longtemps dans la même enceinte.

Battue, chasse que l'on fait aux loups, aux renards, aux lièvres, aux biches, au moyen de traqueurs ; les chasseurs postés attendent la bête.

Bauge, endroit où se retire le sanglier.

Bellement, cri du chasseur pour tempérer l'ardeur des chiens qui vont trop vite.

Bêtes fauves, on désigne sous ce nom, les cerfs, les daims, les chevreuils.

Bêtes noires, le sanglier de tout âge et de tout sexe.

Bêtes de compagnie, sanglier de un à deux ans.

Bêtes carnassières, les loups, les renards, les blaireaux.

Bêtes rousses, sanglier de six mois à un an.

Billebaude, lorsqu'on n'a pas fait le bois avec le limier et qu'on cherche une bête au hasard, on dit qu'on fouille à la billebaude.

Bois, cornes du cerf, du daim et du chevreuil.

Bois, (faire le), aller en quête avec le limier pour chercher la bête et la détourner.

Bonnet carré, un cerf porte le bonnet carré, lorsque, **son** bois commence à pousser et qu'il est à la hauteur des oreilles.

Bousards, on nomme ainsi les fumées du cerf lorsque au lieu d'être divisées en formes de pépites, elles sont réunies et sans consistance comme de la fiente de vache.

Boutis, excavations faites dans la terre par le boutoir du sanglier.

Boutoir, nez du sanglier.

Bramer, quand le cerf est en rut et qu'il appelle la biche, on dit qu'il brame.

Bricoler, lorsqu'un chien n'est pas collé sur la voie, il va à droite et à gauche, on dit qu'il bricole.

Brisées, on appelle ainsi de petites branches d'arbres cassées et non coupées que le veneur plante en terre, pour reconnaître la voie que l'animal a suivie.

Brocard, chevreuil mâle.

Buisson creux, quand le valet de limier fait rapport d'un animal détourné dans une enceinte qu'il désigne et qu'en allant à ses brisées on ne trouve rien, on fait buisson creux.

Ça va là-haut, cri du chasseur pour exciter les chiens.

Chandelier, un lièvre fait le chandelier, lorsque, se dressant sur son cul, il écoute et regarde la direction que prennent chasseurs et chiens.

Change, on appelle change toute bête que l'on chasse au lieu d'une autre.

Chevilles, on nomme ainsi les branches latérales qui ornent la tête du cerf, du daim et du chevreuil.

Chevillard, nom du faon du chevreuil pendant les six premiers mois.

Clabaud, chien qui crie sans savoir pourquoi.

Clés de meute, ce sont les vieux routiers, les bons chiens de créance qui relèvent les défauts.

Coiffer, se dit d'un sanglier, du loup, lorsque, entouré de la meute, il est pris par les oreilles et porté à terre.

Connaissance, lorsque, par le pied, les fumées, les portées, etc., le veneur juge l'âge et le sexe d'un animal, on dit qu'il prend les connaissances.

Contre-pied, les chasseurs et les chiens prennent le contre-pied toutes les fois qu'ils retournent du côté où la bête est venue.

Coulées, petits sentiers qui traversent les bois et qui sont frayés par les lièvres ou les lapins.

Courre, en vénerie on emploie ce mot au lieu de courir.

Croiser, quand on veut mettre la bête sur pied, on croise l'enceinte; c'est-à-dire qu'on la traverse avec le limier.

Curée, faire la curée ou donner la curée aux chiens c'est leur donner à manger tout ou partie de la bête tuée ou prise. Il y a deux sortes de curée, la curée chaude et la curée froide; la seconde se fait au chenil.

Dagues, on appelle ainsi le premier bois qui pousse au cerf, au daim ou au chevreuil pendant la seconde année.

Daguet, cerf de seconde année.

Débûcher, la bête débûche lorsqu'elle sort du bois.

Déchaussures, quand le loup a jeté ses laissées, il gratte la terre comme font les chiens; on appelle ces marques des déchaussures.

Décousures, blessures que le sanglier fait avec ses défenses.

Défaut, quand les chiens ont perdu la voie de l'animal qu'ils chassent, ils sont en défaut.

Défenses, les deux longues dents que les sangliers ont à la mâchoire inférieure.

Démêler, lorsque les voies du change sont mêlées avec celles de la bête de meute et que les chiens suivent juste, on dit qu'ils démêlent bien la voie.

Dix-cors, cerf de sept ans; à six ans, il porte le nom de dix-cors jeunement.

Donner aux chiens, un cerf est bien donné aux chiens quand il est bien attaqué et lancé promptement.

Empaumer la voie, signifie suivre la voie franchement.

Empaumer, haut de la tête du cerf avec les andouillers qui la terminent.

Enceinte, partie de bois séparée par des chemins.

Ergot, ongle du lièvre, du lapin et du renard.

Erres, voies du cerf.

Éventer, un chien évente lorsque sans mettre le nez à terre, il devine l'endroit où se trouve la bête.

Faire la nuit, se dit d'un animal qui sort du bois le soir pour aller viander dans les champs.

Faire tête, le cerf, le loup, le renard, le sanglier, le daim, font tête aux chiens lorsque, ne pouvant plus courir, ils s'acculent et se défendent avec leur tête.

Fanfare, air que l'on sonne avec la trompe.

Fientes, nom que l'on donne aux excréments des bêtes puantes telles que renards, blaireaux, fouines.

Fins, une bête est sur ses fins quand elle ne peut plus courir et qu'elle va être forcée.

Flâtrer, on dit qu'un animal se flâtre, lorsque, poursuivi par les chiens, il se couche sur l'herbe ou dans un buisson dans l'espoir qu'il passera inaperçu.

Forlonger, une bête se forlonge lorsqu'elle a beaucoup d'avance sur les chiens.

Fort, espace très fourré où se retire la bête pour passer la journée.

Fouler, on foule une enceinte lorsque, certains que la bête n'a point passé, chasseurs et chiens la parcourent en tous sens pour la faire lever.

Frayoir, on donne ce nom à l'arbre contre lequel les cerfs frottent leur tête pour la débarrasser de l'espèce de mousse qui la couvre après le refait.

Fumées, excréments du cerf, de la biche, du daim et de la daine.

Glapissement, cri du renard qui chasse un lièvre.

Hallali, signifie victoire.

Harde, réunion de bêtes vivant ensemble.

Hourvari, retour de la bête sur sa voie.

Hure, tête de sanglier.

Il va là, chiens, manière de parler aux chiens en leur indiquant la voie de la bête.

Jouir, on fait jouir les chiens en leur donnant la curée.

Laissées, fientes du loup et du sanglier.

Lancé, lieu où l'animal est mis debout.

Larmiers, nom que l'on donne aux deux fentes que le cerf a sous le nez : elles servent d'écoulement à une liqueur jaunâtre qu'on appelle les larmes du cerf.

Limier, chien muet à l'aide duquel le veneur suit la voie qu'une bête a parcourue pendant la nuit.

Liteau, gîte du loup.

Livrée, jusqu'à l'âge de six mois, les faons et les marcassins sont marqués de taches blanches ou de raies jaunâtres, on dit alors qu'ils portent la livrée.

Louvart, jeune loup de deux ans.

Mangeures, le loup et le sanglier ne viandent pas, ils font des mangeures.

Marcassin, jeune sanglier jusqu'à six mois.

Marche, la voie du loup.

Massacre, tête entière du cerf, du daim et du chevreuil.

Méjuger, on dit qu'un animal se méjuge quand il ne met pas les pieds de derrière dans la marque faite par ceux de devant.

Merrains, perches de la tête du cerf, du daim et du chevreuil qui portent les andouillers.

Miré, sanglier de cinq ans.

Moquettes, fumées de chevreuil;

Parler, on ne crie pas après les chiens, on leur parle en allongeant fortement les mots.

Pigache, un sanglier est pigache quand une des pinces est plus grosse que l'autre.

Piqué, marque laissée à terre par le pied d'une grosse bête.

Porter la hotte, se dit d'un lièvre qui, sur ses fins, fait le gros dos.

Quatrième tête, cerf ou daim de cinq ans.

Rabattu, un limier, un chien courant se rabattent quand ils trouvent de bonnes voies et les indiquent au veneur.

Ragot, sanglier qui n'est plus bête de compagnie; mais qui n'a point encore trois ans.

Randonnée, circuit que fait une bête autour de l'endroit où elle a été lancée.

FAISANS

1. Faisan vénéré. — 2. Femelle du vénéré. — 3. Faisan doré. — 4. Femelle du Doré. — 5. Faisan argenté. — 6. Femelle de Faisan argenté.

Raser, le lièvre, le chevreuil, le cerf se rasent, lorsqu'ils se couchent dans l'herbe pour laisser passer les chiens.

Ravaler, un cerf ravale, lorsque, étant vieux, sa tête pousse irrégulièrement.

Rayer, on raye la voie d'un animal que l'on chasse pour pouvoir le retrouver plus facilement ; avec le soulier, on raye le pied du cerf derrière le talon ; on raye devant la pince celui de la biche ou des bêtes noires.

Réclamer les chiens, c'est sonner la retraite pour les faire rentrer au chenil.

Régalis, place grattée par les pieds du chevreuil.

Relais, réunion de chiens placés à divers endroits pour suivre la bête.

Rembûchement, endroit par lequel une bête entre dans une enceinte.

Rencontrer, un chien rencontre, lorsqu'il perçoit le premier sentiment de la bête.

Rentrée, retour du gibier de la plaine au bois.

Retraite, fanfare que l'on sonne au retour de chasse.

Rompre les chiens, c'est les détourner de la bête qu'ils suivent.

Sentiment, odeur dont le nez du chien est frappé.

Servir la bête, c'est-à-dire la tuer d'un coup de fusil ou avec le couteau de chasse.

Sole, dessous du pied des bêtes, renfermé entre le talon, les pinces et les côtés.

Solitaire, vieux sanglier.

Souille, endroit bourbeux où le sanglier se repose.

Suites, testicules du chevreuil et du sanglier, il faut les couper dès que la bête est morte.

Talon, extrémité postérieure du pied.

Tayau, cri qui signifie : « Je vois la bête. »

Trait, corde que l'on attache au collier du limier.

Troisième tête, cerf de quatre ans.

Va outre, terme pour dire au limier de quêter.

Vautrait, équipage pour chasser le sanglier.

Vent, chasser au vent, c'est marcher le nez au vent.

Viander, le cerf, le daim et le chevreuil ne mangent pas, ils viandent.

Voie, endroit où la bête a passé, soit qu'elle y ait laissé l'empreinte de ses pieds, soit seulement son odeur.

Une voie d'une heure ou deux est de *bon temps*; si l'animal vient de passer, la *voie* est *chaude*; celle qui a à peine de sentiment est dite *voie légère*.

Vue, fanfare que l'on sonne quand on voit l'animal ; si l'on n'a pas de trompe, on crie : *tayau*.

BATTUES

Ici point de chien, ce compagnon inséparable du véritable chasseur. Les battues sont des hécatombes auxquelles on se rend pour tuer quand même. L'art de la chasse est mis de côté, on n'a que faire du savoir

Celui que le hasard aura le mieux placé et qui ne sera pas trop mauvais tireur sera proclamé premier. — Il existe des individus qui ne font usage de la qualification de chasseur que pour se faire admettre dans une battue. Au milieu de l'affolement général du gibier, ils finissent par placer un coup de fusil et quelquefois bien.

Nous ne conseillons point les battues, nous les tolérons s'il y a beaucoup de gibier et à la fin de la saison.

Les battues sont le dépeuplement à cœur joie d'un canton !

Les battues seules qui sont parfois nécessaires sont les battues au loup, au sanglier et au lapin. Les autres sont destinées à récompenser les malheureux, à faire une orgie de coups de fusil quand ce n'est pas de gibier, et à apaiser les criailleries des voisins.

Trois raisons majeures parlent contre les battues :

1° La battue n'a rien de commun avec la chasse.

2° On tue trop de gibier — on épuise une chasse.

3° On en blesse une grande quantité qu'on ne retrouve pas et qui est sottement perdue.

J'ai moi-même assisté avec grand plaisir à plusieurs battues ; c'est donc sciemment que j'en parle, et tout le plaisir que j'ai éprouvé ne m'empêche pas de maintenir ce que je viens de dire, parce que je suis chasseur avant tout. Je suis en outre certain de n'être point seul de mon avis.

Dans les chasses exploitées en commun, on est amené à ce mode de chasse regrettable, mais équitable en résumé, puisque les chasses louées en société sont un compromis de concessions mutuelles.

Dans la battue, il n'y a plus de chasseur savant, il n'y a de supériorité réelle que celle du tir. Dans les chasses en commun, on compte deux ou trois chasseurs au plus, et le reste sont des amateurs ; — et parmi les amateurs, il y en a beaucoup de malheureux. — On leur offre donc à la fin de la saison une compensation. Celui qui dirige une battue a seul besoin de bien connaître le terrain, les habitudes du gibier, ses allures et ses ruses. C'est lui qui ordonnance la chasse, donne des instructions aux traqueurs ou rabatteurs, nomme un chef de tireurs et place ces derniers. Ordinairement, les places sont tirées au sort ; c'est-à-dire que l'on met dans un chapeau autant de numéros qu'il y a de chasseurs : chacun en tire un et se place dans la ligne suivant le n° qu'il a amené. Comme dans une battue bien entendue on traque enceinte par enceinte, à la seconde enceinte le n° 1 sera le dernier ; autrement dit, si l'on est vingt, le n° premier sera vingtième et le 2 sera premier, et ainsi de suite. Par ce procédé, la chance des tireurs est équilibrée autant que possible.

Les tireurs doivent avoir soin de se dissimuler derrière une cépée, car le gibier vous voit souvent avant que vous ne l'ayez aperçu.

Ayez bien soin, dans les chemins, de vous tenir tous sur la même bordure ; sans cela, vous feriez courir à vos voisins les plus grands dangers ;

en outre, vous ne pourriez pas tirer commodément. Ne tirez jamais devant vous, vous pourriez tuer un rabatteur.

Il n'y a pas d'année dans laquelle les battues n'aient fait au moins une victime !

Dans l'intérêt de la sécurité commune, aucun tireur ne doit quitter le poste où il est placé, dans les battues. Les tireurs éviteront de quitter leur place avant la fin des battues pour se jeter dans l'enceinte à la poursuite d'un animal blessé. En outre, on doit proscrire les balles à moins qu'il n'y ait des sangliers dans le bois mis en battue.

Le gibier passe très près, en sorte que l'on peut abattre un chevreuil avec du 4 et une biche avec du 2 ou du 0.

Le garde chasse est ordinairement chargé de diriger les traqueurs. Il les place, accélère ou modère la marche du centre et des ailes ; en un mot, il remplit l'office d'un général, qui se porte partout où il juge sa présence nécessaire.

Une chose essentielle, c'est de bien expliquer l'ordre et la marche de chaque battue.

Les rabatteurs, placés, au début, à égale distance doivent se rapprocher dans les parties les plus fournies du bois. Ils doivent indiquer aux tireurs l'animal qu'ils ont vu. Ainsi doivent-ils crier : chevreuil, sanglier, lièvre, renard, faisan, etc., selon le cas. Un tireur averti de la sorte pourra ainsi quelquefois changer sa cartouche, et prévenu, il tirera à coup sûr.

Il y a deux sortes de battues : la battue en plaine et la battue au bois.

La première est la plus difficile.

Les tireurs sont généralement postés sur une route ou sur le long d'un fossé.

Poussé par les rabatteurs, le gibier suit ordinairement la même direction et qu'on pourrait déterminer à l'avance : les lièvres gagnent invariablement tel ou tel bois, les perdrix vont s'abattre soit dans un grand labour, soit dans une remise, soit dans un bois.

Si la route où l'on est placé est garnie d'arbres, les perdrix choisiront, comme passage, l'endroit où les arbres sont le plus écartés et, pour ainsi dire, forment brèche. Gardez donc les endroits où un arbre de la ligne a été abattu.

Le tir de la perdrix au rabat est très difficile. Elle vole très vite et il faut au tireur une grande justesse de coup d'œil et beaucoup d'habileté. Les meilleurs tireurs en manquent beaucoup.

Au bois, les allures du gibier sont beaucoup plus incertaines.

Aussi, conseillons-nous de mettre quelques tireurs sous bois avec les rabatteurs, car, dans les bois où les battues se renouvellent, le gibier, qui a de la mémoire, franchit souvent la ligne, malgré les bâtons des traqueurs.

En battue, ce sont ces pauvres lièvres qui se font le plus aisément assassiner. Ces belles et bonnes bêtes viennent jusqu'à dix pas de vous en entendant le bruit, et si vous êtes bien placé et bien dissimulé, vous tuerez sans peine tous ceux qui passeront.

Je ne suis pas, pour les battues, partisan du gros plomb. — Le gibier passe toujours à très petite portée ; or avec du 0, le plus fort numéro, mais, à l'ordinaire, avec du 4 ou du 6, vous pouvez tuer tout. Je proscris absolument la balle, à moins qu'il n'y ait du sanglier. Encore est-il, que, le cas échéant, je veux que vous ne chargiez que le coup gauche avec ce dangereux projectile.

Dans la forêt de l'Isle-Adam j'ai entendu une balle siffler à mes oreilles, et qui certes ne m'était pas destinée. J'étais en contre-bas, et mon voisin de gauche avait tiré sur un lièvre qui me passait sur la droite. Quelques lignes de plus, et non seulement je n'aurais point écrit ce livre pour mes frères en saint Hubert ; mais je n'aurais jamais plus chassé !

Pour les battues, choisissez donc avec soins vos invités ! Il y va de votre vie et de celle de vos amis !

Maintenant, il va de soi que tout chasseur, — pardon, tout tireur, — doit scrupuleusement respecter les décisions de l'organisateur de la battue. S'il vous est recommandé de ne point tirer sur les poules faisanes, sur les lièvres ou sur les biches, en dépit de l'amende que vous pourriez à juste titre encourir, il serait de votre part inqualifiable de contrevenir à cette invitation formelle. En chasse, un homme se juge aux moindres formules de politesse ; et le cas précité ne peut être assimilé à une banale formule. Et je m'adresse à des Français.

Après la battue, le partage doit se faire en parties à peu près égales. C'est une question de courtoisie. Toutefois, l'on peut, si la moisson a été abondante, prélever sur l'ensemble deux ou trois pièces de gibier au bénéfice d'un ou deux chasseurs (celui ou ceux qui ont le plus abattu.) Le reste est mis en tas et divisé en lots. Et tout le monde est content. Si un chasseur a tué un chevreuil ou un sanglier, il prend de droit un cuissot, la tête et la patte.

A propos de ce partage équitable du gibier, qui se fait dans les battues, quelquefois même après certaines grandes parties de chasse en commun, je ne puis ne pas me souvenir du mode de procéder d'un richissime propriétaire.

M. D., grand chasseur, tireur distingué, possède, dans une de nos provinces de l'Ouest, un château historique, agrémenté de dépendances seigneuriales. Dans un parc muraillé contenant plusieurs centaines d'hectares, le gibier : lièvres, daims, perdrix, etc., afflue ; le lapin pullule ! De plus, M. D., veneur et chasseur, a droit de chasse dans plaines et forêts avoisinantes. C'est un des heureux du jour, dont les vrais disciples de saint Hubert envient le sort.

Plusieurs fois pendant la saison, il invite, pour des chasses et des battues dans son immense parc, les chasseurs de distinction des environs. Le gibier est abondant, les hécatombes se chiffrent quelquefois par centaines de pièces. Les amateurs distingués par M. D. s'y rendent, car une partie de chasse pour des tireurs est d'un attrait irrésistible.

Or, voici comme le *partage* a lieu :

Les chasseurs, par une attention délicate de leur hôte, ne ramassent point les pièces abattues; des domestiques, avec de grands sacs, suivent les invités et ramassent tout le gibier.

Et... pas une pièce, pas *même un lapin*, ne sort de la maison. Ces messieurs, après la chasse ou la battue, sont priés à luncher; mais aucun n'a jamais pu voir la couleur d'un lièvre, une fois rentré au logis. Les lapins sont envoyés à Paris pour être vendus et le profit de ces lapins sert, dit-on, à l'entretien du parc. Les lièvres et chevreuils les rejoignent ou passent à l'office.

De cette façon, point de jalousie parmi les tireurs!

Ceux-ci se retirent contents d'avoir fait les frais de la poudre et du plomb.

Ces messieurs répondent à une nouvelle invitation, car, je l'ai dit plus haut, l'attrait d'un coup de fusil, pour un chasseur, passe tout.

Quant à celui qui est invité pour la première fois, il trouve cela plus qu'étrange ! et mes lecteurs seront, je le pense, de son avis.

J'ai tenu à consigner ce fait pour mémoire; mais il est bien entendu que je ne recommande nullement le procédé. J'ai chassé dans bien des chasses, et partout, même dans des chasses très modestes, je n'ai pu que constater la courtoisie des chasseurs.

Il est vrai que M. D. n'est pas français.

L'AFFUT

Nous parlerons brièvement de l'affût, qui rentre dans les procédés des braconniers. — Plût à Dieu qu'ils se contentassent de celui-là ! le gibier ne diminuerait pas annuellement dans des proportions aussi lamentables.

L'affût n'est admissible que pour :
Le loup,
Le renard,
Le sanglier,
Le blaireau,

Les animaux nuisibles tels que la martre, le putois, la loutre, les oiseaux de proie, etc.

Le lapin, (par accident.)

Le pigeon ramier.

Les canards et les oiseaux d'eau.

Hormis ces cas, tout chasseur doit à son honneur de ne pas tirer une pièce de gibier à l'affût.

Il faut une grande patience pour l'affût, de la santé, un œil très exercé, et des précautions infinies.

Si vous pouvez aller presque à coup sûr à l'affût au lapin, il n'en est point de même pour le loup. On passe quelquefois de longues nuits blotti à trente mètres de l'appât disposé, et il est rare de réussir.

Si la chasse est une passion, l'affût est une rage : les froides nuits, la neige, les temps humides, la pluie même n'arrêtent point l'affûteur ; les nombreux insuccès non plus ne le rebutent pas : il espère toujours qu'un bon coup de fusil viendra le récompenser de ses peines, et, si ce moment tant désiré arrive, c'est un précédent qui l'ancre plus que jamais dans cette voie. Je ne parle, bien entendu, que de l'affût aux animaux que j'ai désignés plus haut ; car pour le gibier : lièvre et perdrix, l'affût est facile et toujours hélas ! couronné de succès.

On va à l'affût le soir ou le matin, ou la nuit par les temps de clair de lune.

Il est préférable de se mettre dans un arbre parce que les animaux, comme nous l'avons dit déjà, sont doués d'un flair très développé, et de cette façon ils vous éventeront moins. Choisissez un arbre dans lequel vous serez commodément assis, et une position dans laquelle vos mouvements ne seront point gênés.

Comme vous aurez bien observé les passées de l'animal que vous attendez, ne vous hâtez pas de tirer lorsque vous l'apercevrez. Attendez-le, laissez-le venir à dix ou douze pas et assurez bien votre coup, car il faut que la bête reste sur place. Blessée, vous ne la retrouveriez point.

Pour l'affût au blaireau, le matin vaut mieux : partez au moins une heure avant le jour, afin d'être depuis longtemps au poste quand il reviendra de faire sa nuit. Il rentre de très bonne heure et prend toujours le chemin qu'il a suivi en sortant de son terrier.

Je préfère la sortie du soir pour le sanglier, elle a lieu tôt, quelquefois au crépuscule. Si on sait bien choisir sa place, et qu'on ait un appât, la sortie et la rentrée au bois sont également bonnes pour le renard.

Pour l'affût, autre que celui des oiseaux prenez un fusil court.

Quant au plomb, prenez toujours un degré au-dessus de celui que vous emploieriez en temps normal, en égard à l'animal que vous attendez. Je conseille aussi de charger le coup gauche avec un plomb supérieur de deux numéros. De cette façon, vous ne serez pas pris à l'improviste.

LA CHASSE AU MARAIS

Aucune chasse peut-être n'offre plus de variété, plus d'épisodes piquants que la chasse au marais.

N'est-elle pas aussi la chasse avec le chien d'arrêt?

Ainsi qu'à la chasse de plaine, le chasseur peut y déployer ses qualités brillantes de tireur. Les coups sont variés à l'infini et la moisson féconde.

De plus, elle a cet avantage sur la chasse en plaine, c'est qu'elle dure cinq mois, tandis que l'autre, hélas ! — dure à peine un mois.

La chasse au marais, comme la chasse en mer exige du chasseur un bon tempérament, une grande prudence, de la passion et de l'énergie.

On y rencontre plus de dangers et de fatigues : le sol sur lequel on marche est souvent trompeur, les munitions que l'on porte sont plus lourdes et vous êtes presque toujours éloigné de toute habitation.

Le mauvais temps est souvent le meilleur. On doit quelquefois partir de nuit pour arriver au petit jour.

Un chasseur dévoré du feu sacré part en tout temps : ni le vent, ni la pluie, ni la neige ne le retiennent.

Mais qu'est-ce que tout cela, en comparaison du plaisir qui vous attend ?

Au retour, un bon repas vous réconfortera, un feu clair pétillant vous délassera : vos habits mouillés seront remplacés par de bon linge blanc bien sec ; une heure après le retour, vous ne vous apercevrez point que vous avez barboté toute la journée et il vous restera un souvenir charmant que scanderont à votre esprit vos pièces de gibier étalées sur une table.

Si vous prenez les précautions rigoureuses, les chasses par les temps de froid, de neige sont très salutaires. Le sang circule, le mouvement vous réchauffe et vous y gagnez une activité hygiénique.

Quelques conseils de la plus haute importance :

Quand vous vous mettez en campagne dans les marais et les prairies inondées, défiez-vous des eaux rouges et noires : celles-ci vous annoncent un fond tourbeux et vous risquez d'enfoncer à mi-corps ; celles-là vous indiquent des sources ou fontaines profondes dans lesquelles vous pourriez disparaître.

J'en parle par expérience !

Si les herbes sont jaunissantes, si le fond paraît crayeux, marchez hardiment, vous trouverez une résistance suffisante.

La chasse des marais baignés par la mer exige aussi une grande

Un drame dans la neige.

prudence. La marée haute envahit continuellement les bancs et il ne faut pas se laisser surprendre par elle. Ils se trouvent quelquefois déplacés par les courants et transformés en îlots ou marécages.

Il est bon de s'assurer d'une barque.

Méfiez-vous de la marée montante !

Puisque je viens de signaler les dangers de la chasse au marais, je veux vous relater ici un drame authentique que j'ai raconté dans une revue, et qui appuiera de toute son autorité une recommandation que j'adjure mes jeunes confrères de ne pas prendre pour de vains mots.

UN DRAME DANS LA NEIGE

Un soir de décembre, à la campagne, la famille B..., un ami et moi, nous faisions cercle autour d'un de ces larges foyers comme on en rencontre dans les vieilles maisons normandes. Au côté droit de la cheminée, dans un grand fauteuil Louis XIV, se trouvait une jeune fille extrêmement pâle, aux yeux bleus, et dont la chevelure noire, opulente, semblait fatiguer son cou de cygne ; à côté d'elle était assis son père, un homme d'une cinquantaine d'années environ, frais, à l'œil gai. Cependant, à travers cette gaieté paternelle, on percevait de temps à autre une parole triste. De l'autre côté de la cheminée, se tenait sa mère, qui ne perdait pas des yeux sa pauvre Louise. Mon ami et moi nous complétions l'hémicycle.

On vint nous prévenir que le souper était servi. J'offris mon bras à la jeune fille. En passant devant les fenêtres nous jetâmes les yeux sur la campagne. Depuis trois heures que nous étions rentrés, elle avait complètement changé d'aspect, elle était enveloppée dans un immense linceul. La neige tombait épaisse et serrée, et les arbres pliaient sous le poids. Ma compagne tressaillit.

— Ah mon Dieu ! fit-elle.

Je crus à un accident subit. On entoura la jeune fille ; des larmes coulaient sur ses joues amaigries.

— Ma Louise ! dit la mère en l'embrassant.

Quand son enfant fut un peu remise, le père nous attira dans l'embrasure d'une fenêtre et, nous montrant la neige que nous admirions comme des enfants heureux, il soupira : — Voici ce qui la tuera.

Nous n'osions point interroger le malheureux père. On se mit à table. Louise fit acte de présence, mais elle tremblait sans cesse ; elle jetait les yeux sur les vitres contre lesquelles les flocons de neige venaient adhérer. Le souper fut triste, comme vous devez le penser. Lorsqu'il fut fini :

— Embrasse-moi, ma Louise, lui dit son père, et va te reposer.

Elle s'approcha de son père. Je lui tendis la main.

— Ah ! me dit-elle en essuyant furtivement une larme, n'allez pas à la chasse demain.

Je le lui promis, elle se retira. Évidemment, un mystère pesait sur la destinée de cette jeune fille, belle, âgée de dix-neuf ans. Je l'avais connue à seize ; alors elle était d'une franche gaieté : c'était un bijou merveilleux, un bijou vivant, sans prix ; toute remplie de jeunesse et de santé, cette poésie de l'enfance. Qu'étaient devenues ces roses ? Elle était pâle comme un lis ! Qu'étaient devenus ses grands yeux bleus, ce bel azur mouvant ? Nous nous étions assis de nouveau autour de la grande cheminée ; le père tisonnait machinalement avec les pincettes.

— Ah ! dit-il tout à coup, pauvre Louise ! il y aura bientôt un an ! Qu'est devenue ma Louisette !

Un silence de quelques minutes suivit cette phrase ; il avait les yeux fixés sur le brasier qui s'abîmait consumé.

— Un fagot, demanda le maître de maison.

Le domestique apporta deux bourrées qu'on délia, et en peu d'instants, la salle resplendit de nouveau aux clartés de la flamme blanche et claire.

— Écoutez cette sombre histoire, soupira le père.

Et sans que nous l'en eussions prié, il raconta ce qui suit :

— Je vous le disais tout à l'heure, il y a bientôt un an, un mien ami nous avait envoyé son fils pour passer quelques jours avec nous. Louise et Georges avaient presque vécu leur enfance ensemble. Ils s'aimaient, et ma chère enfant ne le dissimulait pas. Ce fut donc une joie à la maison, quand j'annonçai que Georges viendrait chasser quelques jours avec nous. Depuis quelque temps, ma fille, qui connaissait la passion de son cher aimé pour la chasse, avait la folle envie de l'accompagner. Quand je l'eus avertie de l'arrivée de Georges, elle vint me trouver dans ma chambre.

— Père, dit-elle, veux-tu me faire un plaisir ?

— Si je le veux ! lui répondis-je, en l'attirant à moi.

— Georges arrive dans quinze jours ?

— Oui, et je crois que tu en es particulièrement enchantée.

Elle ne rougit point, ainsi qu'ont coutume de le faire les jeunes personnes élevées à dissimuler. Un baiser prépara la réponse.

— Oui, cher père, je suis heureuse au possible ! Et, pour que ma joie soit complète, je viens te prier de me donner un fusil et un équipement de chasse. J'ai dix-huit ans, je suis par conséquent une grande fille. J'aime la chasse par goût, et il me sera on ne peut plus agréable d'aller par monts et par vaux, comme un véritable Fra Diavolo.

— Peste ! et même dans les marais, ajoutai-je ?

— Georges affectionne particulièrement cette chasse, et, étant deux, ce sera plus agréable. C'est promis ? me dit-elle avec une insinuation de voix charmante.

Je n'eus pas le courage de refuser. Je connaissais Georges et je le tenais, avec raison du reste, pour un parfait honnête homme. L'union du fils de mon ami avec ma fille était chose arrêtée. Je promis. La chère enfant était bien heureuse.

Huit jours après, elle avait son costume. J'allai à Caen lui acheter un fusil et lui prendre un permis, rien n'égalait son ravissement. Il lui seyait à ravir, son costume. Les jours qui précédèrent l'arrivée de Georges, elle alla dans la campagne se faire la main. Elle était adroite; toutefois, elle avait les larmes aux yeux quand elle ramassait une grive. Au fond, Louise était plus amoureuse que chasseresse. Je m'en apercevais et je ne l'en blâmais point.

Je ne l'en blâme point encore ; et cependant, c'est son amour qui la tue !

Georges arriva : je vous laisse à penser la joie ! Je crus que la première parole de la fillette allait être : « Je chasserai avec vous. » Point; mais elle ne put s'empêcher de lui avouer qu'elle lui ménageait une surprise. Le lendemain, Georges et moi nous étions prêts à partir pour la chasse et nous attendions dans la salle où nous sommes, lorsque Louise descendit équipée, le fusil en bandoulière. Georges la regardait avec stupéfaction et n'osait avancer.

— En chasse ! dit-elle crânement, en soulevant de la façon la plus charmante son feutre orné d'une plume de faisan. Voilà ma surprise !

Était-elle joyeuse ! Je les vois encore ces deux rayons de jeunesse, lui et elle, harcelant les buissons et ajustant les lapins : Georges les arrêtant, Louise les manquant. Elle ne tirait *qu'au posé*. Pauvre chère enfant ! nous chassâmes plusieurs jours, et, vous l'avouerai-je, jamais grandes chasses ne m'avaient procuré tant de douces joies.

Un matin, quand nous nous réveillâmes, tout était blanc comme aujourd'hui. Il avait neigé, puis gelé. On mesurait un pied de neige.

Un soleil de pourpre éclairait ce blanc camail, que la terre avait revêtu pour le plus grand plaisir des riches et pour le chagrin des pauvres.

— Nous voici aux arrêts, dis-je.

Georges avait déjà ses bottes.

— Au contraire, ajouta-t-il, la chasse sera bonne.

Il y avait à 1 kilomètre de l'habitation de grands marais, entrecoupés de fossés, de sources qui ne gelaient pas, et quelques mares. Comme le disait mon jeune ami, il y avait à penser qu'il ferait bonne chasse, surtout vers le soir. Louise déclara qu'elle voulait accompagner Georges. J'obtins qu'elle n'irait pas le matin, mais seulement l'après-midi.

Vers les onze heures, Georges était de retour avec deux sarcelles et un peu de menu gibier.

Nous déjeunâmes bien gaiement. Louise, dans la prévision de son bonheur, était gaie et chantait comme une petite folle.

Plus jamais elle ne devait rire de la sorte. Hélas ! Ils partirent l'un et l'autre. Tout à coup le ciel se ternit, la gelée ne tint plus, et de nouveaux flocons de neige se mirent à tourbillonner dans l'air.

Je les vois encore s'éloigner, le fusil sur l'épaule.

— De la prudence! leur criai-je.

Enfin, ma femme et moi, nous les perdîmes de vue. Mais quelque peu après, j'entendis un coup de fusil. — Voilà les enfants qui s'amusent, disais-je à ma femme. Nous les appelions déjà nos enfants. — Louise aura froid, ajoutait la mère. — Bah! répondais-je en riant, est-ce que les amoureux ont jamais froid!

Voilà quel fut le prologue du drame. Vous voyez que jusqu'ici, il n'y a rien de bien noir. Deux enfants naissant à la vie, heureux d'aimer et d'être aimés : tels sont les acteurs.

Plusieurs fois dans l'après-dînée, malgré la neige qui assourdissait le son, nous entendîmes des coups de feu du côté du marais. Puis, nous n'y pensâmes plus, excepté à cause des vêtements chauds que nous avions préparés pour le retour. La neige cessa cependant quelque temps; puis soudain elle retomba avec une intensité terrible. On n'y voyait pas à cent pas devant soi. Je comptais les voir rentrer à chaque moment. La nuit descendait : personne! Véritablement inquiet, je mis mes bottes et je me dirigeai vers les marais. Les chemins étaient effacés; non seulement on ne voyait aucune trace de pas, mais encore, à 50 mètres, on ne pouvait plus s'orienter.

Cette nuit blanche était plus terrible que la nuit noire. Plusieurs fois je fis résonner une corne de chasse que j'avais emportée à dessein. Aucun bruit, aucun cri ne répondit à mon appel. Une véritable angoisse s'empara de moi. J'ignorais où je marchais : la neige ne craquait plus, elle fondait sous les pieds, le vent me jetait les flocons à la figure ; j'étais aveuglé, je trébuchais. Ne pouvant ainsi continuer mon investigation, je pris le parti de retourner à la maison : pendant mon absence ils seraient peut-être rentrés! Cette espérance me ranima, je fis volte-face. Je mis, je crois bien, une heure à retourner.

La pauvre mère était là, demandant sa fille. Qu'étaient devenus nos enfants?

Un malheur était arrivé.

Je connaissais pied par pied ces marais vers lesquels ils avaient dirigé leur chasse, et ces marais, entièrement recouverts de neige, n'étaient pas sans danger. Il y avait, dans l'étendue d'un kilomètre et demi, cinq ou six sources sans fond, qui étaient des abîmes dont l'orifice se trouvait dissimulé par des herbes poussant à la surface. Dès qu'un poids lourd pesait sur ces surfaces, peu larges il est vrai, la masse s'enfonçait comme dans une vase mouvante. La neige dissimulait encore ces dangers. Nul doute, il y avait malheur!

Accompagné d'un domestique qui prit une lanterne sourde, je me remis aussitôt en route. Une heure auparavant, les chemins étaient méconnaissables ; maintenant, ils étaient impraticables ; on avançait fort difficilement.

Pauvres enfants !

De temps à autre, nous écoutions : un silence sinistre régnait dans la campagne. La pluie fait du bruit en tombant ; la neige entasse couches sur couches, sans troubler le silence le plus absolu !

Presque perdus, le domestique et moi, dans ces plaines sans sentiers, nous nous arrêtâmes ; alors nous entendîmes un léger bruit de sonnettes. Nous nous dirigeâmes vers l'endroit d'où partait ce bruit. On distinguait une lumière ; c'était une charrette. Je m'informai, le voiturier n'avait rien vu. Le chemin que suivait la charrette m'orienta : nous étions sur une route de traverse qui séparait les terres fermes des terres marécageuses.

Allions-nous nous engager dans cette plaine d'eau et d'herbes ?

Soudain, j'entendis un hurlement plaintif. Le chien hurlait de cette voix terrible de l'animal en détresse. Les hurlements cessaient, puis reprenaient plus cassés, plus inintelligibles. La bête semblait épuisée de lassitude. Nous avançâmes dans cette direction, enfonçant dans l'eau et dans les touffes de joncs, qui çà et là formaient comme des îlots. Je m'arrêtais pour écouter : plus rien ! Toute plainte paraissait avoir cessé.

J'avançais toujours. Enfin, j'entendis une respiration ; je dirigeai la lanterne du côté d'où venait le bruit, mais je ne vis rien. Alors retentit un nouvel aboiement. Je m'élançai éperdu : c'était mon chien. Le pauvre animal était accroupi sur une masse blanche : c'était Louise inanimée ! La bonne bête maintenait sa tête sur celle de sa maîtresse, et empêchait de la sorte la neige de la couvrir. La chaleur de son haleine faisait fondre les flocons à mesure qu'ils tombaient. Je soulevai ma chère enfant, dont les vêtements étaient en lambeaux. Il y avait eu lutte : le chien l'avait traînée une vingtaine de pas, pour l'arracher à la mort.

Sa tête retomba en arrière. Était-elle morte ? J'avais la main tellement glacée, que je n'osais la mettre sur son cœur, pour voir s'il battait. Je la pris dans mes bras, cherchant à réchauffer son visage.

Je dis au domestique de poursuivre ses investigations et que je retournerais seul. Le chien me suivit. Après une marche si longue avec un tel fardeau, je retrouvai la charrette qui nous transporta à la maison.

J'étais anéanti.

Sans proférer une parole, je déposai Louise devant le feu. Je mis la main sur son cœur : il battait, Louise vivait. Je la couvris de baisers, et en quelques secondes elle se ranima. Elle ouvrit les yeux.

— Georges ? demanda-t-elle.

Ma tâche n'était point finie, l'autre infortuné manquait. Je me remis immédiatement à la recherche du malheureux. Allais-je le retrouver vivant ?

Le chien me suivit presque joyeux. Cette fois, j'avais un guide. Arrivé auprès du marais, j'appelai : pas de réponse ! qu'était devenu le domestique ? Je suivais le chien qui, de temps en temps, écartait la neige avec son museau : il me conduisit à gauche de l'endroit où j'avais trouvé ma Louise. La neige était moins épaisse, et l'on remarquait que les herbes avaient été foulées. J'avançais toujours, quand j'aperçus la lanterne du domestique. Je le hélai et me dirigeai à sa rencontre : le chien flairait toujours la neige. Nous étions exténués. Évidemment, nous nous trouvions sur le lieu du sinistre ; Georges n'avait pas dû quitter Louise. Mais comment, par une nuit pareille, sous la neige, retrouver quelque chose ? Chaque pas que nous faisions était périlleux.

Je ne vous dirai point quelles angoisses me brisaient le cœur. L'infortuné était peut-être là, à nos côtés. Le jour nous surprit transis, mais les premières lueurs de l'aube ranimèrent notre courage. Nous allions enfin y voir. Hélas ! le jour que nous attendions allait nous édifier sur l'étendue de notre malheur. Comme afin de hâter notre fatale découverte, la neige avait cessé ; piétinée par nous, elle laissait apercevoir l'herbe en quelques endroits.

Le domestique poussa un cri ! Il venait d'apercevoir le fusil de Georges ; c'était donc là qu'il avait péri ! J'avançais, quand, en mettant le pied derrière une touffe d'ajoncs, je sentis que j'enfonçais. J'étais, en effet, sur une des sources redoutables. Au bord de cette fontaine, qui ne mesurait pas plus de 1 mètre 30 c. de diamètre, était le fidèle chien du jeune homme. L'animal avait la tête à moitié dans la vase : le poids seul de son corps resté sur le terrain solide l'avait empêché de disparaître. Le collier avait été tenaillé par une main désespérée, il était presque arraché. J'attirai le cadavre de l'animal ; la main de Georges n'avait point abandonné le collier, et elle s'était raidie dans une dernière convulsion en serrant son chien duquel il espérait le salut. Nous sortîmes du trou le malheureux enfant, arraché subitement à la vie par une mort affreuse.

Tel fut le dernier mot du drame !

Louise était revenue à elle, comme je vous l'ai dit. Quelle nuit la pauvre mère passa auprès de son enfant, en proie au plus terrible délire ! Au bout de huit jours, elle fut enfin hors de danger. Elle savait la vérité ! n'avait-elle pas assisté aux horribles péripéties de ce drame terrible ! Seconde par seconde elle avait assisté à l'agonie de son fiancé.

Un mois après ce lugubre événement, voici ce qu'elle nous a raconté.

Arrivés au marais proprement dit, Georges la pria de se tenir aux abords, pendant qu'il irait faire une excursion du côté des mares que bordaient des roseaux. Il marchait à petits pas, riant lui-même de ses méprises, alors qu'il enfonçait quand il croyait avoir pied. Elle lui disait de revenir, sinon qu'elle allait le rejoindre. Il marchait toujours, et elle, sans trop savoir comment, elle s'était mise en route dans sa direction. Un canard se lève : Georges fait feu et le tue. A ce moment-là, elle n'était qu'à une vingtaine de pas de lui. Le froid était intense, et elle ne pouvait plus tenir son fusil, dont le canon glacé lui engourdissait les doigts. Georges la conjura de rebrousser chemin; mais lui, après avoir ramassé son canard, poursuivit sa route dans la direction des marcs. Incapable d'avancer, Louise songea à retourner. Tout à coup, un cri aigu se fit entendre ; et, se retournant, elle vit son Georges qui s'abimait dans une fondrière! elle le vit lâcher son fusil et s'accrocher instinctivement à son chien.

L'animal aboya pour demander du secours, mais peu à peu, la victime, tout en cherchant à saisir les herbes avec l'autre main, disparut.

Elle voulut courir vers lui, mais lui criait en désespéré : « N'approchez pas » !

Autant que le lui permit son engourdissement, elle marcha vers le lieu du sinistre, buttant de ci de là. Elle ne voyait plus que la tête. Enfin Georges poussa un cri déchirant :

— Ma Louise !

Ce fut tout! elle ne vit plus que la main qui tenait le cou du chien.

Elle tomba sans connaissance sur une touffe de joncs. Quelques minutes après, il lui sembla entendre les aboiements du chien; mais le froid terrible et la neige l'eurent bientôt plongée dans l'état d'anéantissement dans lequel nous la trouvâmes !

Voilà, dans ses moindres détails, ce drame affreux qui a fait de ma chère Louise une fleur fanée, qui, j'en ai bien peur, ne revivra jamais sa belle vie d'autrefois.

En prononçant ces dernières paroles, le père désolé versa d'abondantes larmes.

— Vous comprenez, ajouta-t-il, l'impression qu'elle a ressentie en voyant la neige. Depuis un an, rien n'a jamais pu la distraire, elle ne pense qu'à son Georges... elle en mourra !

Il n'y avait pas de consolations à apporter à une aussi légitime douleur; les fagots de l'âtre étant consumés. Je serrai la main du vieillard, et je montai à ma chambre. Quand je fus seul, je contemplai à travers la vitre la plaine blanche; la neige continuait à tomber. Alors, moi, qui jusque-là avait tant aimé ce blanc linceul, je le trouvai lugubre. Ces beaux flocons, qui font les délices des enfants, me parurent bien tristes.

Toute cette belle poésie qui m'avait tant séduit, jetait à mes oreilles des notes sévères. Je pensais à la terrible histoire qu'on venait de me raconter, je songeais aux déshérités, à ceux qui n'ont pas de bûche pour réchauffer le foyer !

Je fermai mes rideaux pour ne plus voir ces volées d'étoiles blanches.

Le lendemain, je crus avoir fait un mauvais rêve. Hélas! quand nous

LE LIVRE DU CHASSEUR

FAISANS
1 et 2. Lady Amherst, mâle et femelle. — 4. Faisan noble. — 5 et 6. Éperonnier, mâle et femelle.

nous retrouvâmes réunis, et que je vis Louise aussi blanche que la neige, se soutenant à peine, je vis bien que les rêves ne tracent pas des sillons aussi profonds!

Pour la chasse au marais, un chien silencieux bon quêteur est toujours très utile, ne serait-ce que pour faire lever les râles, poules d'eau marouettes et même les canards isolés, qui vous laisseront quelquefois passer, lorsqu'ils sont tapis dans une rigole, sous une cépée, et, en outre, pour courir après les morts et les blessés.

L'épagneul est selon moi le meilleur chien.

A l'article *équipement du chasseur*, je parlerai des vêtements indispensable pour cette chasse et, en particulier, de la chaussure.

La plupart des oiseaux d'eau étant de passage et venant du nord, leur plumage est épais et leur coup d'aile vigoureux. Il faut donc des armes plus fortes et à longue portée.

J'ai vu des chasseurs se servir avec succès du fusil double calibre 8 ou 10.

La charge de poudre doit être augmentée, et le plomb dont on se servira, surtout pour les gros oiseaux, doit être, en général, du 3 ou du 2.

La canardière de un mètre cinquante est excellente.

Pour compléter le chapitre de la chasse au marais, je citerai d'après M. de la Neuville, un observateur compétent, l'itinéraire que suivent à travers la France, dans leur migration annuelle, les oiseaux de marais.

« 1° Les oiseaux d'eau font irruption par la mer du nord pour gagner : le Rhin, l'Ill, la Moselle, la Meurthe et la Sane ;

2° Par la Meuse, le Chiers et la Sambre ;

3° Par l'Escaut, l'Aa, la Scarpe, la Lys, la Ternoise, la Law, la Cauche et l'Authie.

La migration remonte vers la Manche, en faisant mille incursions.

1° Par la Somme, l'Aire et la Bresle ;

2° Par la Seine, l'Aube, l'Yonne, la Marne, l'Ourcq, le Grand-Morin, l'Oise, l'Aisne, l'Eure et la Rille ;

3° Par l'Orne, la Dive, la Vie et la Toucques ;

4° Par la Vire, l'Aure, la Douve, le Werderet, la Sèvre, la Tante, la Teriette, la Selume, le Douesnon et la Sienne ;

5° Par la Ronce, l'Arquenon, le Gouet, le Trieu, l'Effe, le Guer et l'Elhorn.

La pérégrination du gibier ailé se rapproche de l'océan Atlantique, en cinglant :

1° Par l'Aulne, le Blavet, le Scorf, l'Odet et l'Auroy ;

2° Par la Vilaine, le Meu, le Cher, le Dou, l'Oust, l'Affe et l'Isac ;

3° Par la Loire, l'Arroux, l'Allier, le Loiret, le Cher, la Vienne, la Creuse, le Thouet, la Mayenne, l'Oudon, la Sarthe, le Loir, la Sèvre Nantaise, l'Erdre, l'Archeneau, la Boulogne, la Term, et le Brivé ;

4° Par la Charente, la Boutonne, la Vie, le Lau et la Seydre ;

5° Par la Sèvre-Niortaise, le Mignon, l'Autise et la Vendée ;

6° Par la Gironde, la Garonne, le Salat, l'Arize, le Tarn, la Bayse, le Lot, le Dropt, la Dordogne, la Vezère, l'Isle et la Dronne :

7° Par l'Adour, la Leyre, la Midouze, le Gave de Pau, la Bidouze, le Laran, la Nive et la Bidassoa.

Enfin, nous voyons cheminer nos hôtes ailés vers la Méditerranée, et passer :
1° Par l'Agly, la Tet et la Tech ;
2° Par l'Aude ;
3° Par l'Hérault et l'Orb ;
4° Par le Rhône, l'Ain, la Drôme, la Saône, le Doubs, la Seille, l'Isère et l'Ardèche ;
5° Par l'Argens et la Siagne ;
6° Par le Var.
Telle est, à peu près, l'aviation ascendente. »

CHASSE DE RIVIÈRES

Sous le titre : *chasse de rivières*, nous entendons les rivières navigables avec leurs affluents, et les cours d'eau grands et petits. Pour les premières, la chasse se fait en batelet avec un chien couché au fond du bateau, dressé à aller chercher à la nage les oiseaux tués. La chasse des petites rivières et des cours d'eau, se fait à pied avec un chien d'arrêt.

Les meilleurs chiens pour ce genre de chasse sont : l'épagneul et le griffon.

Si la chasse des oiseaux en mer n'a pas besoin d'être réglementée, celle des oiseaux d'eau sur les rivières et étangs l'est chaque année par un arrêté préfectoral ; aussi, même après la clôture de la chasse en plaine, les chasseurs sont-ils autorisés à chasser le long des rivières, jusqu'à une époque déterminée chaque année, pourvu qu'ils ne s'écartent point à plus de dix mètres de la berge.

La chasse des bords de rivières est non seulement amusante, mais même souvent fructueuse. Non seulement on y rencontre les oiseaux d'eau proprement dit, mais encore tous les oiseaux de marais.

Les joncs et oseraies, qui souvent protègent les berges, sont autant de remises souvent inextricables où se réunissent sarcelles, foulques, petits plongeons, canards, butors, culs-blancs, etc.

Faite de grand matin, cette chasse est très féconde.

Le chasseur doit marcher doucement et battre chaque buisson ou touffe de roseaux. Son chien doit explorer sérieusement les racines de saules ou d'aulnes, les refuis et surtout l'entrée des rigoles qui viennent déverser leur trop plein dans le principal bras de rivière qu'il suit. Il doit aussi observer l'autre berge, surtout dans les excavations; car il arrive souvent que certains oiseaux se dérobent à l'arrêt du chien, et vont les uns sous l'eau, les autres à travers les touffes de joncs gagner le bord opposé, et se réfugier sous de nouveaux roseaux qui leur paraissent à l'abri de toute poursuite. Aussi la chasse à deux le long des rivières offre-t-elle d'excellents résultats. Traqué des deux côtés, le gibier part entre les deux chasseurs et on est sûr de le tirer.

Si l'on est deux, on doit marcher parallèlement autant que possible afin de ne pas se gêner réciproquement dans l'action du tir.

Si l'on a aperçu un canard, sarcelle ou gibier quelconque, seul, au milieu de l'eau, à une grande distance, on doit bien se garder de continuer à suivre le cours de la rivière. Le chasseur, après avoir bien remarqué, à l'aide d'un arbre ou d'une touffe de roseaux, l'endroit où il a vu le gibier, décrira un grand circuit et reviendra vers l'endroit qu'il n'aura pas perdu de vue; à mesure qu'il approchera, il se baissera de façon à ce que, si l'oiseau est au milieu de la rivière, il ne l'aperçoive que lorsqu'il sera assez près pour pouvoir le tirer.

En général, le gibier se tient toujours au tournant des rivières, et dans les coudes. N'abordez donc qu'avec précaution ces endroits: Si les eaux sont basses, il peut arriver qu'un canard que vous n'avez pas aperçu barbotte sous la berge avancée. S'il a gelé bien fort et qu'il se trouve des glaçons qui forment marquise, faites les visiter par votre chien, car j'ai vu souvent des Pilets s'abriter sous ces glaçons et, se croyant parfaitement en sûreté, laisser passer le chasseur.

Pour chasser la poule d'eau le long des rivières, il est bon d'avoir une sorte de *choupille* qui la marque un instant et s'élance immédiatement pour la saisir. Cela réussit souvent, car la poule d'eau se laisse arrêter dans sa première forme et avant de déménager sous l'eau : elle est contrainte ainsi, par la vivacité de l'attaque, de s'enlever et le coup est certain.

Lorsque l'on chasse en barque, le chasseur se tient à l'avant, tandis qu'un batelier la fait glisser sur l'eau en faisant le moins de bruit possible avec les rames.

Lorsqu'on va pour tirer, le batelier doit paralyser le mouvement des avirons, faute de quoi, il expose le chasseur à tomber en avant ou en arrière, s'il se trouve debout.

Sur les fleuves et les grandes rivières, on tue de la sorte les halbrans, les culs-blancs, et les plongeons.

Sur les petits cours d'eau, le plongeon se tire quelquefois le matin au cul levé alors qu'on le surprend pâturant dans les roseaux. Son vol est lourd et il ne tarde pas à se jeter dans l'eau pour ne plus reparaître. On doit donc le tirer vivement, car son vol accidentel n'est presque qu'un long saut.

Dans la journée, les plongeons ne se montrent guère à la surface de l'eau que le matin vers deux heures et le soir lorsqu'il fait du soleil et qu'il n'y a point de vent. Mais alors on ne peut espérer en tuer que si on est soi même bien caché derrière des roseaux ou des arbres.

Lorsqu'on chasse sur le bord des rivières, il faut avoir soin autant que possible de suivre le cours de l'eau contre le vent. Les plus petits cours d'eau, même ceux qui ont le lit le moins profond, procurent souvent de très beaux coups de fusil; aussi j'engage les chasseurs à ne jamais négliger lorsqu'ils chassent les oiseaux d'eau ce qu'ils pourraient appeler d'infimes rivulets. Un canard isolé, une sarcelle quitteront la rivière que vous explorez pour aller se blottir dans une touffe de joncs ou dans les herbes marécageuses qui les encombrent. Si le lit est pierreux, vous pouvez même surprendre un héron ou un butor épiant poissons ou grenouilles.

Enfin, les barges rousses, les chevaliers aux pieds rouges s'y trouvent quelquefois à vermiller.

Les chasses de rivières donnent au chasseur un avant goût des grandes et belles chasses de mer avec leurs imprévus toujours renaissants.

LES CHASSES DE MER

J'ai parlé du morcellement des terres, de l'assèchement des marais de la transformation, année par année, de la chasse du continent. J'ai sans doute, en exposant la vérité toute nue, désillusionné quelques-uns d'entre ceux qu'un noble feu dévore!

Peut-être, en est-il qui se sont écrié, ainsi que je l'ai fait, du reste, en entendant raconter à mes oncles et à de vieux gardes leurs chasses pantagruéliques.

— Pourquoi ne suis-je pas né il y a vingt ou trente ans?

Qu'y faire?

Rien!

Le monde se transforme, le monde marche, les domaines sauvages où se complaisait le gibier se resserrent de plus en plus, s'effacent même ; c'est dans l'ordre des choses.

Maintenant, pour chasser à cœur joie, il faut pouvoir aborder quelques chasses privilégiées — elles se comptent — ou se réfugier dans quelques coins peu fréquentés de l'Europe, ou courir au nouveau monde! hélas! Tous ces moyens radicaux ne sont pas à la portée ni dans le désir de tous.

Cependant, il y a encore, comme au vieux temps, des chasseurs intrépides pour lesquels la chasse est le plaisir quand même, le plaisir incomparable.

Alors, à ceux-là, à tous même, je dis :

Nous avons *les chasses de mer !*

Et pour celle-ci, Dieu merci, il faudra de longues années avant que la civilisation vienne les modifier d'une façon sensible.

La mer, c'est le domaine impénétrable. — De même qu'elle est insondable, elle demeurera toujours indomptable, insoumise.

On ne prend sur elles que de petites libertés hardies, — l'élément profond, immense est immuable et dans son juste orgueil, se rit de nos déprédations.

Nous ne pouvons l'appauvrir. Elle est aussi inépuisable que redoutable.

Si le gibier de mer n'est pas à comparer au gibier de terre pour les qualités culinaires, qui malheureusement sont souvent nulles, il offre au chasseur une variété et une abondance incomparables.

On y trouve réunis en phalanges compactes des milliers d'oiseaux.

Le bon tireur, soit qu'il côtoie les rivages, soit que, dans une embarcation, il explore les sillons mouvants, trouve toujours son compte.

A la mer, le cœur du chasseur se poétise.

Je n'ai jamais pris inutilement un fusil pour parcourir le rivage. Petit ou gros gibier, j'ai toujours eu l'occasion de tirer.

Ajoutons que les chasses des bords de la mer sont pleines d'imprévu.

On part pour chasser une espèce particulière de gibier; on rencontre vingt individus, différents d'espèces, que l'on ne cherchait point. Vous aurez beau tirer et en tuer, il y en aura toujours. A chaque mouvement de vent, un changement de gibier !

La chasse en mer et au bord de la mer est autorisée en tout temps : avantage immense pour le tireur et le chasseur intrépide. De cette façon le fusil n'est jamais au repos. Vous êtes à l'abri des tracasseries de la loi et des procès verbaux.

Cette chasse demande un apprentissage spécial et cause beaucoup de fatigues. Mais le chasseur adroit est promptement récompensé de ses peines.

La chasse des bords de la mer est surtout fructueuse à l'embouchure des rivières, parce que c'est là que le menu poisson abonde et comme tous les oiseaux qui peuplent la mer s'en nourrissent, il est tout naturel qu'ils pullulent dans ces parages.

La chasse à pied sur les bords de la mer est peut-être moins abondante en gros oiseaux que la chasse en pleine mer; mais, elle est très variée et remplie également d'imprévu.

A part les oiseaux, de marais dont nous avons déjà donné la nomenclature et qui passent et repassent, on en rencontre, suivant le vent, d'inconnus dans nos parages que les courants ont portés là.

C'est ainsi que j'y ai vu des *spatules*, ces beaux oiseaux blancs à large bec, des *stercoraires*, des *fous*, et à portée du rivage, par les gros temps d'hiver, des *pingouins* et des *manchots*.

Toutes les espèces connues de canards sont rencontrées en pleine mer, les bancs de macreuses abondent.

Indépendamment des cygnes, oies, canards, pluviers, vanneaux, bécasses, culs-blancs, hérons et autres que nous avons mentionnés parmi les oiseaux de marais, voici la liste des principaux gibiers que fournissent les rivages de la Manche et de l'Océan.

Les Courlis.
Les Goëlands.
Les Mouettes.
Les Barges.
Les Chevaliers.
Les Alouettes de mer.
Les Moineaux de mer.
Le Pétrel.
L'Ombrette.
L'Avocette.
Le Courre-vite.
L'Huitrier (ou pie de mer).
L'Hirondelle de mer.
Le Paille-en-queue.
Le Fou.
Le Tourne-pierre.
La Perdrix de mer.

En pleine mer, à une lieue, une lieue et demie du rivage et à l'embouchure des fleuves :

Les Grèbes.
Le Harle.
Les Plongeons.
Le Manchot.
Le Pingouin.
Le Castagneux.
L'Imbrim.
L'Oiseau des tempêtes.
Le Cormoran.
Le Guillemot.
Le Macareux.

Au mois d'août, la chasse aux halbrans à l'embouchure de la Seine, est très divertissante.

Parmi tous les oiseaux que je viens de nommer, je crois utile de consacrer quelques lignes spéciales à quelques-uns d'entre eux.

Le Goëland

On l'appelle aussi *grisard*, à cause de sa livrée d'un gris blanc. La tête est grosse, le bec fort et crochu, d'un beau noir : cet oiseau est palmipède ; quant aux ongles, ils sont longs, acérés, propres à saisir le poisson, sur lequel il fond avec une extrême rapidité.

Son envergure qui dépasse un mètre, lui permet un vol long et soutenu. Intrépide voilier, il se joue au milieu de la tempête plonge entre deux vagues et remonte avec sa proie. Quelquefois, il se pose sur la cime des flots et se laisse porter par l'eau à de grandes distances.

La mer est son domaine. Il est inséparable des tourmentes et des violentes tempêtes. Ainsi qu'un vautour, on le voit surveiller les barques et les bateaux en péril.

Il donne sa note poétique dans la grande poésie de la mer.

Sur nos côtes, quand un vent violent souffle de l'ouest, il rase les jetées, les falaises, côtoie les rivages et se met ainsi souvent à portée du chasseur.

Chassant sur les plages de l'Océan, il m'est arrivé d'en tuer, surpris par leur silhouette se dessinant tout à coup sur le sable ; je levais la tête et je les apercevais leurs grandes ailes étendues.

Un goëland, démonté est dangereux pour le chien ; la vigueur de son bec est à redouter.

Généralement, on ne doit les tirer qu'avec du plomb n° 3. C'est un fort beau coup de fusil qui se renouvelle souvent.

Faisan d'Elliot et sa femelle.

Les Mouettes.

Je n'appellerai point la chasse aux mouettes une chasse ; mais uniquement un tir, mais un tir agréable.

L'abatis est nombreux.

Il suffit, pour cela, d'un temps propice et de laisser à terre la première mouette blessée. Les autres viennent tourbillonner autour de la victime et vous tirez à coup sûr.

Les changements que l'âge produit sur le plumage des mouettes ont souvent fait prendre pour des espèces différentes des individus de différents âges. Toutefois, on s'accorde à en distinguer une dizaine d'espèces.

On les trouve partout, au nord comme au midi, quelquefois dans les terres.
Elles se tiennent en troupes nombreuses au bord de la mer; c'est l'oiseau le plus commun de nos côtes. Elles sont très rapaces, se nourrissent de poisson, de débris, de quadrupèdes, de charognes etc.
On ne les chasse donc qu'au point de vue du tir qui est fréquent et amusant.
La *mouette cendrée*, la plus gracieuse comme forme, la plus séduisante comme plumage, est grosse comme un pigeon. Sous ces dehors si charmants, on ne se douterait guère que c'est un animal vorace et d'un caractère féroce.
La mouette se laisse facilement approcher. Elle rase les barques de pêcheurs; elle s'abat dans les bassins et un coup de 6 suffit pour la foudroyer.

L'Oiseau des tempêtes.

De la famille des pétrels, ces oiseaux suivent en bandes les navires. C'est un signe de mauvais temps qui ne saurait tromper les marins. L'oiseau des tempêtes vole avec une grande vélocité ; comme le goëland, il se repose dans le creux que forment entre-elles les vagues bondissantes. Dans ces sillons mobiles, il court comme un oiseau dans les champs. Quand la tempête est déchaînée, il rase l'eau qu'il semble effleurer de ses pattes.

Si le mauvais temps ne vous fait pas peur et que vous soyez en barque, vous l'abattrez facilement avec du plomb n° 6.

L'Hirondelle de mer.

Douées d'une grande puissance d'ailes, les hirondelles de mer planent, plongent dans l'air, cinglent, croisent en tous sens avec une facilité merveilleuse. En volant, elles poussent des cris aigres et perçants. Dans les temps calmes, elles s'élèvent à une grande hauteur. Au commencement de mai, elles arrivent sur nos côtes en troupes nombreuses. Quelques-unes se détachent des bandes et vont dans les marais et les grands étangs; mais la plus grande quantité demeure sur les rivages ou à l'embouchure des rivières.

Leur vol tournoyant, précipité, capricieux, a beaucoup d'analogie avec celui de l'hirondelle de terre.

Elles vivent de poisson.

Leur vol est extrêmement rapide et il faut les ajuster avec précision.

Si l'une d'elle est abattue, elles viennent tournoyer autour de celle qui se débat sur le flot, et, alors, le tir devient très facile. On en tue ainsi plusieurs en quelques minutes, le bruit de l'arme à feu paraissant les attirer.

On les tue facilement avec du 5 ou du 6 suivant le temps. Par les gros temps, elles rasent les flots et on les tire souvent à bonne portée.

L'Huîtrier.

L'huîtrier forme un genre que l'on divise en trois ou quatre espèces. Sur nos côtes, les chasseurs l'appellent généralement *pie de mer* à cause de sa ressemblance avec la pie proprement dite, et aussi à cause de ses cris répétés.

Souvent on le voit, posé sur une vague, s'abandonnant à son mouvement de va et vient.

Il se nourrit de mollusques bivalves et principalement d'huîtres qu'il ouvre adroitement avec son bec.

On le tire avec du plomb n° 6.

La Frégate.

Peu de chasseurs auront le bonheur de rencontrer sur nos rivages ce bel oiseau, le mieux coupé pour le vol, parmi les habitants de l'air,

Cependant, comme c'est un grand voyageur, et qu'on en a tué sur les côtes de la Manche, je le signalerai.

Et, si jamais il vous arrive d'en tuer un, vous vous en souviendrez et ce sera une de vos bonnes fortunes cynégétiques.

Les formes de la frégate sont celles des martinets, aussi légères, aussi élégantes, mais gigantesques comparativement.

On a vu des frégates dont l'envergure était de quatorze pieds et plus.

Les marins et voyageurs qui ont observé en plein Océan la frégate, sont d'accord pour affirmer qu'on ne saurait, si on ne l'a pas vu, se faire une idée du vol, tour à tour rapide et majestueux d'un pareil oiseau. Elles peuvent obtenir une telle immobilité dans l'air, qu'elles y paraissent comme suspendues; elles présentent alors la figure de deux lignes placées en croix, dont l'une serait plus longue que l'autre.

La frégate est le plus rapide des oiseaux et passe aisément d'un continent à l'autre.

A bord d'un navire, on peut la voir raser les flots, et, avant qu'elle remonte dans les régions élevées, on peut quelquefois la tirer. Mais, pour avoir ce plaisir, il faut être à trois ou quatre cents lieues des terres; situation dans laquelle bon nombre de chasseurs ne se sont point trouvés et ne se trouveront pas.

La frégate a les pieds palmés et les pattes courtes, mais elle ne se repose pas sur le flot, elle ne descend que sur les pointes des rochers, d'où elle peut se préparer par différents mouvements à se lancer dans l'espace.

Une frégate, poussée par le vent et sans doute fatiguée, a été trouvée, il y a quelques années, posée sur les sables des dunes qui avoisinent Boulogne. Le passant qui l'avait découverte s'approcha d'elle et put la tuer avec un bâton. Malgré tous ses efforts, elle n'avait pu réussir à prendre son essor.

S'il vous advient, lecteur, la bonne fortune d'en rencontrer une sur nos côtes, vous pourrez, sans doute, l'approcher à portée, à moins qu'elle ne soit sur un pic de rocher.

Les frégates fondent sur les fous et les cormorans, quand ceux-ci viennent de saisir leur proie; elles leurs donnent un violent coup de bec sur le dos, pour la leur faire abandonner, et la rattrapent en l'air avant qu'elle ne soit tombée dans l'eau.

La balle seule peut lutter de vitesse avec elles.

Le Cat Marin.

Le cat marin ressemble au plongeon de rivière ; le bec est droit et pointu ; les pattes, situées fort en arrière, sont armées d'ongles acérés. Le devant du corps est assez blanc, et le haut, noir cendré. Il plonge profondément et ne reparaît que fort loin. Le corps en dessus et les ailes sont plutôt duvetés qu'emplumés ; aussi, ne quitte-t-il très rarement l'eau. Lorsqu'il se lève, il semble en effleurer la surface, comme les poules d'eau, et il s'y replonge promptement.

L'hiver, on en trouve quelquefois dans les grands bassins des ports de mer.

On doit les tirer avec du 4, et viser au cou, qui est plus long que celui des plongeons de rivière.

Le Grèbe.

On compte plusieurs espèces de grèbes : le petit grèbe, le grand grèbe et le grèbe huppé.

Je les ai tous les trois rencontrés en nombreuses quantités sur la

Manche et dans l'Océan. — Ils remontent quelquefois les fleuves, à part le grèbe de grande taille, qui dépasse rarement l'embouchure.

Le plumage du grèbe est blanc brillanté, sous le cou et sur le ventre. Le dessus du corps est d'un noir assez prononcé ; l'œil est rouge. Le bec est long et affilé.

Le grèbe est méfiant et on ne l'approche à portée qu'en barque. — J'en ai tué cependant plusieurs du haut de la jetée du Havre.

Le coup de fusil doit être rapidement jeté. Servez-vous du n° 3 et visez à la tête.

Le Guillemot.

Cet oiseau, de la grosseur d'un canard, a le ventre blanc argenté et très fourni comme les plongeurs. Les ailes sont étroites et courtes, et il ne saurait fournir un long vol. Il habite les hautes falaises, dans lesquelles il niche. Les guillemots viennent sur nos côtes au printemps.

Il y a une dizaine d'années, ils peuplaient les hautes falaises d'Étretat, et, aux environs de la Pentecôte, les chasseurs se donnaient rendez-vous pour les fusiller : on les comptait par centaines.

Depuis, ils ont beaucoup diminué de nombre, et cette chasse, que j'ai vue si abondante, a beaucoup perdu de ses attraits.

On en abattait des douzaines ; à présent, il faut se contenter de trois ou quatre, et encore saint Hubert doit protéger le chasseur.

Au chapitre des anecdotes, je raconterai une chasse à cet oiseau de la race des pingouins. On le chasse en barque jusqu'en pleine mer, où il va se poser, lorsqu'on le force à quitter sa retraite. Il plonge, mais reparaît bientôt.

Ne tirez jamais le guillemot en pleine gorge : son ventre est tellement matelassé par un épais duvet que votre coup serait perdu ; tirez-le à rebrousse plume, si vous pouvez, ou de côté. Le meilleur plomb a employer est le 2 ou le 3.

Pour l'atteindre sur les falaises, il faut se munir d'un fusil de fort calibre.

Le Harle.

Le harle tient le milieu entre le héron et le canard. On en tue qui pèsent un kilo : de tous les plongeurs, c'est le plus habile.

Plusieurs chasseurs m'ont dit en avoir tué sur les rivières ; pour moi, je n'en ai jamais rencontré qu'en mer.

Le cou, les ailes, le manteau et la tête sont noirs, le pied, le bec et l'œil sont rouges. La femelle, qui est plus petite, a le dos gris et la tête rouge. Ils ont l'un et l'autre un toupet.

Il disparait si vivement que son tir offre beaucoup de difficultés. Il s'esquive sous l'eau, quand il a eu vent du danger, et, lorsqu'il reparait, il ne laisse voir que le cou, son corps demeurant en entier submergé.

Lorsqu'on le surprend volant, on le tire aisément, son vol étant fort lourd ; mais n'a pas cette chance qui veut.

Outre cette espèce, on en compte trois autres :

Le harle étoilé, le harle couronné, et le harle huppé. Ils ont tous les mêmes mœurs.

On le tire avec du 3.

Faisan de Reynaud.

Le Cormoran.

Ce destructeur infatigable de poissons se trouve tantôt perché sur un rocher à fleur d'eau, conservant une immobilité complète telle, que l'on peut se demander si ce n'est pas une épave ou la prolongation bizarre de la roche; tantôt on l'aperçoit sur un bloc qui fait saillie dans les falaises; d'autres fois, on les voit virer sur la mer ainsi que de minuscules nacelles peintes en noir.

N'allez point croire cependant qu'ils soient faciles à approcher! Il veillent, et leur torpeur n'est qu'apparente.

L'intelligence des cormorans est très développée ; ils sont même susceptibles d'éducation. En Chine, dans certains pays, on les dresse pour la pêche. Tandis que le maître rêve doucement dans une embarcation, le cormoran, comme un faucon, est sur la proue, en sentinelle. Dès qu'il aperçoit le poisson, il plonge et le rapporte incontinent dans la barque. On s'est, par avance, assuré de la fidélité du cormoran en lui passant au cou un anneau trop étroit pour qu'il puisse avaler la capture, sans le secours de celui qui ainsi tient la clef de l'œsophage.

Le cormoran est un fléau des rivières. Son œil perçant sonde les profondeurs des eaux ; il se précipite alors comme un fil à plomb sur la proie, qu'il saisit avec une patte ; de l'autre, il revient en nageant à la surface de l'eau, puis il lance le poisson en l'air, de manière à le faire retomber la tête en bas. Le cormoran le reçoit dans son bec, de façon que les aiguillons et les arêtes qui se trouvent de la sorte tournés en arrière ne puissent le blesser. Si l'oiseau n'attrape pas le poisson ainsi lancé, ce qui du reste est fort rare, celui-ci n'est pas sauvé, car il le rattrape dextrement à la nage et le relance de nouveau, jusqu'à ce qu'il soit tombé convenablement.

On compte plusieurs espèces de cormorans. Ceux que l'on rencontre d'ordinaire dans les rivières appartiennent à la petite espèce.

Le cormoran est non seulement très farouche, mais encore dur à tuer. Ce n'est guère qu'en embarcation qu'on parvient à le tirer. S'il est perché sur un rocher, tirez-le à balle.

Autrement, servez-vous de plomb n° 1.

Pour chasser au bord de la mer, servez-vous d'un chien qui aille admirablement à l'eau et qui ne redoute pas la vague.

Quant au fusil, il est préférable qu'il soit de fort calibre, 12 ou 14. Si vous chassez en bateau, munissez-vous également d'une canardière de calibre 10. — Vous ferez ainsi de superbes coups sur les bandes de canards et sur les plongeurs, comme les harles, qui se tiennent toujours à de grandes portées. Le plomb pour les chasses de mer doit être gros. — J'ai indiqué, après chaque oiseau, les numéros dont je me sers. Mais, avec l'habitude, le chasseur acquerra vite ce savoir qui a son importance. J'ajouterai qu'il est bon de diviser le plomb en deux parties au moyen d'une bourre.

La charge de poudre doit être augmentée de moitié ou des deux tiers, surtout en hiver et par les temps de brouillard.

L'air de la mer étant toujours chargé d'humidité et étant plus dense que celui de terre, le coup a moins de portée, à distance égale ; il faut donc le renforcer et avoir de la poudre très sèche : ainsi je conseille les cartouches grillées, en certains cas, et toujours les douilles à large culot de cuivre sans déperdition. Que vos munitions soient enfermées dans une boîte en fer hermétiquement close. Vous ne sauriez, à ce sujet, prendre trop de précautions.

Ayez aussi bien soin de votre fusil, que le salin de la mer pique d'une manière atroce, même sur le rivage ; graissez-le avant de partir avec de l'huile de pied de bœuf dans laquelle vous aurez versé quelques gouttes de suif. — Après quoi, enduisez-le d'un peu de suif ou de graisse douce, passez également à l'intérieur un tampon de laine huilé.

Le chasseur de mer ne doit point songer à l'élégance. Je n'ai pas besoin de dire que l'on ne doit point se servir de fusil fin.

Par-dessus vos vêtements de laine, je vous engage à mettre un caoutchouc ou le surtout en toile cirée des matelots. Point de chapeau : un bonnet d'astrakan ou en laine dont le tour se rabat sur les oreilles.

En courant des bordées après le gibier, soit pour l'atteindre, soit pour le chercher, après l'avoir tué, les lames ne vous épargneront pas. N'oubliez pas les bottes de mer.

PETITES CHASSES DANS LES TERRAINS ENCLOS

Le livre du chasseur serait incomplet, s'il ne consacrait pas quelques lignes aux jeunes gens qui, n'étant point encore chasseurs, préludent à ce grand art de la chasse, soit en tirant, l'hiver, dans un parc ou même dans un jardin, grives, merles et autres oiseaux, soit en tendant des pièges.

En principe, nous proscrivons toute espèce de pièges pour le gibier proprement dit et particulièrement les *filets* et les *collets* qui sont de purs engins de braconnage et que la loi devrait poursuivre à outrance.

Nous en exceptons toutefois :

L'appeau destiné à la *pipée*, puisque la pipée est tolérée pour les bécasses.

L'appeau à frouer.
Les gluaux.
L'arbret.
La trappe.
Le quatre en chiffre.
La mésangette.
Le trébuchet.
Le panneau à filet.
Le lacet.

Tous ces engins peuvent être employés dans un terrain clos où le propriétaire a droit de faire ce qui lui convient ; en outre, ils ne s'attaquent point au gibier, si j'en excepte la bécasse, et, comme c'est un oiseau de passage, le chasseur a des immunités.

L'appeau destiné à la *pipée*, c'est-à-dire à imiter le cri de la chouette et du petit duc, si détesté des autres oiseaux, qui les fait accourir contre leur ennemi commun, est fait d'une simple feuille de chiendent mince, recouverte d'un léger duvet, cueillie verte dans le milieu de la tige, afin de n'être ni trop dure ni trop faible. Elle doit, étant fanée, garder sa souplesse et on l'entretient en bon état en la mettant entre des feuilles de papier gris imbibées d'eau vinaigrée.

Vous tenez cette feuille entre les lèvres, à l'aide du pouce et de l'index ; elle ne doit ni toucher les dents ni être pressée par les lèvres, mais laisser passer un léger courant d'air ; la langue en se baissant et se voûtant successivement contre le palais, modifie le volume d'air contenu dans la bouche, et, en le lançant contre les parois de la feuille de chiendent, lui fait produire un son tout à fait semblable au cri lent et plaintif de la chouette.

L'appeau à frouer sert à imiter le cri des oiseaux, quand ils sont agités par la crainte. Il consiste en une feuille de lierre au milieu de laquelle on forme un carré ; ensuite, on l'applique sur les lèvres et on en tire des sons variés, suivant les espèces d'oiseaux que l'on veut attirer.

A l'aide de cet engin, on en attire des quantités considérables sur les gluaux préparés.

Les gluaux sont certainement le piège le plus infaillible et le plus simple pour capturer toutes sortes d'oiseaux.

Au printemps ou à l'automne, quand la sève commence ou finit, on fait provision de petites branches de saule ou de bouleau, longues d'environ 50 centimètres, bien unies, droites et minces, souples et résistantes ; on les effeuille, on taille le gros bout en forme de coin pour mieux entrer dans les fentes pratiquées aux branches sur lesquelles on doit les placer, et on les enduit de glu à partir du tiers de leur hauteur jusqu'au petit bout. On laisse la partie inférieure libre, afin de les toucher

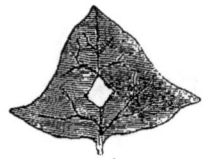

Appeau à frouer.

et de les poser sans s'engluer les mains. Il n'est pas nécessaire d'engluer chaque baguette séparément ; on en prend une petite poignée qu'on garnit tout autour d'une couche épaisse de glu avec une spatule, puis on frotte et on roule ensemble tous les gluaux, qui se garnissent ainsi également de la quantité convenable pour chacun d'eux. Pour les conserver et les emporter, on les met ensuite soit dans une peau de mouton retournée, soit dans une feuille de parchemin, soit dans un carton huilé.

La glu s'achète presque toujours toute faite ; cependant, pour les personnes qui se trouveraient trop éloignées des marchands qui en tiennent, nous dirons qu'elle se fabrique avec l'écorce du houx, qu'on fait d'abord bouillir dans l'eau pendant sept à huit heures ; quand elle est bien attendrie par cette cuisson, on la laisse fermenter pendant quinze jours, en terre, dans une fosse qu'on recouvre de pierres ; au bout de ce temps, elle forme une espèce de mucilage qu'on broie dans un mortier. On pétrit et on lave cette pâte à l'eau courante pour la purger de toute matière étrangère, puis on la laisse encore fermenter pendant quatre à cinq jours dans des pots en terre, et elle est ensuite bonne à employer.

On fait aussi de la glu avec de l'écorce de gui, et on pourrait en faire avec la plupart des jeunes pousses d'arbrisseaux préparées de la même manière; l'important, c'est de composer une pâte à la fois filante et visqueuse. La meilleure est celle qui est aigre et verdâtre; quand elle est séchée par un long contact à l'air, elle doit, quand on l'a réduite en poudre et mouillée, reprendre sa ténacité primitive. En été, on l'épaissit au besoin avec de la térébenthine; en hiver au contraire, on la préserve de la gelée par un mélange d'huile d'olive. Quand on s'en est mis aux doigts, on s'en débarrasse avec de l'huile ou du beurre, et on se lave ensuite avec du savon noir et de l'eau.

J'ai parlé du *cornet englué* à l'article Corbeaux.

On emploie les gluaux de toutes manières. — On les dispose quelquefois au milieu d'un parc sur un buisson artificiel, tantôt on les plante avec une négligence apparente et fortement inclinées sur le bord d'une mare ou d'un étang. Les oiseaux descendent de branche en branche et finissent par se poser sur les bâtons englués.

Arbret.

L'arbret est pour ainsi dire le complément des gluaux. On se sert d'une branche d'arbre bien garnie de rameaux que l'on plante en terre. On élague toutes les petites branches jusqu'à quelques centimètres de leur origine, et les bouts ainsi dolés servent de tenons à des morceaux de branches de sureau garni de moelle; dans cette moelle on enfonce le pied des gluaux. Ceux-ci n'offrant qu'une résistance légère aux oiseaux qui viennent se brancher, tombent avec les prisonniers qu'ils ont faits.

La pipée se fait dans l'après midi;

La chasse au bord des étangs, vers dix heures et trois heures.

Les autres pièges réussissent mieux le matin et le soir.

On emploie avec avantage les appâts naturels comme les fruits, les baies etc.

La trappe. Elle se forme soit avec des briques formant carré et une tuile suspendue au-dessus, soit avec une fosse en terre, qu'on recouvre d'une planchette retenue en l'air avec un léger soutien, soit même avec une boîte.

Ce piège a toujours pour principe le jeu d'une fourchette qui, dérangée par l'oiseleur ou l'oiseau, laisse tomber le couvercle qu'elle tenait en équilibre.

Le quatre en chiffre, dont le nom explique la forme, se compose de trois pièces : le pivot, la marchette et le support. Le pivot est un morceau de bois enfoncé en terre et terminé en pointe ; la marchette, toujours horizontale, est un autre morceau de bois retenu par un cran au milieu du pi-

Quatre en chiffre.

vot ; le support est encore un morceau de bois taillé en biseau, pesant d'une part sur un cran fait au bout de la marchette, et d'autre part sur l'extrémité du pivot. Ce support est destiné soit à tenir ouverte la porte d'un trébuchet ou de tout autre piège, soit à soutenir une tuile ou planche au-dessus d'un trou dans lequel on attire l'oiseau par des appâts, et où il s'enferme lui-même en faisant basculer le quatre en chiffre.

Mésangette.

La Mésangette sert surtout à prendre mésanges, pinsons, verdiers, etc.

C'est une espèce de boîte à claire-voie dans laquelle on répand du chènevis ou toute autre graine et dont on soutient le couvercle à 15 ou 20 centimètres avec un quatre en chiffre.

Le trébuchet est une cage munie d'un couvercle qu'un ressort en spirale pousse à se fermer, et qu'on retient ouvert à l'aide de la combinaison ordinaire de la marchette qui se tient en équilibre. Dans un second compartiment, on met un oiseau vivant qui attire les autres. Le trébuchet s'accroche dans un arbre.

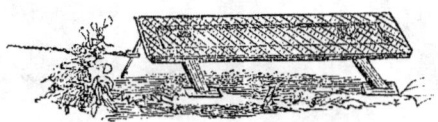

Panneau à filet.

Le panneau à filet : ce piège est spécialement employé, pendant les temps de neige, pour prendre les grives. Il se compose d'un filet étendu sur un cadre à pieds mobiles s'affaissant sur eux-mêmes au moindre choc. On sème du grain ou mieux des baies de sorbier sur l'emplacement choisi. Le filet est posé de telle sorte que les pieds soient de biais et que, s'il n'était pas soutenu par un cinquième support placé en sens inverse, il tomberait. L'oiseleur attache à ce support une longue ficelle dont il tient le bout soit derrière un buisson, soit même dans un appartement dont on laisse la croisée entr'ouverte.

Attirés par les baies rouges, merles et grives ne tardent pas à arriver et dès qu'on en voit plusieurs à coup, on tire la ficelle et ils sont pris.

Après plusieurs jours de gelée et de neige, ce piège procure une belle chasse.

Le lacet. Par les temps de grand passage, vers la Toussaint et au commencement de Mars, on prend, à l'aide de lacets, des quantités considérables de grives.

Pour cela, on choisit de préférence les taillis d'aliziers et de châtaigniers, au milieu desquels on trace des sentiers tout droit, en ébranchant jusqu'à hauteur d'homme les arbustes. Ce sont comme des coulées couvertes qu'affectionnent, dans leurs passages du soir et du matin, les oiseaux.

Ensuite, à droite et à gauche, à un mètre de distance ou environ, on choisit une branche un peu saillante, dont la propension soit de se baisser

Faisan des Wallich (mâle et femelle).

du côté du sentier tracé. Au moyen de la serpette, on la dépouille de ses rameaux, jusqu'à un mètre ou un mètre 50 — On coupe un petit morceau de bois de grosseur moyenne, long de huit centimètres environ, on le taille en pointe pour le faire entrer, et on le place horizontalement. Le gros bout doit être fendu, afin de retenir la grappe de sorbes. A 15 centimètres au-dessus de ce bâton, on fait une encoche à la branche que l'on a choisie afin d'y retenir le lacet de crin, que l'on ouvre sur un diamètre de 6 centimètres. Le lacet ne doit point reposer sur le petit bâton qui retient la sorbe et sur lequel se pose l'oiseau, il doit en être distant de quatre doigts. Ce procédé est infaillible. En un hiver, j'en ai vu prendre ainsi, dans un parc de bien peu d'étendue, 375. — Avis aux amateurs. Si on plaçait les lacets plus bas, on en prendrait davantage peut-être, mais il faut craindre les chats, ces braconniers de tous les pays et de toutes les saisons.

Quant à moi, je préfère un seul coup de fusil à tout ce butin, quelque copieux qu'il soit quelquefois, conquis à l'aide de pièges.

Aussi je conseille aux jeunes chasseurs et même à ceux qui sont rete-

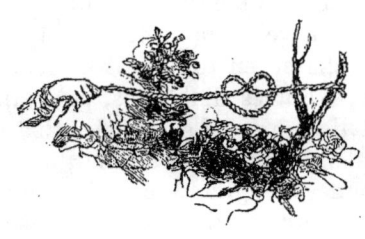

Lacet.

nus chez eux par l'hiver, de se servir du fusil ou de la carabine de salon calibre 9 milimètres. Avec le fusil et de la cendrée, ils tireront moineaux et tout ce qui se présentera ; avec la carabine chargée à petit plomb ou à balle, ils abattront les grives ou les merles un à un, mais ils éprouveront une bien plus grande jouissance.

Ayez soin de faire planter dans votre jardin ou dans votre parc, à portée d'une croisée, un sorbier ou une épine rose. Les grives sont très friandes des baies rouges que portent ces deux arbres à l'arrière-saison ; et, par les temps de neiges, vous verrez souvent les rameaux couverts de grives et de merles en train de cueillir les baies : vous n'aurez alors qu'à choisir.

Si votre enclos est grand et que ce lieu n'offre aucun danger pour votre voisin, tirez à balle, ce sera un excellent exercice.

Je me suis souvent amusé à abattre ainsi des moineaux perchés sur de grands arbres, et j'y éprouvais un véritable plaisir. Une grive est beaucoup plus grosse qu'un moineau, et, à trente pas, vous devez la tuer avec une carabine bien réglée.

LE BRACONNAGE

Le grand ennemi du chasseur, c'est le braconnier.

« Le braconnier, a dit quelque part un spirituel écrivain, c'est un animal à deux pattes qui veille la nuit, dort le jour et détruit tout le gibier qu'il trouve. Il chasse en toute saison, il emploie les filets, collets, traîneaux, pantières et autres diableries, pour approvisionner les marchands de lièvres et de lapins. Les articles 295 et 304 du code pénal, défendent aux chasseurs de tuer cet animal, c'est vraiment dommage. »

Nous ne demandons pas qu'on tue le braconnier, mais nous sollicitons tous les chasseurs qui méritent ce nom de se liguer sérieusement pour la répression sévère du braconnage, qui, joint au défrichement toujours augmentant, à la quantité toujours croissante des prairies artificielles, à la transformation des campagnes finira par réduire le gibier à néant.

Déjà plusieurs sociétés de ce genre se sont formées en France; mais elles ne fonctionnent bien que dans les environs de Paris, et les résultats obtenus sont si satisfaisants qu'il n'y a que là que l'on trouve des chasses convenables.

Donc, pour arrêter cette dépopulation du gibier, il faut:

1° Enrayer le braconnage devenu un métier fort lucratif.

Hélas! comme celui de fraudeur aux frontières.

2° Avoir de bons gardes qui ne reculent point devant la peine, et qui surtout ne soient pas eux-mêmes doublés de braconniers.

3° Détruire impitoyablement tous les animaux nuisibles (je les ai indiqués dans la première partie de cet ouvrage).

4° Repeupler!

D'abord, énumérons toutes les espèces de braconniers.

Le braconnier d'affût est celui qui va au coin du bois, le soir ou le matin, attendre la chevrette, le lièvre ou la perdrix qui rappelle. Ce braconnier est en réalité, celui qui cause le moins de dégâts, et cela pour trois raisons : la première c'est qu'un coup de fusil tue une pièce seulement ; la seconde, c'est que les braconniers à l'affût sont bien moins nombreux que les autres ; la troisième enfin, c'est que leur mode de procéder les rend plus circonspects, car une détonation attire l'attention et on peut beaucoup plus facilement les surprendre.

Le braconnier, au filet, au collet et autres engins prohibés est la bête puante de l'espèce! Il ne doit point y avoir de merci pour lui. Si le fusil d'affût tue quinze lièvres par an, dans une chasse, avec ses collets, il en prend quatre-vingts à cent. Jugez de la proportion.

L'*affûteur* peut tuer trois ou quatre perdrix d'un seul coup, le braconnier au filet en prendra en une nuit cinquante et soixante. Toutes les compagnies d'une plaine y passeront. Il les fauchera avec certitude comme il ferait des épis de blé.

Dans les plaines malheureusement dépourvues d'arbres, ses filets, qui mesurent parfois trois cents pieds de large, opèrent des razzia dont on est loin de soupçonner l'étendue. Les *fileteurs, panneauteurs, colleteurs* travaillent la nuit, sans bruit et à l'insu de tous : ce sont donc, tant par leurs allures que par les dégâts qu'ils font, les braconniers de la pire espèce.

Leurs agissements ne sont trahis par rien !

C'est la vipère qui se glisse dans les hautes herbes et vous mord au talon, puis s'échappe impunie. Ils détruisent pour détruire, pour leur profit personnel, sans la circonstance atténuante que présente la passion du coup de fusil. Ce sont des maraudeurs malfaisants, en un mot des voleurs par escalade que l'on doit stigmatiser de ce nom et poursuivre à outrance comme les bêtes nuisibles.

Aucun bois, si giboyeux qu'il soit, ne peut résister aux colleteurs. Il est des braconniers qui, par vengeance ou par haine stupide, posent leurs collets en *crible* : on appelle ainsi *trois ou quatre cents* collets, quelquefois *mille*, suivant l'étendue du bois, posés de tous côtés à travers bois. Il est bien entendu, impossible à ce bandit de relever les collets et de profiter de sa vengeance, mais les lièvres et les lapins qui parcourent le bois en tous sens finissent par s'y prendre le lendemain et les jours suivants, et l'on trouve les pauvres bêtes pourries sur place.

Ce procédé est souvent employé entre la fermeture et l'ouverture, de manière que les destructions ne puissent profiter à personne, et sans qu'il soit possible de tirer parti de cette hécatombe.

L'hiver dernier, dans une chasse des environs de Paris, les gardes ont trouvé *cent trente sept* lapins pourris attachés à des collets !

Les aides et amis de ces susdits braconniers sont les animaux qui chassent le gibier, tant ceux des bois que ceux qui ont pour domaine l'air.

Pour ces derniers, pas de procès, la mort par tous les moyens possible.

Sont aussi braconniers :

Les faucheurs qui, en haine de celui qui possède ou par jalousie, écrasent du talon les couvées de perdrix qu'ils rencontrent. Leur devise est celle-ci : « Je ne chasse point, j'anéantirai ainsi les espérances. »

Fruits du braconnage, ces chapelets d'œufs de gibier suspendus sur les cheminées des fermes. Pourquoi les a-t-on enlevés des couvées prêtes à éclore ? Aucun profit cependant. Il y a là dix-huit œufs qui auraient donné dix-huit perdrix, sur lesquelles, au bas mot, dix se seraient plus tard accouplées et auraient reproduit ; chacune eût au minimum donné 12 poussins. Voilà donc un chapelet d'œufs qui représente *cent trente huit* pièces de gibier détruites avec leurs germes, de gaîté de cœur !

Sur un hameau de 300 feux, il y en a au moins cent qui vous étaleront ces tristes trophées.

Multipliez :

Voilà donc 40,400 pièces de gibier détruites — et cela n'est que pour la plume — ajoutons le résultat des filets par canton, et nous arriverons à un chiffre effrayant.

Après tout cela, l'on est surpris de ne plus trouver de gibier ? Pour moi ce qui m'étonnera, dans dix ans si ce système continue, c'est de trouver six perdrix sur une chasse banale de trente hectares.

Sus donc aux braconniers !

On a dit souvent, et avec raison, qu'il y aurait bien moins de voleurs, s'il n'y avait pas de receleurs. Le fait est plus vrai encore pour les braconniers !

En dehors de la haine que le paysan professe pour le chasseur, il y a aussi l'intérêt ; or l'intérêt est tout dans ce bas monde !

Sont donc receleurs tous les marchands de primeurs et de comestibles des grandes villes et de Paris en particulier !

Toutes ces cailles que vous voyez enfermées dans des cages couvertes de toile, sont le fruit du braconnage, et par conséquent du vol.

Cependant l'État, si scrupuleux en matière de fraude, ferme les yeux sur cette infraction à la loi ! En quelque temps de l'année que vous vous trouviez, dans un cabaret à la mode, on vous servira sur votre demande, lièvre, faisan, caille ou perdrix.

Qui alimente cet appétit dispendieux de ceux qui ont les moyens de se satisfaire ? Les braconniers !

Et celui qui sera pris sera condamné par les tribunaux, et l'on verra sur les menus officiels, au mois de mai, de juin et de juillet, râbles de lièvres, perdreaux et cailles rôtis, filet de chevreuil à la marinade, etc.

Qu'est-ce donc qu'une loi qui a deux poids et deux mesures ? Le braconnier est fort, parce qu'il est le servant ami du luxe à outrance, des gourmands qui veulent et peuvent faire bonne chère. S'il ne trouvait pas à vendre ces deux cents cailles prises au filet qu'il conserve dans son grenier, il les laisserait aux champs, soyez-en convaincu.

Braconnier, vous aussi, M. le comte Z., qui, après la fermeture de la chasse, voulez mettre sur votre table un lièvre ou des perdrix.

Braconnier aussi, M. le marquis D., qui mandez un de ces hommes à tout faire et lui dites que, dans trois jours, vous avez besoin d'un chevreuil.

Braconnier par ricochet, M. de S., baron de la Finance, qui possédez une belle chasse gardée avec soin, qui ne ferez nulle grâce au malheureux chasseur aventuré par mégarde sur vos terres et qui irez, au mois d'août, dans un cabinet du café Anglais, commander deux perdreaux!

Mais que faire pour porter une atteinte redoutable au braconnage? J'ai beaucoup étudié la question et je réponds ceci:

La législation qui régit la chasse, en France, est à refaire; mais, pour la refaire pratiquement, je voudrais que des chasseurs entrassent dans la commission qui devra élaborer le nouveau projet de loi.

Si je suis radical dans la question des braconniers que je veux qu'on poursuive, je le suis également dans la question du fait de la chasse.

Or, partant de ce principe que la chasse est un droit humain, un droit qu'aucune loi ne pourrait enlever à aucun citoyen sans attenter au droit de liberté qu'il doit avoir; me basant sur ce fait incontestable que l'animal sauvage courant ou le gibier volant, appartient de par droit naturel à celui dont il traverse la terre, je dis: laissez *la chasse libre pour tous*.

Que celui qui n'a qu'un arpent de terre ou même un jardin, soit libre de tuer soit le lièvre qui vient manger sa récolte, soit la perdrix qui s'y remise et, cela, sans avoir une permission de l'Etat. Qu'il ait autant de droits que celui qui possède cent hectares de bois et autant en plaine.

Qu'il n'y ait de répression que pour celui qui irait sur le terrain d'autrui sans permission. Dans ce cas, il y aurait violation de domicile et mon intention n'est de donner une liberté illimitée qu'autant que cette liberté illimitée est elle-même limitée par la liberté d'autrui.

De cette façon, le braconnage diminuera d'une façon notable; j'ajoute même qu'en peu de temps il disparaîtra.

Le petit cultivateur qui n'a que quelques hectares de terre, le pauvre qui n'a qu'un champ — on peut être pauvre et posséder quelques perches de terre — auront intérêt eux-mêmes à la conservation et à la propagation du gibier. L'envie qui les portait à détruire odieusement une couvée de perdrix disparaîtra, car ils peuvent, à bon droit, penser que deux ou trois individus de cette couvée viendront sur leur champ et, qu'alors, ils pourront les tirer.

C'est là la question. Le *moi* humain sera satisfait et le petit comme le plus grand concourra à la propagation de ce précieux gibier; car alors ce ne sera plus celui du plus riche que lui, ce sera le sien!

Si en fauchant, il aperçoit une nichée de cailles, il laissera une touffe de luzerne afin de la conserver. Il ne tendra pas de collets à sa haie, car il saura que, si ce lièvre vient dans son domaine, il aura droit de mort sur lui.

L'enfant suivant l'exemple du père, ne dénichera pas, il conservera pour son père.

Par ce procédé qui donnera satisfaction à tous, en peu d'années, on verra le gibier s'accroître dans de notables proportions.

Réglez les époques de la chasse, mais n'en faites pas le droit du gouvernement, quand c'est un droit humain insaisissable avant tout, le premier droit né de toutes les libertés après lesquelles nous aspirons !

Quant aux braconniers avec filets, collets etc., les autres n'existeront plus, qu'ils soient flétris du nom de *voleurs* dans le rendu du jugement. Si actuellement on s'inquiète peu d'une condamnation pour braconnage, il en sera autrement en peu de temps, quand cette qualification sera accolée à un nom.

Pour ce qui est de vous, chers confrères, faites-vous une loi de ne jamais tuer une perdrix pendant la saison du couple !

Deuxièmement, avons nous dit, pour conserver le gibier, il faut de bons gardes.

LE GARDE

Un bon garde n'est pas aisé à trouver. Et, pas de chasse vraiment belle, sans un bon garde.

Non seulement un garde doit avoir pour première qualité d'être honnête, mais encore connaître à fond le métier pour lequel il se propose. Ces deux qualités ne se trouvent pas toujours chez le même homme : elles sont précieuses, et elles doivent se payer. Si vous avez trouvé cet homme, qui est le merle blanc pour un propriétaire jaloux de sa chasse, faites, s'il le faut, des sacrifices sur extra cynégétiques et mettez-le à même de vivre de son métier.

Si vous possédez quelques centaines d'arpents de bois, il aura de quoi s'occuper, sans chercher une autre occupation.

Chez nos aïeux, on était garde de père en fils. Pourquoi? Parce que nos aïeux se connaissaient en hommes, appréciaient les services rendus, et le garde faisait partie de leur maison. Le fils succédait au père par droit d'héritage, et le propriétaire ne s'en plaignait point. La terre du maître était la leur.

Il faut chez le garde de grandes connaissances pratiques. D'abord, il faut qu'il soit bon *piègeur*, ce qui n'est pas une mince affaire.

S'il ne possède pas cette qualité, vous aurez beau repeupler, ce sera inutilement. Chaque jour, le garde doit visiter, entretenir en bon état les sentiers d'assommoirs, enlever les animaux qui pourraient être pris et s'assurer que les pièges fonctionnent bien. Il doit aussi parfois aller à l'affût, soit du renard, soit de la martre, soit de la buse ou de l'épervier.

Il doit donc être doué d'une grande faculté d'observation. Le garde doit aussi savoir faire des élèves, soigner les chiens et les panser.

Comme un garde ne peut être jour et nuit de service, ni partout à la fois, plus il sera irrégulier dans ses tournées, mieux cela vaudra. Qu'il ait bien présent à l'esprit que le braconnier a l'œil sur lui, et que, le jour où il le verra routinier, il ne s'en inquiètera pas plus que s'il n'existait pas.

Un garde intelligent doit chercher constamment à concentrer le gibier vers le milieu de la propriété, surtout en ce qui concerne le faisan, car c'est sur les bordures que le braconnier se livre à ses ébats. S'il y a du faisan dans la chasse, il doit entretenir les mares en bon état.

Pendant l'hiver, surtout au moment des neiges, il répandra dans le bois quelques mesures de mauvaises pommes, en vue des lièvres, des lapins et même du chevreuil; il évitera ainsi le gagnage au dehors et bien des coups de fusil.

Il aura soin d'épiner la plaine. L'épinage a pour effet d'empêcher les grands filets dont je parlais plus haut, de fonctionner. Dans les terres ensemencées, il commencera son épinage derrière le semeur.

Un bon garde doit être expert en fait de culture; il doit savoir apprécier les dégâts que le gibier peut causer aux riverains.

Un garde doit avoir un fusil, d'abord pour se défendre; car, hélas, souvent il joue sa vie, et nous devons nous en souvenir; en outre, pour aller à l'affût des animaux nuisibles, pour tirer le lapin; mais je maintiens qu'un garde ne doit point tirer de lièvre à moins d'une autorisation spéciale. La défense peut paraître sévère : le lièvre, n'étant pas sédentaire comme le lapin, ne doit pas être traité comme ce dernier, et dix lièvres tués en une année par un garde, en donneront trente de moins pour le propriétaire et ses invités.

Défense doit être aussi faite au garde de vendre du gibier tué par lui. Ce serait, vous le comprenez, une tentation qui pourrait avoir de funestes conséquences pour le gibier.

Afin d'encourager le zèle d'un garde, en dehors de son traitement,

Faisan Lophophore resplendissant

vous devez lui allouer des primes pour tous les animaux nuisibles qu'il aura détruits.

Il y a des chasses aux environs de Paris, dans lesquelles les actionnaires vont plus loin.

Ils donnent au garde une prime sur chaque pièce de gibier tuée :

0 fr. 20 par lapin.
0 fr. 30 par perdreau.
0 fr. 50 par faisan et par lièvre.
5 fr. 00 par chevreuil.

Le garde a donc intérêt non seulement à tirer les animaux nuisibles; mais encore à faire multiplier le gibier.

On paye quelquefois à un garde 35 francs par cent pour la destruction des bêtes de proie, y compris le putois et le geai.

Ces tarifs sont, en résumé, facultatifs et dépendent de la chasse à garder et des appointements fixes du garde.

Je pense qu'on obtiendrait beaucoup en réduisant le prix fixe du salaire et en faisant les primes plus fortes et plus nombreuses.

Pour la destruction des animaux nuisibles, les animaux à poil se comptent par peaux et les oiseaux par becs.

La grande préoccupation d'un garde doit être les collets, qui sont la ruine du gibier à poil, depuis le lapin jusqu'au chevreuil. Qu'il visite donc attentivement les passées des lièvres. Au bois, la chose est facile, mais en plaine, cette recherche est plus difficile. Au bois, les collets se posent ordinairement en bordure; c'est donc là que doit se porter son active surveillance.

Exigez de votre garde qu'il soit très poli avec les délinquants; j'entends ceux qui, n'étant pas braconniers, s'égarent sur vos terres. Je vais même plus loin; je dis que, si un garde, après avoir averti le chasseur que le terrain (bois ou plaine), sur lequel il se trouve, est réservé, voit ce chasseur se retirer immédiatement, il ne doit pas lui dresser procès verbal. Car, pour deux chasseurs qui sauront pertinemment qu'ils commettent un délit, il y en a six qui sont absolument inconscients de la faute dont ils se rendent coupables. S'il y avait récidive, ou seulement obstination, il est de son devoir de verbaliser.

Je m'élève donc contre ceux qui accordent une prime au garde par chaque procès verbal, à moins toutefois que ce ne soit contre un braconnier. Cette prime les entraîne souvent dans un zèle qui frise la grossièreté, l'outrequidance, et, ce qui est pis, l'injustice, et les fait mentir outrageusement.

On doit aussi laisser aux châtelains belges et aux propriétaires de chasse en Belgique, la farouche grossièreté qu'ils ont de permettre, sinon de commander à leurs gardes de tirer sur les chiens de chasse qui s'aventurent sur leurs propriétés. Ce procédé inqualifiable, digne de Teutons grossiers, ne saurait être le fait de chasseurs français, quelque jaloux qu'ils soient de leurs chasses.

Devant ces nobles mal élevés, un chien d'arrêt qui vous accompagnerait sur la route et s'emballerait sur un malheureux lièvre recevrait immédiatement un coup de fusil; ils tueraient sans scrupule, à l'arrêt, un pointer de 50 louis. Ce sont certes des descendants de ceux qui, dans l'ancien temps, faisaient pendre un homme pour avoir occis un lièvre. Cette brutalité de sauvages disparaîtra peut-être un jour; mais, à l'heure où j'écris, elle existe encore dans sa plénitude. Sans doute, les gardes reçoivent une prime pour chaque meurtre ainsi commis! aussi déploient-ils un zèle de bandits.

Puisque j'ai parlé chien, je veux que le garde ait un soin extrême des bêtes qui lui sont confiées.

En ce qui concerne l'allocation à donner au garde, elle est à peu près réglementée, par l'usage, ainsi qu'il suit :

Pour un chien d'arrêt mangeant du pain d'orge, le prix de 12 francs par mois aux environs de Paris est un très bon prix.

Pour les chiens courants le prix de 8 francs me paraît suffisant.

A vingt et trente lieues de Paris ce prix ne doit pas être si élevé.

Si, pour une raison ou pour une autre, vous avez révoqué un garde, celui qui le remplace doit le surveiller ; car souvent ce garde renvoyé n'est pas de la vraie race des gardes, et il devient un braconnier qui, par vengeance, cherchera à vous jouer tous les plus mauvais tours qu'il a dans son sac.

Quand vous aurez choisi votre garde, il faut le faire assermenter. Sans cela il n'aurait pas droit de verbaliser. Pour ce, vous soumettrez d'abord sa nomination au préfet ou au sous préfet. Vous joindrez à votre demande les pièces constatant son identité, un extrait de son casier judiciaire, un certificat de bonne vie et mœurs délivré par le maire de la commune. La nomination sera ensuite envoyée au tribunal de première instance, devant lequel le garde prêtera serment

Pour avoir son effet, tout procès verbal doit être *affirmé* par le garde dans les *vingt-quatre heures*, devant le juge de paix du canton ou le maire de la commune.

C'est une obligation avec laquelle il n'y a pas à transiger. Dès qu'un procès verbal est déclaré, le garde doit l'affirmer immédiatement et prévenir son maître. Celui-ci décidera s'il veut suivre ou abandonner la poursuite.

DESTRUCTION DES ANIMAUX NUISIBLES

Nous allons, tout à l'heure, parler de l'élevage du gibier et du repeuplement des bois et des plaines ; mais, avant de songer à engiboyer une chasse, il faut d'abord faire son possible pour diminuer les causes de destruction.

Nous avons parlé du braconnier, il faut nous occuper des animaux de rapine qui, sans être aussi redoutables que lui, rendraient nuls les soins que vous pourriez donner à l'élevage.

J'ai dit qu'un garde devait aller soir et matin à l'affût des bêtes nuisibles ; toutefois, malgré son zèle, il ne pourrait suffire la plupart du temps. Il faut donc multiplier et varier à l'infini ses visites.

Le renard, un des plus terribles ennemis du chasseur, donne dans tous les pièges.

Un garde qui connaît son métier, peut, dès qu'il a reconnu, soit au bois, soit en plaine, une ou deux voies de cet animal le prendre infailliblement.

Le loup est beaucoup plus sur ses gardes ; d'ailleurs, sa présence n'est souvent, heureusement, qu'accidentelle : sa tête est mise à prix par l'État, dès qu'il fait son apparition, des battues sont organisées : donc il n'est pas compris habituellement au nombre des bêtes nuisibles pour le gibier.

Quant aux pièges en général, il ne suffit pas de les posséder, il faut savoir les placer et les dissimuler, ce qui exige de longues observations et une grande patience.

On aura soin d'abord de dégarnir soigneusement, à la profondeur voulue, le terrain sur lequel il doit être placé, et s'assurer que rien n'en gêne le fonctionnement. Eu égard à l'endroit où il est tendu, on le couvrira de terre, de feuilles sèches, ou d'herbes, de manière que l'œil le plus méfiant ne puisse soupçonner la place qu'il occupe. Ayez soin, en outre, de bien reparer dans les alentours les trous où les *grattes* que vous auriez pu faire pour vous procurer de la terre. Le renard verra immédiatement si la terre a été remuée et alors il rebroussera chemin. Tout ce qui lui paraît anormal dans son domaine l'inquiète.

Si cela est possible, choisissez un endroit tout couvert de cette mousse qui s'enlève par plaques ainsi qu'un tapis. Vous creuserez de façon que le piège soit bien à niveau de la terre, et vous le recouvrirez en son entier avec ces bandes de mousse, qui s'adapteront merveilleusement dans les entailles que vous aurez faites à la terre.

Le piège une fois bien installé, il faut l'appât. Une bête morte en putréfaction, si c'est un loup ; un morceau de cheval ou un lapin, si c'est un renard : voilà, selon moi, les meilleurs appâts. Je ne suis point partisan des appâts artificiels.

Quelques chasseurs et gardes sont pour les appâts empoisonnés et ils s'appuient sur ce fait que pour détruire tous les moyens sont bons ; et que l'*arsenic* et la *strychnine* sont d'une efficacité sans pareille, principalement la strychnine.

Je ne puis approuver cette manière de voir et je proscris absolument toute espèce de poison.

Si le poison n'etait mortel que pour les gredins dont nous nous oc cupons, je dirais oui, sans aucune arrière-pensée ; mais il est arrivé souvent, il arrive et arrivera encore que, l'appât empoisonné destiné au loup affamé ou au renard dévastateur, est et sera mangé par votre compagnon fidèle, par votre chien.

Ne niez pas! vous en avez des preuves chaque année. L'appât bourré de strychine, — oiseau ou lapin, — n'est pas toujours mangé sur place; la bête l'emporte souvent afin de le dépecer à son aise dans un coin. Qui vous dit alors que, dérangée dans son trajet ou, au moment où elle va faire son repas, elle ne l'abandonnera point. Pour qui alors sera ce morceau de chair qui contient la mort, ou cette boulette de fromage? pour votre chien, soyez-en sûr! J'admets encore qu'il ne mange pas l'oiseau apprêté, il pourra le prendre en gueule, le presser dans ses dents, et c'en sera assez.

Je vais plus loin, ce mode d'empoisonnement peut être plus fatal encore.

Il y a deux ans à peine, les journaux ont fait grand bruit d'un empoisonnement qui avait eu lieu dans une petite ferme du Cotentin. C'était pendant l'hiver, le mari avait tué deux ou trois corbeaux avec lesquels sa femme avait fait du bouillon. La mère, le père et les enfants furent empoisonnés, et la mère et un enfant succombèrent. On fit une enquête qui se résuma à ceci : Que les malheureux avaient mangé un corbeau qui, sans doute, avait paturé sur une charogne et que sa chair contenait un virus. Comme si le fait d'une corneille, dépeçant une charogne, n'était pas journalier! Cependant on en tue et on s'en régale dans toutes les campagnes, et jamais aucune indisposition n'a été la conséquence de ces frugales agapes.

Ne cherchons point dans l'inconnu. L'X se dégage d'elle-même. Le corbeau avait mangé dans un bois voisin un appât empoisonné! Le fait est incontestable! Et ce sont ces malheureux qui ont payé pour le renard.

Au grand jamais donc, ne vous servez de poisons! Vous avez des pièges à l'infini et si vous savez en jouer, vous obtiendrez d'aussi bons résultats, sans crainte de malheur. Le piège vous donnera la bête; mais avec le poison vous ne serez pas toujours certain d'avoir réussi. Elle va mourir, dites-vous, dans un rayon de cent mètres. Mais si vous ne la retrouvez pas, qu'arrivera-t-il? Si, comme vous l'affirmez, elle est morte, son cadavre en putréfaction deviendra lui-même un poison; et quel chasseur peut se flatter que son chien n'ira point en arracher un lambeau?

Toutes les amorces enlevées n'ont pas l'effet qu'on en attend.

Un propriétaire qui permet les amorces empoisonnées sur ses terres doit redouter chaque jour de graves accidents.

Je ne m'étendrai donc point sur la manière d'empoisonner l'appât puisque je proscris absolument ce mode de procéder.

Quelle que soit l'amorce que vous employez, il faut la manier le moins possible afin qu'elle ne conserve pas le sentiment de la main de l'homme.

Il en est de même pour les pièges et cette précaution est indispensable. Quelques piégeurs ne touchent à leurs pièges qu'avec des gants; et ils poussent quelquefois la précaution jusqu'à les frotter de thym.

Les petits oiseaux sont très propres à amorcer les pièges à renards, martres, putois, etc. Il n'est point urgent que l'amorce et le piège, — tout un pour nous qui n'empoisonnons pas, — il n'est point urgent, dis-je, que le piège soit sur la voie de l'animal. Placé de côté, il sera facilement éventé et peut-être de la sorte éveillera-t-il moins la méfiance de la bête que s'il semblait lui barrer le chemin.

Les temps de neige et de gelée sont excellents pour les piégeurs.

Tant qu'un renard, dont les difflérentes voies sont reconnues, n'est point pris, tous les pièges doivent rester tendus.

Pour enfumer un terrier de renard, on doit bien connaître chacune des gueules et les fermer hermétiquement; on choisit celle qui est la mieux exposée sous le vent pour y allumer l'incendie et diriger la fumée dans l'intérieur.

Au printemps on peut défoncer les terriers afin de s'emparer de toute la famille. Mais ces opérations sont très longues et très pénibles.

Le défoncement du terrier du blaireau est quelquefois indispensable, cet animal étant un gros dormeur qui passe les trois quarts de sa vie sous terre; et étant, en outre, beaucoup plus rebelle au piège que le renard.

Les coulées du blaireau sont toujours nettement indiquées et c'est à proximité d'une de ces coulées que le garde doit se porter à l'affût. Les *nuits* sont fort courtes et, comme je l'ai déjà dit, il faut aller se poster *au moins* une heure avant l'aube sans quoi on l'attendra vainement : il sera déjà couché au fond de sa demeure.

La fouine, le putois, la belette se prennent bien au piège : assommoir ou traquenard. Les œufs sont de très bonnes amorces pour ces petits carnassiers.

Ces traquenards varient dessus 0^m,12 cent. à 0^m, 30 cent. d'ouverture des mâchoires et leur prix est de 1 à 14 francs. Les petits servent pour le rat, la belette; les moyens pour la fouine, la martre; les forts pour le renard et le loup.

J'ai dit en parlant des animaux de rapine ce que je pensais du chat. Tout est bon pour lui, pièges et coups de fusil; mais, je vous recommande, si vous visez ce bandit en amorçant un piège, de choisir un oiseau.

Quant aux oiseaux de proie, la meilleure méthode pour s'en débarrasser est de les tirer à l'affût, surtout à l'époque où ils font leurs nids.

Les buses, les corbeaux et les pies se prennent quelquefois à des pièges placés à terre dans un endroit peu garni d'herbes sèches et amorcé avec un œuf de poule ou avec une tête de lapin.

Le lecteur peut voir si ce pauvre gibier est traqué et il ne s'étonnera pas de le voir diminuer si rapidement au milieu de tant d'ennemis.

Ajoutez encore à cette cohorte imposante, les intempéries des saisons, les orages, la grêle qui anéantissent souvent toutes nos espérances en saccageant toutes les couvées de perdrix d'une plaine.

Nous ne pouvons lutter contre ces éléments; mais nous avons le droit et la force pour combattre par tous les moyens possibles les braconniers de tout genre.

Usons de tous les moyens possibles pour enrayer le mal qui, s'il continue, deviendra irréparable.

— La *Bohême* est, on le sait, une des contrées les plus giboyeuses de l'Europe. Suivant un relevé statistique que nous avons sous les yeux, on n'a pas abattu en 1879, dans cet Eldorado des disciples de saint Hubert moins de 958,616 pièces de gibier. Elles se répartissent ainsi : gibier, 898,845 pièces (gibier à poil, 375,262 et gibier à plumes, 520,583); gibier nuisible, 59,771 pièces (à poil, 15,792; à plumes, 43,979).

En fait de gibier il a été abattu : 458,033 perdrix; 347,870 lièvres; 36,378 faisans; 11,358 lapins; 9,948 canards sauvages; 9,050 cailles; 8,208 chevreuils; 4,679 bécasses; 4,470 bêtes noires; 3,166 gélinottes; 1,726 daims; 1,600 cerfs; 904 bécassines; 558 grands tétras (coqs de bruyère); 450 petits-tétras; 152 pies sauvages; 137 perdrix blanches et 127 bartavelles. En fait de bêtes nuisibles il a été tué : 37,692 vautours, faucons et éperviers; 6,807 fouines; 5,776 corneilles et pies-grièches; 2,619 renards; 2,371 chats; 1,904 martres; 475 écureuils; 682 belettes; 269 geais; 240 blaireaux; 231 grands-ducs; 264 loutres; 6 aigles et 5 hérons.

La France ne saurait prétendre à lutter avec ce brillant Eldorado; des causes plus élevées et d'un autre ordre que le braconnage s'y opposent; mais, au moins, peut-elle se relever dans des proportions très appréciables. Luttons sans trêve ni merci, et nous obtiendrons un résultat honorable.

REPEUPLEMENT ET ÉLEVAGE

Vous avez un bon ou plusieurs bons gardes, suivant l'étendue de la chasse que vous possédez; vos précautions sont prises contre les braconniers et vous avez détruit, sinon en totalité, du moins en partie, les animaux nuisibles qui infestaient vos bois, mais votre tâche n'est point accomplie.

Il vous faut nécessairement repeupler.

Or, le repeuplement n'est point aussi difficile qu'on se l'imagine généralement; et l'amateur modeste peut, sans avoir recours aux moyens fort dispendieux conseillés pour les millionnaires, arriver avec deux années de patience et quelques sacrifices, à posséder une chasse des plus agréables.

Laissons à ceux qui le peuvent les installations modèles pour l'élevage; ce qu'il faut à tout chasseur, c'est une chasse giboyeuse et il n'a que faire du luxe dans les moyens à employer.

Occupons-nous donc seulement des moyens simples et pratiques.

Qu'avons-nous à repeupler?

Le bois et la plaine.

Pour le bois, nous avons le faisan, le lièvre et le lapin. Je laisse de côté le chevreuil, beaucoup de chasses ne possédant ce charmant animal que par accident. Quant à sa propagation, elle est des plus simples, car il suffit, suivant le nombre d'hectares que vous possédez, de mettre en liberté deux ou trois chevrettes pour un brocard. Ces chevrettes, si vous ne pouvez pas les élever vous-même, vous les trouverez facilement en vous adressant en Allemagne et même à certains commissionnaires des halles, à Paris. Toutefois, ne faites votre commande que lorsque l'époque du *rut* est passée; de cette façon, les chevrettes que l'on vous livrera seront pleines.

Pour la plaine, nous avons la perdrix.

Occupons-nous en première ligne du faisan.

Si un chasseur est heureux de tuer une perdrix, il est fier de tuer un faisan.

Le faisan, ce riche oiseau qui pourrait être si commun dans nos chasses françaises, n'est cependant le partage que de quelques chasses privilégiées, par ce fait qu'il n'évite aucun piège, qu'il est le point de mire des braconniers qui le tirent branché, et que les faisandeaux sont la proie la plus facile des renards, putois et autres brigands *ejusdem generis*, et enfin parce qu'après avoir tué force poules on ne s'inquiète pas assez, l'hiver, des malheureux échappés à leurs ennemis sans nombre.

Toutes les chasses cependant ne sont point propres à recevoir le faisan, qui ne se plaît que dans les plaines boisées, dans les lieux humides.

Étant donnée à peupler ou à repeupler une chasse se trouvant dans ces conditions, on peut procéder de deux manières : ou acheter des œufs de poules faisanes et les faire couver par des poules domestiques ou au moyen de couveuses artificielles, ou bien créer une faisanderie, croiser les *races* et conserver plusieurs couples pour la reproduction. Le premier cas est beaucoup plus, que le second, à la portée des petits chasseurs; je dis petits si on les jauge au capital requis pour avoir de grandes chasses.

Le prix de l'œuf d'un faisan est généralement fixé à dix centimes. Une centaine d'œufs peut donner facilement une soixantaine d'élèves. Voilà donc, pour une année, un chiffre très appréciable d'élèves lâchés dans un bois.

Parquet muni de sa boîte à élever.

Une recommandation importante à faire aux gens chargés de recueillir les œufs est de mettre à part chaque nichée, attendu qu'il est indispensable de ne donner à chaque poule que ses œufs au même degré d'incubation. Cette précaution n'a pas besoin d'être expliquée.

La première poule venue peut couver des œufs de faisans ou de perdrix; mais on préfère les poules légères et, en particulier, celles de petite race. Laissez la poule à laquelle vous voulez confier les œufs, couver à la place qu'elle aura choisie : soit étable, soit grange, soit écurie. Les faisandeaux viendront à bien comme de simples poulets. On peut maintenir les couveuses sur leur nid au moyen d'œufs d'essai en attendant les œufs de faisan.

Pour vous procurer des œufs, il faut savoir à qui vous vous adressez! Il est des fournisseurs attitrés de chasses qui ne se font pas scrupule avant de vous livrer les œufs de les agiter fortement de manière à détacher le germe. Comme des œufs ainsi secoués sont impropres à l'éclosion il en résulte qu'on est obligé de leur demander de nouvelles couvées. — donc, double gain!

De plus, faites-les surveiller afin qu'ils n'aillent pas vous vendre des œufs recueillis sur votre propriété : le cas est fréquent.

Votre garde peut les connaître, sinon tous, du moins en partie et il devra vérifier.

Il existe des chasses où l'on ne paye les œufs qu'après l'éclosion; c'est une excellente méthode pour obvier aux fraudes que nous venons de signaler.

Je viens d'indiquer le procédé le plus commun comme le plus commode et aussi le moins dispendieux pour élever des faisans pour la reproduction; avant de parler des faisanderies grandes ou petites, des appareils d'incubation, nous allons dire quelques mots des faisans et de leur croisement.

Le faisan commun a donné naissance à quelques variétés nées en domesticité et conservées par la sélection. Ce sont :

1° Le *faisan blanc*. Livrée ordinairement blanche avec quelques plumes richement décorées semées au hasard, variété du faisan commun, due à la domesticité.

2° Le *faisan cendré* ou *Isabelle* à tête verte, oiseau très farouche, par conséquent excellent pour la chasse.

3° Le *faisan panaché* variété accidentelle à livrée blanche ou blanchâtre plus ou moins bizarre. On obtient des faisans panachés en mariant le faisan commun avec le faisan blanc.

Par le croisement du faisan commun avec la poule commune on obtient le *coquard ordinaire* d'une haute taille et qui ne cherche point à se reproduire. Il n'aspire qu'à couver. Bon à conserver pour cet usage.

Voici comment on opère pour obtenir ce produit :

On prend un jeune faisan qui ne s'est point encore accouplé avec aucune faisane. On le renferme dans un lieu étroit et faiblement éclairé par le haut. On lui choisit de jeunes poules vierges dont le plumage se rapproche de celui de la faisane et on les met dans une case attenante à celle du coq faisan. Les cases ne doivent être séparées que par une espèce de grille à larges mailles, de manière que la tête et le cou des volatiles puisse y passer, mais non le reste de leur corps. On met à manger dans la case des poules. Le faisan est forcé de passer la tête de leur côté pour prendre sa nourriture et la connaissance est bientôt faite.

Si, malgré cela, le faisan cherche à tuer les poules, on lui coupe l'extrémité du bec afin qu'il ne puisse plus les blesser et on excite son tempérament par une nourriture *ad hoc*.

Enfin, lorsque la connaissance est faite, on met le faisan dans le compartiment des poules. Les œufs que l'on en obtient produisent le *coquart*, dont la chair est excellente et dont la livrée varie d'individu à individu.

Le *faisan roussard* est un métis du mâle et de la faisane commune, il ne se reproduit point.

Le *faisan de Mongolie* très proche parent du faisan commun, est un peu plus petit. Il a le cou bleu, le collier blanc, et le croupion bleu pâle. C'est un oiseau rustique très apprécié des éleveurs et qui fournit de beaux croisements avec le commun. Ajoutons à cela qu'il est d'une grande fécondité.

Le *faisan vénéré*, si beau, est aujourd'hui complètement acclimaté dans nos faisanderies. C'est un oiseau plein d'avenir pour nos bois.

Le *faisan doré* le plus éclatant de nos faisans est conservé à l'état sauvage dans les parcs. Le mâle, gros comme la bartavelle, s'accouple quelquefois avec la poule domestique. Mais le produit de cette union stérile est d'une livrée terne qui n'est remarquable que par sa délicatesse.

L'établissement d'une grande faisanderie coûte très cher. Mais celle d'un modeste éleveur peut se composer d'un simple jardin bien clos. Dans son *manuel pratique d'acclimatation*, M. de la Blanchère écrit : « Un carré de 25 hectares, clos de tous côtés coûte généralement 24,000 francs, soit 2 francs par mètre carré ou 160 francs par hectare. Plus l'enceinte est vaste moins l'entourage est dispendieux et l'on fait de bien plus grandes économies en élevant 600 faisans qu'en se bornant à en élever 100 ou 150, parce que les soins à donner sont absolument les mêmes.

« Malheureusement un tel espace est un véritable parc et ne se trouve point à la disposition du plus grand nombre des éleveurs qui ne songent guère à laisser leurs faisans à l'état sauvage et qui préfèrent les élever en captivité. » J'engage les amateurs à visiter la faisanderie que M. Auguste Labitte a installée à sa ferme des Sables près de Clermont (Oise). C'est, en petit, un modèle de simplicité unie au confortable. M. Auguste Labitte, dont l'affabilité est si connue, se fera un plaisir de leur laisser voir sa nouvelle création, remarquable par sa bonne tenue.

Revenons donc au modeste enclos.

Quelques poules couveuses, une ou deux boîtes à incubation, (au besoin une couveuse artificielle) des parquets et une volière, le tout installé dans une enceinte entourée de murs, en voilà plus qu'il n'en faut pour commencer. Le petit éleveur n'en a pas toujours autant à ses débuts. Il fait couver les œufs dans un panier à défaut de boîte, il élève les jeunes faisans dans une vaste cage au lieu de parquets. Souvent, il réussit ainsi, mais il ne peut opérer que dans de minces proportions.

J'ai parlé plus haut des poules couveuses. Un aviculteur, M. E. Leroy, est très partisan des poules Brahma-Pootra à chacune desquelles on peut confier de 20 à 25 œufs. Comme poules *couveuses et éleveuses*, il note aussi la poule *négresse du Japon* et la *poule anglaise* naine, au plumage blanc et légèrement pattue. La première est d'une douceur incomparable.

Le nid le plus simple, se compose d'une boîte ou d'un panier rembourré de foin ou de paille brisée en forme concave; on dépose ce nid dans un local peu éclairé, tranquille, chaud et d'une température peu variable : bâche ou remise, etc.

La veille de l'éclosion, les petits font entendre un cri dans leur coquille; à mesure qu'ils naissent, on enlève les coquilles sans effrayer ni déranger la mère, que l'on peut même se dispenser de faire lever ce jour-là. Cependant, si l'on y tient, on ne le fera que lorsque les petits seront tout à fait ressuyés. On les mettra, pendant l'absence de la mère, dans un panier garni de foin léger, mieux encore de plumes, près du feu ou au soleil.

Un *réduit à couver* est composé comme il suit : 80 centimètres de large sur 1ᵐ50 de longueur. Dans un coin, on place une botte de paille debout; plus en avant un perchoir échelle de 2 ou 3 échelons, appuyé au même mur du fond. La porte qui mène du réduit au hangar de la volière est peinte en vert. Lorsqu'il fait froid on la ferme et les oiseaux passent par une chattière ménagée dans le bois; mais on l'ouvre dès qu'il fait chaud. Un petit judas vitré permet de surveiller les oiseaux à tout instant sans les déranger. Un semblable réduit est toujours nécessaire quand même l'on ne voudrait pas confier l'incubation aux faisanes; elles viendront y pondre et l'on pourra enlever les œufs sans risquer de les trouver brisés.

La chaleur que la faisane communique à ses œufs en les couvant varie entre 38 et 40 degrés; on a cherché à obtenir cette même température au moyen de la couveuse artificielle.

Nous décrirons seulement la *couveuse carbonnier* qui, au dire de beaucoup d'éleveurs, est la préférable.

Elle se compose d'une boîte de bois blanc, dans laquelle se trouve une caisse de zinc qui repose sur une toile métallique galvanisée; sous cette caisse de zinc que l'on emplit d'eau, se trouve un tiroir pour mettre une quarantaine d'œufs. Sur un des côtés de l'appareil, on a ménagé la place de la lampe qui doit maintenir l'eau à plus de 50°. Les œufs sont déposés dans le tiroir sur une couche de foin bien fin; on ferme le tiroir et les œufs sont chauffés à plus de 39° parce que l'eau ne leur communique pas une température aussi élevée que la sienne. Pour obtenir cette température on se sert d'une lampe à deux becs en hiver; on n'allume qu'un bec en été. Une ou deux fois chaque jour, on ouvre le tiroir, on retourne les œufs et on les laisse à l'air de la chambre pendant un instant (un quart d'heure en été). On ne retire les poussins du tiroir que vingt-quatre heures après leur naissance.

Les pieds de l'appareil sont engagés dans des étuis en partie emplis de sciure de bois ; cela amortit les secousses produites par le passage des voitures.

Des thermomètres mettent toujours l'opérateur à même de savoir quelle est la température de l'eau et celle des œufs. Cette dernière ne doit jamais dépasser 40°.

Les petits étant nés, essuyés et enduvetés, on les porte dans une poussinière en forme de cage vitrée. A l'une des extrémités de cette cage, un bassin de zinc reçoit de l'eau chauffée à 70° ou 80° ; on la renouvelle souvent pour que la température ne descende pas au-dessous de 35°. Au-dessous du bassin, une peau d'agneau reçoit les petits frileux, que l'on nourrit dans la poussinière pendant huit ou quinze jours ; ensuite, on les habitue peu à peu au grand air, en laissant toujours ouverte la porte de la poussinière, afin qu'ils puissent s'y réfugier à la moindre alerte.

La période d'élevage du premier âge s'étend de la naissance au vingt-deuxième jour. Ils ont pendant ce temps besoin des soins les plus minutieux.

On aura soin que la température de l'appartement où on les tient ne descende jamais au-dessous de 20°. Deux jours après l'éclosion on leur fait une pâtée composée d'œufs durs et de chènevis pilé fin. Deux jours après, on peut commencer les larves de fourmis. Donnez-leur peu à manger chaque fois, mais souvent. On donnera à discrétion le gazon, le petit trèfle blanc et le mouron blanc. Pour la boisson, on conseille pendant les premiers jours du vin sucré étendu d'eau. Après, on leur donne de l'eau claire dans un vase peu profond. Plus tard on déposera dans leur eau une poignée de clous rouillés. Ce qu'il faut éviter avec grand soin, c'est l'humidité.

Les faisans étant difficiles à élever en ce sens qu'ils sont rétifs et ne prennent pas toujours la nourriture que leur offre la mère, on a inventé la boîte dite *boîte à élevage*.

Cette boîte est destinée à enfermer la poule et à mettre en même temps les poussins dans l'impossibilité de s'éloigner beaucoup d'elle. Enfermée, la poule ne peut manger les œufs des fourmis, enfin elle ne gratte pas. On la laissera deux fois par jour se promener dans les alentours du parquet afin de la défatiguer.

La boîte à élevage se compose d'une caisse de $1^m,50$ de long, sur $0^m,60$ de large et $0^m,50$ de haut, le tout recouvert d'un toit en biseau garni de zinc. Ce toit doit être mobile et s'ouvrir au moyen de charnières. En outre, on y laisse une petite ouverture vitrée afin de savoir ce qui s'y passe. Elle est divisée en deux compartiments séparés par une trappe, entre les barreaux de laquelle les poussins peuvent passer, soit pour aller dans leur promenoir, soit pour retourner sous la mère.

Lorsqu'il faut plus d'espace aux élèves un peu grandis, on les fait passer dans le *parquet*. Mais, la boîte à élevage sert toujours de dortoir; elle est au parquet ce que le hangar est à la volière.

Les parquets sont des volières qui communiquent avec la boîte à élevage par les trappes. Ils servent de promenoir aux faisandeaux âgés de plus de quinze jours au moins.

Les parquets se composent d'un compartiment de 3 mètres de côté, il est entouré d'une boiserie peinte ou d'une maçonnerie de briques sur champ jointes au ciment de la hauteur d'un mètre. Il est couvert de grillages qui forment une pyramide à quatre faces soutenue au milieu par un montant en bois de 5 centimètres d'équarrissage et de 2^m,50 de haut. Au lieu de fil de fer on peut employer une simple couverture de ficelle, si l'on ne veut pas faire une grande dépense.

Une porte ménagée sur le côté du mur livre passage au faisandier.

Le sol que recouvre le parquet doit être bien fumé et semé de gazon. On laissera seulement tout autour, le long du mur, une petite allée sablée et large de 40 centimètres.

Le poteau qui soutient la pyramide de fil de fer porte, à un mètre de hauteur, un barreau de bois sur lequel les faisans iront se percher.

Si l'on ne pouvait pas se procurer des œufs de fourmis autrement dit de larves, on y supplée par les recettes suivantes :

Pâtée de mie de pain rassis, finement émietté, d'œufs durs, de graines écrasées, de laitue hachée, de maigre de bouilli haché ou de cœur de bœuf pilé.

Pâtée de riz cuit, de cerfeuil, de chicorée sauvage, de millet, de cœur de bœuf haché menu, d'œufs durs avec leur coquille, de mie de pain, de farine de maïs et de fromage blanc.

Pâtée ordinaire à laquelle on ajoute des insectes et principalement des hannetons séchés au four et pulvérisés.

On emploiera tantôt une recette, tantôt l'autre. Quand les faisandeaux acceptent volontiers le sarrasin et le petit blé, on peut cesser de leur donner d'autre nourriture : cela leur suffit ; mais il ne faut jamais négliger la verdure.

Le faisan élevé en domesticité étant sujet à beaucoup de maladies, on cherchera à les prévenir en le purgeant de temps à autre avec de l'aloès en poudre et en ferrant son eau.

C'est vers le premier mars qu'on lâche les faisans. On commencera d'abord par préparer les places. Au milieu d'un taillis de six à huit ans, situé au centre de la propriété, on choisira un arbre peu élevé, garni de quelques branches à 6 ou 8 mètres du sol; aux alentours de cet arbre, dans un rayon de 10 mètres environ, on enlèvera les cépées de basses branches. Le terrain une fois dégarni des grandes herbes : ronces, bruyères, vous sèmerez quelques poignées de sarrasin qui sortiront vivaces aux premières pluies de septembre ou d'octobre. Quand tout est préparé, on choisit une belle nuit calme ; car ce n'est qu'après le coucher du soleil que les élèves doivent être lâchés.

Après avoir mis vos faisans dans des paniers très bas, vous les prendrez un à un, en les mettant la tête sous l'aile et en les balançant un peu pour les endormir, puis vous les déposerez sur les branches de l'arbre dont nous venons de parler. Ayez soin de voir qu'il n'en tombe pas des perchoirs étourdis. S'ils sautent à terre et courent aussitôt, laissez-les : ils ne s'éloigneront pas.

Pendant quelques jours vous apporterez des provisions à la place où vous les aurez lâchés, vous laisserez la boîte à élevage et auprès d'elle plusieurs récipients pleins d'eau claire. Si la place a été choisie auprès d'une mare, la chose est au mieux.

Perdrix.

La perdrix s'élève à peu près comme le faisan et demande aussi beaucoup de soins. Cependant, il est plus facile d'y réussir. La poule dite *poule de soie* parvient facilement à élever une ou deux couvées.

Quand on a déjà de jeunes perdreaux conduits par une poule et qu'une partie seulement des œufs d'une autre couveuse vient d'éclore, on peut joindre les nouveau-nés à la première bande, et la mère les adopte facilement. Toutefois, ce à quoi il faut faire bien attention, c'est de ne pas donner les petits qui viennent de naître à une poule qui conduit des perdreaux trop forts, car ces derniers mangeraient la part des jeunes. Au reste, pour l'incubation et le soin à donner aux poussins il faut se reporter aux conseils que nous avons donnés à propos des faisans.

Quant à la nourriture elle est plus aisée à trouver. D'abord, je pense que l'on peut se dispenser de leur donner des pâtées avec de la viande hachée. En outre, les larves de fourmis ne sont pas absolument indispensables. J'ajouterai vite cependant, que cette nourriture surtout pour les perdreaux gris est très favorable à leur développement.

Œufs durs, chènevis écrasé, mie de pain rassis, verdure et laitue hachée. Voilà le fond pour le premier âge. Le petit blé, le sarrasin ensuite, point d'humidité, tel est le résumé de cet élevage.

Quant aux boîtes à élevage et aux parquets fixes et mobiles vous emploierez le même système, indiqué plus haut.

Le perdreau rouge est le plus difficile à élever ; il exige des soins de toute sorte. Pour lui, nous recommandons les larves de fourmis. Il lui faut aussi plus d'espace qu'au gris.

On lâche en plaine les perdreaux beaucoup plus tôt que les faisandeaux.

Les éleveurs conseillent d'en lâcher quelques couples après la fermeture ou à la fin de décembre s'il ne fait pas trop froid. Les perdrix qui ont couvé en plaine se chargeront elles-mêmes de leur éducation.

Vers le mois de juin ou en juillet, il est facile de connaître où se trouvent les compagnies écloses en plaine; or, à cette époque, il ne reste plus qu'à *assortir* les perdreaux d'élèves avec leurs frères libres. On peut aussi au moyen du cri d'un de vos élèves que vous pincez (légèrement du moins) faire accourir la poule sauvage; elle arrivera tout près de vous; dès que vous la verrez, ouvrez votre panier et bientôt toute la couvée sera emmenée par elle.

L'ennemi des perdreaux et des faisandeaux dès que vous les lâchez, c'est le chat. Surveillez-le donc de près, car lui aussi a épié vos manœuvres depuis les boîtes à élevage jusqu'au jour où vous donnez *campo* à la bande; et il se réserve une bonne partie à vos dépens. Le seul avertissement qui convienne à celui que vous voyez rôder dans la campagne, c'est... un coup de fusil !

Lièvres.

Le repeuplement du lièvre, moins compliqué que celui de la perdrix et du faisan, offre cependant beaucoup de difficultés; car ne se procure pas qui veut de bons reproducteurs.

Parmi les grands propriétaires qui désirent repeupler, il en est qui s'adressent directement à l'Allemagne, le pays des grands lièvres efflanqués au pelage terne, à la chair filandreuse. Je sais bien qu'au bout d'un certain temps, par le croisement, la race tudesque finit par s'améliorer; et que si de temps à autre, l'on tue encore un individu portant des signes indélébiles de son origine, ils finissent par disparaître à un moment donné. Toutefois, cette manière de repeupler est dispendieuse, tout le monde ne peut point se la permettre, et il faut avouer que le demandeur est sujet à bien des mécomptes. On ne lui envoie jamais le nombre qu'il a demandé; ce qui lui arrive ne vient point à l'époque qu'il avait fixée; et enfin, dans le nombre des individus, il en est beaucoup d'éclopés et fort impropres à la reproduction.

Je conseillerai aux propriétaires qui voudraient repeupler au moyen d'envois étrangers, de se fournir en Belgique et de laisser l'Allemagne de côté. La raison en est simple : le trajet est moins long et la race des

225

Le château de Gentilly.

lièvres belges est la même que celle des lièvres français : donc, double avantage. Certaines provinces de la Belgique abondent en lièvres et elles peuvent en céder sans s'appauvrir, j'ajouterai même qu'elles s'en trouveront mieux. La trop grande abondance de lièvres dans certains cantons a produit des épidémies qui les ont décimés d'une façon navrante.

Si vous n'avez besoin que de quelques couples, adressez-vous aux marchands de gibier de Paris. — N'oubliez pas qu'ils sont en relations suivies avec les braconniers, et, si vous y mettez le prix, vous serez servi à souhait.

Pour des chasses modestes les gardes peuvent vous procurer de temps en temps quelques levrauts ; mais ayez soin de ne pas les prendre trop petits. J'ai vu élever et j'ai moi-même élevé des lièvres au biberon et j'ai très bien réussi ; mais on ne peut faire cela que pour deux ou trois et non point pour une certaine quantité. Il est donc indispensable qu'ils puissent se passer de leur mère.

On ne doit jamais lâcher un levraut d'un mois. Il ne peut être prudemment mis au bois que lorsqu'il pèse une livre et demie. Jusque-là gardez-le soit dans un tonneau, soit dans une cage à lapins, soit dans un sellier et donnez-lui luzerne, trèfle, carottes et même du pain.

Au cas où vous possèderiez un enclos hautement muraillé, mettez-y pendant un certain temps vos élèves pour la reproduction ; s'ils viennent de loin, vous pourrez ainsi les acclimater.

Pour les chasseurs sérieux, et je suis complètement de leur avis, le meilleur mode de repeuplement d'un bois serait, après y avoir mis plusieurs hases et quelques bouquins, de s'abstenir d'y chasser pendant deux ans.

Vous verriez, à la troisième année, l'abondance de ce bel animal essentiellement reproducteur.

Mais tout le monde n'est pas maître de soi à ce point.

Une douzaine de hases et trois ou quatre bouquins lâchés en bonne saison dans un bois ou dans une plaine, délivrés des bêtes puantes et des braconniers donne un excellent résultat, la seconde année surtout, si vous êtes modeste dans la guerre que vous leur livrerez.

C'est pendant le jour que l'on doit lâcher le lièvre. Si vous faisiez cette opération la nuit il s'éloignerait rapidement du bois que vous voulez peupler et n'y reviendrait peut-être point. Au contraire si vous le mettez en plein jour, temps où il vagabonde peu, il se rasera vite et le soir se rapprochera du bois, au lieu de départ pour pâturer.

Mettez donc vos lièvres au bois le *matin*.

Quelques personnes ont pour habitude de couper une oreille aux lièvres de repeuplement. Je trouve que l'on doit se montrer très sobre de cette opération, cruelle au fond. Je ne l'admets — et encore quand je dis couper, je veux dire raccourcir de deux doigts — je ne l'admets, dis-je, que pour la hase afin que lorsqu'on la rencontre en chasse on l'*épargne !* Encore est-il, qu'il faut être bien sûr des chasseurs que l'on aura avec soi ! Beaucoup feront pour le lièvre ce qu'ils font pour la poule faisane ! Qu'y faire ?

Le Lapin.

De tous les gibiers, le lapin est celui dont la production est la plus facile et l'entretien le moins dispendieux. Le lapin se prête à toutes les conditions, se plaît à peu près partout, excepté dans les endroits humides : son repeuplement, à cause de son exceptionnelle fécondité, est des plus aisés. Pourquoi donc se priver de cette ressource qui, en résumé, fait le fond d'une chasse de bois comme la perdrix constitue le fond d'une chasse de plaine? Certains chasseurs, les uns par genre, les autres par habitude, déprécient beaucoup trop cet animal commun et de bonne composition.

Le lapin offre un tiré fréquent, une chasse amusante et sauve de la bredouille.

Les autres gibiers font-ils défaut?

Le lapin est là, toujours au poste, pour vous sauver des mauvaises chances de la journée et vous donner une ou deux heures de plaisir réel.

C'est un plaisir modeste mais charmant.

N'hésitez donc pas si vous avez quelques arpents de bois à les peupler de ce menu gibier qui a bien sa valeur.

Je ne reconnais qu'une objection contre le lapin ; c'est celle-ci : lorsque vous possédez un bois peu étendu et bien garni de lièvres, sa trop grande abondance fait fuir ces derniers. L'objection, je le reconnais, est sérieuse ; mais malheureusement le cas est rare, et, dans les grandes chasses fécondes en lièvres, où les bois ont une grande étendue, ordinairement le lapin n'en affecte qu'une partie.

Entretenez donc toujours une réserve de lapins afin d'avoir du pain sur la planche.

Ce qu'on a écrit sur la fécondité du lapin, tient du merveilleux.

Desgraviers, dans son *Parfait chasseur*, estime qu'une hase fait trois portées par an, soit vingt-trois lapereaux dont il faut déduire cinq à cause de la mortalité ; il en reste donc dix-huit.

Manier de Marolles admet trente-quatre lapereaux, et Jourdain, dans son *Traité général des chasseurs*, affirme qu'une hase fait sept portées de six petits, ce qui fait, par an, quarante-quatre lapins, déduction faite des accidents.

En prenant la moyenne de ces chiffres, on trouve qu'une paire de lapins produirait par an trente et un lapereaux. Nous voici, je pense bien près de la vérité.

Quelques auteurs donnent quatre portées à la hase mais je laisse cette dernière pour les accidents de toute nature : chats, collets, humidité, renards. Notre première hypothèse ne saurait donc être taxée d'exagération.

La hase porte de 30 à 31 jours.

Le lapin peut reproduire à cinq ou six mois.

La première portée suivant le climat et l'année, apparaîtra vers le 15 mars : ajoutons trente-cinq jours pour la période d'allaitement; il en résulte que la saison de reproduction étant du 15 février au 15 octobre, c'est-à-dire huit mois, nous avons facilement place pour trois gestations.

Pour repeupler, vous pouvez, ou faire l'élevage chez vous, ou vous procurer une douzaine de hases et quatre à cinq bouquins et les lâcher en temps opportun.

L'élevage est facile. Procurez-vous quelques couples de lapins de garenne, donnez-leur un logement spacieux, haut et large, pavé en dessous pour plus de sécurité, mais avec un amas de terre dans le fond puis, quelques fagots pour abri, il n'en faut pas davantage. Vous ne pouvez espérer les nourrir avec du thym et du serpolet; donnez-leur de la luzerne, des carottes, du trèfle, en un mot, nourrissez-les comme des lapins de clapier. Pour le nombre à élever, on doit considérer l'étendue des bois que l'on a à sa disposition, la situation des garennes, la proximité ou l'éloignement des bordures de plaines.

Nous avons dit qu'une hase donnait, au bas mot, trente et un lapereaux par an; admettons que nous ayons douze hases vous aurez donc pour jeter au bois 432 lapins. Je ne parle pas des reproductions au bout de six à sept mois!

Lâchez vos lapins à l'âge de trois mois.

Vous voyez que, en deux ans de temps, si vous possédez une chasse propice comme terrain et purgée des hôtes malfaisants signalés plus haut, elle sera bondée de lapins. Elle justifiera cet aphorisme formulé quelque part, à savoir : « que si les lapins avaient moins d'ennemis, ce ne seraient pas les lapins qui manqueraient à la terre ; mais la terre qui manquerait aux lapins. » S'il vous était difficile, — ce qui est rare du reste, — de vous procurer des lapins de garenne de race pure, opérez par le croisement :

Bouquin de garenne et *hase domestique*. Ici, l'élevage en domesticité est nécessaire parce que la hase lâchée au bois est souvent la victime immédiate des putois, fouines et oiseaux de proie.

Ces croisements font merveille. J'ai dit qu'il fallait prendre une hase domestique, car la femelle privée est de beaucoup plus féconde que la sauvage. A la seconde génération, il y a assimilation complète avec les individus nés sous bois. On reconnaît alors les lapins croisés uniquement à leur taille qui est un peu plus forte. Leur chasse est aussi fertile en incidents que celle du lapin pur de mésalliance, depuis le lancé jusqu'à la mort, rien ne peut faire supposer le croisement; à la troisième génération, ils ont perdu absolument le volume qui, seul, les caractérisait au début.

Si vous voulez le croisement, enfermez dans deux cages contiguës, séparées par un grillage mobile, d'un côté le bouquin de garenne, de l'autre la hase domestique qui lui est destinée.

Mettez beaucoup de paille et de branches dans celle destinée au premier. La nuit, on enlève la séparation ; le matin on est sûr que le bouquin est rentré se blottir sous sa paille ; au bout de deux ou trois jours la fécondation est faite.

Lorsque vous mettez les lapins au bois, si vous ne creusez point de terriers, ce que, du reste, je considère comme parfaitement inutile, vous aurez soin de mettre de place en place dans l'endroit que vous voulez leur assigner, des fagots et des amas de décombres. Sur les fagots ou bourrées vous aurez soin de jeter quelques pelletées de terre glaise ou de plâtre pour servir de toiture afin de les préserver de l'eau. Ce sera pour eux un abri sûr qui les retiendra au bois en attendant qu'ils creusent leurs terriers, ce qu'ils ne tarderont pas à faire.

En outre, pour établir ces *refuges*, choisissez un terrain en pente douce, ayez soin aussi de placer votre garenne à l'abri des vents de nord et de nord-est.

Si vous possédez un coteau bien exposé, recouvert de terre de bruyère avec saillies ou une lande de laquelle on ait extrait de la pierre, choisissez-le de préférence. Le lapin préfère les endroits sablonneux.

L'ennemi des jeunes lapins, c'est le chat ! Toujours le chat, que nous retrouvons partout.

Les chasseurs trouveront à la *Société d'acclimatation* toutes les espèces ou indigènes ou exotiques dont ils auront besoin pour repeupler leurs chasses. Ils pourront également s'y fournir de meutes et de chiens. Cette Société, fondée en 1854, a rendu déjà d'immenses services et est appelée à une influence considérable. Chaque jour, les adeptes de cette Société augmentent et prouvent son but essentiellement pratique et d'une utilité flagrante. Les travaux incessants, suivis avec soin par les praticiens, ont donné déjà des résultats inespérés. Les chasseurs ne peuvent à aucun point de vue se désintéresser de cette association dont ils sont les membres nés et qui peut leur rendre les plus éminents services, qui peut leur fournir le gibier pour repeupler, les chiens, et les aider dans le mode d'élevage.

DU CHOIX D'UNE CHASSE

Je ne me dissimule point que ce sujet est fort difficile à traiter et demanderait un long développement !

Car, à ce titre, les uns répondront par le proverbe : « quand on n'a point ce que l'on aime, il faut aimer ce que l'on a ! » D'autres diront: « Le choix d'une chasse dépend de l'argent que l'on possède. » Les uns et les autres auront parfaitement raison ; toutefois je dis incidemment, ne voulant pas traiter cette question à fond que l'on ne doit pas louer une chasse à la légère et sur les apparences ! La bourse doit décider de la location d'une chasse, mais c'est le goût et le savoir qui décident de sa convenance.

La meilleure chasse est celle que l'on possède ! Eût-elle moins de gibier que celle qui l'avoisine et qui est louée, elle est aux yeux de son heureux propriétaire chasseur d'un prix incomparable. Et il a raison. Une modeste ferme dans la Seine-et-Marne ou en Bretagne ou dans tel coin de la Normandie que je connais vaudrait pour moi la plupart des chasses relativement giboyeuses, affermées. Mais, qui a son *desideratum?* Les affaires de ce monde s'arrangent souvent à l'encontre de nos souhaits : Tel possède cette ferme qui s'en soucie à peine, tandis que l'autre déshérité soupire après comme il le ferait pour une vision qu'il ne saisira jamais. Cependant tout est pour le mieux dans le meilleur des mondes !

Donc, en résumé, la meilleure chasse est celle que l'on possède ! Mais combien possèdent une chasse à eux? Les chasseurs ont multiplié à l'infini : quelques grands propriétaires en voyant le bénéfice que l'on retirait des locations de chasse ont loué leurs terres, en sorte que, non seulement aux environs de Paris, mais encore aux environs des grandes villes de province en France, il ne reste de chasse que pour la location. Encore ces chasses, d'une certaine étendue généralement, nécessitent-elles plusieurs actionnaires à cause de leur prix élevé.

Non seulement il faut louer les chasses, mais encore pour ainsi dire se cotiser !

Cela dit, occupons-nous du choix de cette chasse.

Habituellement, on cherche autant que possible une chasse mi-partie plaine, mi-partie bois. — Si vous ne pouvez ou ne désirez louer qu'une chasse de plaine, choisissez-la à proximité des bois. Le bois est un refuge, et si ces bois qui vous bordent sont giboyeux vous aurez un double avantage. Une chasse en plaine au milieu de laquelle se trouvent quelques boqueteaux, taillis, remises semés ça et là est très appréciable ; attendu que ces bouquets d'arbres conservent le lièvre.

Les terres légères, sablonneuses, les terres chaudes conviennent mieux au gibier que les terres fortes et grasses.

Les bois fourrés sont préférables aux bois clairs, les taillis aux bois de huit ou dix ans.

Une chasse de bois sans taillis ne conserve le gibier qu'en primeur, le faisan suit les taillis.

Les ronciers conservent le gibier de toute espèce.

Les bruyères, les landes, les friches enclavées dans les bois du milieu desquelles s'élèvent quelques maigres bouleaux sont un excellent terrain de chasse.

M. Ernest Bellecroix que j'ai déjà cité, insiste pour que le chasseur fasse élever à peu de distance des bois et dans des points opposés, de petites baraques dans lesquelles le braconnier ne saura jamais si le protecteur de votre gibier se trouve ou ne se trouve pas. Une de ces baraques vaut presque un garde en permanence ; pour le voleur de gibier, à toute heure, le garde peut en sortir comme d'une boîte à surprise. Le moyen est bon.

Dans les chasses de bois :

Les ronds points avec routes de chasses sont favorables ; surtout pour la chasse à courre.

Les *pointes* aboutissant aux carrefours sont désavantageuses pour le chasseur qui les garde, car il arrive que souvent les traqueurs les négligent n'allant pas jusqu'au bout ; et le gibier hésitant à prendre un parti s'y rase fréquemment.

Les bois divisés en carrés sont plus faciles pour les battues : moins il y aura de routes dans un bois, plus le gibier sera tranquille et plus il prospèrera.

Une chasse qui possède un étang, ou seulement deux ou plusieurs mares est classée parmi les bonnes chasses.

La *chasse parfaite*, serait celle qui offrirait : un bois bien coupé, fourré de ci de là, avec beaux taillis renfermant un ou deux étangs ; en bordure une plaine contenant elle-même dans son milieu un ou deux boqueteaux, remises, grosses haies, accidents de terrain, bruyères, landes ou carrières ; à l'extrémité un petit marais asséchant en *partie* l'été.

La chasse de plaine durant peu, je conseille à ceux qui ne peuvent mieux faire de prendre une simple chasse à lapins ; ils passeront toujours d'agréables journées.

La grande affaire lorsque vous voulez louer une chasse modeste, c'est de la choisir *bien avoisinée !* Faites-vous, si vous le pouvez, le riverain d'un grand propriétaire possédant de bons gardes et vous vous en trouverez parfaitement bien.

Les chasses de bois se louent beaucoup plus cher que les chasses de plaine. Autrefois, on louait à raison de 5 francs l'hectare, mais, ces heureux temps sont bien changés. L'hectare est coté actuellement depuis 10, 15 et 20 francs jusqu'à 60. Quelques hectares exceptionnellement situés ne s'adjugent pas à moins de 100 francs.

Dans la location d'une chasse, on doit également peser les frais de déplacement, je parle ici des chasses situées aux environs de Paris. Ils comptent pour beaucoup dans le prix de revient. Il y a économie sérieuse à payer plus cher une chasse en raison de sa proximité, et des voies de communication directes, on évitera ainsi les loueurs de voitures, et des tracas sans nombre. Au point de vue des chasseurs qui habitent la province tous ces inconvénients de moyens de transport n'existent pas.

Les chasses en société ont-elles un avantage ?

Elles ont l'avantage incontestable de conserver le gibier. Je n'en donnerai pour preuve que les chasses gardées qui avoisinent Paris et qui sont, grandes et petites, les plus giboyeuses de France. Cependant elles sont, en raison de leur situation, les pourvoyeuses habituelles de ce Gargantua aux appétits incessants. Les braconniers les surveillent activement eu égard à la facilité des débouchés. Mais les sociétés de chasses sont par elles-mêmes des sociétés de répression de braconnage; et si quelques levrauts et quelques perdrix payent leur tribut à la malveillance et à la jalousie, châtiments inévitables en ce bas monde, le gros de l'armée des *giboyeurs* est tenu en respect.

Les chasses en société ont-elles un mauvais côté ?

Oui, et un très grand à mon avis :

C'est l'absorption de l'individu dans la collectivité ; c'est d'enrégimenter six, dix ou douze chasseurs sous le caprice ou quelquefois l'incapacité d'un titulaire ; et, en outre, l'assujettissement à un *jour déterminé*.

Je ne puis, je l'avoue, aisément me faire à ces chasses en coupes réglées, ni à cette répartition incorrecte du gibier. Je ne parle pas, bien entendu, des battues ; à ce sujet, j'ai dit plus haut ce que j'en pensais et comme j'entendais que tous les chasseurs présents participassent au butin en commun, je n'ai en vue que la chasse à tir ; et je maintiens que le véritable chasseur aimera mieux, sauf un cas exceptionnel, où il aura besoin de telle ou telle pièce, revenir avec le carnier vide que d'avoir son carnier *meublé* par la main du garde préposé *ad hoc*. Le chasseur heureux sera le premier à *offrir*, ce qui vaut beaucoup mieux, un couple de perdrix ou un lièvre au novice ou au confrère malheureux. Pas d'obligation réglée à l'avance.

Voilà donc pourquoi je préfère les chasses *libres* aux chasses en *société*.

Notez que je n'entends pas par chasses libres, les chasses non gardées ; ne voulant pas aller tuer un perdreau sur les terres d'autrui si cela ne plaît pas ; mais, me mettant en chasse à mon heure et en mon temps ce qui est une des grandes satisfactions du chasseur.

Les chasses en société se louent par bail de trois, six ou neuf.

J'engage beaucoup mes lecteurs qui prendront des chasses en location à bien examiner les clauses de leur bail afin de ne point avoir de déceptions.

De ce qu'un propriétaire vend sa terre pendant le courant d'un bail,

Braque français.

il ne s'ensuit pas que le bail doive cesser. Un bail de chasse, à quelque époque qu'il soit conclu, prend fin le *jour de la fermeture*.

Indépendamment du garde du propriétaire, il est bon et même utile que les locataires d'une chasse aient un ou plusieurs gardes payés par eux ; et par cela même à leur dévotion.

Chaque locataire d'une chasse doit bien connaître le règlement sur lequel se base la location et s'y conformer en tout point. Quant au *titulaire* qui, chargé des intérêts de tous, dirige la chasse, il faut qu'il soit à la fois homme d'affaires et excellent chasseur. Il doit visiter fréquemment la chasse s'il ne veut pas que lui et ses associés ne finissent en peu de temps par être à la merci du garde.

DES RAPPORTS DU CHASSEUR AVEC LES SOCIÉTÉS RECONNUES D'UTILITÉ PUBLIQUE

Nous avons dit plus haut les avantages que les chasseurs peuvent retirer de l'intelligente et savante *Société d'acclimatation*, nous ajouterons qu'il y a de plus solidarité entre eux et cette société et la *Société protectrice des animaux*, la *Société nationale et centrale d'Horticulture de France*, l'*Académie nationale agricole et manufacturière*, la *Société d'instruction et d'éducation populaire et d'encouragement au bien*.

La *Société protectrice des animaux*, occupe, dans l'économie domestique, une place trop importante pour que le chasseur qui, malgré la réputation fausse qu'on lui a faite de destructeur quand même, ne vienne pas à son aide en la secondant dans ses vues protectrices. Conservateur avant tout, le chasseur ne détruit pas, il ne fait qu'élaguer et évite surtout la cruauté. A combien d'entre nous n'est-il pas arrivé de ne pouvoir achever une perdrix démontée ? Le chasseur est humain avant tout et il saura concilier, par un accord pratique, ses devoirs envers les animaux avec son plaisir et son intérêt. Il aura toujours devant les yeux la devise de cette éminente Société si féconde en enseignements : *Justice, compassion, hygiène, morale*.

Soyons bons pour tous les animaux en commençant par le chien, cet ami des bons et mauvais jours. Tout ce qui sert à un sentiment, tout ce qui aime a le droit d'être aimé ; tout ce qui souffre a droit à la pitié.

Disons avec le grand poète, l'auteur des *Méditations* :

« Laissez ricaner le vulgaire de ces égards philosophiques et pratiques que vous voulez avec tant de sagesse témoigner envers toute la création ; les esprits supérieurs et progressifs sourient de cœur à votre institution de charité universelle. Les êtres que vous protégez vous serviront mieux, car ils vous aimeront davantage. Dieu lui-même bénira votre pensée, car elle l'honore dans la partie sensible de sa nature. Vous faites dire un mot de plus à l'amour, cette loi des lois ; vous êtes des évangélistes de la sympathie. »

Laissons à M. Paul Bert ses abus révoltants de vivisection et ses cruautés d'abattoir.

Nous serons les auxiliaires de la *Société nationale et centrale d'Horticulture* en sauvegardant les petits oiseaux qui rendent de si grands services en protégeant l'agriculture contre les insectes dévastateurs. Nous la seconderons en empêchant la destruction des nids de tous les oiseaux en général.

En permettant de dépeupler certains cantons par des massacres d'oiseaux, on a attiré de gaieté de cœur des fléaux et ces cantons ont été ruinés. Les petits oiseaux doivent donc être sauvegardés tout particulièrement et les horticulteurs vous en sauront grand gré.

L'*Académie nationale agricole et manufacturière* fait aussi également appel au chasseur ; mais dans un sens inverse quoiqu'aussi utile. Elle dit au chasseur de protéger les récoltes contre les bêtes nuisibles qui les dévastent. Les chasseurs en lui donnant appui, rendront d'éminents services aux cultivateurs victimes trop souvent des bêtes malfaisantes dont quelques-unes réduisent, en peu de temps, à néant leurs durs travaux et leurs légitimes espérances.

Enfin, la *Société d'instruction, d'éducation populaire et d'encouragement au bien* dont les travaux si intéressants sont connus de tous et qui cherche partout les actions utiles et humanitaires pour les encourager, verra avec joie le chasseur l'aider de son concours en protégeant l'agriculture et les animaux, en s'occupant d'élevage ; et elle ne laissera pas non plus, pensons-nous, que d'approuver cet ouvrage qui n'a qu'un but, le développement d'un plaisir, moral au plus haut point, et de le convertir en distraction utile à tous.

TROISIÈME PARTIE

LE CHASSEUR

Nous allons maintenant, chers lecteurs, nous occuper de vous et de moi ! Nous allons prendre à partie le chasseur dans tout ce qui le concerne, depuis l'hygiène, le vêtement, l'équipement et l'arme.

Le chasseur, l'homme libre par excellence, est gai et robuste : *Mens sana in corpore sano*. Si vous voulez arriver à un âge avancé, exempt des infirmités qui sont le triste apanage de la vieillesse : *Soyez grands marcheurs et grands chasseurs*.

Mais veillez à ce que ce salutaire exercice qui doit fortifier la santé de ceux qui sont faibles, entretenir celle des forts, ne vous soit pas fatal. Ce mirifique remède pour le corps et pour l'esprit ne doit pas être employé sans prudence.

N'oublions pas que les courbatures, les bronchites tenaces, les rhumatismes sont autant de braconniers guettant les chasseurs, *quærentes quem devorent!* Avec quelques simples précautions tant pour l'hygiène et la nourriture que pour le vêtement, vous leur ferez à tous la nique et vous reculerez l'époque à laquelle fatalement les lièvres vous seront indifférents.

L'exercice pour être salutaire, ne doit point être outré. Il faut savoir bien marcher, se ménager afin de marcher longtemps.

Pour pouvoir bien marcher, il faut avoir bon estomac, avoir bien dormi, et beaucoup d'élasticité dans les articulations.

A la longue, la chasse remet l'estomac et donne grand appétit. Le chasseur doit avoir un régime salutaire et tonique, mais être très sobre.

Les chasseurs pour lesquels les parties de chasse sont des prétextes à bons et longs dîners, remettront promptement leur fusil au râtelier.

Avant de se mettre en campagne, au petit lever, un chasseur doit manger.

Je préconise surtout une bonne soupe à l'oignon corsée, et un morceau de fromage, le tout ou la première chose seulement couronné d'une tasse de *café noir*. Le café est tonique et ne coupe pas les jambes comme le vin blanc ou un verre de cognac.

Qu'il doive déjeuner en campagne ou non, il mettra dans son carnier deux œufs durs, un morceau de pain et un bout de saucisson et une gourde remplie de café noir fort avec un tiers de rhum. Ainsi, il défiera les fringales et attendra fort bien le déjeuner du milieu du jour.

Le déjeuner réglementaire doit être fait sur le pouce soit qu'il ait lieu au bord du bois, soit dans une ferme, soit au château : — viandes froides et œufs — une bouteille de vin ou un cruchon de cidre, cela suffit. Je proscris la bière qui alourdit. On doit se rappeler que le déjeuner est fait uniquement pour apaiser la faim et prendre de nouvelles forces.

Je voudrais peu ou point de liqueurs. Comme souvent on ne s'arrête pas à temps, elles jettent de la perturbation dans le coup d'œil et elles sont cause quelquefois d'accidents.

J'en excepte l'hiver où un verre de bonne eau-de-vie est même nécessaire.

Mais pour l'été, sous le soleil brûlant, redoutez les alcools! ils entraînent à leur suite les congestions.

Le café froid mêlé d'un tiers de rhum ainsi que je l'ai dit tout à l'heure est la meilleure boisson : elle tonifie, calme la soif et est inoffensive.

Ne buvez point d'eau pure en chasse, vous vous affaibliriez en vous exposant à des transpirations abondantes souvent les avant-coureurs de fluxions de poitrine.

Pour le dîner du soir, je demande encore une sobriété relative, surtout si vous devez chasser le lendemain. Des viandes saignantes, quelques verres de bon bordeaux et vous dormirez à *poings fermés;* le lendemain vous retrouvera dispos et prêt à recommencer. Au dîner du soir, l'eau est excellente pour rafraîchir le sang.

Au retour de la chasse, un feu doux fait disparaître la fatigue. Toutefois, si vous avez eu trop froid ne vous en approchez point trop.

L'eau froide, *hiver* comme été, est la régénération du chasseur fatigué. Il fera matin et soir des ablutions sérieuses; tous les trois jours, il prendra un bain de pied presque froid, — l'eau tiède lui attendrirait trop les pieds — et tous les huit jours un grand bain.

Tous ces détails, qui pourraient sembler puérils au premier abord, sont d'une grande importance. Ces conseils mis en pratique, joints à l'exercice en lui-même de la chasse et aux précautions contre les chauds et froids, feront du chasseur l'enfant gâté de la nature.

Je dois aussi, comme complément d'hygiène, penser aux accidents.

Il est nécessaire de mettre au fond du carnier une de ces petites pharmacies portatives dont le volume est celui d'un porte-cigares et dont le contenu, peut hélas! quelquefois être de première nécessité.

Cette petite trousse doit être à cadre métallique et à fermoir à ressort. Un des côtés contient un flacon bouché à l'émeri, renfermant de l'ammoniaque. L'autre côté porte un crayon de nitrate d'argent, des ciseaux, un bistouri de petite dimension, une petite pince à coulisse dite pince à artères, un peu de fil ciré et 4 ou 5 épingles fortes :

Entre ces deux compartiments peut se placer comme séparation, une enveloppe de papier contenant une plaque de coton hémostatique (coton préparé au perchlorure de fer) et une certaine quantité de taffetas agglutinatif français, souple et transparent. Ayez soin d'envelopper de taffetas le coton, sans quoi vous risquez de rouiller vos instruments.

Vous prenez le bistouri, élargissez un peu les piqûres en les pressant pour les faire saigner. Vous débouchez alors le flacon d'ammoniaque et, avec la baguette de verre qui prolonge le bouchon, vous introduisez profondément une bonne goutte dans chaque piqûre. Cela fait, vous cherchez un peu d'eau, vous emplissez la tasse adhérente à votre gourde et versant 6 ou 8 gouttes d'ammoniaque, vous avalez vivement ce mélange pour éviter la rapide évaporation de l'ammoniaque.

L'ammoniaque tue le venin dans la plaie et le combat dans la circulation.

La pharmacie de poche de M. Arrault, très portative, est la plus complète et la moins embarrassante que je puisse recommander.

A l'époque où s'ouvre la chasse, les vipères, les frelons, les guêpes et les mouches charbonneuses sont de dangereux ennemis pour vous et votre chien. Si vous ne possédez point cette petite pharmacie, ayez toujours un flacon d'ammoniaque, puis un canif à lame bien tranchante qui ne serve qu'à cela et une petite pince *brucelles*. Le cas que nous prévoyons arrivant, soit pour vous, soit pour votre chien, n'hésitez pas, après avoir ligaturé le membre mordu ou piqué au-dessus de la plaie, de la faire saigner abondamment afin d'en expulser le venin. Puis, à l'aide des petites pinces, vous ouvrirez les lèvres de la plaie et verserez dedans quelques gouttes d'ammoniaque : si vous le pouvez en outre, buvez ou faites boire à l'animal un demi-verre d'eau avec 6 ou 8 gouttes d'ammoniaque.

Rentré chez soi, en attendant la visite du médecin ou du vétérinaire, il faut faire battre ensemble deux cuillerées à bouche d'huile d'olive et une cuillerée d'alcali dont on imbibe une compresse que l'on applique sur la plaie et sur les parties voisines.

Souvent les premiers soins que j'indique peuvent suffire.

Pour cautériser la plaie, si vous n'avez pas d'alcali vous laisserez tomber dans la blessure quelques graines de poudre en tas et vous y mettrez le feu. Si vous êtes auprès d'une ferme, faites rougir une aiguille à bas et introduisez-la dans la plaie; c'est en résumé le remède le plus efficace.

Lorsqu'il s'agira d'une simple piqûre d'abeille vous ferez facilement disparaître l'enflure en frottant avec du persil la partie piquée.

Achille aux pieds légers n'était vulnérable qu'au talon, les disciples de saint Hubert le sont à beaucoup d'autres endroits; mais ils ont cela de commun avec le héros d'Homère que le talon et le pied est aussi leur partie faible. Et il n'est pas besoin de démontrer qu'un chasseur pris par le pied est à mettre aux invalides.

J'engage les chasseurs qui ont les pieds sensibles à se frictionner les pieds après le bain avec de l'alcool ou de l'eau de cologne. Cette friction les adoucira en même temps qu'elle raffermira l'épiderme et préviendra les écorchures. Puis, la veille de la chasse, ils frotteront leur talon avec du suif de chandelle; le matin avant de mettre leurs chaussures ils renouvelleront cette opération et je leur prédis qu'ils n'auront rien à redouter de la marche pourvu toutefois que leurs bottines soient bien faites.

Si, n'ayant pas pris ces faciles précautions, il vous arrive en défaisant des bottes neuves de constater, au lieu de simples meurtrissures, des ampoules et des écorchures, ne faites part à personne de votre triste découverte. Il pourrait se faire qu'un conseil donné à la légère arrivât à vous rendre boiteux.

Travaillez vous-même à votre guérison.

Pour les ampoules, prenez une aiguille, du fil un peu gros et passez l'aiguille et le fil au beau milieu de la cloche formée par votre peau; coupez le fil à deux centimètres de chaque côté de l'ampoule, et vous aurez *sans douleurs* posé un vrai séton qui fera rapidement merveille.

Pour les écorchures, coupez délicatement toutes les portions de peau qui n'adhèrent plus; lavez avec de l'eau bien fraîche et faites de fréquentes lotions avec un mélange de dix ou douze gouttes de teinture d'arnica et d'eau fraîche, versé dans une tasse à café, ou un verre à Bordeaux, ou du vin aromatique pur. Avant de vous endormir, couvrez la largeur de l'écorchure avec un morceau de papier à cigarette qui collera vite en séchant; laissez-le tomber de lui-même, et vous verrez que dès le lendemain, quoique la mise en marche ne soit pas ce qu'elle était la veille, vous rendrez des points à ceux de vos compagnons qui auront usé de ce remède de bonne femme.

LE VÊTEMENT

Bien qu'il puisse paraître au premier abord, la question du vêtement n'est point oiseuse. On s'habille comme l'on veut, et le plus beau chasseur est celui qui rentre au logis courbé sous le poids de son carnier. Toujours est-il, qu'il y a pour le chasseur un choix de vêtements sous le rapport de l'hygiène et de la commodité.

Si le vêtement est trop lourd ou trop étroit, la fatigue et la transpiration surviendront vite, et avec elles, le danger toujours sérieux des refroidissements. Ajoutons à cela qu'avec des vêtements trop lourds et trop étroits, on est exposé à tirer moins bien à cause de l'embarras des mouvements. Si le vêtement est trop léger, le chasseur grelottera et s'enrhumera aux premières heures du jour.

Or, un chasseur ardent sort par tous les temps. Nous parlerons donc du vêtement d'été et d'hiver.

Nous ne voulons point de ces vêtements élégants qui font ressembler les chasseurs à des mannequins de magasins de modes; mais nous désirons qu'on les choisisse confortables. Toutes les fois qu'on se livre à un exercice quelconque, on doit avoir des vêtements appropriés à la circonstance.

Règle générale il faut que le chasseur soit parfaitement libre dans ses mouvements depuis la chaussure jusqu'à la coiffure.

Pour l'été, c'est-à-dire, pour l'ouverture jusqu'à la fin de septembre, je conseille :

1° La chemise de flanelle légère ou tout au moins un gilet de flanelle ample qui ne gêne pas les mouvements.

Cette précaution d'hygiène qui n'ira guère aux élégants, vous évitera des fluxions de poitrine, des rhumes tenaces et vous permettra ayant chaud de vous reposer sous un arbre sans danger.

J'interdis absolument la chemise de toile ; et la raison la voici : La toile une fois mouillée par la transpiration ou par la pluie, sèche très difficilement et devient glaciale : c'est un manteau de glace que vous vous maintenez sur la poitrine et dans le dos, et qui peut causer de graves accidents. J'en parle sciemment. La chemise de coton n'a pas cet inconvénient.

Toutefois, je le répète, je préfère, même pour le jour de l'ouverture, la chemise en flanelle légère. De plus, je conseille aux chasseurs qui doivent chasser deux jours sans rentrer à la maison d'en emporter une de rechange au fond du carnier.

On pourra rire de ces précautions pour des chasseurs : J'insiste cependant sur ce point et les chasseurs expérimentés m'approuveront. Laissons rire les petits-maîtres qui ne paraissent en plaine ou au bois qu'avec des vêtements d'opéra-comique.

J'ajoute que la chemise doit-être munie d'un col très ample et bas, afin de laisser au cou toute sa liberté d'action.

2° Les chaussettes doivent être en laine ; été comme hiver. La laine a cet avantage précieux d'empêcher le pied de se blesser aussi facilement. Vous en éprouverez le bienfait dans les longues marches. N'allez pas croire que la laine au pied soit d'une chaleur intolérable. Non. Vous ne vous apercevez que vous portez des chaussettes de laine qu'au bien-être.

3° Le pantalon doit être pour l'été en toile blanche ou bleue, large, montant au-dessus des hanches et toujours soutenu par des bretelles. J'insiste sur ce point. Les bretelles empêchent le corps de se fatiguer autant et elles permettent de ne point serrer le pantalon à la taille par une ceinture qui, si elle est un peu serrée, et elle l'est presque toujours trop, deviendra au moment d'un effort la source d'infirmités sérieuses.

Braque anglais.

Dès que le temps se refroidit un peu, prenez le pantalon de velours à côtes, c'est en résumé, si vous supportez bien le chaud, le meilleur pantalon : il vous permettra d'aller dans les halliers et résistera davantage à la pluie.

4° La cravate, si vous en mettez, doit être souple et légère.

5° Le vêtement proprement dit, c'est-à-dire la veste ou le paletot.

Les avis sont partagés pour la forme. Les uns préfèrent la blouse en toile, les autres la jaquette, d'autres, le paletot sac.

Je préfère à tout et par expérience le veston court rond, avec quatre poches sur la poitrine et deux très larges de chaque côté, le bon chasseur n'a jamais trop de poches.

Pour l'été, je le prends en toile blanche ou bleue avec gilet pareil. En arrière-saison, le velours à côte est excellent. Il est frais, mais la marche empêche que l'on s'aperçoive de la bise. Évitez les manches trop longues.

6° La coiffure. Pour l'été choisissez une coiffure molle et légère. Soit le chapeau de paille, soit le petit feutre mou ou la casquette blanche avec large visière. Tout en cherchant avec raison, à vous préserver du soleil par un bord ample, ayez soin qu'il ne vous couvre point par trop les yeux ; votre tir en souffrirait.

7° La chaussure. Ayez une chaussure où votre pied soit à l'aise ; la semelle large et résistante sans être trop lourde, qu'elle ait une saillie de 4 ou 5 lignes qui dépasse l'empeigne, et que le cuir soit souple. Évitez avec grand soin les bouts pointus et surtout trop courts ! Il ne s'agit point à la chasse de faire beau pied ; laissez cela aux chasseurs de parade. J'ajouterai par contre, ne prenez pas de chaussures trop grandes. Pour l'été on prend généralement la bottine montant au-dessus de la cheville. Choisissez de préférence celle à agrafes de cuivre ; cette dernière est beaucoup plus vite mise que celle à œillets et tient aussi solidement.

Avec la bottine il faut mettre la guêtre, tant à cause de la rosée et des terres humides qui collent au pantalon, que par prudence contre les reptiles. Pendant le mois de septembre employez la guêtre en grosse toile et après, la guêtre en cuir. Je préfère les guêtres qui montent jusqu'au genoux aux demi-guêtres. A part les inconvénients que je viens de signaler, avec la guêtre on marche mieux. Choisissez pour vos guêtres le système des boucles, c'est le plus solide.

Pour l'hiver, l'habillement du chasseur à pied et au fusil diffère peu.

La chemise au lieu d'être en flanelle légère sera en flanelle épaisse.

Le pantalon sera toujours en velours ; c'est cette étoffe qui résiste le plus aux ronces et à la pluie.

Quant au veston, vous le prendrez en laine épaisse doublée de flanelle si vous êtes frileux. Les fabriques anglaises produisent des tissus qui réunissent toutes les qualités désirables.

Plusieurs chasseurs se demanderont où ils doivent se fournir de vêtements et même d'équipements.

Quelques maisons dites de *high life* qui ont leur réputation faite à force de réclames payées hors prix dans les journaux de sport et dans la feuille en vue, tirent l'œil.

On s'y rend par mode et par habitude comme les moutons de Panurge. Ces maisons ne sont à la mode que parce qu'on y paye plus cher qu'ailleurs.

Je vous dirai donc, confrères en saint Hubert, adressez-vous tout simplement à la *Belle Jardinière;* vous y trouverez des vêtements complets de toute forme, très solides et d'une excellente coupe; et de plus tous les objets d'équipement.

Connaissez la chasse et tirez bien, et vous arriverez premiers de toute la justesse de votre coup de fusil.

Laissez au high life d'opéra-comique le ridicule de payer cher et de n'être pas mieux servi.

Pour coiffure vous prendrez le petit feutre apprêté à petits bords ou la casquette à visière, ou enfin, si c'est pour la chasse au marais, un bonnet rond en laine à oreillettes que vous rabattez.

A la bottine vous substituez la botte : La botte ordinaire, ou celle qui va au-dessus du genoux si vous allez au marais. C'est surtout pour la botte, qu'un chasseur ne doit point regarder au prix et choisir le cuir de première qualité.

Une paire de bottes bien faite, souple et qui ne fatigue pas est inappréciable. Il n'y a pas de bon marché en fait de chaussures de chasse. Si vous payez une bonne paire de bottes de 75 à 80 francs vous aurez vite rattrapé l'intérêt de votre argent par l'usage que vous en ferez. Je possède une paire de bottes qui dure depuis quatre ans et qui est aussi bonne que les premiers jours.

Je crois rendre un service réel à tous les chasseurs en leur indiquant la maison Fays, 4, rue Chérubini, qui fabrique spécialement les chaussures de chasse imperméables, bottes et bottines, et qui chausse les disciples de saint Hubert aussi élégamment que solidement. J'en parle par expérience.

Encore un conseil au sujet de la chaussure. Voulez-vous être à l'abri des entorses? portez des talons étalés et très bas : trois centimètres et demi au plus.

Maintenant, ayant en possession d'excellentes bottines et bottes, il faut les maintenir en bon état. Pour cela il faut en avoir grand soin. Vous rendrez bottines, bottes et guêtres imperméables à l'eau, en les recouvrant jusqu'à la tige de l'enduit-Évrard dont M. Fays est le seul propriétaire. Cet enduit, très facile à employer, ne salit pas et conserve au cuir toute sa souplesse.

Voici encore un procédé que j'emploie et dont je me trouve on ne peut mieux. Je fais graisser guêtres, bottes et souliers avec de la *panne de lard frais;* le cuir demeure souple et l'eau ne pénètre point. Le procédé est simple et je le recommande. On graisse le cuir environ une demi-heure avant de mettre la botte, on l'étend bien avec la paume de la main et on laisse la chaussure soit au soleil soit à quelque distance du feu. Il n'est pas besoin de les graisser ainsi chaque fois, à moins que vous n'ayez été très mouillé la veille. Veillez avec soin à ce que jamais on ne graisse vos chaussures avec de la graisse salée; le sel s'introduirait dans le cuir et vous causerait aux pieds des cuissons intolérables que vous ne sauriez comment expliquer, mais qui se renouvelleraient chaque fois que vous auriez fait une longue marche.

Ne mettez non plus jamais vos bottes trop près du feu, même lorsqu'elles sont le plus mouillées, vous racorniriez le cuir.

Je considère comme très important, lorsqu'on revient de la chasse, l'hiver surtout, de mettre des formes dans les bottes ; de cette façon vous les conservez sans plis et toujours en bonne tenue. De plus, elles seront beaucoup plus aisées à graisser. Je me sers aussi de la panne de lard ou de l'enduit-Évrard pour les maintenir pendant la chasse clause.

Je ne suis nullement partisan du caoutchouc pour la chaussure.

Quelquefois j'ai entendu demander s'il fallait mettre le pantalon dans la botte ou le laisser par-dessus. On doit toujours le mettre dans la botte, un seul cas excepté. Le voici : c'est quand il y a beaucoup de neige. Car alors, si vous venez à tomber dans un trou au marais, ce qui est fréquent, la neige entrera dans votre botte si elle est à découvert et vous mouillera, tandis que si le pantalon le recouvre, vous vous relèverez sans qu'un amas de neige ait pu se glisser entre votre jambe et le cuir.

Il reste encore la question de mince importance : la couleur du vêtement. Malgré son peu d'importance, je conseillerai, cependant, surtout pour la chasse au bois, les couleurs sombres ; la couleur feuille morte est la préférable, le gibier vous aperçoit de moins loin. Pour l'hiver, j'engage les chasseurs à porter au fond de leur carnassière un de ces imperméables en caoutchouc léger qui, bien pliés, ne dépassent pas le volume d'une serviette dans son rouleau ; s'il survient une de ces pluies persistantes ils s'en trouveront bien. Ce vêtement essentiel, peu coûteux, est non seulement commode, mais indispensable.

Dans les chasses à courre, le costume n'est pas de fantaisie. Comme on ne les suit qu'à cheval, la culotte de daim est de rigueur ainsi que l'habit boutonné à la taille. En ce qui regarde la couleur elle est réglée ainsi que la coupe suivant les sociétés de chasse. L'habit rouge ou vert galonné d'or est d'un très bel effet soit à l'assemblée, soit à la curée, soit au repas du soir.

L'ÉQUIPEMENT

Voilà le chasseur habillé de pied en cape, il lui faut l'équipement :
Le carnier ;
La cartouchière ;
Le tire-cartouche ;

Un tourne-vis ;
Un couteau ;
Un sifflet ;
Une corne ;
Une gourde ;
Une trousse ;
Un briquet à mèche ;
Le fouet ;
Le fusil ;

En principe, l'équipement ne doit offrir rien de saillant qui puisse, sous bois ou au passage d'une haie, vous retenir accroché et devenir par là une cause d'accident.

La *carnassière* sera de moyenne grandeur, en veau gras, à trois poches, contenant deux sacs, le principal renfermant les objets indispensables, l'autre en toile pour les provisions, le filet et un rabat en cuir ou en peau de veau marin. Ce rabat a le double avantage de garantir gibier, provisions, etc. de la pluie, et d'empêcher le filet de s'accrocher lorsque vous franchissez une haie. La bretelle de la carnassière doit être large afin de ne point couper l'épaule ce qui arrive avec les lourdes charges et une lanière trop étroite.

Quelques chasseurs préfèrent le filet à gibier de 75 à 85 centimètres à la carnassière.

Je pense que l'un ne saurait remplacer l'autre ; le carnier tel que je viens de le décrire me semble le plus commode ; le filet ne peut servir que lorsqu'on chasse pour quelques heures seulement et lorsqu'on ne chasse que la plume. Le lièvre est plus facile à porter dans une carnassière.

A ce propos, je dirai que le chasseur fera bien de chercher autant que possible à équilibrer les poids. La marche en sera plus facile, ses mouvements moins heurtés et sa fatigue moindre.

La cartouchière : Pour cet accessoire, il faut consulter son goût. Le sac en toile tannée bordée de cuir et contenant une vingtaine de cartouches est assez commode, parce qu'on le prend facilement. Cependant j'aurais une préférence pour la cartouchière modèle giberne avec étuis en métal, et cela parce que les cartouches se maintiennent mieux et sont ainsi moins sujettes à se détériorer.

Quelques chasseurs se servent de ceinturon en toile tannée. D'autres adoptent le gilet ouvert par derrière avec un demi-cercle d'étuis ou trois poches sur le devant. Le poids des cartouches est ainsi réparti sur toute la surface des épaules. J'ai pour habitude de porter toujours soit dans une poche du veston, soit dans la poche du gilet cinq ou six cartouches pour les cas pressés. Car il peut arriver que l'on veuille instantanément changer la charge et connaissant d'avance les numéros de plomb que contient cette petite réserve, on opère plus vivement.

Le tire-cartouche devra être attaché avec une ficelle au porte-mousqueton gauche du carnier ou à la ceinture. De cette façon vous ne risquez pas de le perdre ou de l'oublier. Prenez le modèle le plus simple, c'est le meilleur.

Le tourne-vis. Le modèle français, de moyenne grosseur est le préférable.

Un couteau. Semblable à un Normand, un chasseur ne doit point partir en chasse sans un bon et solide couteau. Il en aura fréquemment besoin, d'abord pour son déjeuner, ensuite pour se frayer un chemin à travers les taillis ou pour couper une branche. Manche en corne de cerf, lame assez large, solide et aiguë, voilà qui suffit.

Un sifflet. Encore un objet indispensable pour appeler le chien, surtout lorsque vous vous trouvez en compagnie d'autres chasseurs. Choisissez-le à un seul son et que ce son soit strident.

Corne d'appel : elle peut être en corne fine ou en cuivre. Elle est de toute nécessité dans la chasse au chien courant; vous vous en servez pour signaler les différentes allures de la bête chassée, ainsi que je l'ai déjà indiqué, ou pour savoir où sont postés les compagnons de chasse. Choisissez la de 24 centimètres et cintrée.

On fabrique en Autriche des sifflets cornes d'appel en cuivre qui ont une puissance de son très remarquable, égale à celle des cornes françaises et anglaises; de plus, ces sifflets, qui ne mesurent pas plus de 5 centimètres de long et qui ne sont pas plus gros qu'un sifflet ordinaire ont l'avantage de n'être point encombrants. J'en ai un que je mets dans la poche de mon gilet.

La trompe de chasse fut inventée en France vers 1680.

En remontant en arrière, nous trouvons ces cors faits de diverses matières, mais surtout de corne (de là le nom de cor). Ces instruments primitifs avaient la forme des trompettes de terre cuite dans lesquelles les gamins de Paris soufflent avec une résistance désespérante pendant les trois jours de carnaval.

Quand le luxe s'introduisit à la cour et chez les seigneurs, on substitua à la modeste corne, l'ivoire. Le cor se nomma alors *oliphant*, corruption du mot éléphant, appliqué par métonymie à l'ivoire, comme en Angleterre, le mot *bugle*, corruption de buffle, a donné son nom à l'instrument.

Le cor était connu des anciens, il était fait de corne de bœuf, et les bergers s'en servaient pour rappeler leurs troupeaux.

> *Rauco strepuerunt cornuâ cantu...*
> VIRGILE.

Une gourde. Si vous suivez le conseil que j'ai donné précédemment de vous munir, été comme hiver, d'un flacon de bon café : — trois quarts de café pour un quart de rhum — prenez une gourde de la contenance d'une demi-bouteille. Cette quantité est suffisante pour une journée de chasse. Que votre gourde soit une bouteille garnie de paille ou en peau de bouc, peu importe. L'important c'est que l'orifice soit bien bouché et qu'elle repose dans un gobelet en métal qui pourra à l'occasion vous servir à puiser l'eau à une source. Optez pour la fermeture en métal visée.

La trousse : J'ai dit plus haut l'importance de la petite pharmacie de poche. On en trouve de tous les modèles. Le modèle moyen, forme portefeuille avec 2 flacons et trois instruments, ciseaux, bistouri, lancette, est le préférable.

Le briquet à mèches : Est nécessaire non seulement si vous fumez, mais aussi pour allumer du feu. Choisissez le gros calibre.

Le fouet : Usez-en avec beaucoup de modération, prenez-le seulement comme en cas. Qu'il soit solide mais sans nœuds. Le chasseur à pied et au fusil doit toujours se rappeler qu'il a un chien d'arrêt, que celui-ci est un compagnon, un ami et qu'il doit, le cas échéant, beaucoup plus le réprimander que le châtier violemment.

LE FUSIL

J'aborde ici un point capital !

Nous avons parlé des accessoires, nous avons parlé du chasseur qui est le point de départ, du gibier qui est le but, nous voici arrivés au fusil qui est comme le trait d'union entre le point de départ et le but.

Le fusil, c'est la pensée du chasseur formulée sous l'apparence de la foudre.

« *Annuit et totum nutu tremefacit olympum.* »

Le chasseur désire, il fait parler la foudre !

Quand la foudre parle, il n'y a plus de rémission, aussi faut-il qu'en des mains habiles l'arme soit à la hauteur de sa mission.

Pour le chasseur, l'arme doit avoir deux qualités :

1° Sa qualité intrinsèque qui en fait une arme exquise.

2° Sa qualité relative eu égard au possesseur; c'est-à-dire qu'elle doit correspondre en quelque sorte au tempérament et aux allures du dit possesseur.

Cela est si vrai, qu'un bon chasseur tire toujours mieux avec une arme d'habitude qu'avec une arme d'emprunt; j'ajouterai même quand cette dernière serait supérieure comme qualité intrinsèque à celle dont il se sert habituellement.

Il en est du fusil comme du vêtement, il est urgent qu'il corresponde à la musculature de l'individu.

Aussi me semble-t-il étrange que l'on puisse traiter *ex professo* la question « du choix d'un fusil! »

On ne peut, croyons-nous, discuter que sur la valeur intrinsèque des armes et sur leur valeur relative en les comparant les unes aux autres.

Les nouvelles armes sont autant supérieures à celles que l'on utilisait il y a trente ans que Lefaucheux déjà ancien, l'était aux fusils à pierre de nos arrière-grands-pères.

L'arquebuserie moderne, qui s'appuie sur la mécanique industrielle, doit s'envisager au point de vue de l'art, sous divers aspects. Le premier résume le fini, la qualité, la supériorité des produits; le second exprime le goût, l'imagination, la nouveauté, l'habileté, l'élégance; le troisième se rapporte à des considérations de prix et ne concerne que la production à bon marché; le quatrième enfin fait converger les procédés manuels et les moyens mécaniques pour produire en grande quantité en vue de l'exportation.

Un chasseur sérieux fera tous ses efforts pour arriver à posséder sinon une arme de luxe — car ce qu'on appelle le luxe peut mener fort loin et n'est pas d'une utilité indispensable — du moins une arme fine qui réunisse toutes les qualités d'exécution soignée, de perfection et de puissance de tir.

Auprès de beaucoup de chasseurs, les armes anglaises jouissent du privilège de représenter le *nec plus ultra* de la perfection.

Je soutiens que le fusil de Paris est non seulement capable de soutenir le parallèle avec les fusils de provenance anglaise; mais encore qu'il leur est supérieur de par son admirable fini, sa suprême élégance et par l'excellence des matières qui servent à sa fabrication.

Paris produit moins que l'Angleterre et la Belgique, mais ce qu'il donne possède un cachet d'élégance et de finesse auquel les pays précités ne sauraient atteindre.

L'arme de luxe ou, si vous le voulez, l'arme fine, ne saurait être le produit d'une fabrication mécanique; elle ne s'établit qu'à la main.

Le fusil de chasse tel que je le comprends dans sa plus grande simplicité, est une œuvre d'art.

Depuis trente ans, l'industrie a marché d'un pas de géant. Et si pendant quelque temps la lutte a existé entre le fusil à percussion se chargeant avec la baguette et ceux qui se chargent par la culasse, cette lutte n'existe plus. Je vais même plus loin, la lutte entre le fusil à percussion centrale et le fusil à broche n'existe presque plus; le premier triomphe de par toutes ses incontestables qualités.

Il ne reste plus que la question de prix.

Les fusils se chargeant par la culasse se distinguent par le *système* auquel ils appartiennent. Le système de l'arme est caractérisé par le

Chiens Beagle.

mode d'ouverture et de fermeture de la culasse. Le nombre des systèmes est infini.

Le système Lefaucheux est le chef de file de tous les fusils à canon basculant, il est caractérisé par une clef simple ou double qui fonctionne sous les canons.

Son armature en fer, qui ajoutait un poids énorme à l'arme, l'a fait délaisser pour le Lefaucheux anglais avec fermeture à griffe double en forme de T entaillée dans la loupe soudée aux canons, et dans laquelle un bouton à double flanc s'introduit pour opérer la jonction des canons sur la table de bascule. Le Lefaucheux anglais est, dit-on, plus solide que le Lefaucheux français. Son principal avantage, croyons-nous, est l'armature en fer remplacée par un devant de bois sur lequel la main gauche du tireur vient se placer dans l'action du tir.

A la clef Lefaucheux ont succédé les systèmes dits à levier ; on en compte trois principaux :

1° Le *top lever* ou *levier supérieur* fonctionnant entre les chiens, au-dessus de la poignée de l'arme.

2° Le *side lever* ou *levier latéral*, la clé se trouve placée à côté de la platine, à droite ou à gauche.

3° Le *french lever* ou *levier français* : situé en avant et contre le pontet de sous garde. Ce mode d'ouverture s'effectue par un levier ayant la forme d'une volute.

Nous préférons cette dernière fermeture parce qu'elle nous paraît plus élégante à l'œil en faisant disparaître la petite pédale qui, selon nous, obstrue le regard entre les deux chiens ; ensuite, elle vient à point servir d'appui à la main gauche pour la mise en joue.

Enfin, nous avons l'invention récente du *Hammerless*, un fusil *sans chien*. En dépit de l'accueil que lui font les étrangers et de l'avenir qu'on lui promet, je le récuse absolument, malgré les qualités de solidité dont on l'affuble. La raison que j'en donne n'est pas absolument péremptoire, mais elle me suffit : il est disgracieux

Le fusil étant le bijou du chasseur, je le veux élégant, et n'ayant point l'air d'un bâton.

Tous les modes de fermeture que je viens d'indiquer, s'appliquent aux fusils à percussion centrale ou aux fusils à broche.

Voici la nomenclature des diverses pièces qui constituent un fusil.

L'arme se compose de deux parties principales : le canon et la monture.

Dans le canon, on distingue : la bande supérieure, la bande inférieure, la loupe d'accrochage sur la bascule, la loupe d'accrochage du devant, la grenadière ou anneau pour attacher la bretelle, et le mire.

La bouche du canon est l'orifice par où s'échappe la charge.

Le tonnerre est la partie renforcée du canon joignant la loupe.

La chambre est l'excavation creusée dans le tonnerre et qui est de la longueur de la cartouche.

La monture comprend : le bois ou le corps de fusil, les platines, la bascule, le pontet de sous-garde, l'appareil d'accrochage du devant du canon, la grenadière pour la bretelle et la plaque de couche.

Dans le bois, on distingue : la poignée, partie mince par laquelle le tireur saisit l'arme ; le busc, derrière la poignée : la joue, partie de la crosse où s'appuie la figure du tireur.

La plaque de couche est la pièce en fer contre laquelle se place l'épaule.

Le pontet de sous-garde est la pièce de fer destinée à protéger les détentes.

La sous-garde est celle qui se prolonge en avant et en arrière, pour donner de la solidité à la crosse.

Les platines sont les deux pièces latérales enchâssées dans les flancs du bois, près de la chambre portant extérieurement les deux chiens.

Dans l'intérieur des platines se trouve l'appareil qui provoque la percussion.

Ces différentes pièces sont :

Le corps de platine, la noix et son arbre portant le chien, les crans de noix, la gâchette, le grand ressort et le ressort de gâchette.

Connaissant par leurs noms les différentes parties de l'arme, nous allons indiquer comment il faut procéder pour prendre la mesure d'un fusil.

1° Mesurez la distance comprise entre le centre de la plaque de couche et le milieu de la détente droite, à l'aide d'une ficelle ou d'une règle.

2° Placez une règle bien droite sur la bande supérieure, de manière qu'elle se prolonge au-dessus de la crosse jusqu'à la plaque de couche.

3° Mesurez les distances qui séparent la règle de l'angle supérieur de la plaque de couche et du busc de la crosse.

Indiquez aussi la distance entre la détente droite et l'arrière du pontet de sous-garde.

Les meilleurs canons sont ceux appelés *canons Léopold Bernard*, ce sont les plus chers, mais, bien que moins étoffés que les canons anglais, ils ont toute la résistance désirable et atteignent la dernière limite du beau et du bon.

On fabrique les canons de fusil à Saint-Étienne et à Liége.

Le canon tordu est fait avec une lame de fer roulée et soudée comme le canon simple ; mais lorsque la soudure est faite, on remet le canon à la forge, et quand il est au rouge vif on le tord à l'aide d'un étau en le tournant sur son axe de manière que la ligne soudée décrive une spirale. Après cette opération, la résistance du fer est beaucoup plus énergique.

Plus on travaille le fer par petites portions, plus on est certain de l'épurer ; c'est ce qui donne tant de prix aux canons rubannés, et surtout aux damas. Pour les premiers on roule autour d'un tube de tôle appelé chemise et toujours en spirale, un ruban d'acier que l'on soude avec le plus grand soin et qu'on débarrasse ensuite de la chemise. Souvent on roule ainsi l'un sur l'autre deux rubans en sens inverse : on arrive de la sorte à faire des canons qui résistent à des charges énormes.

Le canon damas est le plus cher et le meilleur. Il se fabrique avec du fer et de l'acier alternés que l'on tord en spirale, puis on fait des rubans travaillés comme nous venons de l'indiquer.

La fabrique de Liége en Belgique fournit beaucoup de canons à nos armuriers. Un canon de Liége est quelquefois excellent ; mais aussi parfois, et même la plupart du temps, il est inférieur à nos canons.

On parle en ce moment d'un nouveau canon qui serait en acier, d'un seul morceau, et dont on dit le plus grand bien.

Qui vivra verra.

Jusqu'à nouvel ordre, ne cherchez pas mieux qu'un bon canon de Léopold Bernard.

Ayez soin, lorsque vous serez certain que les canons du fusil que vous choisissez sont sans défaut, de vous assurer si le jeu des platines est souple et liant bien que fort et vigoureux, — c'est un point capital !

Les crosses en noyer à fil droit sont les meilleures :

Travaillées à la main par un ouvrier habile, elles l'emportent sur celles faites à la mécanique qui le cèdent ordinairement en résistance, mais il faut alors qu'elles proviennent de mains expérimentées, car elles ne pourraient rivaliser avec la netteté et la précision de ces dernières.

Les divers systèmes de fusil étant exposés, il nous reste à les diviser en deux catégories :

Les fusils à broche.

Les fusils à percussion centrale.

J'engage mes lecteurs, s'ils ne l'ont déjà fait, à opter pour le fusil à percussion centrale, plus moderne, plus complet, plus sérieux sous tous les rapports que le fusil Lefaucheux à broche. Le premier a sur l'autre, l'énorme avantage de l'extraction automatique des douilles tirées. En outre, il ne donne point lieu aux crachements qui se manifestent quelquefois au tonnerre et en certains cas inévitables avec la douille à broche.

La broche se trouvant plus mince que le trou qui lui sert de fourreau, il y aura toujours une déperdition de gaz le long de la broche en cuivre.

Les armes à feu central, se font généralement à platines rebondissantes, c'est-à-dire, le chien se mettant seul au premier cran.

La question du calibre !

Le calibre des fusils de chasse a beaucoup varié : après l'avoir fait très petit, on l'a successivement agrandi démesurément. On a fabriqué des canons pouvant contenir une demi-livre de plomb ; on s'est imaginé qu'on allait, en jetant son coup au hasard dans un volier de perdrix, en abattre quatre ou cinq à la fois. Le fait est arrivé, et alors il est passé un instant à l'état de principe.

Mais on est vite revenu de cette erreur.

Les véritables tireurs ont constaté promptement que ces fusils inventés pour faire tuer, quand même, n'atteignaient pas le but proposé.

On a fait la comparaison avec les anciens fusils à baguette à petit calibre et il a été avéré que le calibre 20 avait une plus longue portée et plus de pénétration, eu égard, bien entendu, à l'infériorité de l'arme.

Aussi le calibre le plus généralement adopté par les tireurs qui veulent la précision et ne se contentent point de jeter le coup au hasard est le calibre 16.

En résumé, c'est le calibre qui réunit le plus de qualités : surtout pour les chasseurs qui ne peuvent avoir un arsenal de fusils de chasse.

Les calibres 10 et 12 sont bons pour le marais et les chasses de mer, quant au calibre 8, réservez-le uniquement pour les canardières à la hutte.

Notre aperçu sur les armes ne serait pas complet si nous ne signalions le *chokebore* dont l'invention est due à l'Angleterre. Le mot *chokebore* dérive de deux verbes anglais *to choke* étrangler et *to bore*, forer. Le *chokebore* est donc le forage à étranglement. On l'applique aux deux canons de l'arme ou à un seul.

Le canon consacré au *chokebore* se retrécit très légèrement de la culasse jusque vers le milieu de la longueur, puis il se prolonge cylindriquement jusqu'aux environs de la bouche où il s'étrangle tout à coup.

Ainsi, le calibre qui est 12 au tonnerre se trouve réduit à 14 ou à 16 à la bouche.

La qualité de ce forage est, assure-t-on, la pénétration et la distribution régulière du plomb. Sa puissance serait égale à 60 mètres, tandis que celle des fusils cylindriques répond à 40 mètres. Le chokebore ne porte aucune espèce de balle.

Les canons qui, à 36 mètres dans une cible de 76 centimètres de diamètre, donnent de 190 à 230 plombs sont dits *fullchoke*, c'est-à-dire choc complet ou plein.

Nous voilà édifiés sur les différentes espèces de fusils en vogue, sur les systèmes et sur le calibre.

Il s'agit maintenant de choisir!

Pour ce, il ne faut pas considérer l'arme que l'on veut acheter, mais il faut se considérer soi-même.

Que de chasseurs ont toujours mal tiré pour n'avoir pas eu un fusil à leur convenance, de même que d'autres n'ont jamais chassé avec succès, faute d'un bon chien.

La conformation du chasseur modifie souvent la disposition de l'arme qu'il cherche. Ordinairement une crosse courte et une monture droite conviennent à celui qui a les bras courts ; une crosse demi-longue et une monture inclinée à celui qui a le cou et les bras longs.

Une fois votre système de fusil arrêté, et le calibre choisi, donnez la préférence à celui qui vous permet de trouver le plus promptement votre but au bout de la ligne de mire.

Un fusil doit s'épauler vite et tomber promptement en joue!
Tout est là.

J'ai commencé à chasser avec un fusil à baguette à crosse française, très pentée et à bande creuse, que j'ai abandonné pour le fusil Lefaucheux à crosse anglaise. Or, avec ce dernier, beaucoup plus commode sans contredit, je ne suis jamais arrivé à posséder mon tir et à le diriger comme je le faisais avec ma première arme. J'en ai attribué la cause à la conformation de la crosse et au poids de l'armature en fer. Je me suis fait montrer par les maisons en renom toutes les armes nouvelles.

Peu satisfait cependant, j'ai repris mon fusil de prédilection et j'ai renouvelé les coups rapides et précis auxquels j'étais habitué.

Évidemment, ce fusil, au système démodé, correspondait à ma conformation physique et à mes habitudes premières de chasse — habitudes qu'on ne perd jamais entièrement.

J'ai donc commandé à la maison Le Page, la première maison de Paris pour le fini artistique, un fusil à percussion centrale, calibre 16, sur le modèle de mon fusil à baguette :

Crosse en noyer, droit fil, demi-courte, pentée et légèrement échancrée; plaque de couche ne garnissant que le haut et le bas de la culasse, poignée unie ; canon fin à bande creuse de 75 centimètres de longueur avec oreille au tonnerre, mire à 5 centimètres de la bouche du canon, reposant sur une flèche en or. Joncs d'or au tonnerre et à la bouche du canon pour condenser la vue sur l'arme ; chiens écartés, platines à la française bleuies au feu; fermeture à double verrou avec volute contre le pontet de sous-garde pour soutenir la main; culasse épaisse pour contre-balancer la légèreté de l'arme : poids trois kilos environ.

Ce fusil, établi avec les soins minutieux que cette maison de premier ordre met dans toutes les armes qu'elle livre au public, unit aux qualités inhérentes et pour ainsi dire personnelles à mon ancien fusil, les qualités intrinsèques toutes modernes de portée, d'élégance et de légèreté.

Je le prise au-dessus de tous les fusils anglais, y compris le *Hamerless*, l'arme de l'avenir !

Méfiez-vous de l'anglomanie !

Si vous le pouvez, ne regardez pas au prix d'une arme et adressez-vous bien. Si vous ne trouvez point dans celles qu'on vous offre, faites faire !

La maison dont j'ai parlé, tiendra à honneur de vous fournir le *desideratum* : quelles que soient vos exigences, elle y satisfera. Le fusil que j'ai fait faire et dont je donnais plus haut le signalement en est la preuve.

Je possède d'autres fusils, notamment un *chokebore*; mon fusil signé Fauré Le Page est mon arme de prédilection, et je n'hésiterais pas à dire que c'est l'arme de tous les vrais tireurs.

Je me résume :

Le meilleur fusil est un calibre 16, à percussion centrale, platines rebondissantes. Le calibre 16 réunit à un suprême degré maints avantages ; à double clef, à levier français situé en avant et contre le pontet de sous-garde, ayant la forme de volute pour soutenir la main, crosse en noyer, longueur 75 centimètres, poids trois kilos.

Ne prenez jamais un fusil trop léger ; l'arme par trop légère non seulement peut offrir un danger, mais il est impossible d'en obtenir de brillants effets de tir. La diminution trop grande du poids de l'arme a pour conséquence l'augmentation du recul.

Tenez à ce que la culasse soit étoffée.

Aux chasseurs qui ne peuvent mettre le prix à une arme fine, je conseillerai le Lefaucheux, calibre 16, au poids de 3 kilos environ. La longueur des canons variera entre 74 et 75. On peut descendre à 72 et même à 70, lorsque l'on chasse ordinairement au bois. Cette longueur est suffisante pour que le fusil ait son maximum de portée, toute la poudre pouvant être consumée avant que le plomb soit hors du canon.

Plus long que 75 centimètres, un canon ne fait qu'ajouter un poids inutile à une difficulté plus grande pour ajuster la pièce de gibier.

L'arme une fois choisie, on doit l'essayer.

Le tir doit s'effectuer sur des cibles très larges et très hautes, afin de s'assurer que toute la charge est répandue dans la cible.

Il faut éprouver l'arme avec des plombs de différents numéros, en augmentant la distance en raison directe de la grosseur du plomb.

Nous conseillons le 6, le 4 et le 3, les plombs les plus en usage et ayant la plus sérieuse qualité.

Non seulement il faut s'assurer de la portée, mais encore de la pénétration ; pour ce dernier cas, on tirera sur des mains de papier.

Le fusil de votre choix essayé, et vous donnant de bons résultats, nettoyez-le à fond, graissez-le et enfermez-le dans une boîte, jusqu'au jour où vous désirerez vous en servir.

Je préfère la boîte portative à l'étui, même à ce petit étui en cuir dur pour fusil démonté.

ENTRETIEN DES ARMES

Tout chasseur doit être très soucieux de son arme, qu'elle soit de prix ou ordinaire : La bonne tenue de son fusil doit être sa coquetterie. Bien entretenu, un fusil offre plus de sécurité, fait honneur à son possesseur, et, de plus, ce qui est d'un grand poids, donne un coup plus assuré.

Dans une arme encrassée, les coups ont moins de précision.

Les fusils dont nous nous servons aujourd'hui peuvent tirer un nombre bien plus considérable de coups que les anciens à baguette, sans être encrassés; néanmoins il est bon de les nettoyer de temps à autre. La portée y gagnera.

Il n'est pas nécessaire de laver le fusil à bascule chaque fois qu'on revient de la chasse, eussiez-vous tiré cent coups.

La fumée s'étant imbibée adhère, sous forme de noir, aux parois intérieures du canon. Il suffit de passer plusieurs fois un tampon sec en laine et le canon est détergé; après ce nettoyage de chaque jour, si vous chassez tous les jours, vous passerez un morceau de laine, graissé soit avec de l'huile de pied de bœuf dans laquelle vous aurez fait fondre quelques gouttes de suif, soit imbibé de pétrole. L'effet de ce tampon graisseux est de contribuer à la conservation de l'arme et de donner plus de vélocité au plomb.

Pour le grand nettoyage, vous démontez le canon; après avoir enlevé le plus gros de la crasse avec une brosse en crin, vous prenez un récipient rempli d'eau tiède, et, à l'aide d'un tampon ou d'une éponge, vous formez une pompe aspirante et foulante dans l'intérieur des canons, les frottant jusqu'à ce que l'eau, renouvelée deux ou trois fois, suivant le cas, ne change plus de couleur. Ce lavage terminé, vous séchez les canons avec une boule d'étoupe ou de laine parfaitement sèche. Troisième opération; vous passez plusieurs fois la houppe d'acier afin d'enlever les petites taches de rouille qui pourraient paraître dans l'âme du canon, puis vous polissez l'endroit où elles étaient avec un peu de poudre d'émeri impalpable, jetée sur un linge fortement huilé, dont sera garni le lavoir de la baguette.

En ce qui concerne les armes à percussion centrale, vous ne les laverez point, car l'eau, quelques précautions que vous preniez, pourrait séjourner dans la cavité qui sert de repère à l'adaptation des canons avec la crosse, et il pourrait survenir des inconvénients. Or donc, pour le nettoyer, prenez une houppette en acier doux, passez-la plusieurs fois dans les canons, après quoi vous mettrez au bout de la baguette un morceau de flanelle imbibé d'huile anglaise, à base de pétrole que l'on trouve chez les principaux arquebusiers, composition des meilleures, puis vous passerez plusieurs fois le tampon. Enfin, pour ne pas laisser une trop grande quantité de matières graisseuses le long des parois des canons, vous visserez à votre baguette à fusil une houpette d'étoupe blanche que vous passerez deux fois dans chaque canon.

Ayez bien soin de huiler l'extracteur et de bien nettoyer les chambres avec le lavoir spécial.

Quant aux platines n'y touchez que fort rarement; leur entretien est de la compétence de l'armurier; mais vous pouvez facilement démonter et remonter les percuteurs pour les nettoyer et les huiler.

De temps en temps, une seule goutte d'huile aux percuteurs est d'un bon effet.

Si vous ne devez vous servir de votre arme que dans un temps plus ou moins long, après l'avoir nettoyée enduisez-la complètement d'huile de pied de bœuf dans laquelle vous aurez fait fondre un peu de suif.

Quelques arquebusiers conseillent un liquide nommé diouta, com-

Chien Setters.

position à base de caoutchouc, grand préservatif contre la rouille, assure-t-on.

Placez sur les percuteurs des linges gras et fermez l'orifice des canons à l'aide de bouchons; vous éviterez ainsi la rouille que produit la circulation de l'air ambiant.

Pour nettoyer un fusil, surtout un fusil fin, ne vous servez jamais de grattoir en fer. Plus un canon est fin, plus il doit être ménagé. Le frottement continu du fer pourrait changer la portée de votre arme. La houppe en fil d'acier ou de laiton dont j'ai parlé est inoffensive.

Ayez toujours un petit flacon d'huile d'horloger pour les vis de la monture et des platines si vous y touchez.

Si les taches de rouille sont à l'extérieur, on les enlève avec de l'huile et la carde métallique.

Pour les fusils ordinaires non bronzés, voici un procédé pour enlever les taches de rouille et en même temps les rendre très brillants.

Prenez de la brique anglaise pilée très fin, délayez-la avec de l'huile de pied de bœuf, puis avec un petit morceau de bois sec taillé en spatule enduit de ce mélange, frottez les rainures et les taches de rouille. Au cas où la rouille serait persistante, délayez votre brique anglaise dans de la graisse. Si, après cette opération, il restait des raies sur le fer, usez de la brique anglaise à sec sur un morceau de laine et frottez jusqu'à complet effacement des raies, après quoi vous polissez avec une peau de daim ou de l'amadou.

Votre fusil sera d'une blancheur éclatante.

Si maintenant vous voulez obtenir des canons brillants, mais non mats — le saindoux rend le fer mat — pilez de la brique anglaise sèche et frottez vigoureusement avec un morceau de laine. Après, vous l'essuierez avec un chiffon imbibé d'huile. Il faut avoir soin de toujours frotter dans le même sens, préférablement en longueur.

Vous fourbirez les garnitures avec du papier émeri très fin.

Il est bien entendu que je ne parle pas des garnitures jaspées des fusils fins que l'on doit se contenter de graisser :

L'hiver, par les temps de pluie, de neige et de brouillard, j'engage les chasseurs à passer une légère couche de graisse ou d'huile sur leur arme avant de partir en chasse ; ils éviteront ainsi la rouille, cet ennemi mortel du fer et de l'acier.

Si vous devez chasser au bord de la mer, en tout temps mettez du suif ou de la graisse anti-rouille sur les platines et sur les canons.

J'ai pour habitude d'emporter dans ma carnassière, l'hiver et par les temps de pluie et de brouillard, une patte de lièvre bien graissée d'huile de pied de bœuf et de suif — qui ne sert qu'à cela. — Elle est renfermée dans un étui en fer blanc cylindrique. Or, quand le brouillard tombe ou qu'il va pleuvoir, je la passe sur les canons, et de la sorte je n'ai point à craindre la rouille, cet ennemi mortel des armes.

Au bord de la mer cette précaution est utile par tous les temps, à cause du salin mordant qui s'évapore sans cesse et ronge le fer même en beau temps.

Nous résumerons ce chapitre sur l'entretien des armes, en indiquant les outils et accessoires dont on doit être muni à cet effet :

Deux bons tournevis de deux largeurs et de dimensions différentes; une clef tourne-cheminée, une baguette solide en 3 ou 4 pièces, s'ajustant au moyen de vis avec quatre accessoires comprenant : une brosse faite en crin dur, une brosse en laine, un lavoir en cuivre et une houppe de fil d'acier ou de laiton, un flacon d'huile fine, une boîte de graisse antirouille, un paquet d'étoupes fines, des linges propres, une boîte d'émeri impalpable, une loque grasse, une peau de daim, un morceau de carde métallique, des curettes et spatules en bois tendre, saule ou tremble, un polissoir en bois recouvert d'un cuir de buffle ferme et uni, un lavoir à chambre.

DES MUNITIONS

La Poudre

En France, la poudre est le monopole du gouvernement; c'est peut-être la cause pour laquelle le consommateur en trouve si rarement de bonne. N'ayant point de concurrents, il agit comme pour le tabac; il fait payer très cher et donne de mauvaises qualités.

En Angleterre et en Belgique la fabrication de la poudre est libre. Aussi, dans ces deux pays est-elle excellente et peu chère; elle est bien granulée et on obtient de sérieux résultats.

Nos principales fabriques en France sont Paris, Saint-Ponce, Angoulême, Constantine. Nos raffineries de salpêtre sont à Lille, Nancy, Toulouse, Bordeaux, Paris; nos entrepôts à Châlons et Avignon.

La poudre est composée de salpêtre, de soufre et de charbon. Pour être bonne, elle doit être d'un grain égal, dur et lustré, s'enflammer instantanément et crasser peu.

Voici une recette qui m'a été indiquée pour reconnaître la bonne poudre :

Sur une feuille de papier blanc, versez en un seul tas une demi-charge de la poudre que vous voulez essayer et à l'aide d'un charbon allumé, mettez-y le feu.

Observez la manière dont la poudre se sera enflammée. Si elle est dans de bonnes conditions de fabrication et de siccité, elle formera un nuage blanc, compact, presque sans déformation si vous opérez à l'abri des courants d'air. Le papier ne présentera qu'une tache légèrement grise, large comme un écu de cent sols et composée de petites lignes semblables à des traits de crayons allant du centre à la circonférence.

Tels sont les signes pour reconnaître la bonne poudre, tandis que la mauvaise laisse sur le papier non seulement une grande tache noire, mais le papier brûle par place.

La meilleure poudre française, et la plus régulière, est celle dite poudre B que l'on distribue aux sociétés de tir; malheureusement elle laisse beaucoup de résidus.

La poudre extra fine, à 19 fr. 50 le kil., agit parfois d'une façon nuisible sur les armes fines; elle est brisante.

La poudre à 15 francs le kil. serait la meilleure si elle était bien granulée. En général, elle est trop menue. Suivant l'avis de quelques tireurs, on peut obtenir de bons résultats en la mêlant à l'extra fine : 2/3 fine, 1/3 d'extra fine.

N'appuyez jamais trop fort sur la poudre afin de ne pas briser les grains.

En chasse, les premiers jours d'ouverture, on peut se servir de poudre commune; elle a moins de pénétration; mais elle garnit mieux à moyenne distance.

Pour les armes courtes, les fusils destinés au bois, servez-vous de poudre active.

Le Plomb

La grosseur du plomb est déterminée par le numéro.

Voici la série : 000, 00, 0, 1, 2, 3, 4, 5, 6, 7, 8, 9, 10, 11, 12.

En Touraine et dans quelques provinces, la grosseur du plomb est en raison directe de son chiffre. Ainsi le plus gros est appelé 12 et le plus petit 0, la menuise 00. Toutefois cette manière de compter est une exception.

Les 000, 00, 0, sont réservés pour la chasse au bois : en un mot, pour le gros gibier : biche, daim, chamois, bouquetin, loup, blaireau parfois, chevreuil à la rigueur; et cependant, on tue fort bien ce dernier avec du 4.

Les n° 1, 2, 3, sont réservés au gibier de marais et de mer, aux lièvres et renards en arrière-saison.

4, 5, 6, pour lièvres, lapins, canards, perdrix, de quinze à quarante-cinq pas.

Quant au n° 5, j'ouvre une parenthèse pour dire que c'est un plomb bâtard qui a peu sa raison d'être. En fait de gros plomb, les meilleurs n°s sont sans contredit le 6 et le 4.

7, 8, pour perdreaux, râles, cailles, bécasses, sarcelles, poules d'eau.

9, 10, bécassines et même cailles.

11 et 12 tir aux alouettes, grives, petits oiseaux.

La grosseur du plomb varie suivant la saison où l'on chasse et le gibier que l'on veut atteindre.

Je n'ai pas parlé de la balle, que les fusils de chasse portent mal et qui ne doit être employée que très rarement, pour le sanglier et le cerf.

Quant aux chevrotines, je répéterai ce que j'ai déjà écrit : mauvais coup, récompensant quelquefois un maladroit et souvent ne payant pas l'adresse du bon tireur, puis coup dangereux !

Pour la chasse au bois, où l'on tire de près, on peut employer des plombs plus petits que pour la chasse en plaine.

Règle générale :

Pourvu que la pénétration soit suffisante relativement à la portée, il y a toujours un grand avantage à employer le plomb le plus petit, qui garnit beaucoup mieux.

Pour toute arme de chasse tirant le plomb, il existe un maximum de poudre qui donne les meilleurs résultats comme pénétration et comme distribution. Ce poids maximum ne peut être réduit ni augmenté sans altérer les deux rendements.

Tout fusil a sa charge propre, d'après le calibre de l'arme, et la force des canons. Pour un même calibre, les charges varient très peu.

Il ne faut pas dépasser, dit un écrivain compétent, pour le calibre 12, 40 grammes de plomb, et pour le 16, 35 grammes, avec 6 grammes de poudre pour le 12, et 5 grammes pour le 16.

Toutefois, je pense malgré cette assertion, qu'en hiver, par les temps brumeux, on doit augmenter la charge.

Les principales qualités du plomb sont la sphéricité des grains, leur égalité de volume et la force de résistance que présente la matière. Le plomb trempé et durci qui provient de Newcastle, est d'une grande force de pénétration. Vérifiez bien les plombs qui vous sont livrés, s'il s'y trouve des grains de fonte, rejetez-les : la fonte est plus dure, il est vrai, mais étant plus légère, elle porte moins loin.

J'ai dit plus haut, que les fusils de chasse portaient généralement mal la balle. On vient de me faire part d'une nouvelle invention qui assure la précision à 25 mètres et qui, à 50 mètres, ne forme qu'un écart de 18 centimètres environ. Je crois rendre un service réel aux chasseurs en leur signalant cette utile découverte. Cette invention consiste en un culot rayé, en cuivre que l'on met sur la poudre sans bourre aucune. Sur ce culot concave, on laisse tomber une balle ronde de calibre, après quoi on met une bourre et l'on sertit la douille. Ce culot chassé par la poudre fait décrire à la balle une spirale régulière dans le canon, ce dont on peut s'assurer en examinant le canon après le coup, et de la sorte précise le coup à moyenne portée. Ce fait important sera très apprécié pour la chasse au sanglier, dans laquelle on tire rarement la bête plus loin que 15 mètres.

J'ai trouvé ces culots rayés inventés par M. Courtier à Besançon, chez M. Fauré le Page à Paris.

Il est indispensable lorsqu'on emploie ces culots de se servir de douilles *sans renfort intérieur.*

Cartouches.

Il ne suffit point d'avoir une arme excellente, il faut encore qu'elle soit bien chargée. Si la précision et la portée dépendent en partie du fusil, la bonté du coup ressort de la façon dont est combinée la charge.

Nous n'avons plus l'inconvénient comme avec les anciens fusils, de charger sur place, en tout temps, dans de mauvaises conditions quelquefois. Nous préparons d'avance les charges, les numérotons, en sorte qu'il n'y a qu'à choisir lorsqu'on est en chasse.

Mais la cartouche doit être faite avec grand soin, vous possédez de bonne poudre, du plomb choisi, vous devez en outre avoir de bonnes douilles, de bonnes bourres et bien fabriquées.

La fabrication de la douille a pris une énorme extension; on en trouve partout et à bon marché.

J'engage les chasseurs à ne point s'arrêter au bon marché, ils pourraient s'en repentir. Employez toujours les douilles les meilleures; ce sont, en réalité, celles qui coûtent le moins cher. Les bonnes douilles sont plus sûres, augmentent la puissance du coup de feu, évitent les ratés et les accidents.

Les qualités essentielles de la douille sont: une parfaite uniformité de calibre et de bourrelet, et une grande solidité du tube.

Rejetez celles en carton mou qui ploient; le carton mou n'a point de qualités hydrofuges; avec lui, vous n'obtiendriez point d'obturation complète.

La douille doit avoir la longueur exacte de celle de la chambre, et doit entrer facilement.

Prenez donc des douilles de première qualité sans déperdition, à renfort métallique. Ces douilles sont étanches aux gaz, ne crèvent point, entrent facilement dans la chambre, et donnent une plus grande portée.

Les meilleures douilles sans déperdition, pour fusils à percussion centrale, sont les douilles anglaises de Heley avec lesquelles on n'a point de ratés et les douilles belges de Backmann.

Pour les fusils à broche servez vous des douilles de Gaupillot et de Gevelot.

Quant au réamorçage, indiqué comme certain pour les bonnes douilles, qui, de la sorte, serviraient plusieurs fois, je ne le trouve praticable que pour les douilles à percussion centrale, ce qui est explicable par leur conformation et encore !

Pour chasser l'alouette, la grive, le râle, et autres petits gibiers qui partent de près, vous pouvez vous dispenser de la douille à grand renfort métallique, toutefois prenez la douille de moyenne valeur à tube résistant.

La bourre que vous emploierez a aussi son importance.

La meilleure est la bourre anglaise en laine blanche feutrée; elle est molle, épaisse, grasse comme il convient.

La bourre trop dure divise les grains de plomb et provoque le recul.

Les bourres doivent toujours avoir la même épaisseur, être parfaitement plates et découpées en cylindres parfaits, afin de pouvoir être placées dans la cartouche perpendiculairement à son axe.

A ce propos, je transmets textuellement à mes lecteurs, afin qu'ils puissent l'expérimenter si bon leur semble, l'avis suivant.

« Si la bourre est placée obliquement à l'axe de la cartouche, soyez persuadé que le coup portera toujours dans le sens de l'inclinaison de l'axe. C'est ainsi que l'on peut à volonté, faire porter le fusil à droite, à gauche, en haut ou en bas, selon que l'on emploie des bourres taillées en biseau, et que l'on place la cartouche dans le sens de l'inclinaison de la bourre, par rapport à l'axe de la cartouche. »

Le conseil est précieux, en vérité; et il ne peut manquer, s'il tient ce qu'il promet, de faire plaisir aux chasseurs; car on pourrait ainsi, à peu de frais, faire hausser un fusil qui tirerait trop bas.

Mes confrères qui auront expérimenté avec succès ce procédé, me rendraient service en m'en informant.

Loin de moi, de déprécier les cartouches fournies par les premiers arquebusiers de Paris : les maisons Le Page, Gastinne-Renette, Thomas, Claudin, offrent des munitions de premier ordre. Toutefois, je conseille aux chasseurs de confectionner *eux-mêmes* leurs cartouches. La fabrication personnelle est plus économique, et, à part les exceptions que je viens de citer, beaucoup meilleure. Gardes, domestiques, petits armuriers auxquels ce soin est confié, les préparent sans soin et à la hâte.

Un chasseur bien équipé, possédant les deux mesures graduées, un moule, un coupe-carton et un sertisseur ne doit point donner à autrui le soin de confectionner ses munitions; et il ne pourra ainsi accuser son fusil de l'insuccès du tir. Il connaît la nature de sa poudre, son plomb, ses bourres, et sait les mesures qu'il emploie.

Une fois votre douille dans le moule *ad hoc*, vous versez la mesure de poudre; sur la poudre faites descendre une petite bourre en carton anglais goudronné imperméable, afin de l'isoler de la bourre grasse en feutre.

Jadis on faisait usage d'un petit culot en papier bleu; on y a renoncé, car on a reconnu que ce culot était plus nuisible qu'utile; il se consumait en même temps que la poudre et encrassait le canon. On ne doit pas, ainsi que je l'ai fait remarquer plus haut, frapper violemment la poudre, il faut appuyer légèrement, afin de ne point la briser.

Une fois la bourre de feutre descendue, vous versez le plomb sur lequel vous mettez une bourre en feutre ; sur cette dernière bourre vous glissez un petit carton mince, blanc, sur lequel vous inscrivez le n° du plomb. Après quoi, vous coupez le carton, s'il est trop long, et vous sertissez.

On vend aujourd'hui de petits sertisseurs, fort commodes, s'adaptant au rebord d'une table, et qui, au moyen d'un levier que l'on relève, maintiennent la cartouche dans une chambre, tandis que de la main droite on tourne une petite manivelle. La cartouche se trouve instantanément sertie très régulièrement. Cet appareil a le double avantage de servir pour la cartouche à broche et la cartouche à percussion centrale.

La grande préoccupation des chasseurs est d'obtenir des coups de longue portée ; pour ce, ils font tout ce que peut leur suggérer leurs facultés inventives.

J'ai essayé de mêler au plomb du son, et de la fécule de pommes de terre.

Le son ne produit point une agrégation très sensible ; de plus, il occasionne à l'orifice du canon une fumée qui vous empêche de voir si la pièce est tombée ; et, ce qui est pis encore, de suivre les autres pièces.

J'ai essayé de la fécule : la fécule serre à tel point que j'ai eu des cartouches coupées en deux. Si l'on s'en sert, il faut l'employer à très petite dose, à cause de l'inconvénient que je signale, et aussi à cause de la fumée qu'elle produit.

Si vous tenez à des portées exceptionnelles, employez la cartouche grillée. Vous obtiendrez des résultats remarquables. Avec une cartouche grillée on peut tuer à 130 pas. J'ai vu tuer, sur une rivière, un canard posé à 112 mètres. La cartouche grillée est surtout bonne pour l'hiver, au marais et en mer. Un chasseur ferait bien d'en avoir en tout temps, une ou deux dans le fond de son carnier. Je ne dirai point pour la cartouche grillée, ce que j'ai dit pour les autres. Achetez cette dernière toute faite, on vous la livrera sous forme de petit cylindre que vous ferez entrer dans le tube de votre douille, après avoir bourré la poudre, il ne vous restera plus qu'à sertir.

Quelques personnes ont l'habitude de diviser le plomb en deux parties égales, au moyen d'une petite bourre mince. J'ai tenté ce procédé, et je n'en vois réellement point l'avantage, surtout en hiver.

Ce que je conseille sciemment c'est de graisser légèrement le plomb avant de le mettre dans la douille. Vous obtiendrez ainsi une vélocité plus grande, et le coup aura un meilleur ensemble.

Le Tir.

Le tir est un art !

L'expérience fait le chasseur, la justesse du coup d'œil appuyée sur le sang-froid fait le tireur !

Pour bien tirer, il faut d'abord avoir un fusil, sinon de premier choix, du moins approprié à sa conformation physique.

Au grand tireur, il faut son fusil *intime !*

Pointer.

Car un tireur s'inquiète non pas du nombre de coups, mais des beaux coups qu'il peut faire !

Les principes théoriques qui régissent le tir, peuvent être précisés mathématiquement, mais ils sont d'une exécution pratique fort difficile à la chasse.

Le tir de la chasse n'a que peu de chose à faire avec la trajectoire. On tire de trop près le gibier, pour s'inquiéter outre mesure de la balistique.

Le tir du chasseur est tout d'appréciation instinctive. Toutefois, il a aussi ses préceptes généraux.

Magné de Marolles les a résumés dans cette phrase :

« Le soin essentiel en ajustant, est de suivre le gibier dans sa marche, et surtout de ne pas interrompre son mouvement pour faire feu. »

D'Houdetot formule d'une façon plus précise, et plus palpable la théorie :

« Si le bon tireur ajuste une pièce, c'est sans ébranlement; sa main gauche, sur laquelle repose le poids du fusil, suit les mouvements du gibier... Elle ne s'arrête pas tandis que la droite attaque progressivement la détente. L'arme obéit avec souplesse, le coup part, la fumée se dissipe. »

Ainsi donc : épaulez sans tâtonnements, mettez vivement en joue, regardez attentivement et *faites feu en conduisant*. Pour bien épauler, il faut que la plaque de couche soit placée dans le creux de l'épaule, creux que l'on obtient d'autant plus parfait que le coude droit est relevé à la hauteur de l'œil.

Il faut presser et non pas tirer la détente; tout mouvement brusque du doigt sur la détente fait baisser le coup.

Il existe deux manières d'épauler.

La première, dite manière anglaise, et qui convient particulièrement aux armes à crosse droite, consiste à ajuster vivement la crosse du fusil au défaut de l'épaule, tout en maintenant l'extrémité du canon dans la direction du but, le coude un peu élevé pour conserver l'aplomb du fusil, et de presser du doigt la détente. Ces deux mouvements s'opèrent simultanément. Au préalable, le chasseur fixe la pièce, la tête haute, pour suivre tous les mouvements. Tout le temps du tir, on tient la tête droite.

Pour tirer de cette façon, il faut que la main gauche soutienne le canon à bras allongé, c'est cette main qui donne au tir sa direction et son extrême promptitude. On ne cherche pas le point de mire, c'est le bout du canon qui détermine seul la direction du coup de feu.

Cette méthode est très rapide.

La seconde méthode d'épauler est dite méthode française, et convient particulièrement aux armes à crosse pentée. Dans cette méthode, la main gauche s'appuie sur l'avant du pontet de sous-garde, et le coude gauche touche presque la poitrine, la joue du tireur accole celle de l'arme.

La première méthode autorise le tir dit de *pointe*, si favorable en chasse, la seconde, adoptée pour les tirs de précision, donne toutes les jouissances d'un beau tir à longue portée.

Laquelle devrez-vous adopter?

Pour moi, je trouve que l'on peut allier les deux méthodes. La pièce part, vous la suivez d'abord, les deux yeux ouverts, puis, vivement le fusil à l'épaule, vous ajustez en fermant l'œil gauche ; quand vous la trouvez en ligne vous lâchez la détente. De cette façon, vous joignez la vitesse à la précision. Point de tâtonnement comme quand vous suivez la méthode dite française dans sa théorie, et aussi plus de précision pour les coups éloignés.

Quelques chasseurs, dès le départ du gibier, ferment préalablement l'œil gauche, et c'est un tort. Avant d'épauler, il faut bien s'assurer des tendances du gibier. Or vos deux yeux ne sont pas de trop pour embrasser l'horizon. Ne croyez pas que ces deux opérations retardent le coup. Vous vous faites rapidement à ces deux temps, qui bientôt se confondent dans l'espace d'un éclair.

Le coup est beaucoup plus sûr, car il rétablit le sang-froid s'il a été ébranlé.

Vous avez un fusil approprié à votre conformation physique, vous adopterez aussi la méthode qui s'y conforme le plus ; et, j'ajouterai, vous le modifierez d'après votre tempérament, en observant toujours scrupuleusement le précepte que nous avons donné plus haut.

Certains chasseurs ne mirent point, ils jettent le coup soudainement et comme par intuition ; d'autres, doués d'un sang-froid *excessif*, ne cherchent que les coups sûrs à longue distance, les coups bien visés ; d'autres enfin, sans ajuster, envoient leur plomb au loin, les deux yeux ouverts.

Un chasseur, sous peine de se heurter sans cesse à des insuccès certains, ne peut être exclusif, c'est-à-dire adopter, sans vouloir jamais s'en départir, un de ces trois modes. Un chasseur expérimenté doit modifier son tir suivant les circonstances.

Le chasseur qui prendrait la résolution de ne tirer qu'avec une vivacité extrême, tirerait souvent de trop près, et jamais d'une manière sûre.

Celui qui ne voudrait que les tirs brillants, calculés avec sang-froid, laisserait souvent échapper lièvre, lapin, bécasse et faisan.

Enfin ce serait une autre erreur de vouloir adopter, comme règle générale, le tir, les deux yeux ouverts, et sans ajuster, bien qu'il réussisse cependant dans des cas exceptionnels.

Un bon tireur au vol doit avoir du tempérament et du talent.

On a dit avec raison que pour bien tirer il fallait être fort calme et bien se posséder ; j'ajouterai : cela est vrai surtout pour *apprendre* à tirer.

Ce sang-froid, si désirable, est recommandé afin de paralyser l'émotion. Dans le tir au vol, la fougue, la passion, la fièvre sont des qualités nécessaires. L'agitation du sang n'est point à craindre.

Une certaine exaltation contribue au succès.

Et, que le lecteur ne croie point qu'il y ait ici contradiction : le sang-froid est de rigueur, mais le flegme absolu, qui n'est point la même chose, fait le tireur ordinaire ; la fougue que je demande caractérise le tireur brillant !

Sous l'empire de la passion, l'émotion disparaît, et les facultés deviennent plus vives.

Le tireur passionné tire plus vite et profite de beaucoup de coups perdus pour les chasseurs ordinaires ; par ce fait, que le coup est différent pour chaque nouvelle pièce qui part.

Un excellent tireur a ses grands principes de tir dont il ne dévie jamais ; il règle son tir suivant les circonstances.

Quand on voit le gibier à peine deux ou trois secondes, on n'a pas le temps de songer aux règles, c'est dans ces moments-là qu'on reconnaît l'acuité intellectuelle du chasseur.

On ne peut donc que bien se pénétrer des règles générales. Quelques hommes froids tirent passablement dès leur début, sans s'être exercés à l'avance. Les chasseurs belges sont dans ce cas ; ils sont flegmatiques et tirent presque tous bien, mais ces chasseurs-là arrivent rarement aux coups brillants parce qu'ils manquent de passion et de tempérament.

Le seul moyen d'acquérir la précision du coup d'œil et la sûreté de la main dont dépendent les succès, c'est la pratique constante du tir.

Votre choix arrêté sur un fusil, familiarisez-vous le plus possible avec votre arme. Exécutez souvent, lentement d'abord, puis avec rapidité le mouvement de mise en joue, fixez un point quelconque, à droite, à gauche, en haut, en bas, et faites le simulacre de tirer.

Tirez au cul levé des alouettes et des becfigues ; c'est un très bon exercice.

Il reste à vaincre l'émotion que cause le bruissement métallique des ailes d'une compagnie de perdrix ou le déboulé imprévu d'un lièvre.

Voici une méthode qui a réussi à beaucoup de chasseurs de ma connaissance qui, malgré leurs bonnes résolutions, tiraient trop précipitamment au départ du gibier et le manquaient.

On se met en plaine, avec un fusil non chargé. Une pièce de gibier se lève-t-elle, on l'ajuste, on retire le fusil de l'épaule et l'on calcule le temps qu'il a fallu pour cela. Il en a fallu très peu, je vous assure.

Ajustant bien le gibier, on tire successivement des capsules, puis des capsules et de la poudre, puis de la poudre et du plomb. Bientôt, on tuera les pièces qui partiront à belle portée. On finira en peu de temps après avoir ajusté le perdreau isolé par choisir au milieu de la compagnie celui qui en croise un autre.

Cet exercice, monotone dans ses débuts, récompensera plus tard le jeune chasseur qui voudra le suivre avec persistance.

Un proverbe dit : « les racines de la science sont amères, mais les fruits en sont doux ». Il en est de même pour la pratique du tir.

Ne vous pressez pas ! c'est là le grand axiome.

Rappelez-vous que, sur cent coups manqués, quatre-vingt-quinze le sont parce qu'on se presse trop.

Soyez calmes, vous tirerez vite et bien.

Si le garde-chasse et le braconnier manquent rarement leur pièce de gibier, c'est qu'impassibles, ils ne voient que le but à atteindre. L'un a appris à tirer et tire tous les jours pour exercer sa profession, l'autre ne songe qu'au gain qui va se traduire par le résultat du coup de fusil.

Vous arriverez à les égaler et, plus qu'eux, vous posséderez le feu sacré.

Un des secrets du tir, est de laisser arriver le gibier à la distance moyenne — ni trop près, ni trop loin — où le coup est infaillible.

Il n'est point à dire pour cela qu'on ne puisse jamais manquer.

Il n'y pas de chasseur *infaillible!* reléguez aux légendes ces chasseurs qui tirent à balle et ne manquent pas un coup sur cinquante!

Parmi les bons tireurs, ceux qui ne manquent jamais un coup ne tirent qu'à coup sûr.

Le tireur brillant qui fait le coup rapide, le coup de longue portée, qui, en un mot, tente tous les coups qui se présentent, manque quelquefois.

Il a des séries et des veines ; mais toujours il tire bien.

On distingue trois sortes de portée :

1° Le but en blanc est la portée à laquelle on tire sans tenir compte de l'attraction terrestre : 25 mètres.

2° La petite portée est celle à laquelle en tirant bien, on atteint mortellement le gibier, entre 25 et 40 mètres : c'est la portée la plus sûre.

3° La longue portée est celle où l'on tire au delà de 45 mètres : dans cette portée, les chances de tuer sont dans le rapport de 3 coups de feu pour une pièce abattue.

A 45 mètres, le coup de plomb baisse d'environ 10 centimètres, à 65 de 20 centimètres au moins.

Pour le gibier on peut réduire les coups à quatre espèces : les coups droits, lorsque le gibier fuit droit devant le chasseur ; les coups obliques, lorsqu'il part à droite ou à gauche ; les coups perpendiculaires lorsqu'il s'élève au-dessus du tireur ; et les coups plongeants lorsqu'il descend.

En ce qui concerne les coups droits de 20 à 25 mètres, visez le gibier en plein dos ; si la distance est plus éloignée, visez un peu au-dessus du sommet du dos.

Dans les coups obliques, à 20 et 25 mètres, visez à la tête si la course est modérée ; mais si la course ou le vol sont rapides, visez à 5 mètres selon la vitesse.

Si le gibier traverse vite, à angle droit, à 55 ou 60 mètres, il ne suffit pas de viser à 30 ou 50 centimètres en avant, il faut encore ajuster le coup à 8 ou 10 centimètres en dessus.

On ne doit jamais hésiter à tirer les coups obliques de 60 à 70 mètres ; c'est dans cette position que le gibier est le plus vulnérable et ces coups-là réussissent souvent fort bien. Les coups perpendiculaires sont ceux dans lesquels l'oiseau passe au-dessus de la tête du chasseur. Parmi ces derniers, on compte le coup du Roi dans lequel réussissait si bien Charles X et qui, selon nous, n'est autre que le coup droit dont un dérivatif de langage a fait le coup du roi. Dans ce cas, il faut pencher la tête en arrière et viser à quelques centimètres en avant, suivant la rapidité du vol.

Dans les coups plongeants, il faut viser en avant et au-dessous, si le gibier traverse à droite ou à gauche ; mais s'il part devant vous, à la distance de 25 ou 30 mètres, visez-le aux pattes, au-dessous des pattes, si la distance est plus grande.

Pour le gibier à poil la bonne portée est de 25 à 40 mètres avec les plombs 7, 6, et 4.

L'appréciation des distances est pour le chasseur de la plus haute importance. On se rendra, en peu de temps, compte des distances sur les surfaces planes en tirant dans une cible, à des distances variées et mesurées.

Si, devant le tireur, l'espace s'évase en s'élargissant, le but paraît plus rapproché qu'il ne l'est en réalité ! si, au contraire, le tireur est placé sur un plan large et que, devant lui, le vide se trouve, à droite et à gauche, rétréci par des côteaux ou des bouquets d'arbres, le but semble plus éloigné qu'il ne l'est.

Ces deux observations sont à retenir.

Méfiez-vous aussi de la réverbération du jour, par un ciel lumineux. Les intermittences de la lumière donnent lieu à bien des erreurs.

Sous un ciel gris, le tir est plus favorable, mais seulement quand la pièce se lève ou file à hauteur d'homme.

Il y a des tireurs de genre, comme il y a des peintres de genre : quelques chasseurs tirent bien le poil et manquent la plume, et *vice versa*.

D'autres ont un gibier de prédilection. A cela, je ne vois pas un mal, au contraire. Mais un bon tireur doit tirer à peu près également tous les gibiers et risquer tous les coups ; tirer avec succès au cul levé et les coups de longue portée.

Pour en finir avec le tir, nous allons résumer les différentes manières de tirer le gibier dans les circonstances les plus fréquentes.

La perdrix, en ligne : de but en blanc, tirez en plein corps sans rien préjuger.

En montant : si elle n'est pas au delà de trente pas, tirez en plein corps ; si elle est plus éloignée tirez sous les deux pattes.

Venant à vous : à hauteur d'homme, tirez au bec ; plus haut, en avant ; si elle est fortement lancée tirez à 25 centimètres.

Plongeant : tirez le dessous des pattes ; en montant directement : tirez en tête, en tournant : ajustez sous l'aile.

Caille : laissez-la filer, et ne tirez qu'à 25 ou 30 pas au moins, couvrez-la.

Râle : laissez-le filer, et visez à votre aise en plein corps.

Le faisan : ne tirez point quand il monte, mais quand il file, et n'oubliez pas que la queue ne compte pas.

Bécasse : dans le bois, tirez-la le plus tôt, c'est le mieux ; dans un taillis découvert, laissez-la filer, laissez-lui faire son premier crochet.

Le canard : Couvrez la pièce, tirez au cou.

Le lièvre : Lorsqu'il part devant vous, ajustez entre les deux oreilles, que vous aurez toujours soin de voir devant le guidon du fusil.

S'il passe de travers, visez au nez.

S'il vient droit à vous, visez sous les pattes de devant.

Le lapin : En plaine, on le tue comme le lièvre. Au bois, où vous le voyez et le perdez de vue alternativement, préjugeant sur la lenteur ou la vitesse de sa course, visez la clairière voisine et tirez lorsqu'il arrive ; s'il est dans un fourré, dans des buissons, et que vous ne le voyiez pas, tirez au jugé dans la direction qu'il a prise.

Le chevreuil : S'il se présente obliquement, visez les jambes de devant, le cou ou la tête ; s'il vient à vous de face, tirez bas au poitrail ; s'il fuit, ajustez-le derrière la tête. L'endroit le plus vulnérable est le derrière de la jambe de devant. Visez assez bas en cet endroit, et, la plupart du temps, vous le toucherez au cœur.

Un tireur qui a manqué une pièce, doit, s'il ne veut pas rester dans la chance défavorable du coup, épauler de nouveau.

Je pourrais écrire plusieurs pages sur la théorie du tir ; l'expérience et la pratique incessante en apprendront davantage que tous les traités. J'ai tracé les grandes lignes, cela suffit.

Pour bien tuer, il faut des dispositions physiques et morales.

Le tir a son inspiration et son génie.

LES CHIENS

Henri IV, en ses jours de belle humeur, — et ils étaient nombreux — disait souvent et très sérieusement.

« Qui m'ayme, ayme mon chien. »

Il est un proverbe anglais qui dit : « *Love me, love my dog,* » ce qui signifie : « aimez-moi, aimez mon chien ! »

Le chasseur dit : Mon chien et moi ! et il a raison. Pour le chasseur, le chien est son premier ami. Que d'hommes n'ont jamais eu pour ami que cette bonne et excellente bête, la plus sagace, la plus intelligente, la plus fidèle que la création ait produite.

Le chien est, après l'homme, l'animal qui possède le plus d'amativité. J'ajouterai qu'il est plus désintéressé que l'homme. C'est lui que le Créateur a désigné pour être le compagnon fidèle de celui qu'il a établi roi de la Création.

M. Toussenel, un chasseur, a écrit : « Au commencement, Dieu créa l'homme et le voyant si faible, il lui donna le chien. »

Saint Basile s'exprime ainsi sur cet aimable compagnon de nos peines et de nos joies : « Le chien raisonne et sait la dialectique. »

Saint Ambroise ajoute : « Aucun animal ne se souvient comme le chien d'un bienfait ou d'une injure. »

Le chien en effet semble avoir accompagné l'humanité dès son berceau, et les plus hautes intelligences se sont occupées de lui.

Voici ce qu'a écrit sur cet animal sans pareil M. de Quatrefages.

« L'homme, trouvant un animal si disposé à lui obéir, semble s'être complu à le mettre à l'épreuve. Il lui a *tout* demandé et en a *tout* obtenu.

« Pour lui, le chien s'est fait bête de somme, bête de trait, de garde, de chasse, de pêche, animal de ferme, de salon, d'écurie, de boudoir...

« Avec l'homme, il a émigré d'île en île, de continent en continent, il l'a suivi sur les glaces du pôle et dans les sables brûlants, dans les déserts et dans les cités, sous le chaume et dans les palais. Partout, en un mot, l'homme a eu à ses côtés le chien toujours utile, souvent indispensable, pour satisfaire tantôt aux mille caprices du luxe et de la mode, tantôt aux plus impérieux besoins.

« Pour répondre à des exigences aussi diverses, il fallait une organisation singulièrement flexible, un corps prêt à se transformer en vue du but à atteindre. Pour forcer le lièvre à la course, le chien a allongé et effilé les jambes ; pour débusquer le blaireau et le renard, il les a tordues et raccourcies ; pour terrasser les loups, coiffer les sangliers ou lutter contre des ennemis plus formidables encore, il a grandi sa taille, fortifié ses os et ses muscles, allongé ses crocs ; pour pénétrer dans les hamacs des créoles ou le manchon des marquises, il a réduit tout son être et s'est fait miniature de lui-même. »

L'histoire est là pour témoigner du cas remarquable que les hommes les plus dignes de ce nom, ont fait de lui. Princes, poètes, savants lui ont assigné la première place parmi les animaux, sans en excepter le cheval dont, quoiqu'on en dise, l'intelligence et la bonté sont beaucoup au-dessous de celles du chien.

Le cheval à qui l'on ôte le mors, retourne spontanément au pâturage ou à l'écurie, tandis que le chien, qui nous a suivi à la chasse, s'il est harassé de fatigue, nous accompagne partout et ne nous quitte point, continuant ainsi son rôle d'ami et de bon serviteur, manifestant constamment par des gestes indéniables la joie qu'il ressent de rester avec nous.

Vous faites une caresse au chien ; quelle spontanéité incessante de retour !

Le chien aime son maître qu'il soit riche ou pauvre.

Vivant il nous aime ; expirant, il nous chérit toujours, et souvent un chien meurt pour protéger son maître.

A chaque heure, le chien donne une leçon à l'humanité. Que l'on ne

Épagneul d'eau.

s'étonne donc point des tendresses et même des faiblesses du chasseur pour son chien.

On raconte que Newton avait un épagneul qu'il aimait beaucoup. Certain jour, il le laissa seul dans son cabinet de travail ; le favori qui avait nom *diamant*, renversa un flambeau et mit le feu à des papiers sur lesquels l'illustre savant avait jeté des calculs auxquels il avait consacré une grande partie de sa vie. Cette perte irréparable est encore regrettée aujourd'hui.

Or, Newton se contenta de pousser un soupir et dit tranquillement :
— *Diamant*, tu ne te doutas pas du tort que tu m'as fait !

On a écrit des livres entiers sur les chiens.

Mon illustre maître, Alexandre Dumas, dans *l'Histoire de nos bêtes*, dans *Black* a parlé des chiens qu'il a eus. D'autres, avant et après lui, ont consigné les traits d'héroïsme et de sagacité de la gent canine ; nous ne continuerons pas cette intéressante histoire anecdotique.

Nous n'avons ici à parler que des chiens de chasse, les plus intelligents, je dirai presque les plus *humains*.

On les divise en deux grandes espèces : les *chiens d'arrêt*, et les *chiens courants*. Les premiers sont destinés à la chasse au tir, et suivent silencieusement la piste du gibier.

Les seconds s'emploient dans la chasse à courre et chassent tous à voix.

Le chien courant est vaillant, mais brutal ; il chasse pour lui. Le chien d'arrêt, ou chien couchant, pense, travaille en artiste et voit dans la chasse une sorte d'association entre l'homme et lui.

Aussi, en dehors de la chasse, ce dernier reste-t-il l'ami et le commensal de la maison.

A propos de ces bons et chers amis, un conseil !

Si le hasard ou votre argent vous ont donné une de ces bonnes chiennes de premier ordre, l'admiration des connaisseurs, ne donnez de ses produits, qui vous sont demandés avec insistance, qu'à des amis vraiment dignes de ce nom.

Soyez très avare de ces rejetons de race. Détruisez la portée ou vendez-là ! Ce conseil qui, à première vue, semble dicté par Harpagon est le résultat de ma propre expérience.

Dans mes débuts comme chasseur, ma bonne mère m'avait fait cadeau d'un superbe *gordon*, qui avait toutes les qualités de cette belle race. Or, chaque fois que ma chienne faisait une portée, deux ou trois petits retenus d'avance, étaient donnés à X. Z. et V. Il me semblait alors que rien n'était plus naturel que de faire ainsi plaisir à ses amis, même à des connaissances. Quand je perdis ma pauvre bête, je pensai ingénument que ces amis, obligés si libéralement, me rendraient la pareille en me donnant des chiens de cette race. Erreur du jeune âge confiant !

Je n'ai jamais pu obtenir un seul chien, moi qui en avais tant donné.

Enfin, découragé et renonçant aux *gordon*, je priai un ami, camarade de collège, grand chasseur et *très riche*, qui avait un chenil complet et de bons chiens d'arrêt, de me réserver un chien. Il me le promit. Bon ! me disais-je, en voilà un au moins qui n'est pas comme les autres ! J'avais chassé avec lui ; il connaissait ma passion pour la chasse et les chiens. D'avance, je lui en avais une reconnaissance infinie ; — l'ami qui vous donne un chien, cet autre ami, vous offre cordialement la main et c'est pour moi une grande preuve d'amitié.

Je m'informai une ou deux fois par correspondance de mon futur chien ; il me fut répondu, absolument comme au cabaret quand on sollicite de l'activité de la part du garçon à propos d'un plat commandé, « ça va bien ! »

Enfin, quelque temps avant la chasse, passant par la ville de R…, j'allai voir mon ami.

— Et mon chien ?

— Ah, mon ami, il faut attendre ! mes chiens étaient promis et ils sont *vendus !*

J'étais un peu interloqué.

— Mais tu m'en avais promis un ! Ton frère m'avait assuré que c'était chose faite.

Mon ami parut un peu embarrassé ; mais il reprit aussitôt :

— Je me rappelle ! mais il est venu quelqu'un demander à mon garde d'en acheter un, et je l'ai vendu.

Comme il vit que j'étais froissé de sa délicate manière d'agir, il ajouta :

— Si tu y tiens absolument, je pourrai peut-être le faire revenir, la personne qui l'a acheté ne le trouve pas à son gré, et si tu veux donner *cinquante francs* au garde, je te le ferai expédier !

Le procédé de cet aimable ami peut se passer de commentaires.

Ce chien était *mauvais*, l'acheteur récriminait et *mon ami*, un *millionnaire*, consentait à me le revendre moyennant cinquante francs, parce que j'étais un ami !

Ainsi que vous devez le penser, je le remerciai avec effusion du sacrifice qu'il voulait faire en *ma faveur*, mais je n'acceptai point.

Donc je n'eus point de chien, cette fois-là ! Plus tard, j'ai par *l'intermédiaire* d'amis, vrais ceux-là, obtenu en pays étranger, le beau pointer que je possède actuellement et qui me dédommage amplement de la rosse de *cinquante francs* que mon riche ami aurait eu la condescendance de m'envoyer.

Vous trouverez sans doute maintenant, chers lecteurs, que mon conseil, dicté par l'expérience est bon à suivre.

Quant à ces lignes, si elles tombent un jour sous les yeux de mon généreux ami, très correct, au reste, dans la vie mondaine, je ne doute pas qu'il ne s'en étonne pensant à part soi que « les affaires sont les affaires. »

Et moi qui maintiens que les grands chasseurs sont généreux et solides en amitié ! Il est vrai que l'exception confirme la règle.

Pour finir, je vous le répète, soyez très parcimonieux des produits de vos chiens.

Sachez à qui vous donnez ; et que l'heureux favorisé soit à la fois un ami dans la belle acception de ce mot, et un véritable chasseur.

Les Chiens d'arrêt.

La chasse au chien d'arrêt reconnaît quatre races bien distinctes :
Le braque, pour la plaine ;
L'épagneul, pour le marais ;
Le griffon, pour les broussailles ;
Le barbet, pour les étangs ;
Les deux premiers se subdivisent eux-mêmes en chiens français et en chiens anglais.

Le Braque Français.

Originaire de Vendée, le braque a le poil ras, l'encolure large, la mâchoire meurtrière. C'est le chien qui conserve le mieux la finesse de l'odorat pendant les grandes chaleurs. Il ne craint ni le froid, ni le chaud, ni la poussière ; il est infatigable. La couleur dominante du braque est fond blanc marqué de taches marron sur le dos, le tronçon de la queue, la tête, les oreilles, les côtes. Il y a aussi des braques à robe teintée et tigrée.

Le braque quête au pas, tête haute, évente le gibier de fort loin, arrête admirablement.

Si l'on désire employer le braque au marais, il faut qu'on le force au début de son éducation, car il aime peu à aller à l'eau. Cependant, il s'y fait vite et y travaille brillamment.

Toutefois, on aurait tort de le faire trop aller à l'eau, car l'humidité constante détermine dans cette race des maladies, notamment la soudure des articulations.

Le braque tire son nom du verbe braquer, c'est-à-dire tourner ; en effet, le chien de cette race tourne, cherche, guette à droite et à gauche.

On a dit que le braque était hargneux ; c'est à tort : la seule qualification de fier lui convient. Très intelligent, il est attentif à la voix du maître. Pour être un chien parfait il ne demande qu'à être conduit avec douceur.

Avec lui, plus encore qu'avec les autres, évitez les corrections imméritées.

Les principales espèces de braques sont : le braque de Bourgogne, gris ou marron, blanc et taches brunes ; le braque de Picardie, à robe brune ou lie de vin ; le braque sans queue du Bourbonnais, gris ou marron ; le braque d'Anjou, blanc et orange, et le braque du Poitou, blanc et marron, dit *braque Dupuy*.

Je ne veux point terminer la physiologie du braque sans parler de la ridicule et cruelle manie qu'ont certains chasseurs de couper la queue à leur braque. *Écourter et essoriller un chien de chasse, c'est le dégrader !* Ne me parlez pas des queues trop longues qui déparent l'animal ; un chien de race est toujours bien proportionné, et la nature fait bien ce qu'elle fait. Quant à l'inconvénient d'une queue longue qui, en battant les broussailles, fait partir le gibier avant que l'arrêt soit bien formé, c'est une absurdité répétée de bouche en bouche et qui devrait avoir fait son temps !

Pour être logique coupez aussi la queue à votre épagneul, si vous en avez un, et alors on vous privera d'un fusil, parce que, certainement, on ne doit point donner d'armes aux individus frappés d'aliénation mentale.

Une seule abscission est permise, c'est celle de l'ergot.

C'est un chasseur du nom de Dupuy, qui créa cette race dans le Poitou.

Les oreilles du braque Dupuy sont petites et plantées haut sur la tête, le poitrail est large et les pattes solides, le museau court, les lèvres pendantes et flasques, l'œil petit, le front long et étroit.

La race quête au pas, tête haute, évente le gibier à de grandes distances et, selon l'expression consacrée, arrête *comme un pieu*.

L'Épagneul français.

Beaucoup de chasseurs le préfèrent au braque à cause de sa belle fourrure et surtout à cause de son extrême douceur.

L'épagneul est plus fidèle que le braque, moins turbulent et moins coureur. Avec lui, vous pouvez chasser partout, en plaine, au bois, au marais.

Il est excellent chien d'arrêt et rapporte à merveille.

Ses formes sont plus gracieuses que celles du braque français ; sa robe ondoyante et soyeuse, quelle que soit sa couleur, noire et blanche, ou marron et blanche, est du plus bel effet ; ses oreilles beaucoup plus longues, frisottées, le coiffent superbement. La queue longue en panache et garnie de longues soies lui donne un cachet tout particulier ; les jambes, longuement frangées de poils, ajoutent encore à cet ensemble élégant.

Le défaut de l'épagneul — qui n'en a pas ? — est d'avoir le nerf olfactif moins développé que le braque, et de ne pouvoir résister à la grande chaleur pendant laquelle il perd beaucoup de ses facultés. Il n'a pas, l'été, la même finesse d'odorat que l'hiver ; la chaleur et les grandes sécheresses du sol l'accablent. Ce qui n'empêche pas que ce chien soit précieux, vu qu'il convient à la chasse de toute espèce de gibier.

L'épagneul quête le nez bas et sous le canon du fusil ; c'est-à-dire qu'il s'éloigne peu, et beaucoup de chasseurs le prisent infiniment à cause de cette qualité. Il barre, il balance brillamment au galop à droite et à gauche et tombe tout à coup en arrêt. — Il broussaille fort bien, chasse parfois de gueule et force le lapin dans les fourrés.

J'ajouterai à toutes ces qualités qu'il est très attaché à son maître, courageux et plus intelligent que le braque.

Les plus petits épagneuls sont bons à la chasse.

Ne nourrissez pas trop l'épagneul, l'obésité le rend paresseux et émousse la finesse du nez ; — l'épagneul doit être un peu maigre.

Le Griffon.

Le griffon provient du mélange d'un épagneul avec un braque ou avec un barbet. Les griffons d'arrêt se distinguent entre eux par leur poil rude ou soyeux.

Le griffon est un excellent chien que rien ne rebute, qui va fort bien à l'eau et ne craint ni épines ni ronces. Son poil épais, taillé en aiguille, est pour lui une puissante armature qui le protège efficacement contre les épines. Sa physionomie est rude et sauvage, mais il est superbe dans cette laideur apparente. Sa finesse d'odorat est très grande.

L'éducation du griffon est fort difficile : très intelligent par sa nature, il est souvent rebelle aux conseils, et son indocilité est parfois désespérante. Il en est cependant qui se soumettent aux premières leçons.

Un bon griffon, bien dressé, docile et qui rapporte, est inestimable. Cette bête parfaite résume tous les autres chiens.

On distingue : le griffon de Vendée ; le griffon de Bresse à poil rude, quelquefois hérissé, fauve ou bien lie de vin ; le griffon des dunes de Boulogne à poil long et soyeux, noir ou fauve, poil mêlé de blanc, taches blanches

Le Barbet.

Malgré sa rare intelligence, sa sagacité merveilleuse, on se sert peu du barbet. Le barbet d'arrêt vaut le griffon et il est très facile à dresser. Il va à l'eau admirablement et s'utilise à tous les genres de chasse. Il rapporte avec beaucoup de fidélité, et c'est de tous les chiens le plus susceptible d'une éducation complète.

On pourrait l'employer avec avantage en même temps que le chien d'arrêt proprement dit.

Le Corniau.

Bien que je ne veuille parler que des chiens de race, je ne puis cependant ne point citer le *corniau*, un chien beaucoup plus répandu qu'on ne pense, surtout chez le paysan.

C'est par le croisement du braque et du chien courant qu'on obtient le corniau.

Le corniau est au chien d'arrêt ce que le braconnier est au chasseur.

Procédant du chien d'arrêt et du chien courant, le corniau pointe légèrement sur la pièce de gibier, en un mot la signale, la suit et parfois la ramène. Les paysans braconniers qui habitent sur la lisière d'un bois giboyeux ont toujours un corniau. Ils se postent, lancent le chien qui, au lever d'un lièvre, pousse seulement deux ou trois aboiements et le fait sortir.

Son dressage est long, mais fructueux.

Il happe les cailles, ramène le lièvre dans les jambes de son maître, en un mot, fait tout ce qui concerne son état. Un braconnier ne troquerait point son corniau bien appris contre un pointer de cinquante louis.

La nuit, à l'affût, il se couche dans un fossé aux pieds du maître, et fait le mort; il suit le lièvre blessé et le rapporte. Le corniau est un mauvais chien qui fait tuer beaucoup de gibier.

CHIENS ANGLAIS

Le Pointer.

Le pointer est le chien de plaine, le plus brillant qui soit! mais il lui faut beaucoup de gibier!

Son odorat est incomparable; il évente les perdrix à une distance prodigieuse. Il part au galop, prend le vent en tous sens et tombe en arrêt. Vous êtes à 500 pas de lui, qu'importe! son arrêt est ferme, et souvent vous avez le temps d'arriver, il fascine le gibier. Son arrêt est admirable; arrivé à distance voulue, il s'arrête résolument, le regard haut et flamboyant, le corps et le fouet de queue rigides, la patte gauche levée, la cuisse gauche reculée tandis que les pattes du côté droit sont verticales au corps et foulent solidement le terrain. Immobile, il attend.

Le pointer est infatigable, l'ardeur de la chasse lui fait tout oublier. Il ne s'arrête pas pour boire de peur de perdre du temps.

Ajoutez à ces merveilleuses qualités une allure allongée d'une élégance suprême, qui fait admirablement ressortir ses formes élégantes, aux extrémités parfaites, à la queue osseuse terminée en pointe.

Quant au revers de la médaille, le voici :

La race des pointers est indocile. Tous les efforts que l'on ferait pour hâter son éducation seraient sans succès. Le pointer chasse pour lui. Avec le temps il se dresse de lui-même, se modère, mais sa fougue est indomptable les premières années ; il ne fait pas attention à son maître, c'est au maître à veiller sur lui.

Puis, le pointer pur sang rapporte mal, il lui faut le setter pour ramasser le gibier qu'il a fait tuer. Sa répugnance à rapporter certains gibiers provient, selon moi, de l'extrême puissance de son odorat.

Toutefois, il chasse si brillamment et d'une façon si correcte !

Si vous avez une plaine bien giboyeuse prenez un pointer.

Le corps du pointer anglais est élevé, la croupe large, la poitrine développée. Les pattes sont nerveuses, allongées jusqu'au coude, qui est généralement court et mince. Les Anglais préfèrent la couleur blanche, mais je trouve les pointers au pelage fauve chocolat au moins aussi beaux.

Plus il y a de régularité dans les taches, plus l'animal est prisé.

Je possède une chienne de cette admirable race. Elle a trois ans.

LOVE, c'est son nom, est de couleur d'or fauve ; le poitrail est blanc d'argent, ainsi que l'extrémité de la queue. La patte gauche est blanche jusqu'au coude et les quatre pieds sont blancs. La tête, de moyenne grandeur, coiffée d'oreilles fines et bien tournantes, est ample ; le museau, dilaté, est noir ; les yeux grands, chatoyants ainsi qu'une agate brune, sont ardents. Sur le front brille l'étoile blanche, cette marque indéniable d'origine.

Elle chasse à longue quête, le nez haut ; évente et arrête d'une façon magnifique. Elle est douée d'une sûreté de vue ou plutôt d'odorat qui la rend un peu ambitieuse et la fait s'émanciper.

Mais qu'y faire? Elle a l'unique défaut de sa race. A elle aussi il faut une chasse giboyeuse, et alors on obtient une sagesse absolue

Elle est inscrite au livre d'or des chiens français et l'on pourra admirer ces produits avec l'illustre *Goth*, un des plus beaux chiens du chenil de la *Chasse illustrée*, créée par M. Alfred-Firmin Didot et connue de tous les sportmen de l'Europe.

Le Pointer dit Saint-Germain.

Les pointers dits : de *Saint-Germain* ou de *Compiègne* descendent de la race de chiens qui florissait sous Louis XV, régénérée par des pointers

Chien normand.

anglais et présentés à Charles X par M. de Girardin, son grand veneur. Le *roi*, grand chasseur, comme chacun sait, les essaya, les trouva merveilleux, ainsi que cela est, et n'en voulut plus d'autres. A partir de ce moment, les *Saint-Germain* firent fureur, et tous les gentilshommes désiraient posséder cet admirable chien.

On croit généralement que l'origine de ces chiens élégants et si brillants provient de l'accouplement d'un *fox hound* (chien à courre à renard) avec un pointer espagnol.

Cette race a fait souche, et est aujourd'hui une des plus belles qui existe.

Le pointer espagnol.

Puisque j'ai nommé le pointer espagnol comme souche du Saint-Germain, il trouvera sa place ici.

Ce bel animal à la tête large, au nez gros et carré, aux babines fortes, à l'ossature puissante, se fait de plus en plus rare. Si son aspect est lourd et un peu commun, il a des qualités grandement appréciées de nos pères.

Il est doux, extrêmement docile, ne court pas, marche d'un pas régulier, est toujours patient et sage devant les perdreaux, n'est ardent qu'au marais où il fait très bonne figure.

Son défaut est de se lasser très facilement, surtout en plaine. Il s'étouffe rapidement.

La couleur de la robe des pointers espagnols est entièrement rouge ou rouge et blanche.

Les *épagneuls anglais* ressemblent fort à leurs congénères de la France et du continent.

On en compte quatre espèces principales : le *setter*, le *springer*, le *cocker* et le *retriever*.

Le Setter

Le *setter* est un épagneul à longues soies, très élégant de formes. Sa taille est à peu près celle du pointer et sa vitesse est égale, il résiste à la fatigue, il chasse au marais, dans les terrains difficiles, va admirablement à l'eau et tient bien l'arrêt. C'est le chien de la chasse ardente et suivie.

J'ai eu une chienne de cette race, toute noire, le poitrail blanc cerclé de feu, les pattes lignées or et blanc, marquée de feu au-dessus des yeux, au nez, aux cordons des pattes et aux fesses, qui était bien la plus aimable et la plus fine bête de chasse que l'on puisse rencontrer. A la fois ardente et soumise et possédant un flair exquis.

Pourquoi la vie du chien est-elle si courte?

La variété noir et feu est la plus recherchée. Le setter irlandais et celui d'Europe ont tous les deux le pelage rouge brique.

Les Anglais apprécient hautement et avec raison, ce bel animal, il est très répandu en Écosse.

Le Springer

Cet épagneul possède un nez d'une finesse excessive ; son obéissance est passive et ses allures très lentes. Il avance sur le gibier avec une grande précaution ; son rôle est de traquer. Le spinger se fatigue très **vite.**

Le Cocker

Ce chien est spécialement réservé pour chasser le coq de bruyère (*grousses*). Il quête tout près du chasseur, battant de droite et de gauche, et tombant tout à coup en arrêt.

Le Retriever

Ainsi que son nom l'indique, cet épagneul est dressé à retrouver et à rapporter la pièce tuée ou blessée. Il ne marche que lorsque le maître en a donné l'ordre. C'est le chien de luxe par excellence, et on ne comprend bien son utilité qu'en Angleterre, au milieu de ces chasses seigneuriales où le sportman a un chien presque pour chaque pièce de gibier. Le *pointer* ne bouge pas; c'est, après le coup de feu, le *retriever* qui fait l'office de rapporteur.

Ce que les Anglais exigent du retriever, nous le demandons à tous nos chiens d'arrêt bien dressés.

Les retrievers les plus estimés sont de couleur noire brillante, leur tête doit être de la taille de celle du setter, à cette différence que les oreilles sont plus courtes et moins poilues. Le poil est frisé sur le dos et sous le ventre, les pattes sont moins fournies.

Nous citerons encore le *water spaniel* ou épagneul d'eau; le poil en est comme natté. Le water spaniel ne refuse jamais d'aller à l'eau, même au fort de l'hiver. Les *épagneuls de Norfolk*, l'*épagneul de Devonshire* et l'*épagneul clumber*.

CHIENS COURANTS FRANÇAIS

Les veneurs d'autrefois n'admettaient que quatre races dites royales et qui étaient :
Les chiens de Saint-Hubert ;
Les chiens blancs du roi ;
Les chiens fauves de Bretagne ;
Les chiens gris de Saint-Louis.

Cette classification en quatre races principales est encore adoptée pour la *filiation* de nos chiens français, qui forment aujourd'hui neuf ou dix espèces bien caractérisées.

Les chiens courants se reconnaissent à des caractères généraux bien distincts : jambes longues et bien proportionnées à la longueur du corps; cuisses charnues et nerveuses; le jarret attaché à la bonne hauteur, sans être ni trop droit ni trop courbé; poil tout blanc ou d'un blanc marqué de noir, de brun ou de fauve; les oreilles longues, larges, minces et pendantes; la tête busquée, un peu carrée sans être forte; le corps plein, allongé; la queue bien attachée, grosse à l'origine, et recourbée en avant.

Le chien normand

Cette race est éminemment belle; malheureusement elle devient de plus en plus rare, à cause du croisement que l'on en fait avec les chiens anglais. Cependant disons tout de suite que ce croisement produit le type *anglo-normand* très apprécié à juste titre et très employé aujourd'hui. Le chien normand a la tête forte et nerveuse, le museau gros et les babines tombantes; le front superbe et parfaitement délié, un beau corsage et une gorge sonore :

Le fond et l'odorat de ces chiens sont choses proverbiales. Le plus sûr de tous pour rapprocher un animal, le normand ne laisserait rien à désirer s'il était plus vite.

Sa façon de chasser est sans pareille.

Le Vendéen

Le vendéen pur sang est intrépide à la chasse et facile à rallier, il se distingue par de grandes aptitudes pour la chasse. Une belle meute de vendéens est magnifique et l'on peut se fier à elle. Leur vitesse les fait rechercher pour la chasse au cerf qu'ils parviennent toujours à forcer.

Les vendéens ont la tête nerveuse, l'oreille souple, mince, longue et tombante, le poil court et fin, le fouet effilé. Ils chassent mieux pendant les chaleurs que par un grand froid. On ne leur reproche qu'une chose : une voix faible.

Le *griffon vendéen*, qui est une variété de vendéen à poil ras, attaque bravement le loup et le sanglier qu'il chasse fort bien. Aucun dépisteur ne l'égale pour suivre une voie dans les ruisseaux et dans les marais. Il court aussi le cerf et le chevreuil, mais il a peu de fond.

Le chien de Poitou

Le chien de Poitou est plein de sang : sa tête, sèche, est nerveuse et admirablement attachée sur une large encolure. Son nez est long et busqué. On distingue sur l'os frontal, deux petites bosses saillantes. Les formes sont plus musculeuses que fines. Son poil long, gros et d'un ton sale, est abondant aux fesses ; il évente le gibier à des distances considérables, il est passionné pour le loup ; actif, prompt aux expédients ; il est par-dessus tout un limier capable de relever de *hautes erres*.

Le chien de Poitou chasse très bien le lièvre.

Les chiens du *haut et du bas Poitou*, issus d'un croisement avec les chiens du Saintonge, sont de haut nez et ont des voix de tonnerre. Ils sont généralement blancs et noirs.

Le chien de Bresse

Cette race se trouve en Franche-Comté et dans les Vosges ; elle est de la famille des petits hurleurs. La robe est blanche constellée de taches fauves. Les oreilles sont de longueur moyenne. Ces chiens chassent le lièvre avec un entrain merveilleux.

Le chien de Saintonge

Ce chien, dont l'odorat est exquis et la vitesse prodigieuse, est remarquable par sa grande taille et sa construction élégante. Son pelage est d'un beau blanc argenté avec des taches noir d'ébène. Ses oreilles également noires, sont teintées d'un feu pâle. Sa patte est sèche et allongée, sa queue effilée, sont rein arqué. Il est très beau dans les plaines et sur les côteaux. Sa haute taille le gêne dans les fourrés. On peut lui reprocher sa manière de hurler qui retarde ses mouvements ; mais il a bientôt regagné le terrain perdu et arrive toujours un des premiers.

Le chien de Gascogne

Les chiens de Gascogne ont été célèbres de tout temps. Gaston Phébus en parle et Henri IV s'en servait pour chasser le loup. Ils sont caractérisés par des formes robustes, un peu épaisses, une tête expressive, forte et coiffée de long, un corsage allongé et médiocrement râblé. La voix est belle, et ils possèdent une grande finesse de nez. La race est grande, ils ne se tiennent pas au-dessous de 76 centimètres. La variété de Toulouse se distingue par des marques couleurs sang de bœuf.

On reproche aux gascons d'être lents, mais en revanche ils ne quittent jamais la voie.

De l'alliance du chien *gascon* avec le *saintongeais* est sortie une espèce fort appréciée, et qui forme le chenil renommé du comte de Carayon-Latour, sous le nom de meute de *virelade*.

Cette superbe race a toutes les qualités qui de tout temps ont distingué les chiens français : une grande finesse de nez et une menée noble et droite. Ils sont d'une vigoureuse santé, ardents, actifs.

Ils chassent le loup d'amitié, et le lièvre avec une rare perfection.

Le *chien de Bordeaux* et le chien *bleu dit Foudras* sont croisés Saintonge et Gascogne.

Le Briquet ou chien d'Artois

Le briquet français est le type du chien destiné à la petite vénerie; il est par excellence le chien des nombreux chasseurs de notre pays à qui la fortune ne permet pas l'entretien d'un somptueux équipage ; c'est lui qui doit figurer dans le chenil de tous ceux qui ne comptent pas par douzaines les couples de leur meute, et qui n'ont pour courir un lièvre, un chevreuil, ni piqueurs, ni chevaux de sang.

Sous des apparences réduites, le briquet offre toute l'élégance des formes que nous retrouvons encore aujourd'hui chez les rares représentants de nos vieilles races nobles, les vendéennes, les saintongeoises, etc., etc.; mais il a conservé de plus que ces dernières la vigueur, la santé, la rusticité en un mot, qui rendent son élevage facile et peu dispendieux.

Presque toujours entreprenant, de haut nez, bien gorgé, ses défauts naturels sont le résultat de l'exagération de ses précieuses qualités. Pour qu'il devienne un chien parfait, il suffit qu'une éducation sage l'habitue à contenir son ardeur native.

Cette race donne bien de la gorge : elle tient longtemps sans se fatiguer : elle est juste à la voie, ardente et sage.

Le briquet d'Artois à la tête courte, large du haut, l'œil gros, les oreilles longues et plates, le rein large, la queue fournie, les pattes fortes. Son pelage blanc est marqué de noir et quelquefois tricolore. Sa taille ne dépasse pas 55 centimètres.

Le briquet a la vaillance du chien de meute, il est plus lent, mais non moins sûr.

Il est excellent dans les chasses de petite étendue, le chasseur modeste qui possède 4 briquets de même pied peut faire de ravissantes chasses. Le briquet chasse tout.

Le chien basset

Les bassets se divisent en deux classes : bassets à jambes droites, et bassets à jambes torses. Il y en a de tous les les poils et de toutes les couleurs. La tête du basset est d'apparence un peu vieillotte, longue et pointue au museau ; les oreilles sont longues et pendantes ; le cou épais et le corps allongé ; la queue longue et mince ; les membres très courts. Dans les variétés à jambes torses, les pattes sont contournées en dehors.

Malgré son étrange conformation, le basset est vigoureux, il se tient bien en meute et sa voix sonore s'entend de loin.

La robe des bassets est de couleurs variées, tantôt blanche, marquée de noir, striée de fauve, tantôt unicolore, marron ou noire avec des taches de feu au dessus des yeux et aux jambes.

On tue beaucoup de gibier avec ces bassets à cause même de leur allure lente. Le lièvre, le lapin, le chevreuil même, trottinent devant eux, sautent par ci par là et offrent au chasseur l'occasion fréquente de tirer.

A huit ou neuf mois, les bassets sont bons à conduire en chasse.

Je conseille les bassets aux chasseurs qui n'ayant pas de meute ont cependant quelques centaines d'hectares de bois, ces bonnes petites bêtes aptes à tous les gibiers, chevreuil comme renard leur donneront de grandes jouissances et leur feront tuer plus de gibier que deux ou trois chiens de haute taille qui auront vite lancé le lièvre ou le chevreuil sans espoir de retour.

Je ne parlerai que pour mémoire du *lévrier* dont l'usage a été interdit en France par la loi de 1844. Les préfets seuls, dans quelques cas spéciaux où ces chiens paraîtraient indispensables pour la chasse des animaux nuisibles, peuvent en autoriser momentanément l'usage. Je ne sache pas qu'on pourrait s'en servir utilement pour les animaux nuisibles, tels que sangliers, biches, etc. Le renard tout au plus pourrait être pris par eux, s'ils s'y donnaient. Le *lévrier* demeure donc un animal de luxe.

On reproche au lévrier son peu de fidélité, mais on doit attribuer, je pense, ce prétendu défaut à l'infériorité de son odorat qui l'expose souvent à perdre la trace de son maître surtout dans les foules. Le lévrier, on le sait, ne chasse qu'à vue.

Chiens courants anglais.

Les équipages anglais actuels se composent de trois groupes de chiens courants connus sous le nom de : 1° *stag-hounds, southern hounds, fox-hounds ;* 2° *harriers ;* 3° *beagles.*

Les premiers s'emploient pour les chasses au cerf, au daim et au renard, les *harriers* et les *beagles* pour la chasse au lièvre.

Les *stag-hounds* provenaient des chiens noirs et blancs de Saint-Hubert et des chiens fauves de Bretagne ; on en a tiré les *blood hounds* ou *chiens de sang* ou limiers anglais qui furent longtemps employés en Amérique pour traquer les nègres marrons. On en a tiré aussi les *southern hounds* chiens moins vites.

Le *fox-hound* les a aujourd'hui à peu près remplacés. Le chien à renard comme son nom l'indique, tient du lévrier, c'est aujourd'hui le favori des sportmen anglais. Il tient un peu de toutes les races possibles ; sa vitesse est grande, il est d'une belle constitution. C'est un joli chien, à poitrine large, à jambes droites, à queue bien garnie et légèrement recourbée. Son oreille est petite placée haute et plate. Le *fox-hound* est docile et facile à mettre en meute ; il retraite gaiement après les chasses les plus fatigantes. Il existe plusieurs variétés de *fox-hounds* ce qui prouve que les maîtres d'équipage ont changé plusieurs fois leurs races.

Les *harriers* dont le nom a pour racine le mot *hase* (lièvre) sont spécialement destinés au lièvre. En résumé, c'est un diminutif du *fox-hound* dont il garde la large poitrine, le corps allongé et la tête forte.

La race pure du *harrier* paraît perdue, et ceux que l'on voit aujourd'hui sont considérés comme de petits *fox-hounds* mieux coiffés cependant et mieux gorgés. Ils sont doués d'une grande finesse de nez.

Le *beagle* diminutif du grand chien courant, correspond à notre briquet. Cet animal est bien râblé, ramassé sur lui-même, a la poitrine large, les pattes de devant solides et musculeuses, le train de derrière nerveux et bien découpé, le museau est allongé, les oreilles larges en forme de feuilles de choux reviennent un peu en avant sur le museau par la pointe.

Les *beagles* ont une voix très harmonieuse et un odorat très fin. Bien que destinés au lièvre, ils peuvent chasser le sanglier et le loup.

Mais, comme ils sont assez lents d'allures, ils conviennent mieux à la chasse au lièvre dont ils permettent de suivre toutes les péripéties.

On en trouve à poil ras et à poil rude, tricolores ou seulement blancs et noirs.

Vendéen à poil ras.

Chiens anglo-français.

L'introduction en France du sang anglais a eu pour conséquence, la création de races intermédiaires.

En parlant du chien normand de haute race, j'ai dit que, croisé avec la race anglaise, il avait produit un bâtard très prisé : l'*anglo-normand*.

Dans la race *anglo-française*, on retrouve les qualités distinctives de ses aïeux français réunies à celles qu'elle tient du sang anglais.

Ainsi les bâtards *anglo-normands* sont de beaux et grands chiens de chasse, pleins de vitesse, forçant un chevreuil en deux heures, incomparables pour la chasse au lièvre, criant bien et la voix superbe.

Nous avons encore les *anglo-poitevins* et les *anglo-saintongeois*.

Tous ces anglo-français sont des chiens réellement ravissants, de toute beauté et peuvent être classés comme des chiens de race.

L'aspect du chien bâtard est celui-ci : haut sur pattes, poitrine large, tête moins allongée que celle des saintongeois et des « gascons, » oreilles également moins longues, queue forte et arquée et voix tonnante.

La grande majorité des meutes françaises se compose aujourd'hui de chiens anglo-français.

L'inconvénient de ces meutes est de ne pouvoir se recruter en elles-mêmes.

Le *chien terrier* ou *bull terrier* est un métis de création anglaise, très répandu en France aujourd'hui.

Il peut remplacer les bassets pour la chasse du blaireau et du renard. Il est vif et adroit, dur au mal et fort hardi. Les plus petits sont les meilleurs parce qu'ils peuvent se glisser dans les trous.

DU CHIEN COURANT

La beauté d'un chien est dans les oreilles.

La bonté se trouve dans le nez, dans son ardeur, dans sa sûreté de coup de gueule et dans les jarrets.

Voici les qualités extérieures que doivent avoir les chiens que vous voulez acheter : le pied sec, petit, nerveux et allongé, les jambes nerveuses ; le jarret droit, la cuisse bien gigotée et bien détachée du corps, la queue forte près des reins relevée en trompe et terminée en aiguille. Ils doivent être plus haut du derrière que du devant comme chez les lièvres, c'est un signe de vitesse. La tête doit être plus longue que grosse ; le front large, les naseaux ouverts, l'oreille plate et tombante.

Après avoir acheté des chiens, il faut les essayer sur-le-champ.

N'achetez jamais des chiens sur leur bonne mine.

Voyez d'abord si les chiens marchent bien étant couplés ; s'ils doublent le pas et se retournent au commandement, que vous ayez deux, quatre ou six chiens, le point capital est qu'ils soient du même pied.

Un chien trop vif ruine une meute.

En outre, point de chiens trop vites, surtout si la chasse que vous avez est petite ; dans les chasses de peu d'étendue, des chiens de grande vitesse vous feraient souvent perdre le fruit de votre chasse. L'animal une fois sur pied prendrait immédiatement un parti et jeté incontinent hors du bois ne vous donnerait pas l'occasion de le tirer.

Si vous pouvez avoir un bon nombre de chiens, réservez en deux pour le lapin ; un couple de bassets fera l'affaire, mais ne mettez point ceux destinés au lièvre, à la chasse au lapin. Étant donné un équipage bien monté, ayez des chiens spéciaux pour le lièvre et le chevreuil en un mot qui ne chassent que ces animaux-là. Choisissez parmi vos chiens, un ou deux ou trois individus à qui vous ferez mépriser les voies des bêtes qu'ils ne devront point chasser. Pour ce, ne leur faites voir, sentir et surtout manger que de l'animal auquel vous les destinez.

Il faut en outre que l'odorat du chien s'accoutume à la bête qui est devant lui et qu'il la distingue entre toutes.

Les vieux chiens seuls sont hardis dans le change. Aussi, une bonne clef de meute, c'est ainsi qu'on nomme le chien qui mène, est très utile car elle entraîne les hésitants et les novices.

Une bonne meute doit chasser d'ensemble le nez collé à la voie sans écarts ni de droite ni de gauche et suivant l'expression pittoresque consacrée on doit quand elle passe pouvoir la couvrir en entier avec un manteau.

Afin de ne pas perdre vos chiens en chasse, prenez l'habitude de les sonner pour la soupe et toutes les fois que vous voulez les faire venir à vous. Habitué à cet appel un chien égaré dans les bois reviendra.

Moins on a de chiens et plus ils doivent être bons. Leur éducation doit être beaucoup plus exacte. Dans une meute nombreuse, le remède est à côté du mal ; si un chien tombe en défaut, il est relevé par un autre ; tandis que deux chiens pas très bons se vicient l'un l'autre.

Le chien courant doit être mené plus durement que le chien d'arrêt : avec une meute les coups de fouet sont de rigueur. Toutefois, il ne faut pas perdre de mémoire que les corrections non méritées ont toujours un résultat déplorable et que bien que plus durs et plus farouches que les chiens d'arrêts, les chiens courants sont sensibles à la douceur.

Dans les débuts, usez d'une grande sévérité ; par la suite, vous les châtierez moins souvent ce qui vaudra mieux. Les chiens ont une grande mémoire du coup de fouet et ils jugent.

Le chasseur doit être aimé et craint, de plus, tellement connu de tous qu'ils obéissent au premier mot sortant de sa bouche. Quant à lui, il doit les connaître tous par leur nom en eût-il cinquante et ne jamais se tromper en les appelant. Si vous n'en avez que quelques-uns vous devez être très familiarisé avec leur voix et connaître aux premiers sons celui qui chasse.

Les chasseurs qui ont une meute l'entretiendront par la reproduction ; s'ils n'en ont pas, ils s'en créeront une. Qu'ils choisissent d'abord une lice de bonne race et la fassent couvrir par un beau et bon chien, que l'un et l'autre soient âgés de deux ans au moins. Une fois l'âge de six ans arrivé, le chien donne des produits moins vigoureux ; quant à la chienne elle est bonne tant qu'elle prend chaleur

Ne pas oublier que l'éducation se transmet. Ainsi, une lice couverte par un beau et bon chien qui n'a pas chassé donnera de moins bons produits que celle couverte par un chien dont lui et les ascendants ont constamment pratiqué la chasse.

Il est très important de mettre les lices à part dès qu'elles entrent en chaleur afin de savoir quel chien les a fécondées.

Je crois bon de recourir aux Anglais dans la formation de leurs équipages.

Ceux-ci ont grand soin de croiser les caractères de leurs chiens.

Ainsi, ils accoupleront un chien vif, turbulent avec une lice nonchalante ; s'il est jeune, on lui donnera une femelle plus âgée.

Quelques auteurs recommandent bien d'éviter les alliances au premier degré. J'ai cependant vu de ces alliances-là. Par exemple : la fille avec le père donner des produits admirables. Cependant, ce que j'admets facilement, c'est que ces produits, pour conserver leur qualité, ne doivent pas se croiser de nouveau : pour eux, je conseille le changement de sang. La race dégénérerait forcément.

Sur deux espèces de chiens ayant chacune des qualités différentes, il est évident que, par des croisements successifs, vous parviendrez à retrouver dans un seul individu les qualités réparties dans les deux espèces.

Un chasseur qui observe et a beaucoup d'expérience, peut, par des croisements bien entendus, arriver à obtenir des chiens d'une sagacité incomparable.

Ce que je dis pour les chiens courants s'applique aux chiens d'arrêt.

LE CHENIL

La première qualité du logement des chiens, c'est qu'il soit salubre. Or, pour cela, la principale condition est que ce logement soit sec. L'agencement d'un chenil peut varier suivant les différentes espèces de chiens de chasse que l'on veut y renfermer : chiens lévriers, chiens courants, chiens d'arrêt ; mais les principes hygiéniques qui doivent présider à la construction sont les mêmes.

On bâtira le chenil avec du plâtre ou de la chaux. Il sera exposé autant que possible au levant, placé sur un lieu élevé, à l'abri du froid et de l'excès de la chaleur et de l'humidité.

La lumière et surtout l'air doivent y pénétrer abondamment. On y entretiendra de l'eau fraîche en grande quantité. Les principales maladies des chiens, surtout des chiens agglomérés, sont les maladies cutanées. On tiendra donc leur habitation dans un état constant de grande propreté. Il faudra aussi distribuer les ouvertures de manière à éviter les courants d'air.

Naturellement, l'étendue du chenil est proportionnée au nombre de chiens qu'on a à y loger. On établit les mesures pour la construction sur cette donnée qu'il faut environ 0^m,80 centimètres par animal. Un compartiment de 25 mètres carrés peut contenir trente à trente-cinq chiens. Les loges seront recouvertes en lattes et paille avec ciment, le tout légèrement incliné et revêtu d'une planche sur laquelle on fixera une feuille de papier goudronné sablé de petite ravine. J'estime que le zinc est trop chaud en été et les ardoises, les tuiles trop froides en hiver.

Le sol devra être pavé en briques ou garni d'un bon ciment; on aura soin de l'incliner légèrement afin de favoriser l'écoulement des urines.

Le banc des loges ou lit, sera élevé à 25 centimètres du sol environ.

Une excellente disposition, consiste à bâtir le chenil en forme de rotonde ou de demi-cercle. On fait rayonner toutes les ouvertures sur les cours affectées aux différentes catégories de chiens et séparées dans ce but par des treillages en fil de fer ou en bois. La cour sera sablée et on y plantera un arbre ou quelques arbustes, afin d'abriter les animaux contre l'ardeur du soleil. Au milieu de la cour ou devant chaque compartiment un bassin cimenté contenant de l'eau que l'on renouvellera chaque jour.

Un des chenils les mieux conditionnés est celui de la *Chasse illustrée* établi à Asnières et fondé par M. Bellecroix rédacteur en chef de la *Chasse illustrée* et M. Alfred Firmin-Didot.

Ce chenil, construit dans les meilleures conditions, est aussi un des plus riches de France. Il renferme, à l'heure qu'il est, environ trente-cinq chiens, et tous chiens à parchemins.

Je n'en citerai que deux connus de l'Europe entière :

L'illustre *Goth* et l'incomparable *Juno*.

Le pédigrée de Goth remonte à quatre-vingts ans et la bête est estimée six mille francs !

Vous voyez que ce n'est pas un petit denier. Les saillies annuelles de Goth sont numérotées et paraphées; et les chiennes qui ne peuvent produire un nombre sérieux de quartiers de noblesse, ne peuvent lui être présentées. J'ai dit plus haut que ma chienne Love avait été croisée par lui.

Je n'ai pas besoin d'ajouter que le chenil de la *Chasse illustrée* n'est composé que de chiens anglais.

Mon confrère, M. Ernest Bellecroix, est le champion né de la race anglicane; et c'est à lui qu'est due l'initiative de la transformation qui, depuis quelques années, s'introduit graduellement dans les chenils français.

Frappé de la décroissance et du délaissement dans lequel tombaient nos races françaises, il s'est attaché par ses écrits, tant dans la *Chasse illustrée* que dans ses ouvrages, à démontrer la supériorité du chien anglais.

Je puis presque dire qu'il consacre sa vie à cette démonstration, non seulement théorique, mais encore pratique.

Lisez ses ouvrages et voyez ses chiens sur le terrain et il vous sera démontré que les chiens anglais sont les seuls chiens d'arrêt possibles. Il soutient en ce moment une lutte terrible contre les vieux us et coutumes et surtout contre la routine; il a bien des atouts en main pour gagner la partie, et malgré les partisans quand même du fusil à pierre et des ustensiles inhérents au susdit fusil, — chiens et autres accessoires *ejusdem farinæ*, — il voudra vous convaincre que hors les chiens anglais, il n'y a point de salut.

Celui qui n'a pas chassé avec un excellent pointer, dit-il, ne peut se douter de ce qu'est la chasse au chien d'arrêt et de ce que l'on peut obtenir de ces magnifiques bêtes!

Le chenil de la *Chasse illustrée* est appelé, croyons-nous, à un grand avenir dans le sport cynégétique.

A M. Ernest Bellecroix reviendra l'honneur d'avoir écrit les premières pages du livre d'or des chiens en France.

Point n'est besoin de dire que le chenil doit être entretenu dans une propriété excessive.

Dès le matin de bonne heure on fera descendre les chiens des bancs sur lesquels ils sont couchés. Si c'est l'hiver on enlèvera la paille pour en mettre de nouvelle. L'été, je trouve préférable de les faire coucher sur la planche nue. — On balayera et on brossera cette planche à l'aide d'une brosse en chiendent, et l'on empêchera les chiens de remonter avant que le plancher soit bien sec. On visitera les chiens afin de leur enlever les tiques soit en les arrachant, soit en les frottant d'huile.

A onze heures, on leur donne le déjeuner qui doit se composer, pour les chiens courants, de soupe faite avec de la graisse et, quelquefois, un peu de déchets de viande. La soupe ne doit pas être trop claire et il faut veiller à ce qu'elle soit toujours absolument froide. C'est pourquoi nous engageons à la faire la veille au soir.

Après le déjeuner, faites leur faire une promenade, puis réintégrez-les au chenil et ayez soin que leur récipient ou gamelle soit toujours plein d'eau. Si vous n'avez pas de récipient cimenté en terre, servez-vous de gamelles en fer. Les jattes en bois corrompent l'eau qui finit par devenir verdâtre malgré tout le soin que l'on prend pour les entretenir.

Dans la saison des chasses vous devez leur donner de la soupe deux ou trois fois par jour.

En autre temps, si vous n'en donnez qu'une fois, il faut que la portion soit forte.

Si le chenil est nombreux, on doit appeler les chiens chacun par leur nom en ayant soin de faire commencer le repas par ceux dont vous avez constaté la timidité, car les autres mangeraient tout et les jeunes et les délicats ne pourraient, si l'on n'y veillait, satisfaire leur appétit et ils dépériraient bien vite.

Pour un seul chien d'arrêt, une bonne loge portative, en bois, reposant sur quatre pieds de 15 centimètres qui l'isolent du sol, suffit. — Le chien d'arrêt est souvent libre, c'est l'hôte de la maison.

DE L'ÉLEVAGE DU CHIEN

Le chien commence à être pubère entre le huitième et le dixième mois. Mais il ne faut jamais permettre accouplement à cet âge. Les animaux arrivés à leur complet développement donnent seuls de bons et beaux produits.

Les petites races sont plus précoces que les grandes; il faut donc prendre cette base : douze mois pour les petits, dix-huit pour les intermédiaires et deux ans à deux ans et demi pour les grands.

Gardez votre chienne jusqu'à deux ans et demi et même trois ans si vous le pouvez, les produits que vous en obtiendrez n'en seront que meilleurs. Toutefois, n'oubliez pas qu'une obstination trop prolongée à l'empêcher de satisfaire la loi de la nature peut être préjudiciable à sa santé et la rendre fort malade. Quelques auteurs prétendent qu'elle peut devenir enragée.

Jusqu'à deux ans, il n'y a pas de danger; mais à partir de cet âge, on doit la surveiller attentivement, et si l'exercice fréquent, les bains n'agissent pas, si vous la voyez triste, abattue et que les signes de *folie* s'accentuent et persistent, n'hésitez pas à lui donner le mâle.

On a constaté que les chiennes livrées à elles-mêmes préfèrent toujours les chiens de grande taille quelque laids et disproportionnés qu'ils soient.

Une chienne de race conserve toujours quelque chose du premier mâle qui l'a couverte; voilà pourquoi il est indispensable de bien choisir quand même vous ne voudriez point conserver les petits, afin que le descendant futur soit pur de tout alliage.

Mais comme je ne m'adresse qu'à des chasseurs soucieux, je l'espère, de conserver et de perfectionner les races, il n'est pas besoin d'insister sur ces vérités.

En outre, et ceci doit passer à l'état d'axiome :
Ne faites jamais accoupler votre chienne avec un chien fût-il de race pure et irréprochable, si ce chien n'a pas l'*habitude de chasser;* car il ne faut pas se dissimuler que l'éducation se transmet, et deux *chiens de race qui ne chassent point* donneront des produits inférieurs ; et ceux-ci à la seconde génération donneront des chiens chez lesquels on ne retrouvera pas les qualités qu'on rêvait : ils auront même des défauts, c'est pourquoi je récuse tout étalon qui n'a que la qualité d'être étalon.

Pour une chienne de race, je préférerais un bon chien non pur de sang, mais qui chasse depuis qu'il est né, aussi ne suis-je pas très partisan de donner les chiennes à couvrir par des chiens de réserve que l'on trouve soit au jardin d'acclimatation soit dans certains chenils établis pour la reproduction. Vous avez quelquefois de *beaux* chiens ; mais souvent des *rosses*.

'ai pour corroborer mon opinion l'avis de beaucoup d'excellents chasseurs.

La chienne porte soixante-deux à soixante-trois jours.

Quand une chienne est pleine, l'exercice qu'on lui fait prendre doit être accru jusqu'à la sixième semaine et pris régulièrement chaque jour en évitant tout effort violent, soit en galopant soit en sautant. Une chienne de prix doit être conduite en laisse la dernière semaine. Faites lui faire de l'exercice jusqu'au dernier jour.

Pendant les dernières semaines, régler la nourriture suivant l'état de l'animal : diminuer s'il est trop gras, augmenter s'il est trop maigre. Un embonpoint excessif rend la parturition pénible ; il peut par suite rendre la fièvre de lait plus grave.

La nourriture pendant la dernière semaine, doit être très humide. On fera bien de lui donner du lait et du bouillon de veau.

Si la lice occupe ordinairement un chenil de bois avec le lit en planches, n'y changez rien. Toutefois, vous pouvez clouer sur une planche à rebords un morceau de tapis et l'installer à quelques pouces du sol : recouvrez ensuite le tout de paille fraîche. Le tapis est utile parce qu'il permet aux petits d'y enfoncer leurs griffes lorsqu'ils tètent.

Au moment où la lice met bas, elle doit jouir d'un repos absolu. Son maître et les personnes qui lui donnent à manger doivent seules en approcher. Pendant la parturition, il ne faut lui donner aucune nourriture. Dès que le travail est terminé, présentez lui à boire du lait tiède coupé de moitié d'eau. On renouvellera la dose toutes les deux ou trois heures. A moins que vous ne soyez dans les grands jours de chaleur, évitez de lui donner à boire froid pendant les trois premiers jours. Au cas où vous ne pourriez vous procurer du lait, offrez lui du bouillon faible dans lequel vous aurez fait cuire de la farine d'avoine.

Lorsque la sécrétion du lait est bien établie, on donne une nourriture un peu plus substantielle, mais les aliments doivent être humides. Quant

Chien de Saintonge.

à la viande, je la proscris absolument pour les chiens d'arrêt; donc il serait très imprudent d'en donner à ce moment, car vous pourriez déterminer une inflammation.

Pour les chiens courants qui sont habitués à en manger quelquefois, il ne faut pas les en priver absolument.

Ayez soin, dès le premier jour, d'encourager la chienne à quitter ses petits deux ou trois fois par vingt-quatre heures, afin qu'elle puisse satisfaire ses besoins et prendre l'air.

Quand la sécrétion du lait est bien établie, on peut lui faire prendre une heure d'exercice par jour.

La meilleure nourriture pour une chienne qui nourrit, est du pain et du lait.

Lorsqu'on veut détruire la portée tout entière, il faut agir avec précaution afin d'éviter le danger réel qui peut survenir d'une suppression totale.

Si l'on ne veut pas lui laisser élever un seul de ses petits, il faut les lui prendre immédiatement après leur naissance : attendre quelques jours, même en certains cas, quelques heures, c'est exposer la mère à la fièvre de lait.

On se sert aussi quelquefois à la mode anglaise de lices nourricières. Le bull terrier est excellent pour cet office.

Il est inutile de s'occuper du sevrage des petits chiens ; la mère sait tout ce qu'elle doit faire. On leur donne de la soupe dès qu'ils veulent en manger. Le seul soin que l'on ait à prendre est de les maintenir dans une extrême propreté. Ne caressez pas à chaque instant les petits chiens vous les empêcheriez de grossir.

Les éleveurs sont en désaccord sur les principes qui doivent guider dans le choix d'un chien.

Les uns prennent les plus lourds, d'autre les derniers-nés ou les plus longs de la portée, d'autres se laissent influencer par la couleur.

Pour les chiens de fantaisie, je préfère la couleur qui a une importance capitale.

Pour les lévriers, ce sont les performances qui déjà sont indiquées.

Pour les setters et les pointers, je préfère une seule couleur :

Règle générale : si la lice est excellente et que vous vouliez un mâle, prenez celui qui lui ressemble. Si l'étalon est excellent, choisissez les chiennes de sa couleur. La fille tient du père et le fils de la mère. Cet axiome vrai chez les hommes, l'est également chez les bêtes.

Si vous pouvez conserver les chiens jusqu'après le sevrage, votre choix sera beaucoup plus facile, vous prendrez les plus vigoureux, ceux qui ont le plus d'embonpoint tout en procédant comme j'ai dit plus haut pour la couleur.

L'allaitement des jeunes chiens dure d'ordinaire six à huit semaines, mais il peut être prolongé ou abrégé suivant les circonstances.

Les jeunes chiens doivent être nourris d'une façon suffisante, mais non avec excès.

Pour faire passer le lait d'une lice, soit qu'on ait enlevé les jeunes chiens à leur naissance, soit que l'allaitement soit terminé, frottez les mamelles deux fois par jour avec du blanc d'Espagne délayé dans du vinaigre. Vous en faites un cataplasme que vous étendez tout le long du ventre. Répétez cette opération pendant huit jours et faites-lui en même temps boire du petit lait ou une décoction de persil bouilli dans du lait. Au bout des huit jours, purgez-la deux fois, à deux jours d'intervalle, avec 30 grammes d'huile de ricin.

Les jeunes chiens ont des fleurs de lis ou dentelures sur toutes les dents de devant; à 2 ans, la fleur de lis s'efface aux incisives antérieures; à 3 ans aux deux moyennes; à 4 ans, les lobes des dents latérales ont disparu; à 5 ans, le chien ne marque plus.

A mesure que le chien vieillit, les dents deviennent jaunes et inégales; le poil blanchit sur le museau, sur le front et autour des yeux.

La croissance d'un chien est complète à 2 ans. La vieillesse commence à 10 ans. Sa vie est de 15 à 20 ans.

Elevez, de préférence, les jeunes chiens au printemps; ils sont déjà forts quand vient l'hiver.

La Nourriture

Il faut bien nourrir les chiens, mais on doit avoir grand soin de leur donner leurs repas régulièrement, à des heures déterminées, et éviter une surabondance qui les alourdirait et les rendrait trop gras.

Je ne suis pas d'avis, même pour les chiens courants, de ne donner à manger aux chiens qu'une fois par jour. Diminuez, si vous le voulez, la portion du matin et donnez-en une autre le soir.

Première portion, onze heures du matin; seconde à sept heures du soir.

Ne changez jamais l'heure de la soupe. Mais si vous devez chasser, donnez-leur un morceau de pain sec avant de partir.

Pour une meute de chiens courants, employez de la pomme de terre mélangée de farine d'orge et d'une petite portion de pain de cretons, ou marc de suif, dans la proportion d'un dixième environ; le tout bien cuit et servi *froid*. Variez souvent avec du pain d'orge ou de seigle, de l'eau de vaisselle, ou de la gélatine et quelques débris de viande.

Si la viande, en petite quantité du moins, est nécessaire pour les chiens courants, je la proscris absolument pour le chien d'arrêt, qui ne doit manger que de la soupe faite avec du pain, de l'eau et un peu de graisse. De plus, comme le chien d'arrêt est le commensal de la maison, il aura souvent les dessertes de la table.

La viande donnée aux chiens d'arrêt leur est très préjudiciable; elle peut, distribuée à l'ordinaire, provoquer des maladies cutanées, leur rendre les yeux chassieux et leur faire tomber le poil. Quant aux os trop durs, ils ont pour résultat de leur rendre la dent dure et de leur faire quelquefois dévorer le gibier; les os de poulet et de pigeon sont seuls exceptés.

Cependant je conseille de donner de temps à autre de la viande au jeune chien jusqu'à l'âge d'un an. Il lui faut une nourriture substantielle pour pouvoir supporter la maladie qui, de 8 à 14 mois, menace ces intéressants animaux. En outre, vous pouvez lui donner de la soupe trois et quatre fois par jour.

Maladies des chiens

Un chasseur doit pouvoir lui-même soigner ses chiens sans avoir recours à un vétérinaire, si ce n'est pour les cas graves. Or, les cas graves sont les blessures faites par les sangliers, ou les andouillers d'un cerf, les morsures de loups, les membres cassés, les empoisonnements.

Encore, pour les cas précités, il doit être à même de donner les premiers soins qui empêchent le mal d'empirer et rendent plus facile la tâche du vétérinaire.

Pour les chiens bien soignés, on n'a souvent à redouter que ce qu'on appelle *la maladie*.

Parlons d'abord des blessures faites à la chasse et qui sont, pour les chiens courants, ce qu'est le coup de feu ou de baïonnette pour le soldat dans la mêlée.

Les andouillers d'un cerf sont plus dangereux pour les chiens que les défenses. Celles-ci déchirent ordinairement la peau sans léser les parties vitales; tandis que les autres perforent souvent gravement. Toute blessure, toute plaie se guérit en imbibant la partie lésée avec de l'eau, de la thérébentine dans laquelle on fait dissoudre un jaune d'œuf.

Ainsi, pour un coup simple d'andouiller ou de défense, rapprochez les lèvres de la plaie, mettez une compresse de cette solution et mouillez-la trois ou quatre fois par jour. Si le chien a été décousu et que les boyaux sortent, le cas est plus grave.

On emporte le chien dans la maison la plus voisine, en ayant soin de l'envelopper d'un mouchoir ou d'une serviette afin de maintenir l'intestin. On le couche sur une table, sur le dos ou sur le côté, suivant la meilleure position. On se couvre les mains d'huile fraîche, et on fait tiédir de l'eau. Avec l'eau tiède on lave doucement les intestins sortis, afin qu'il n'y reste pas la plus petite malpropreté ni aucun corps étranger. Pour plus de précaution, on les place dans un plat huilé et chauffé; après un nettoyage minutieux on les replace dans la cavité du ventre dans l'état où ils étaient auparavant. Après quoi il faut recoudre la peau. La suture s'opère aux moyens d'une forte aiguille et de bon fil tous les deux huilés. Cousez la peau à larges points avec de grandes précautions afin de ne point attaquer les intestins. On traverse la peau une fois en dessus et une fois en dessous, et on arrête chaque point par un nœud.

Ensuite on enduit de cérat ou de saindoux la couture et on l'entoure d'un bandage. Puis, le blessé est mis dans un lieu sec et chaud.

Pendant huit jours, le régime consiste en lait coupé de moitié d'eau et distribué en abondance.

Le quatrième jour on lève l'appareil et on lave la plaie avec du vin et de l'huile bien battue. Quand on revient à la soupe on multiplie les rations pour ne pas les donner trop abondantes.

Les chasseurs qui possèdent des équipages bien montés pour le cerf ou le sanglier, ont soin de faire transporter par avance sur le terrain de la chasse, la pharmacie nécessaire en pareille occurrence.

La Maladie

Les jeunes chiens sont sujets à un mal interne qu'on appelle *la maladie des chiens*. C'est une maladie terrible dont beaucoup de jeunes chiens meurent, — notez que ce sont toujours les plus beaux, — et qui laisse quelquefois des traces indélébiles, telles que : une constante salivation, des attaques semblables à l'épilepsie, des contractions de membres et même de la tête, parfois aussi la paralysie, j'ai vu des chiens s'en ressentir jusqu'à la fin de leur vie.

Cette maladie débute d'ordinaire par le manque d'appétit, la tristesse, une grande chaleur au nez et la chassie aux yeux.

Elle se reconnaît bientôt à des frissons, à l'altération, aux écoulements par le nez de matières glaireuses, à des vomissements, à une toux petite et sèche. Lorsque cette toux est accompagnée d'un râle sifflant, la maladie est très grave.

Au premier symptôme, c'est-à-dire lorsque l'animal, bien que gai et joueur encore, mange peu volontiers, lorsqu'il *tousse* un peu et *a les yeux chassieux*, agissez.

Voici deux remèdes, préconisés par leurs auteurs et bons tous les deux :

M. Eugène Gayot, qui s'est beaucoup occupé des chiens, dit ceci : « Dès les premiers symptômes que je viens de consigner, vite un seton au cou, un lavement émollient matin et soir, et le matin à jeun de une à trois grandes cuillerées de sirop de violettes. Et puis c'est tout.

« Continuez tant que l'excrétion des résidus de la digestion ne sera pas facile et normale, tant que la chassie salira les yeux. En général ce symptôme disparaîtra, lorsque la suppuration sera bien établie au seton. Ne vous hâtez pas de supprimer celui-ci ».

Voici l'autre méthode de traitement indiquée par M. Sanson, dans ses *Notions usuelles de médecine vétérinaire* :

« Le moyen infaillible d'arrêter le développement de la maladie et de prévenir des complications de fluxion de poitrine, de bronchite, d'entérite ou de danse de Saint-Guy, c'est d'administrer tout de suite au malade, matin et soir, une cuillerée à café chaque fois, de teinture de quinquina dans un verre de vin rouge. Les symptômes disparaissent toujours sous l'influence de ce traitement si facile à mettre en pratique, et cela d'autant plus sûrement et plus vite qu'il a été employé dès l'apparition des premiers signes. »

Mes lecteurs choisiront.

J'ai élevé quatre chiens, trois épagneuls et un pointer ; aucuns n'ont eu la maladie.

Je l'attribue à l'hygiène préventive.

Le jeune chien a beaucoup de chances d'échapper à la maladie s'il a un allaitement de deux mois, une habitation saine et chaude, une bonne nourriture, tantôt animale, tantôt végétale, un espace suffisant pour prendre ses ébats ; dès l'âge de 4 à 5 mois, des promenades exemptes de fatigue, et de temps à autre des purgations légères : 15 grammes d'huile de ricin ou de sirop de nerprun. Surtout, point d'humidité.

Je préconise beaucoup la fleur de soufre ; donnez-lui en fréquemment, soit dans une boulette de viande, soit dans une boulette de pain. Vous pouvez aussi la délayer dans du lait et lui en faire prendre de cette façon en grande quantité. Je considère le soufre comme un des meilleurs topiques pour prévenir et la maladie et les différents accidents, les dartres, etc.

Vers l'âge de 5 à 6 mois, je fais bouillir une tête de mouton, qu'au préalable j'ai remplie de fleur de soufre, après l'avoir fendue et de suite ligaturée. Une fois cuite, je la désosse et je la donne au jeune chien. Il y trouve une purgation tonique des plus efficaces.

Un moyen préservatif recommandé par de vieux gardes-chasse, et dont on certifie l'efficacité, est celui-ci :

Serrez le rectum du jeune chien près de son orifice pour en faire jaillir une matière purulente qui s'y amasse ; c'est un exutoire naturel. Cette opération, répétée tous les deux ou trois jours, donne presque chaque fois un résultat ; au fur et à mesure que le chien avance en âge, cette sécrétion diminue et finit par cesser.

Les purgations fréquentes ne préviennent pas toujours la maladie, mais on peut affirmer qu'elles la rendent plus bénigne.

Comme *la maladie* contre laquelle on doit lutter est contagieuse, il faut avoir soin d'isoler le chien qui en est atteint. En outre, on purifiera la cabane ou le chenil au chlorure de chaux.

Voici les proportions des vomitifs et purgations que l'on peut administrer :

Vomitif.

Émétique.	5 centigrammes
Ipécacuanha	25 —
Eau.	1/2 verre

Purgatifs

Huile de ricin. . .	D'abord 15 grammes de l'un ou de l'autre, augmentez jusqu'à 30 et 40 grammes, suivant l'âge et la force de l'animal.
Manne	
Sirop de nerprun. .	
Sulfate de soude. .	

L'huile de ricin est le remède le plus doux et le plus efficace.

Je recommande aussi, de temps en temps, une simple cuillerée à bouche de gros sel de cuisine.

Le calomel est aussi très bon, il agit comme purgatif et comme vermifuge : 5 centig. suffisent pour un jeune chien.

Pour faire avaler, faites une boulette avec du beurre ou de l'axonge.

Angine

Tout le monde sait que l'angine est une inflammation de la gorge.

Saignez et mettez douze sangsues à droite et à gauche du cou, et d'heure en heure administrez une cuillerée de miel rosat mêlé de vinaigre. On saigne un chien à la veine jugulaire. Afin de rendre celle-ci plus palpable, on fait une ligature au cou, près des épaules. On presse la veine avec le pouce gauche, et de la main droite on applique la lancette. Lorsqu'on veut arrêter le sang, on défait la ligature, et l'on cesse de presser la veine. On peut également saigner un chien en faisant une incision au côté interne du pavillon de l'oreille.

Maladie du pied

Chaque fois qu'un chien boite, on doit lui visiter la patte. Souvent une épine est la cause du mal, on la retire et c'est fini ; mais la boiterie provient quelquefois de l'échauffement de la sole. Alors on enduit la patte de suif, qu'on laisse toute la nuit. Si l'aggravation se développait, il faudrait des compresses froides et un repos absolu. Le vinaigre est très bon.

Pattes grasses.

Lorsqu'un chien a la patte grasse, voici un moyen bien simple de fortifier et durcir la peau.

Tamisez de la suie provenant de la fumée de bois et mettez-la dans une assiette : versez dessus un tiers d'eau et deux tiers de vinaigre de bonne qualité, de façon à obtenir une dissolution ni trop épaisse ni trop claire. Quelques jours avant l'ouverture de la chasse, ou lorsque vous prévoyez une journée fatigante sur un terrain caillouteux ou à sol dur, trempez alternativement les pieds du chien dans ce mélange pendant une ou deux minutes; enfermez le chien pour donner audit mélange le temps de sécher; recommencez deux ou trois jours de suite, suivant que l'animal a la peau plus ou moins délicate, et vous verrez que votre fidèle compagnon se trouvera fort bien des soins et de la prévision dont il vous sera redevable.

Avant de commencer l'opération, visitez les pieds avec attention, car, s'ils étaient enflammés, chauds, crevassés ou douloureux au toucher, il faudrait la différer jusqu'à complète disparition de l'inflammation.

Froid

Les chiens d'ordre sont très sensibles au froid. Il est bon de leur faire prendre de temps à autre un air de feu. La chaleur les défatigue et assouplit les articulations. Lorsqu'ils ont été au marais, ou s'ils ont été sous la pluie, il est urgent, à leur retour au logis, de les bouchonner avec de la paille fraîche et de les bien sécher.

Bronchite. — Fluxion de poitrine.

Le pointer, en particulier, est prédisposé au chaud et froid. Il faut donc le prémunir contre les rhumes, qui dégénèrent rapidement en fluxion de poitrine, dont l'issue est souvent fatale.

Un chien qui tousse doit être traité vivement et vigoureusement.

Administrez d'abord cinq à huit centigrammes d'émétique dans une légère quantité d'eau blanchie de trois ou quatre gouttes de lait. Je préfère l'eau ainsi blanchie au lait pur, qui quelquefois est un obstacle à l'efficacité du remède.

S'il y a engorgement des bronches, n'hésitez pas à lui mettre un séton autour du cou; enveloppez ensuite le cou avec de la flanelle, afin de tenir cette partie chaude.

Puis administrez d'heure en heure une cuillerée de la potion suivante :

Kermès.	5 grammes
Sirop de diacode.	30 grammes

Continuez le traitement jusqu'à ce que la toux soit complètement disparue.

La plaie du séton doit être lavée à l'eau tiède, soir et matin, en ayant soin, avant le lavage, d'appuyer légèrement sur le cou pour faire sortir l'humeur.

Il va de soi qu'un chien qui tousse doit être retiré du chenil et mis au chaud dans une pièce chauffée si c'est l'hiver, en ayant soin d'éviter les courants d'air.

Pendant le traitement, il faut lui donner peu à manger.

Chien de Gascogne.

Coliques

Lorsqu'un chien se roule en criant et se mord le ventre, c'est qu'il a des coliques. En ce cas, faites-lui avaler de l'huile ou donnez lui un lavement d'eau de mauve ou de graine de lin, et le lendemain administrez une purgation d'huile de ricin.

Dysenterie

Quelques sangsues au poitrail et pendant trois ou quatre jours, à jeun, un verre de décoction de plantain.

Chancres

Ce sont surtout les chiens à poil ras et les pointers en particulier qui sont sujets à cette maladie. Elle commence par de petites gerçures au bord des oreilles ; l'animal éprouvant une démangeaison secoue fréquemment la tête. Le chancre débute par une légère excoriation qui a l'apparence d'une simple écorchure ; puis, du jour au lendemain, une petite croûte tuberculeuse se forme. Il faut faire brûler cette croûte, peu adhérente du reste, et cautériser soit avec un fer chauffé à blanc soit avec la pierre infernale. Si les chancres ont envahi le cartilage, il faut se hâter de les circonscrire par des points de suture au moyen d'une aiguille et de brins de laine que l'on laisse dans les plaies comme autant de petits sétons, qui provoquent la chute de la partie malade. On touche, après la séparation, chaque jour, les bords de la nouvelle plaie avec un morceau de sulfate de cuivre. Après avoir cautérisé, il faut graisser l'oreille avec du beurre frais. En s'y prenant à temps, on peut venir à bout des chancres en les humectant au moyen d'un pinceau qui ne sert qu'à cela, trempé dans du perchlorure de fer.

Si vous avez des chiens braques visitez souvent leurs oreilles. Pris à sa naissance un chancre peut être conjuré ; si on le laisse, il nécessiterait à bref délai l'ablation d'une partie de l'oreille, ce qui défigurerait votre animal et lui causerait de grandes douleurs.

Certains chasseurs ont la funeste habitude de tortiller les oreilles de leurs chiens lorsque ceux-ci ont commis une faute ; ce procédé barbare peut amener la surdité et les chancres dont nous venons de parler.

Dartres

On fait passer facilement les dartres au moyen de frictions avec de la pommade de soufre. Cette pommade chaque chasseur peut la confectionner : une partie de saindoux avec deux parties de soufre.

Empoisonnement

Faites prendre un émétique sans retard, et faites boire le plus de lait possible. Le meilleur contre poison est de la poudre de staphisaigre délayée dans de l'eau, si vous n'avez pas de sirop de nerprun sous la main.

Épilepsie

On la guérit rarement. Cependant, 5 grains de turbith minéral et une saignée peuvent amener de grands soulagements.

Gale

La gale chez certains chiens peut être le résultat d'une nourriture trop grasse ou trop mauvaise. Elle peut être occasionnée par une paille sale et humide; quelquefois elle est héréditaire, souvent elle est le résultat de la contagion.
Elle envahit d'abord le cou, le ventre, les articulations, les commissures des cuisses ; et se révèle en outre par le hérissement du poil.
Il faut commencer par purger le chien, le mettre très sainement, lui donner des bains sulfureux, et lotionner les parties atteintes avec du barège.

Puces

Frottez les chiens avec de la benzine et faites les coucher sur de la paille qui a préalablement servi de litière aux chevaux.
Les copeaux de sapin écartent les puces.

Poux

Faites bouillir ensemble avec de la cendre et un seau d'eau, des feuilles de sureau, de menthe et de patience ; ajoutez à la décoction 60 à 80 grammes de staphisaigre en poudre que vous faites bouillir avec le reste; passez dans un linge; faites dissoudre dans cette décoction 60 à 80 grammes de savon ordinaire, une poignée de sel et

30 grammes de safran. Lavez avec ce mélange. Cette mixture est également bonne pour les puces.

L'infusion de feuilles de tabac dans du vinaigre est aussi excellente pour la vermine.

Tiques

On doit les arracher une à une, ou les faire tomber en les couvrant d'huile.

Odorat

On conserve l'organe en ne donnant jamais d'aliments chauds aux chiens ; on le ravive au moyen du soufre.

Vers

Les chiens sont sujets à plusieurs espèces de vers. On chasse les vers en donnant pendant huit jours de suite une pilule composée de :

Aloës en poudre.	2 centigrammes.
Calomel.	2 —
Huile empyreumatique.	5 —
Poudre de fougère male.	10 —

Vous purgerez ensuite avec 25 grammes de sirop de nerprun.

Pour le ténia ou ver solitaire vous donnerez dans une boulette de beurre ou de viande hachée.

Kousso en poudre.	1 gramme

Le lendemain, la purgation ci après.

Sirop de nerprun.	25 grammes
Aloës pulvérisé.	50 cent.

Soupe claire dans la journée.

On emploie également la décoction de grenadier et les graines de citrouille décortiquées et pilées. Ce dernier procédé est très efficace et d'autant meilleur qu'il peut être donné abondamment et sans danger.

Pour les petits vers qui se tiennent habituellement dans le rectum des chiens, une simple dose de calomel suffit. Les chiens courants sont plus sujets à ces vers blancs que les chiens d'arrêt.

Jaunisse

Administrez un vomitif et donnez des lavements avec de l'eau de carottes ; ajoutez du lait à cette décoction et faites-la prendre en boisson.

Venin, Vipère.

Si un chien est piqué par une guêpe, un frelon, frottez la piqûre avec le suc d'un poireau ou une goutte d'ammoniaque.

S'il est piqué par une vipère, pansez la plaie après l'avoir débridée, versez dessus quelques gouttes d'ammoniaque à plusieurs reprises. Donnez de quart d'heure en quart d'heure une cuillerée à bouche d'eau dans laquelle vous aurez laissé tomber quelques gouttes d'ammoniaque dans la proportion de 10 grammes d'ammoniaque pour 100 grammes d'eau.

Je recommande à ce propos, à tous les chasseurs, d'emporter en chasse un flacon d'ammoniaque tant pour leurs chiens que pour eux-mêmes.

La Rage.

Voilà la plus terrible maladie des chiens et en même temps la plus effrayante, car en elle tout est inconnu et rien ne réussit à enrayer sa marche, et enfin elle se transmet par inoculation. Elle se communique à l'homme aussi bien qu'aux animaux et tous ceux qu'elle a atteints sont voués à une horrible mort.

Le chien peut devenir enragé par inoculation ; mais aussi la maladie peut se déclarer spontanément.

Constatons promptement et avec bonheur que les chiens de chasse sont *rarement* atteints spontanément de cette affection.

Ordinairement, l'incubation dure de cinq à douze semaines après la morsure ; cependant, on a des exemples de cas où l'incubation n'a pas duré plus de 12 jours et d'autres où elle a duré sept mois.

Les premiers symptômes de cette affreuse et mortelle maladie sont la tristesse, l'humeur sombre, l'agitation. L'animal inquiet change constamment de place; il a la tête basse, tient la queue entre les jambes et cherche l'obscurité pour se coucher. Il fuit son maître, obéit encore mais à regret.

L'œil devient fixe, hagard, enflammé, haineux.

La salive est épaisse, abondante; l'animal finit par mordre tout ce qu'il rencontre.

Deux signes bien caractéristiques de la rage sont : Un aboiement rauque, guttural, voilé ; et l'impression exercée par le chien bien portant sur un chien enragé.

Méfiez-vous d'un chien qui devient tout à coup agressif contre ceux de son espèce.

Dès que votre chien vous paraît suspect, il faut l'attacher et le surveiller.

Il ne faut pas moins de deux mois d'attache et de surveillance pour être bien sûr qu'un chien sur lequel on a eu des soupçons peut être impunément rendu à la liberté.

Il n'y a pas de remède contre la rage.

Un chien réellement enragé doit être abattu.

Mais on peut sauver un chien mordu par un autre chien enragé en cautérisant immédiatement la plaie soit avec un fer rouge, soit avec de la poudre qu'on brûle dans la plaie, soit avec de l'acide nitrique ou sulfurique. A défaut de ces moyens il faut toujours bien exprimer la plaie et la laver avec de l'urine.

Un chien enragé n'a pas, comme l'erreur en est généralement répandue, horreur de l'eau. Il s'approche volontiers d'un vase plein d'eau et l'absorbe, même dans la première période de la maladie. Plus tard, il essaye également de boire mais il n'y parvient pas.

Il ne refuse pas non plus toute nourriture, mais il s'en dégoûte vite.

La paralysie est toujours la fin du chien enragé.

L'administration ignorante et routinière prescrit chaque année à l'époque des chaleurs la muselière pour les chiens.

D'abord la muselière empêche bien rarement de mordre, et j'ajouterai qu'elle peut prédisposer à la rage les animaux les plus sains. Un chien a besoin de respirer à pleins poumons et la transpiration, très abondante chez lui, s'opère par la gueule; or, si vous comprimez la mâchoire, cette transpiration refoulée peut lui faire le plus grand mal et lui procurer une excitation qui le prédispose à la rage.

En Orient, les chiens vont et viennent en liberté, et on y constate moins de cas de rage que dans notre Europe civilisée.

Puisque l'autorité l'exige tenez vos chiens en laisse, mais ne les muselez point.

Il y a encore dans le fond des campagnes, des gens qui guérissent de la rage par des procédés à eux connus. J'ai ouï parler d'une famille normande qui se transmettait son secret de père en fils. Le dernier représentant de la famille s'est éteint sans enfants et n'a pas voulu communiquer à d'autres son remède.

Il faut se rappeler que la rage se développe bien plus au printemps et à l'automne que dans les grandes chaleurs.

J'ai dit plus haut, et c'est mon opinion, qu'il n'y a malheureusement pas de remède, connu du moins, contre la rage; je dois pourtant mentionner comme avis à étudier le fait suivant :

Le ministre de Salvador, commissaire général de l'Exposition universelle pour divers États d'Amérique, a fait don, l'année dernière, au Jardin zoologique du bois de Boulogne, de deux plantes curieuses, le *guaco* et le *cédron*, préconisés de temps immémorial en Amérique, comme antidotes de la morsure des serpents venimeux et de la rage.

La découverte des propriétés de ces plantes est assez singulière. Des Indiens avaient remarqué qu'un oiseau de proie qui poursuit les serpents, dont il fait sa nourriture, cherchait la liane du *guaco*, en mangeait les feuilles, en enduisait son plumage. Ils utilisèrent les vertus thérapeutiques de cette plante et obtinrent par son emploi des guérisons merveilleuses (de la rage?) des morsures venimeuses et des fièvres paludéennes. Les expériences scientifiques ont confirmé les vertus curatives du guaco et du cédron, dont l'usage pourra se généraliser facilement et utilement, si l'on réussit dans les expériences d'acclimatation que l'on va tenter

DES EXPOSITIONS DE CHIENS

Un mot seulement sur les expositions de chiens; ce ne sera point un hors-d'œuvre dans le *Livre du chasseur*.

La première exposition de chiens en France date de 1863. Elle fut ouverte le 3 mai dans l'enceinte du Jardin zoologique d'acclimatation du bois de Boulogne. On y remarqua des chenils entiers de la plus grande beauté et de la meilleure tenue; puis des chiens d'arrêt à poil long et à poil ras qui ont prouvé aux amateurs que nos vieilles races de chiens français n'étaient point entièrement perdues.

Cette première exposition a comme ravivé le goût des sportmen pour les beaux chiens.

La Société d'acclimatation, dont j'ai déjà parlé, organisa depuis des exhibitions privées, et ces exhibitions ont eu le plus grand succès.

La seconde grande exposition à Paris, eut lieu en 1865.

Nous espérons qu'on ne s'en tiendra pas là. L'élan a été donné, de beaux chenils se sont reconstitués et on a constaté que les belles races de chiens d'arrêt n'étaient pas abâtardies. Les expositions donneront l'émulation aux éleveurs et l'heure n'est pas éloignée où la France aura son studbook pour les chiens, et ce sera justice.

Ainsi, chasseurs, occupez-vous de la filiation de vos chiens dans votre intérêt personnel, par vanité de chasseur et par émulation.

Un chasseur doit être fier de son chien; et si son bon et fidèle compagnon obtient la médaille d'or, il lui paraîtra encore dix fois plus beau!

DU CHOIX D'UN CHIEN D'ARRÊT

Il est fort difficile de dire à un jeune chasseur : prenez tel ou tel chien.

Une femme, lorsqu'elle choisit une robe, est guidée dans son choix par trois conditions principales : 1° l'usage qu'elle veut en faire; 2° son goût personnel pour la couleur; 3° le prix qu'elle veut y mettre.

Il en sera de même pour le chasseur : 1° selon l'usage qu'il veut en faire, il choisira un braque ou un épagneul; 2° sont goût lui fera préférer un chien à poil long ou un chien à poil ras, et ce sera également son goût qui le guidera dans la couleur; 3° le prix qu'il voudra y mettre contribuera également à fixer son choix.

Nous ne pouvons donc préciser *à priori* quelle est la meilleure race de chiens.

Il n'y a pas de race absolument meilleure que les autres : chacune a des qualités qui lui sont propres.

Toutefois, voici quelques conseils que je donnerai aux jeunes chasseurs.

Quelle que soit l'espèce à laquelle vous vous arrêtiez, choisissez votre chien de race. Avec une bête de race on ne perd jamais ses peines au dressage.

Attachez-vous à connaître les origines des étalons et des lices dont vous voulez un produit. Observez bien le caractère de vos reproductions, car les défauts comme les qualités se transmettent héréditairement.

Choisissez des chiens ardents. On peut toujours retirer l'ardeur à un chien qui en a trop, les années également s'en chargent; on ne peut en donner à celui qui en manque.

Je résumerai ici ce que j'ai déjà dit à propos des individus.

Les chiens anglais sont de superbes animaux, séduisants par leurs belles formes, la finesse de leur odorat, leur arrêt sûr et majestueux ; il leur faut de l'espace et toujours de l'espace en raison de leur ardeur et de leurs grandes allures. Ajoutons qu'on ne peut les apprécier que dans les plaines vraiment giboyeuses

Bassets à jambes torses et à jambes droites.

Là où il y a abondance de gibier la supériorité du chien à grande quête est écrasante.

Si donc votre chasse est petite et peu riche en perdreaux, renoncez à ces beaux et excellents chiens. De plus, en raison même de leur manière de chasser, je pense qu'ils ne peuvent guère convenir au chasseur qui commence.

Le braque français quête au pas, tête haute et arrête admirablement. Il est très sûr.

Il est intelligent, et, bien dressé, il réparera quelquefois les bévues du débutant.

L'épagneul français est le plus aimable des chiens ; c'est aussi le plus doux et le plus docile ; il rapporte à merveille. Avec lui, on peut chasser partout, en plaine, au bois et au marais.

Il quête sagement, souvent sous le canon du fusil. Je le conseille donc au jeune chasseur, préférablement à tous les autres. C'est le chien qui lui donnera le plus de satisfaction.

Les chiens à longue quête, que je trouve si admirables et qui sont si brillants, l'affoleraient.

L'épagneul lui fera tuer davantage de gibier ; c'est le chien à tout faire.

Cela dit, le jeune chasseur choisira entre le braque français et l'épagneul français.

Les pointers et les setters seront, comme les fusils de luxe, réservés pour les chasseurs chevronnés, et dont les chasses sont particulièrement protégées par saint Hubert.

Enfin, comme conclusion définitive, un chasseur choisira un chien selon le territoire, selon le climat et la localité, selon que le gibier de plume ou de poil abondera respectivement, selon que son naturel s'accommodera mieux d'un aide vif ou lent.

Rappelez-vous toujours que les qualités chasseresses passent de génération en génération, à dose native d'abord, puis à dose qui s'accroît par l'éducation et l'usage.

Quant à la couleur, elle a son importance... relative, mais cependant sérieuse. Les robes fauves, si belles à la vue, ont l'inconvénient de tromper l'œil inexpérimenté du novice et même de quelques chasseurs qui, voyant un de ces beaux chiens de couleur fauve se glisser entre deux cépées, le prennent pour un lièvre ou pour un renard et lui envoient un coup de fusil. J'ai un pointer d'un beau fauve doré, et je n'ai pas toujours l'esprit rassuré quand je chasse en compagnie. Choisissez des chiens de couleur claire.

Quant au sexe, je conseille la chienne. — Elle n'a contre elle que son rut annuel et la surveillance dont elle doit être l'objet. Hors cela, elle a généralement des qualités supérieures à celles du mâle. Elle est plus fidèle, plus attentive, plus docile ; son intelligence et sa compréhension sont plus fines ; en un mot, elle est plus aimable.

Un braque, chien d'ouverture, vaut cent écus.

Un bon épagneul, chien d'hiver, vaut 25 louis.

Le griffon parfait, qui ne craint ni la chaleur, ni l'eau glacée, ni la pluie, est sans prix.

Il en est de même du pointer, admirable de formes et d'allures.

DRESSAGE DU CHIEN D'ARRÊT

Vous avez un jeune chien dont les ascendants sont purs de toute mésalliance. Il est baptisé; il faut maintenant procéder à son éducation et le dresser.

Ici se pose une question :

Vaut-il mieux élever un chien qu'en accepter un qui soit tout venu, d'âge, propre à la chasse ou qui ait été déjà mis en quête de gibier ?

Je réponds :

Il vaut mieux que le chien soit élevé et dressé par le maître, par ce fait que s'assimiler un chien d'âge est une chose lente et difficile, et qu'il est rare de pouvoir se procurer un chien dressé jusqu'à une perfection qui le rende indépendant du maître, sujet absolu de la location. De plus, le chien est tellement en communion directe avec le chasseur, que si celui-ci fait le chien à sa convenance, le chien pris jeune participe des humeurs du maître.

J'ajoute qu'un chasseur qui débute ne saurait prétendre à dresser son chien. Alors seulement qu'il se sera dressé lui-même par les conseils, l'observation et l'expérience, il pourra être apte à faire l'éducation du compagnon de ses plaisirs.

Élevez votre chien près de vous; surtout traitez-le *avec douceur*. En vous occupant de lui, vous aiguillonnez son intelligence; en le soignant, vous le rendrez reconnaissant et vous développerez en lui un attachement sans bornes.

Pendant qu'il est jeune, recevez ses caresses, mais ne souffrez pas ses familiarités. Ne tolérez pas qu'il se dresse contre vous. Une petite tape sur les pattes lui évitera plus tard des rebuffades et des ennuis.

Si le bon chasseur fait le bon chien, le bon chien fait le bon chasseur.

L'éducation d'un jeune chien, j'entends l'éducation que l'on appellera préparatoire, peut commencer à six mois.

Étudiez d'abord le caractère de l'animal que vous voulez élever, afin d'agir en conséquence. S'il est entêté et disposé à la résistance, traitez-le sévèrement, mais sans dureté. Si l'animal est timide, usez de douceur et de caresses. Le chien craintif est celui qui présente le plus de difficultés à instruire.

Surtout, proportionnez les punitions aux fautes, et ne vous laissez jamais aller à la colère; vous paralyseriez ainsi ses facultés, et il serait incapable de comprendre ce que vous désirez de lui. Si vous usez d'une douceur bien entendue, entremêlée de sévérité pour les moindres manquements, votre animal arrivera à une obéissance passive, base d'une bonne éducation.

Ayez grand soin de toujours vous servir des mêmes mots pour obtenir les mêmes choses.

C'est un point capital.

Voici la nomenclature des mots dont tout chien doit connaître la portée : autrement dit, le vocabulaire avec lequel il faut qu'il soit aussi familiarisé qu'il l'est avec sa soupe.

D'abord : son nom ;
Derrière ;
Cherche ;
Prends ;
Apporte ;
Sur le cul ;
Donne ;
Tout beau ;
Doucement ;
Marche.

Donc, à six mois, commencez son éducation

Pour les débuts, exploitez les deux passions de votre élève, à savoir : le jeu et la gourmandise.

C'est en lançant des chiffons, des objets variés qu'on enseigne quatre choses importantes : la quête, l'arrêt, le rapport et la compréhension des mots usités à la chasse.

Au début, vous confectionnez un tampon de toile serré par une ficelle ou vous vous servez d'une balle en peau. Vous jetez la balle ou le chiffon à plusieurs reprises devant le chien en ayant soin de l'exciter au préalable en simulant de jeter. Ces feintes le surexcitent et il happe d'impulsion. Il regarde en l'air, et, ne voyant rien s'échapper de vos mains, il attend. Après quelques feintes, vous lancez l'objet. Il court et le flaire, quelquefois l'empoigne immédiatement et le laisse retomber. Alors caressez-le et donnez-lui une petite friandise ; — le chocolat est un très bon appât.

Les leçons doivent être courtes. Il ne faut point le fatiguer. Au bout d'une semaine il est déjà initié.

Dans les premiers amusements, le chien apprend à se tenir prêt et attentif à suivre de l'œil un objet qui voltige dans toutes les directions et à des hauteurs variables.

Lorsqu'il est bien familiarisé avec la première leçon, c'est-à-dire à aller flairer ce que vous avez lancé, vous lui criez, lorsqu'il a le nez sur l'objet, *apporte*. S'il ne le prend pas, vous le lui mettez dans la gueule et la maintenez, de peur qu'il ne le laisse tomber, et l'amenez quelques pas et le lui reprenez avant qu'il le dépose. Puis vous le récompensez en recommençant ainsi trois et quatre fois de suite.

Ne lancez jamais la balle ou le tampon sans crier : *apporte*.

Quand il aura commencé à saisir l'objet, avant le mot « apporte », vous crierez « cherche », puis « apporte », en répétant le mot d'ordre « apporte, apporte », jusqu'à ce qu'il soit près de vous.

Quand il sera arrivé : caresse et récompense.

J'engage beaucoup les chasseurs à varier l'objet qu'ils veulent faire rapporter.

D'abord la balle en peau ou le tampon de chiffon, ensuite un rondin de bois, et après une peau de lapin bourrée de foin.

Lorsqu'il sera bien familiarisé avec les mots « cherche » et « apporte » et qu'il obéira au premier signal, vous lui direz, au moment où il sera près de vous avec l'objet en gueule : *sur le cul*. Pour l'y contraindre, vous appuierez sur les reins et le mettrez vous-même dans cette position.

Après ces premières leçons, on ajoute au mot « cherche » une extension qu'il n'avait pas encore : on cache l'objet, et, soi-même, pour l'initier et l'exciter, on feint de chercher dans tous les endroits obscurs.

Voilà la première leçon de quête.

Une très bonne méthode est de porter à sa bouche l'objet que l'on veut faire rapporter, et de cracher légèrement dessus. Le chien le découvre beaucoup plus facilement à cause de votre odeur que vous lui avez ainsi transmise.

Si votre élève se rebute de l'objet que vous cachez, remplacez-le par un morceau de pain. La gourmandise obtiendra ce que le jeu n'aura pu faire. S'il renonçait à cette recherche, conduisez-le, montrez-lui la cachette et recommencez.

Dès qu'il rapportera parfaitement au commandement, arrivez en même temps que lui à la cachette et répétez plusieurs fois : *tout beau*. Il ne saisira l'objet que lorsque vous lui aurez dit : *prends !*

C'est aussi le moment de lui dire, lorsqu'il aura happé le bois ou la balle : *donne*, en ayant soin, bien entendu, de le faire mettre sur le cul.

Pour lui apprendre le mot : *tout beau*, une bonne méthode est de le faire assister à vos repas, non tous les jours, mais quelquefois, et, avec un petit os tendre de volaille que vous lui présenterez, de ne lui point laisser prendre qu'après l'avoir laissé un instant en suspens en lui disant *tout beau*. Une petite tape s'il insiste, et l'os pour récompense lorsqu'il aura, à votre parole, contenu son envie.

A mesure que le chien comprendra et exécutera, demandez de plus en plus.

Le mot : *derrière*, si utile en chasse, est encore compris dans l'éducation préparatoire ; il trouvera sa place à la promenade, pendant laquelle vous le contraindrez à passer derrière en prononçant plusieurs fois ce mot ; à plus forte raison s'il s'écarte.

Il y a encore le mot *prends*. Je ne suis d'avis de le lui apprendre qu'après le mot *tout beau*. Lorsque, à l'ordre impératif, il sera resté coi devant l'objet que vous aurez jeté ou fait rouler, prononcez-le à plusieurs reprises, et quand l'animal aura saisi l'objet, flattez-le.

J'ai parlé des objets roulants. Je trouve les sauts d'une balle, qui, sur la route, procède par bonds, très instructifs pour l'élève. En même temps qu'ils satisfont son goût pour le jeu, ils l'exercent aux allures du gibier blessé, qui procède ainsi, et forcent l'animal à ne pas se dérouter par un écart.

Dans toutes ces leçons, peu à peu vous substituerez aux appâts tentateurs des friandises, la voix impérative, le grondement et la menace du fouet.

Votre chien doit aussi rapporter le fouet ; c'est ce qu'il y a de plus difficile, surtout s'il est d'un caractère timide ; mais on y arrive.

Surtout ne fatiguez pas votre élève, ne le lassez point.

Un chien n'est tout à fait capable de vraie soumission que vers l'âge de douze ou quinze mois.

Afin d'obtenir la dent douce d'un chien, et c'est un point important, je trouve très bon de ne pas lui donner, surtout au début, des objets durs à rapporter ; en outre, lorsqu'il sera ferme au rapport et très discipliné, jetez-lui des gâteaux mous ou masse-pains et forcez-le à vous les rendre sans que la dent soit marquée. Plus tard, il vous rendra les cailles et les perdreaux sans leur enlever une plume.

J'ai eu un gordon qui en était arrivé à me suivre une cinquantaine de pas avec un gâteau à la crème dans la gueule, sans presque le déformer. Après avoir été chercher une perdrix désailée, il la mettait à terre sur ordre et la perdrix recommençait à courir.

Vous ne pourrez pas faire l'éducation d'un chien sans employer les peines disciplinaires. On doit forcément avoir recours aux punitions : les gronderies, les airs fâchés, les mots brefs et accentués, le regard sévère impressionnent de bonne heure l'élève. Si vous devez avoir recours au fouet usez-en modérément. Pendant l'éducation théorique, un geste sévère indiquant la niche est souvent d'un excellent effet. Car, remarquez-le bien, le chien n'aime pas à être humilié et la niche correspond au lit pour les enfants.

Quelques chasseurs prétendent que le chien qui a appris à rapporter en jouant, échappe à tout moyen de coercition et qu'il ne rapporte que si cela lui plaît.

D'autres proscrivent absolument le collier de force qui est le second procédé d'éducation théorique en se basant sur ce que le chien de race a besoin de ménagements, car ajoutent-ils, il ne suffit que d'accroître et d'exercer ses qualités innées.

Le collier de force donne de bons résultats ; mais je ne crois pas qu'il soit absolument indispensable, et je dirai à ce propos, comme au sujet des médecines, étudiez le tempérament.

Les trois premiers jours de chasse, vous pouvez user du collier de force afin d'affermir votre jeune chien dans l'obéissance, au cas où il s'emballerait et ne voudrait pas rapporter. S'il rapporte bien suivant la méthode que je viens de vous indiquer, deux ou trois leçons suffiront.

Vous aurez une bonne corde, longue de 12 à 15 mètres, à chaque bout de laquelle seront adaptés deux porte-mousquetons. L'un sera passé dans l'anneau du collier de force et l'autre à une ceinture de cuir que vous aurez autour des reins.

Vous vous mettrez ainsi en plaine et vous direz à l'animal : *marche*. Marchez doucement et laissez-le quêter à droite et à gauche. S'il va trop vite, tirez sur la corde en criant : *doucement;* la douleur le fera revenir en arrière. Lorsqu'il tombera en arrêt, approchez-vous de lui en disant : *tout beau! tout beau!* S'il veut forcer, tirez fortement sur la corde. Au moment où le gibier partira s'il s'élance, tirez encore sur la corde; il se souviendra de la douleur éprouvée en pareille circonstance et après trois corrections pareilles, il ne cherchera plus à forcer ni à courir.

Rappelez votre chien de temps en temps, sans nécessité, pour lui faire prendre l'habitude de revenir sans défiance.

Au cas où vous n'auriez pas employé la méthode de douceur que je vous conseille dès l'âge de 5 mois, il lui faudra huit jours de cet apprentissage.

Quant à la docilité absolue vous n'en serez assuré que lorsque vous l'aurez éprouvée dans les situations les plus passionnées et les plus variées.

Dans les derniers jours qui précéderont l'ouverture, tâchez de vous procurer soit une jeune perdrix soit un levraut, que vous poserez de-ci, de là dans un enclos pour former une piste ; attachez votre perdrix qui sans cela se sauverait. Dès qu'elle se sentira captive, elle se blottira. Laissez-la alors tranquille, ramenez votre chien, et répétez les leçons de quête que j'ai indiquées : *cherche!* — *doucement!* — *tout beau!* — *apporte!* — *sur le cul!* — *donne!*

Cette dernière leçon, ou, pour mieux dire, cette répétition avant l'ouverture de la grande pièce, est du meilleur effet. Cette leçon peut se donner avec un lapin de basse-cour.

J'engage les chasseurs qui font faire les premières armes à un jeune chien, de tirer sous son nez la pièce arrêtée quand ils en auront l'occasion. Ils consolideront ainsi le chien dans son arrêt et si la pièce est perdue, ils rattraperont cela plus tard.

Quand un chien vous a rapporté une pièce de gibier, il doit rester auprès de vous le temps que vous rechargez votre fusil, jusqu'à ce que vous lui disiez *marche!*

Dans les promenades d'essai qui précéderont l'ouverture, ne le mettez qu'en présence du gibier de vol, perdrix ou cailles ; répétez-lui son vocabulaire à chaque pas et n'omettez pas de le rappeler souvent à vous avec le mot *arrière*.

On ne peut guère dresser son chien à aller à l'eau que lorsqu'il est parfaitement stylé au rapport sur la terre ferme. En outre, si l'on s'y prenait trop tôt on pourrait le rebuter pour toujours. N'agissez donc pas, comme les trop pressés qui veulent tout apprendre en même temps et jettent un chien de six mois en pleine rivière pour l'accoutumer *à se débrouiller*. Le procédé est détestable pour la suite et peut être préjudiciable à la santé du chien.

Attendez que votre chien ait un an, conduisez-le au bord d'une rivière peu large dans laquelle il puisse entrer par degrés en se mouillant graduellement les pattes. Jetez un morceau de bois sur l'eau. S'il rapporte ordinairement bien, il ira peut-être de lui-même le chercher, sinon, renouvelez l'essai plusieurs fois. Alors s'il est récalcitrant employez le collier de force, et vous procéderez comme il suit : Vous attacherez audit collier deux cordes suffisamment longues pour atteindre les deux rives.

Vous tenez l'une des cordes, l'autre est entre les mains d'une personne qui est sur la rive opposée. Vous avez un fouet à la main, et le faites claquer en disant *à l'eau*.

En même temps, la personne qui se trouve sur la rive opposée, tire la corde et entraîne forcément l'animal, le chien ayant traversé la rivière vous lui donnerez le temps de se secouer et de se reconnaître, puis vous le ramenez à vous par le même procédé.

Ensuite, vous jetez l'objet que vous désirez qu'il rapporte, votre compagnon attire le chien jusqu'à ce qu'il ait le museau près de l'objet, vous le maintenez de votre côté en disant : *prends, apporte*. Il finira par prendre l'objet, et tout heureux il regagnera en hâte le bord. Quelques leçons répétées et votre chien ira à l'eau au commandement.

J'ai vu des chiens peu disposés à se mettre à la nage et qui se sont déclarés subitement en voyant une pièce blessée se débattre sur l'eau.

Le gibier tué est le plus grand encouragement pour le chien de chasse.

En hiver, une fois rentré, ayez soin de frictionner avec de la paille et de faire chauffer votre chien lorsqu'il aura été à l'eau, vous le préserverez ainsi des rhumatismes et des catarrhes d'oreille.

A moins de posséder un pointer, ces chiens à longue quête, dont j'ai déjà parlé et dont je reconnais tout le prix, on ne doit pas permettre à son chien de s'éloigner au delà de 30 à 40 mètres; surtout s'il n'a pas la quête haute.

Un chien qui s'emporte sur des perdrix doit être châtié sévèrement avec le fouet, et l'on doit, tout le temps de la correction, lui dire : *tout beau*. Il finira par comprendre. S'il résiste faites-le quêter au cordeau, avec le collier de force.

Si, après cela, il renouvelle ces emballements, je vous conseillerais le remède suprême que beaucoup de chasseurs emploient journellement et dont ils se trouvent très bien, assurent-ils. Un coup de plomb n° 7, à 40 pas, dans les fesses, affirment-ils, rend un chien docile pour toujours. Je

Chien Retriever.

ne l'ai jamais fait, et j'avoue que j'aurais une répugnance à en arriver là, surtout avec un chien de haut sang. Le résultat est immédiat et définitif, je le veux bien, mais ce moyen me paraît susceptible d'autant de mal que de bien. On peut effaroucher à tout jamais un chien qui, pris de terreur à chaque coup de feu, ne sera jamais rassuré que lorsqu'il sera hors de portée. Et aussi combien de chiens blessés ?

Cette *ultima ratio* peut avoir du très bon... mais !...

Si déjà vous possédez un chien parfaitement doux, faites-le accompagner votre nouvel élève ; le novice apprendra beaucoup en peu de temps avec le vieux routier. En quelques sorties, vous serez étonné de ses progrès.

Par contre, quand vous sortirez pour la première fois avec votre chien, évitez de chasser en compagnie.

Les premières fois vous devez être tout à votre chien et ne pas vous laisser distraire par d'autres choses; en outre, vous ne tarderiez pas à vous entendre reprocher les incartades de votre élève qui, au dire de vos compagnons, ne manquerait pas de rendre nulle toute la chasse. Quant à lui, débutant, il s'oublierait, perdrait vite la tête et se laisserait entraîner par ses congénères mal dressés.

Après deux mois de chasse, l'aplomb lui vient, il ne se grise plus, ne s'embrouille plus. Au centre d'une compagnie, sa contenance est aussi prudente qu'assurée. Lorsque vous aurez tiré, il ira ramasser les morts et il lui arrivera de vous offrir ce magnifique spectacle de faire un arrêt sur un vivant retardataire tout en tenant en gueule un de ceux qu'il vient de ramasser.

Il m'est arrivé d'entendre dire qu'il fallait habituer les chiens au coup de fusil!

Jamais cette précaution ne me serait venue à l'idée, et j'ai eu déjà cependant un nombre respectable de chiens. Je n'ai jamais compris comment une détonation pouvait effrayer un chien de chasse, à moins, ainsi que je le disais tout à l'heure, qu'il n'ait déjà reçu des plombs, ce qui n'est pas le cas pour un jeune élève qui part en chasse.

En toute occurrence la précaution ne peut nuire. Afin d'habituer l'élève à ne pas bouger au coup de fusil, vous l'exercerez pendant quelque temps avec des simulacres de lièvre ou de lapin sur lesquels vous tirerez et qu'il vous rapportera.

Un procédé encore meilleur, à l'usage de ceux qui ont une garenne, est de fureter en tenant le chien solidement attaché à une cépée. A chaque lapin qui sort du terrier, le chien s'élance et se trouve arrêté par les pointes du collier de force. La secousse qu'il ressent le rappelle à l'ordre; en même temps criez *tout beau!* et ajoutez un ou deux coups de fouet, mais ne tirez pas avant que votre chien soit parfaitement immobile.

Passez à un autre terrier et recommencez.

Un chien d'arrêt ne peut et ne doit être mené au bois que lorsqu'il est bien éprouvé en plaine, surtout les chiens à longue quête qui portent le nez très haut.

Toutefois n'abusez pas de la chasse de bois avec un chien dressé pour la plaine, vous le perdriez infailliblement; car s'il n'est pas impeccable, il se laisserait bientôt aller à commettre des fautes que vous ne pourriez pas relever.

J'ai omis, en parlant du chien à l'eau, de consigner un rapport auquel quelques chiens et même de très bons chiens se décident difficilement; j'ai nommé le râle, la marouette, la bécassine, la sarcelle et le canard.

Ce gibier a un fumet qui déplaît à beaucoup. Ils arrivent jusqu'à la pièce tuée, la flairent et la laissent, quelques-uns même se roulent dessus.

Vous ne pourrez souvent sur place vaincre les résistances du récalcitrant.

Mais en rentrant au logis vous envelopperez râle ou bécassine dans un papier bien graissé, vous lancerez l'objet loin de vous et le chien alléché par la graisse finira par happer l'oiseau. Peu à peu vous graisserez moins le papier et vous ne le graisserez plus, enfin vous n'envelopperez que le milieu du corps de la bête. Insensiblement le dégoût pour le fumet des oiseaux aquatiques passera. Il commence par saisir les oiseaux par le bout de l'aile et du bout des dents, et après il les empoignera comme il ferait un perdreau.

Vous aurez beaucoup de chances de vaincre sa répugnance presque tout d'un coup si l'oiseau que vous abattez n'est que démonté. La lutte avec l'oiseau blessé vaincra ses répugnances, il le tuera même, et une fois qu'il l'aura bien eu en gueule le dégoût sera passé.

Jusqu'à l'âge de trois ans l'éducation d'un chien a besoin d'être surveillée.

A quatre ans, il fera honneur à vos soins.

On écrirait un volume entier sur le chien, ses aptitudes et la manière de le conduire, qu'il resterait encore bien des choses à dire. Je suis d'avis que, dans un livre pratique, il ne faut point surcharger la mémoire du lecteur et l'auteur doit, autant que possible, réduire les préceptes à un petit nombre, pour plus de clarté.

Les pages qui précèdent contiennent les principaux points du dressage ; ayez un chien de race dont les ascendants aient passé leur vie à chasser et elles vous suffiront.

Si vous êtes observateur, vous devinerez aisément les moyens que vous devez employer, suivant la nature de l'animal.

Les préceptes ne sont point immuables ; il n'y a que quelques règles consacrées par l'expérience et le bon sens.

Présentez-moi un chien admirable à la quête et au rapport, et ferme à l'arrêt ; eussiez-vous foulé au pied tous les préceptes des doctrinaires pour les dresser, je vous dirai : c'est très bien. Le résultat est tout.

En thèse générale, souvenez-vous que le chien d'arrêt voit une association dans la chasse ; c'est un compagnon. Usez avec lui de beaucoup de douceur dans les rapports de domesticité ; à la chasse soyez sévère, mais ne vous livrez jamais à l'emportement même en châtiant. Punissez toute incartade, et cela sur l'heure, et récompensez par une caresse toute action méritoire.

Et lorsque vous l'aurez bien en main, docile et sachant son métier, tirez juste et abattez souvent : l'élève bien docile deviendra parfait !

Le chien est observateur : s'il n'analyse point il compare et s'il voyait longtemps ses magnifiques arrêts et sa quête irréprochable ne produire aucun résultat, il finirait par chasser pour lui-même ; retournant ainsi à sa nature et oubliant son éducation qui doit faire de lui votre associé.

QUATRIÈME PARTIE

ACCIDENTS DE CHASSE

N'oubliez jamais, lorsque vous avez un fusil chargé dans les mains, que vous portez la foudre !

Si sur le canon du fusil des jeunes chasseurs on devrait graver ces mots : « ne vous pressez pas », sur la poignée de l'arme de ces mêmes chasseurs on ferait bien d'inscrire en caractères majuscules le mot *prudence!*

Jamais, au grand jamais, on ne répètera assez ce mot ; et je ne parle pas seulement pour les jeunes chasseurs, je parle pour la généralité de ceux qui manient un fusil. Parmi mes confrères en saint Hubert je n'ai rencontré de véritablement prudents que les meilleurs parmi les vieux praticiens et excellents tireurs, et hélas ! ceux qui avaient été témoins d'un accident.

Pour croire au danger faut-il avoir vu un ami tomber foudroyé en pleine chasse ? Faut-il, pour songer à prendre les plus vulgaires précautions, avoir blessé ou tué quelqu'un ?

Pas d'année ne se passe sans qu'on ait à enregistrer de nombreuses victimes. On est parti le matin joyeux ; on était six, on revient cinq et l'on ramène un cadavre ! le plus gai de la bande a été frappé au cœur d'un coup de fusil tiré par un ami ; un frère a tué son frère à dix pas en tirant sur une caille ; le soleil l'éblouissait et c'est à la fumée du coup qu'il a vu son malheureux frère s'affaisser sanglant ! Des pères ont, de la sorte, tué leur fils ! De malheureux gardes-chasse ont reçu des balles destinées aux sangliers. Dans le coin d'un bois, des amoureux devisaient d'avenir, un des deux a été frappé au moment où il promettait sa vie entière à celle qu'il aimait ! Puis ce sont les fusils qui éclatent, les gâchettes brisées qui font partir le coup au moment où l'on s'y attend le moins ; ce sont les fossés que l'on franchit le fusil armé, et la détonation vous avertit, mais tard, de votre imprudence : un camarade est tombé ! Pour percer plus vite un hallier on saute à travers, le fusil armé pour faire feu ; une ronce s'est prise dans la sous-garde et l'on tombe soi-même frappé en pleine figure. La chasse s'est bien passée, on a tué pas mal, on est joyeux : les mères, les fiancées, les sœurs vous attendent à la maison ; vous êtes signalés, vos parlers bruyants ont été entendus : elles sont toutes sur le seuil et accourent regarder dans vos carniers si la chasse a été bonne. Vous prenez votre fusil pour mettre le chien au cran de repos. Hélas ! le pouce sur le chien droit, et les yeux distraits par votre entourage vous appuyez le doigt sur la gâchette gauche ; votre arme était horizontale, une jeune fille s'affaisse sans proférer un cri : elle a été foudroyée !

Je ne parlerai point ici des imprudences à froid des jeunes chasseurs qui visent leur ami, leur frère ou leur père.

Chasseurs, mes confrères, ne riez donc plus des frayeurs de vos femmes, des embrassements humides de larmes de vos fiancées, de vos sœurs, et des terreurs de vos mères lorsqu'elles vous voient prendre le fusil ! Elles ont raison, vous partez, la chanson aux lèvres ; qui sait si, quatre jours après, on ne chantera point le *Dies iræ !* Ces bonnes petites femmes qui vous serrent la main d'une façon si significative, les reverrez-vous ? Reverrez-vous votre tendre mère qui vous adresse ces mots : « Sois prudent ! » Reverrez-vous cette sœur aimée, un ruban bleu dans les cheveux, qui vous souhaite bonne chasse.

Enfin tout ces petits minois roses et blancs qui agitent leurs mouchoirs du haut du perron du château, êtes-vous sûrs d'avoir encore leurs sourires ! Prenez garde ! Ce proverbe est vulgaire, mais il se réalise souvent. Un malheur est vite arrivé ! Soyez prudents ! Vous n'en serez pas moins bons chasseurs.

Voici un épisode authentique, que, sous le titre accidents de chasse, j'ai raconté dans *la Chasse illustrée !*

La saison de la chasse était avancée, on était en novembre. Dans un charmant petit castel situé en Bretagne, se trouvait encore joyeuse compagnie. Le second ban des chasseurs invités était presque au complet. Il était si difficile, une fois entré au castel de X. d'en sortir : la contrée était fort giboyeuse, les hôtes charmants, et l'on y vivait en si aimable compagnie ! Souvent même un bon chasseur se trouvait hésitant entre l'appât d'une bonne partie de chasse et le désir, bien pardonnable, n'est-ce pas, de demeurer en société avec d'aimables femmes qui rendaient le retour au logis si plein de charmes. Chaque année, on citait un Nemrod rustique adouci, poli et conquis par les lutins aux larges yeux qui peuplaient l'hospitalier château.

Quelques-uns de ces Hercules avaient trouvé des Omphales ; et l'un d'eux, fort habile à bouler un lièvre, en était arrivé, nous assure-t-on, à faire passablement de la tapisserie.

Point n'est besoin d'insister davantage. Le castel de X. avait tant d'attraits qu'on y eût volontiers établi sa tente pour une année entière.

Il y a une fin pour tout, et surtout pour les bonnes choses.

Le froid, cette année-là, était assez vif et avait commencé de bonne heure. Les collines et la plaine se trouvaient un peu dégarnies de gibier. On avait tant guerroyé! Cependant le castel de X. était si bien situé, si bien entouré, que le chasseur quand même eût trouvé à tirer jusqu'au dernier jour. Dans un bois proche du logis étaient les lapins, les palombes; dans les genêts on rencontrait toujours quelques lièvres, enfin à trois cents pas de l'autre côté de la montagne se trouvait une petite rivière où plongeons, sarcelles, poules d'eau, culs-blancs fournissaient un menu fretin d'arrière-saison fort agréable.

Cette dernière chasse avait été réservée pour la fin. Plusieurs avaient plié bagage et on devait la faire en petit comité. Quand nous disons en petit comité, nous voulons dire, qu'au lieu de quinze hôtes au château on n'en comptait que cinq ou six.

Dans ce nombre était l'intrépide D. Il serait bien resté un jour de plus pour une chasse aux culs-blancs; mais on pensait communément au château que, quand bien même cette chasse n'eût pas eu lieu, il fût resté tout de même.

Blanche-Marie-Laurence de S., avec ses dix-huit ans, ses grands yeux noirs et son teint de lis, aurait peut-être bien pu expliquer cette persistance de D.

Dans les dernières chasses aux bois, le pauvre D., si bon tireur, avait parfois étonné ses amis par une maladresse inaccoutumée. Une fois même, on l'avait surpris visant une bécasse sans que son fusil fût armé. Il était distrait, lui si bon chasseur!

Enfin, la chasse aux culs-blancs avait été résolue. Cette chasse devait être la dernière. La veille au soir on causait autour de la grande cheminée, où un fagot entier jetait ses belles flammes claires. On causait du départ et des bonnes journées envolées. On était gai; mais de la gaîté d'automne, une gaîté touchée de mélancolie. On se reverrait à Paris, ou dans les stations hivernales, mais, en fin de compte, il fallait se séparer.

— Moi, dit l'aimable châtelaine, Mme de S., je suis heureuse, et je remercie Dieu d'une chose : c'est que nous n'ayons eu à déplorer aucun accident! Dois-je vous l'avouer, les premiers jours de chasse, je ne vis point, j'ai toujours une frayeur extrême d'en voir revenir un soit la jambe, soit le bras cassé. Peu à peu, je fais comme le conscrit, je m'aguerris et j'y pense moins toutefois; à chaque nouvelle ouverture je redeviens conscrit!

Pour cette fois je remercie Dieu de tout mon cœur!

— Madame, répondit un vieux routier, pourquoi avez-vous ainsi parlé ce soir? ne chassons-nous pas demain! Il y a un vieux proverbe qui dit : Il ne faut pas vendre la peau de l'ours avant de l'avoir tué!

— Bah! ce que j'en dis, c'est pour rire!

— Ce bon X... a toujours des idées noires, objecta M. de S.

Cependant cette réflexion, jetée comme en passant, fit froid au cœur de plusieurs.

— Si cependant!... hasarda Mme de S.!

La jolie Blanche-Marie-Laurence de S. regarda tout particulièrement D.

Celui-ci s'approcha d'elle et lui dit :

— N'y a-t-il pas un Dieu?

Il n'acheva pas... Mme de S.. s'étant levée lui prit le bras et l'emmena dans un petit coin du salon.

— Vous l'aimez bien, n'est-ce pas? pauvre cher trésor : elle est si bonne!

Puis elle ajouta :

— Quelle idée ai-je eue ce soir! Je voudrais que la journée de demain fût passée!

On se remit à causer jusqu'au coucher ; le lendemain dès la première heure, les chasseurs étaient prêts. Au moment de partir, Mme de S. entra. Elle était assez pâle, on eût dit qu'elle n'avait pas dormi la nuit complète.

— Tenez-vous beaucoup à chasser? dit-elle.

Personne ne répondit.

M. de S. entra en ce moment.

— Ah! pourquoi pas, ma chère? Et ces messieurs sont prêts. Est-ce la folle sortie de ce cher X... qui t'assombrit? Les meilleurs viveurs lancent parfois des réflexions qu'ils regardent comme philosophiques!

Et il embrassa sa femme au front.

— Enfant! ajouta-t-il.

On descendit au chenil pour prendre les chiens. Madame de S. accompagnait les chasseurs, son regard semblait les compter.

Enfin, on allait partir, quand apparut encapuchonnée dans une pelisse de chinchilla, Blanche-Marie de S. Qu'elle était adorable ainsi! Une boucle de ses beaux cheveux noirs encore humide de la moiteur du sommeil, ombrait sa joue et, fouettée par le vent frais, se déroulait sur la mante.

Ses grands yeux, si luxueusement frangés, souriaient comme le ciel bleu.

Les chasseurs retardèrent leur départ les uns pour la saluer, d'autres pour la contempler. Elle s'appuyait sur le bras de sa mère.

— Ça, dit-elle, d'un ton mutin adorable, ne soyez pas trop longtemps.

— Non, ma petite reine, répondit son père, tu le veux, ta volonté est un ordre!

— Par où reviendrez-vous? ajouta-t-elle en regardant D.
— Par moi de la rive, répondit monsieur de S. en l'embrassant, et à onze heures nous serons ici.
— J'irai au devant de vous, répliqua-t-elle.

Les chasseurs partirent. Les deux femmes les regardaient s'éloigner.

On avait descendu la colline; arrivé en bas, D. se retourna, un petit mouchoir blanc s'agitait en signe de revoir.

Chien de l'Ariège.

La chasse fut bonne, le gibier avait donné. On allait rentrer, tout joyeux, quand, au détour de la montagne qui formait comme une falaise, à vingt pas d'un bouquet de saules, D. fit lever deux culs-blancs. Il était seul en ce moment. Mettre en joue, faire feu, ne fut que l'affaire d'un moment. L'oiseau tomba, la détonation avait empêché le chasseur d'entendre un léger cri. Il courut ramasser son gibier, mais alors il entendit un gémissement derrière les saules.

Le fusil à la main, il s'élance, saute un léger fossé et trouve une jeune fille à terre.

C'était Blanche-Marie-Laurence de S. qui était venue à leur rencontre et que les plombs avaient frappée au flanc.

Elle leva ses beaux yeux et lui dit :

— Ma pauvre mère avait raison!

Elle s'évanouit.

D. la prit dans ses bras, appelant au secours. M. de S. arriva le premier. On transporta la chère enfant au château. Heureusement, la blessure n'était pas mortelle. En voyant sa fille Mme de S. faillit devenir folle.

— Où est-il? demanda-t-elle.

Lorsque Blanche ouvrit les yeux, D. avait disparu.

On se mit à sa recherche, on le trouva sur la montagne. Après avoir relevé celle qu'il aimait, il avait jeté son fusil dans la rivière et il était sur l'extrême bord de la falaise pour se précipiter lorsqu'on l'arrêta.

Maintenu à grand'peine, par ses amis, on le ramena devant le château, mais il ne voulait pas y entrer. On le transporta chez des paysans. Là, atteint d'une fièvre typhoïde il lutta entre la vie et la mort pendant quarante jours. Enfin, le délire cessa ; il était hors de danger.

Un soir, il sentit une petite main blanche qui serrait sa main amaigrie. C'était Blanche-Marie de S. ; elle était assise à son chevet, bien pâle encore, mais sauvée. Sa mère l'accompagnait.

D. se leva sur son séant, et voulut fuir.

— C'est Blanche, dit au malade Mme de S. Celui-ci regarda vaguement celle qu'il avait aimée :

— Blanche! balbutia-t-il, celle que...

Il n'acheva pas et se cacha la tête dans les draps.

La rechute fut terrible! Enfin, deux mois plus tard, par une froide nuit d'hiver, les chiens de garde du castel remplirent l'air de hurlements : le gardien se leva et vit sur la terrasse comme un fantôme qui passait et repassait devant la façade du château; le fantôme s'approcha d'une petite fenêtre et appela à voix basse : Blanche! La fenêtre ne s'ouvrit point, il n'y avait plus personne au château! Le garde reconnut D. Il était fou!

Marie-Blanche-Laurence de S. ne va plus dans le monde. Jamais elle ne se mariera; accompagnée de sa mère elle se rend à Rodon voir le pauvre infortuné qui cause *avec elle* de Marie-Blanche...

— Je vous aime bien, lui dit-il quelquefois, car vous ressemblez tant à ma Blanche!

Marie-Blanche espère toujours que la raison lui reviendra!

Mais je n'ai pas besoin de vous dire qu'on ne chasse plus au castel de X.

Ne riez jamais quand vos mères vos femmes et vos enfants éprouvent un frisson d'angoisse lorsqu'elles vous voient partir en chasse.

Que de drames plus navrants encore je pourrais raconter!

Sous la forme brutale de faits divers, en dix lignes les journaux enregistrent tous les ans des centaines d'épisodes de ce genre. Combien encore sont oubliés ou passés sous silence, et qui ont laissé la maison solitaire, et plongée dans le deuil!

Le jour de l'ouverture, le plus beau jour pour un chasseur, revient chaque année avec son cortège de joie et de crêpes. Que de chagrins cuisants il rappelle; que de plaies toujours palpitantes il rouvre!

Aux oreilles de combien de mères, d'épouses, de sœurs et de fiancées les premiers coups de fusil entendus dès l'aube ne raisonnent-ils pas comme un glas funèbre! Le coup de fusil qui fait votre joie, remémore à beaucoup le moment déchirant de la mise en terre d'un être aimé.

Je suis lugubre, je vous l'accorde, je fais l'effet de celui qui parlerait de mort le jour du mariage; mais que voulez-vous, chers lecteurs, sous la fleur est le serpent, et je ne sais pas de moyen plus efficace pour vous encourager à songer aux malheureuses victimes, les uns de leur imprudence, les autres de celle d'autrui.

Avec les fusils à bascule, on eût pu penser que les accidents seraient beaucoup moins fréquents.

Si les accidents que nous appellerons involontaires, parce qu'ils se produisaient quelquefois même en observant les lois de la prudence ont un peu diminué, les accidents dûs au manque de prudence et inhérents à l'arme à feu en elle-même ont augmenté. Avec les fusils à piston, on avait à redouter les moments de chargements, les capsules oubliées, la difficulté de décharger l'arme en rentrant au logis, la chute du fusil sur les chiens alors même que les marteaux reposaient sur les capsules, les erreurs de charge, qui pouvaient faire crever le canon. Les armes modernes, en supprimant ces dangers, ont conservé et conserveront toujours leur puissance redoutable.

Au moment où j'écris ces lignes, on m'apporte les nouvelles suivantes:

Deux individus dans l'Ariège, chassaient de compagnie. En prenant un instant de repos, ils placèrent leurs fusils armés dans une haie; l'un d'eux en reprenant son arme fit partir le coup et reçut toute la charge dans l'abdomen. Son compagnon, affolé, s'enfuit, puis la réflexion venant, il revint sur ses pas pour porter secours à son ami. Par une fatalité étrange, en prenant à son tour son fusil pour aller chercher de l'aide, le même accident se répéta et il subit le même sort. Le premier est mort et l'on désespère de sauver le second.

En Seine-et-Oise, deux frères, MM. XX*** tiraient des oiseaux dans leur jardin. En relevant son fusil, le plus jeune blessa mortellement son frère dans l'aine.

M. de R., dans le Cantal, s'est tué en franchissant une haie.

Enfin dans le Calvados, le nommé L. rentrant de chasse, transi de froid, posa son arme contre une table et alla s'agenouiller devant la cheminée où flambait un bon feu. Quelqu'un en passant heurta la table, le fusil tomba, le choc le fit partir et toute la charge traversa le pied droit au malheureux chasseur.

Est-il utile, en présence de ces malheurs, d'insister pour recommander à tous la prudence dans le maniement des armes?

Nous allons donc résumer les préceptes de prudence desquels aucun chasseur ne devrait s'écarter :

N'entrez jamais dans une maison sans avoir, au préalable, retiré les cartouches de votre fusil.

Si vous êtes en déjeuner de chasse soit à la ferme, soit à l'auberge, qu'aucun ne se départe de cette précaution sous prétexte que l'on est entre chasseurs. — Les fusils sont sujets à être touchés par des enfants, vos chiens en jouant peuvent les remuer et causer un malheur.

Par prudence une arme doit toujours être déposée en lieu sûr, fût-elle déchargée ; un enfant peut aisément s'en emparer et glisser dans le canon une cartouche qu'il aura prise ou bien même trouvée.

Ne mettez jamais personne en joue, même en plaisantant. Cette recommandation est loin d'être superflue en ce qui concerne les fusils à percussion centrale dans lesquels la présence de la charge ne peut être signalée souvent.

Visitez souvent vos armes afin de vous assurer que le bec de gâchette ne s'use pas. Un bec de gâchette usé peut faire partir le coup au moment où vous n'y pensez pas, alors que le canon est tourné vers vous-même ou dirigé en face d'une autre personne.

En armant un fusil, un chasseur expérimenté s'aperçoit facilement si la noix n'est plus ferme au cran d'arrêt.

En des mains, je ne dirai point imprudentes, mais non prudentes à l'excès, une détente trop libre est dangereuse au possible.

Si vous êtes réunis en cercle pour causer ainsi qu'il arrive souvent en chasse, ne tenez jamais par le canon votre fusil posé à terre sur la culasse, s'il est armé. Un mouvement imprévu, la queue d'un chien qui bat, la languette d'une boucle de guêtre, accrochant le chien au moment où vous tenez l'arme, une branche très flexible des arbrisseaux au cas où vous seriez au bord d'un bois, tout cela suffit pour faire partir le coup, vous enlever la tête ou estropier un voisin.

Mettez toujours votre fusil en bandoulière dans les haltes de chasse.

En chasse, tenez la main droite sur la poignée du fusil, la gauche sous la sous-garde et le canon horizontal ; ne portez l'index sur la détente que lorsque vous voulez tirer.

Au bois, jamais le fusil ne doit être à la hauteur de la hanche ; il faut toujours que le bout du canon soit élevé.

Pour sauter un fossé, traverser une haie ou *brousser* à travers un taillis, désarmez votre fusil.

Lorsque vous désarmez votre fusil, prenez garde de presser la détente gauche alors que votre pouce retient le chien droit et réciproquement. J'ai failli, dans mes débuts de chasse, être cause d'un affreux malheur causé par cette distraction. Je le raconterai dans les anecdotes de chasse qui vont suivre.

Si vous montez en voiture retirez les cartouches des canons. Les fusils à bascule sont si faciles et si prompts à recharger que l'on ne peut avoir d'excuse de conserver un fusil chargé dans ces conditions-là.

Ne tirez point en face d'une haie sans vous être assuré qu'il n'y a personne derrière.

Ayez bien soin que la chambre qui garde la cartouche soit toujours bien lisse. Un peu de rouille et de pluie peuvent rendre l'extraction difficile. En ce cas, si votre fusil est à broche, servez-vous d'une petite pince et tirez *bien horizontalement* en saisissant la broche ; mais gardez-vous *d'une pression trop forte* qui enfonçant la broche ferait partir la cartouche. Vous pourriez vous tuer ou au moins avoir le pouce et l'index de la main droite enlevés. Il en est de même, lorsque les douilles dont le culot en cuivre est mal fait, entrent mal.

Aussi, avant de faire vos cartouches, essayez les douilles une à une afin d'être certain qu'elles entreront facilement.

Le cas que je signale est très grave.

Lorsque, en sautant un fossé, votre fusil a touché la terre, visitez bien le bout du canon, car s'il est bouché, le premier coup que vous viendriez à tirer dans ces conditions-là ferait éclater l'arme.

Le tir au jugé est parfois dangereux : dans l'obscurité d'un bois, on a pris souvent un bucheron pour une bête fauve.

Plusieurs habitants d'Épernay chassaient le chevreuil, lorsque l'un d'eux vit les chiens pousser vers un fourré obscur où quelque chose remuait à terre. Il tira, et lorsqu'après avoir crié hallali, il alla reconnaître sa prise, il aperçut qu'un homme était foudroyé.

Ne tirez à terre que dans les endroits clairs.

En battue ne tirez jamais en face des rabatteurs. Tirez toujours lorsque le gibier a passé la ligne.

Lorsque vous êtes en ligne le long d'un bois, attendant le lapin ou le lièvre, si le terrain est pierreux, méfiez-vous des ricochets et de la déclivité du terrain.

En plaine, les chenevières à cause de leur hauteur, les seigles quand il en reste et les vignes offrent de grands dangers.

Ne tirez pas horizontalement en travers d'une chenevière, vous pourriez tuer raide un chasseur qui se trouverait caché par elle. Dans les vignes, il est fort dangereux de tirer bas. Le plomb peut surprendre un enfant en train de grapiller.

Si vous êtes seul, ne tirez jamais en face d'une muraille, des grains de plomb pourraient revenir sur vous et vous blesser grièvement. Cet inconvénient n'aurait pas lieu si vous tiriez obliquement. Mais, si vous êtes plusieurs, je vous dis ne tirez jamais contre un mur, sur un monceau de pierres ou sur un chemin pavé. Le coup oblique ou direct sera toujours dangereux pour quelqu'un à cause des ricochets.

Lorque, en chasse, vous vous faites accompagner d'un enfant ou d'un porte-carnier, ayez grand soin qu'il se tienne toujours à votre droite un peu en arrière. Ainsi placé à droite, il ne vous empèchera pas de pivoter sur vous-même, et il n'aura pas le canon tourné vers lui ; et, je vous l'ai dit, il faut se méfier et des détentes faciles et des mouvements nerveux de l'index.

Au cas, où votre fusil viendrait à rater, tenez-le quelques instants dans la position verticale ; en effet, il pourrait arriver que le raté ne soit qu'un long feu et le coup partirait une demi-seconde après. Cette observation s'applique particulièrement aux fusils à baguette.

En descendant un côteau rapide, si vous ne désarmez pas, tenez votre fusil le canon haut ; une glissade imprévue peut le faire partir.

Et comme dernière recommandation, fuyez comme peste ces chasseurs toujours correctement mis, je le veux bien, mais étourdis, vantards qui se moquent des précautions. Ils blessent quelquefois, manquent toujours les perdrix, et tuent souvent leur chien.

Enfin, je vous recommanderai vivement de vous méfier de la colère lorsque vous portez une arme ; soyez plus patients contre les paroles des gardes mal appris et des paysans grincheux, que si vous aviez une canne à la main !

A ces conseils j'en ajouterai deux autres qui concernent la poudre et les cartouches.

Ne conservez jamais beaucoup de poudre chez vous. S'il survenait un incendie, quelques kilos de poudre peuvent produire des désastres incalculables. Tenez-la dans une boîte en fer bien fermée et mettez-la dans un endroit sec.

Ne faites jamais vos cartouches le soir ! et lorsque vous vous livrerez à leur fabrication évitez de fumer.

Nous en avons fini, chers lecteurs, avec la partie théorique qui devait être le fond du *livre du chasseur*. Nous éloignant un peu des dissertations et des préceptes, nous allons continuer cette 4° partie par les variations anecdotiques qui plaisent tant aux chasseurs.

Si le disciple de saint Hubert n'est pas toujours un conteur, il a toujours au service de ses amis et de ses hôtes un bon nombre d'épisodes plaisants et dramatiques parfois à raconter.

On peut dire de lui que son sac n'est jamais vide ! Il en racontera de toutes les couleurs si vous le désirez. A ce propos les chasseurs sont réputés menteurs. Je ne veux point m'inscrire absolument en faux contre cette assertion ; mais je puis dire que beaucoup de chasseurs, et j'en ai connu un grand nombre, ne mettent aucune exagération dans les faits qu'ils rapportent quelque incroyables qu'ils puissent paraître. Je sais fort bien qu'il y a en chasse comme en politique des hâbleurs qui, parce qu'ils ont beaucoup marché, veulent, comme les voyageurs, stupéfier leurs auditeurs par le récit d'incroyables aventures.

Cependant, tous les chasseurs ne sont ni hommes politiques ni dentistes.

A la chasse, on voit réellement des choses extraordinaires que ne croiront jamais ceux qui n'ont pas chassé ; et quelque fois même on n'oserait pas les raconter devant des personnes non initiées de peur d'être taxé de mensonge.

Les descendants de M. de Crac sont souvent les novices qui veulent en imposer par le récit de leurs exploits fantastiques.

Loin de nous de vouloir procéder ainsi. Nous avons pensé que des histoires de chasse feraient plaisir à nos lecteurs en les reposant de la lecture aride et pour ainsi-dire technique.

Au sujet de l'extrême prudence qui doit être l'apanage du chasseur, j'ai parlé d'une histoire personnelle qui a failli causer un grave accident.

Elle est extraite des *tablettes d'un chasseur*.

La voici. D'elle et comme de celles qui suivront je dirai « *et quorum pars magna fui.* »

ANECDOTES

Boncoupd'œil Bredouille

Une partie avait été projetée avec plusieurs amis parmi lesquels se trouvait un médecin aussi habile à briser l'aile à une perdrix qu'à remettre un bras cassé.

Les arrière-petits-fils de Nemrod étaient nombreux : nous nous divisâmes en deux bandes. Mon ami le docteur, une autre connaissance à nous et moi nous partîmes ensemble. Il était neuf heures du matin. Le docteur avait à aller voir une nouvelle accouchée.

Le rendez-vous avait été pris pour une heure au pied des monts d'Erenne. La journée était superbe et le ciel était bleu. Je crois que le vague enchanteur qui régnait dans l'air tiède me faisait rêver et tirer dans le vague. Plusieurs perdrix se levèrent à bonne portée, et je n'atteignis même pas la queue d'une ; quant à l'ami D., bien que gaucher il tirait toujours droit : à tout coup il abattait ; les plumes grossissaient déjà son carnier, lorsque nous aperçûmes la maison de la malade.

Le docteur nous quitta.

— Chassez encore un peu, dit-il, puis vous viendrez me retrouver, nous boirons un coup. Surtout, ne tirez pas trop près de la maison.

Ce dernier conseil était de bonne compagnie. Vous allez vous convaincre s'il fut suivi point pour point.

Pas une mauviette n'excita notre envie de tirer.

— Allons retrouver le docteur, dit mon cochasseur.

Nous rapatrions et mettons le pied sur le seuil de la maison. On nous invite à entrer *bère un coup*.

— Ce ne sera pas de refus, répond le jeune chasseur en passant le premier ; entrez, monsieur Boncoupd'œil, et surtout désarmez votre fusil.

Je fis un pas en arrière pour exécuter ce bon conseil.

— Allons, point de cérémonie, ajouta-t-il en me poussant encore.

J'avais l'index sur la détente droite et le pouce se trouvait sur le chien gauche.

Je pressai le déclin... Une effroyable détonation eut lieu, un nuage de fumée nous enveloppa. Puis nous ne vîmes plus rien.

Le coup droit était parti.

Nous étions atterrés, les oreilles nous tintaient. Nous nous regardâmes comme étonnés de sentir encore nos têtes sur nos épaules. Revenus un peu de la première stupeur nous cherchâmes les traces du plomb. Quelques secondes après, qui durèrent un siècle pour notre inquiétude, nous apercevions au plancher un trou de la grosseur du canon du fusil, parfaitement rond. On eut dit le passage d'une balle de calibre tirée à quarante-cinq pas.

Notre frayeur redoubla.

Au-dessus de la cuisine, pièce dans laquelle nous étions, se trouvait la chambre de la malade. Un malheur était donc fait ; mais nous ne pouvions le voir. Le médecin était déjà monté. Au premier, même recherche. On vit bien le plancher percé comme avec un vilbrequin, mais la place du plomb était introuvable.

Par un hasard providentiel, personne n'était blessé. Et cependant, le coup faisant balle avait traversé le plancher à un demi-pied du lit de 'accompagnée, et à deux pouces de la chaise sur laquelle se trouvait le mari, puis la charge était allée se loger dans le ciel-de-lit dont elle avait fait une écumoire.

La malade n'avait même pas été impressionnée par la détonation. Le bruit avait été étouffé par le plancher ; et comme la porte qui donnait sur la cour était ouverte il semblait provenir d'un coup de fusil tiré au dehors

Griffon vendéen.

On en fut donc quitte pour la peur. Le remède à tout en Normandie est le verre de cidre ou la goutte du *Calvados*. Le paysan, qui avait failli être tué ainsi que sa femme, nous versa force eau-de-vie pour remettre les sens, disait-il. J'ignore si les autres en avaient bien besoin; pour moi j'étais, paraît-il, singulièrement pâle. Au fait, il y avait de quoi. Moi, Théodore Boncoupd'œil, qui n'ai point froid aux yeux, je ne fus bien remis de mon émotion qu'après deux bonnes heures.

Nous nous rendîmes à déjeuner sans chasser, je n'avais même pas rechargé mon fusil qui avait failli m'être si fatal. Le repos remit complètement nos sens en place et nous continuâmes notre partie.

Cependant l'aventure du matin devait me porter guignon. Ceux qui m'auraient vu tirer précédemment ne m'auraient certes pas surnommé Boncoupd'œil.

Je n'eus pas même l'œil assez bon pour m'apercevoir que je m'égarais sur une terre gardée, et une fois en contravention je ne vis pas le garde qui venait vers moi.

J'en fus quitte pour une pièce de dix francs.

La mauvaise chance me poursuivait donc ce jour-là avec une féroce tenacité.

J'avais l'esprit excessivement distrait, ce qui, au reste, m'arrive souvent, si ce n'est à la chasse cependant. L'aventure du matin était bien faite pour cela. Sans le savoir, je m'étais séparé de mes camarades, j'errais seul, laissant à *Bonne-à-Tout* et à *Love* la joie de lever cailles et perdrix.

Y en avait-il beaucoup ce jour-là? c'est ce que je n'ai jamais pu savoir.

On n'arrive pas toujours en marchant. Le soleil était déjà bas lorsque je constatai que j'étais seul près d'un petit bois; je cherchai à m'orienter, mais en vain. Les chiens n'en pouvaient plus. Je pris le parti de m'asseoir un instant sur la lisière et d'attendre ou compagnon ou âme qui vive. — *Love* et *Bonne-à-Tout* ne furent sans doute pas fâchées de cette halte ; car elles se couchèrent en se frottant le ventre sur l'herbe. Chasseur et chiens étaient rendus ; malheureusement point au terme.

Assis auprès d'un énorme coudrier, je me couchai tout de mon long. L'arbre qui me couvrait de ses rameaux s'agita. Je regardai et je vis au sommet de l'arbre une bonne grosse fille qui cueillait des noisettes. Quand la fillette m'aperçut, elle poussa un petit cri et voulut se laisser tomber. Patatras ! une branche cassa et cette Suzon de rencontre resta suspendue par les jupons.

Je ne pouvais décemment laisser une femme, me fût-elle inconnue, dans une position aussi critique, à la merci des moineaux francs.

Je fis de mon mieux et je la dégageai ; heureusement que les jupons étaient solides. Pour compliquer la situation, Bonne-à-Tout voulait grimper pour lui mordre les molets. L'indiscrète ne parvint qu'à saisir un bout de la jarretière en lisière.

La fillette me remercia et me remit dans mon chemin. Je dois avouer qu'elle n'était nullement confuse.

Ce petit intermède inattendu chassa mes idées tristes.

Je suis persuadé qu'en la quittant, je n'aurais pas manqué un lièvre à soixante pas.

Quand je retrouvai mes compagnons, ils étaient très inquiets. Les uns craignaient quelque aventure semblable à celle du matin. D'autres avaient frayeur d'une trop grosse moisson. Un autre enfin pensa que j'avais trouvé une Bernardine quelconque.

Ils regardèrent ma carnassière.
— Boncoupd'œil bredouille! dirent-ils.
C'était ce qu'il y avait de plus clair pour eux.
Le médecin chanta d'un air narquois sa petite chanson habituelle :

> Je braconne, je braconne
> Un baiser par-ci, par-là,

Il affirme même que je ne suis pas rentré bredouille sur toute la ligne. Les médecins sont sceptiques !

UN VOL DE HÉRONS

Les rivages de la mer, principalement ceux de l'Océan, sont comme le *buon retiro* des vrais chasseurs, alors qu'à la fin de février ou en mars la voix préfectorale leur a interdit les guérets et les bois. Là, de par la loi elle-même qui n'a pas, et nous lui savons un gré infini, asservi la mer et ses dépendances à l'étiquette civile qu'elle inflige si largement à la terre ferme, tout chasseur peut, dans une certaine limite, alimenter son carême forcé depuis la fermeture jusqu'à l'ouverture prochaine. Le butin, en cette saison, ne sera pas gras, mais il pourra toujours faire le coup de feu, perfectionner son coup d'œil et en certains jours encore assouvir ses appétits de tueur.

J'ai souvent, je ne parle pas de l'hiver mais des mois les plus deshérités, juin, juillet, été chasser au bord de l'Océan, et jamais, il ne m'est arrivé de revenir bredouille. La chasse était souvent maigre ; mais je n'avais jamais tiré moins de trois ou quatre coups de fusil, et je rapportais soit alouettes, soit moineaux de mer, soit bécasson, soit merlieux, soit enfin un couple de chevaliers.

La mer a cela d'avantageux sur la terre, qu'elle est toujours grosse d'imprévu.

Lorsqu'un bon chasseur a battu pied à pied une boqueteau ou une plaine, il l'abandonne avec la certitude qu'il ne laisse rien derrière lui. Le rivage est tout autre. Quelqu'aride qu'il vous paraisse, il se peuple presque instantanément. Vous êtes encore dessus, désespéré de votre peu de succès, que tout à coup, venant vous ne savez d'où, apparaît le goëland que vous désiriez, la pie de mer à laquelle vous n'aviez pas songé ou le canard allait à la picorée.

Sur le bord de la mer ne désespérez jamais. Vous avez passé deux longues heures le fusil au repos, et le moment du retour a sonné, en dix minutes un changement de vent va vous procurer le plaisir d'emplir votre carnassière.

Le rivage à ses changements de décors subits et instantanés comme l'Opéra; et, ils sont féconds. La mer apprend la patience, l'art d'investigation et une grande précision dans le tir.

Les bords de la mer, au Havre, grâce à l'embouchure de la Seine et aux marais avoisinants, sont, avec quelques plages de Bretagne, les plus féconds en inattendu pour le tireur.

C'est donc au Havre que nous allons conduire le lecteur.

C'était au mois de juillet, le 11, je partis à 5 heures du matin afin de me trouver à la pointe du Hoc vers les sept heures, la mer se trouvait pleine à huit heures et demie en sorte que je bénéficiais de deux heures de mer montante et de la mer haute, grand avantage qu'apprécieront les amateurs de chasse de mer.

La journée promettait d'être chaude; mais à cette époque du mois de juillet et fin août, il se fait habituellement un passage d'oiseaux de toute espèce assez abondant. Les premières couvées ont été faites, en sorte que le gibier, abandonnant les marais Vernier et ceux de Saint-Jean-d'Aptot, descend la Seine, passant à la portée du rivage quand il ne s'y arrête pas.

A vingt pas du flot, sur le haut du galet, surveillant la mer et les sinuosités du rivage, je marchais depuis longtemps déjà, lorsque se leva devant moi un volier d'alouettes de mer; il prit le large, et, après un circuit, vint s'abattre de nouveau dans un enfoncement en avant de moi. Je fis la même manœuvre sur terre, afin de me trouver en face du volier. A ce moment, j'entendis quelques détonations : j'en augurai une bonne chasse en pensant que d'autres chasseurs attaquaient de leur côté et ne pouvaient manquer de disperser le gibier. Bientôt, à ces détonations partielles succéda un feu nourri. Presque en même temps, j'aperçus un drapeau qui flottait sur la pointe d'un épi. C'était une compagnie d'artilleurs qui tirait à la cible! Ces cibles faisaient face à la mer. Je ne pouvais songer à m'aventurer plus loin; je m'assis donc et perdis ainsi une bonne heure à attendre. Enfin le feu cessa, et je vis les artilleurs courir aux cibles pour constater les coups. Je me mis en route, heureux d'être désemprisonné. J'avais fait environ soixante pas, quand, de nouveau, j'entendis un coup de fusil. Était-ce, cette fois, un chasseur? Je me retournai. Presque au même moment, nouvelle détonation, et une balle de chassepot sifflait à mes oreilles! Ce que j'avais pris pour la fin de l'exercice n'était qu'un entr'acte. Peu rassuré, — je me trouvais alors à vingt mètres au-dessous des cibles, — je ne savais quel parti prendre. Les coups se suivaient, et les balles continuaient à siffler à droite et à gauche. Le danger était réel. Un instant, je m'assis au bord du flot, adossé au galet, me rapetissant autant que je pouvais le faire. La hauteur du rivage, sur lequel les cibles étaient posées, me protégeait un peu. Mais cette fusillade s'accentuait, et, avec elle, la musique lugubre des balles rasant l'eau et ricochant. Je jugeai qu'il fallait mieux risquer la fuite que de demeurer ainsi jusqu'à ce qu'il plût aux artilleurs de cesser ce jeu charmant pour eux, mais d'une impression fort désagréable pour moi. Une balle perdue, selon l'expression consacrée, pouvait bien ne point l'être pour moi. En résumé, je n'avais de chasseur que le nom et j'étais, en réalité, traqué.

Je me levai, et, comme si je cherchais à surprendre moi-même un gibier, je fis, en courbant le dos et marchant aussi rapidement que possible, une cinquantaine de mètres. Mais ces diables de balles me suivaient toujours.

Sans souci de deux ou trois bécassons que je fis lever dans ma course de lièvre affolé, je songeais à la portée du chassepot et je marchais toujours, comme le Juif errant, n'ayant point où me reposer. Enfin ! je n'entendis plus que les coups : le sifflement des balles avait cessé. Plus en sûreté, mais pas encore dans une sécurité absolue, il me tarda de mettre encore une centaine de mètres entre le tir et moi, et je ne m'arrêtai qu'à la pointe du Hoc; là, je m'assis derrière le phare, maugréant contre la malencontreux hasard et contre le Génie, assez imprudent pour se livrer à des exercices aussi dangereux sans dépêcher deux hommes du peloton en sentinelles, afin d'avertir les passants et les marins de ne point avancer, ni à droite, ni à gauche, au delà de cent mètres. De cette façon, on éviterait des accidents imminents.

Une personne à laquelle je rapportais cette aventure authentique me raconta que, trois semaines avant, pendant le tir, une balle était allée en mer percer le foc du vapeur qui se rendait à Pont-Audemer. Si pourtant un marin ou un passager se fût, en ce moment-là, trouvé en face de la voile, il y eût eu mort d'homme. Il est surprenant que les journaux de la localité, qui ont eu connaissance du fait, ne l'aient point signalé à l'attention de l'autorité.

En résumé, j'étais hors de danger. Après un quart d'heure, j'aperçus à cent mètres de moi un chasseur. Peut-être avait-il eu plus de chance que moi ! Je me dirigeai vers lui, et, en qualité de disciples de saint Hubert, nous fîmes promptement connaissance. Il n'avait point tiré un seul coup de fusil, car le tir, me dit-il, avait dérangé le gibier. On lui avait parlé de vanneaux; nous cherchâmes dans les criques, mais en vain : ils avaient terri plus avant. La matinée avançait, et décidément la chasse s'annonçait sous de fâcheux auspices. La mer baissait, et le chasseur qui m'accompagnait n'avait plus guère d'espoir; il parlait même de s'en aller. C'était triste.

Nous interrogions l'horizon et le vent, quand nous découvrîmes au delà de la rivière d'Harfleur, sur un banc marécageux, plusieurs hérons qui ne bougeaient pas plus que des pieux. Cette simple découverte nous remonta le moral. Cependant, nous pouvions répéter le refrain : « *Enfants, n'y touchez pas.* » Prendre une barque et passer sur le banc était chose facile, mais le banc était plat et sans abri aucun; nous eussions vu partir les objets de notre convoitise à deux cents pas.

Tout en les regardant et en les surveillant, nous nous éloignâmes. Peut-être un courant dans le vent allait-il les faire lever pour venir pêcher au bord de la rivière.

Notre attente fut longue; mais, enfin, nous en vîmes un prendre son vol et venir du côté où nous nous trouvions.

Deux autres le suivirent, et ce ne fut pas sans un petit cri de bonheur que nous les vîmes venir terrir sur la berge de glaise de la rivière. L'eau était déjà bien baissée, et l'encaissement que formaient les bords nous permettait, avec des précautions, de nous approcher d'eux.

Prestement, nous combinâmes nos plans. Nous nous enfonçâmes dans les terres pour marcher droit sur eux. L'opération se fit assez bien, quand, à soixante mètres environ du bord, nous découvrîmes d'autres hérons qui venaient dans la même direction. Nous nous couchâmes à terre en attendant. Deux nouveaux hérons s'abattirent avec les autres, quand soudain un troisième, surgissant je ne sais d'où, s'avança dans la même direction. A terre, comme des tirailleurs en embuscade, le doigt sur la détente, nous mesurions, mon compagnon et moi, la distance qui nous séparait de lui, lorsque, par une fatalité, il piqua un peu plus sur nous. Fascinés par le mirage de l'horizon, nous crûmes qu'il allait passer sur nos têtes. D'un commun accord, nous tirâmes! Hélas! le héron allait terrir avec les autres et nous indiquer le point du vol. Il ne tomba point; mais, en revanche, nous vîmes, au coup, s'élever du fond de la berge six magnifiques bêtes.

La tête en désarroi, écœurés de notre manque de coup d'œil, nous jetâmes, au jugé, dans le vol les deux coups qui nous restaient, mais nous n'en atteignîmes aucun. Stupéfaits, nous contemplâmes ce beau tir nous échapper par notre faute.

Il eût été si simple d'arriver jusqu'au bord, de suivre ce guide de la dernière heure qui semblait venir exprès pour nous bien indiquer l'endroit précis où ses compagnons s'étaient abattus! Nous aurions pu arriver à vingt pas, les tirer lorsqu'ils se seraient levés et faire chacun coup double.

— Jamais pareille chance ne nous reviendra, dit mélancoliquement mon compagnon.

Et il avait raison. Tomber sur sept hérons en plein jour et à vingt mètres, pouvoir, avec du sang-froid, en toucher quatre, c'est une aubaine que bien de mes confrères n'auront jamais. C'était à quitter la place comme des renards confus et à ne jamais y revenir. Mon camarade suivit cette inspiration et s'en alla.

Pour moi, un peu remis de mon émotion, je songeai que j'étais levé depuis 5 heures et que j'avais faim. Il était midi. J'allai chez le gardien du phare, qui a établi un restaurant pour les chasseurs dans les ruines de l'ancienne chapelle de *Notre-Dame-des-Neiges*, et je m'installai à déjeuner. J'espérais, à mer basse, non pas retomber sur un pareil vol de hérons, mais tuer quelques merlieux.

Vers une heure, je retournai à la pointe du Hoc; la mer découvrait déjà beaucoup, mais je n'aperçus rien sur les bancs. J'inspectai vainement le galet pour découvrir un gibier quelconque; je remontai le rivage sur le sable, me dirigeant du côté du Havre. A cinquante mètres, un moineau de mer était en train de picorer; je le tuai posé. Ce mince résultat me donna du courage. Un peu plus loin, je fis lever une compagnie de ces moineaux, et, avant qu'ils gagnassent le large, j'en abattis un.

Le soleil était brûlant et le galet avait une ardeur de lumière qui vous terrassait. Mais j'étais, pour ainsi dire, réconforté; je résolus de rebrousser chemin et de retourner à la pointe et le long de la Lézarde. Chassés par les pêcheurs, peut-être les hérons, sur le soir, reviendraient-ils au bord de la rivière, dont les escarpements leur fournissaient un abri.

La Lézarde, navigable à son embouchure seulement à mer haute, est très sinueuse et coupée par de nombreuses criques très favorables au stationnement du gibier. La prenant à son embouchure, j'avais à peine fait soixante mètres, que j'aperçus à un tournant, au bord du lit de l'eau, un héron en vedette. Mes prévisions s'étaient réalisées. Je fis un grand détour dans la prairie, et, après avoir mis une cartouche de 3 et une cartouche de 4 dans mon fusil, je piquai perpendiculairement vers l'endroit où se tenait ce héron. Il ne devait pas être seul; il faisait sentinelle. Quand je fus à vingt pas du bord, je mis mon fusil en joue et je me démasquai entièrement. Le héron préposé à la garde du vol s'envola trop à gauche pour que je pusse le tirer; mais, au même moment, trois autres hérons, avertis par leur camarade, se levèrent en face de moi. J'en ajustai un. Le coup partit, et il tomba foudroyé au milieu de la rivière, ses grandes ailes déployées; rougissant l'eau de son sang; il s'en alla au courant. Un pêcheur, qui raccommodait ses filets, descendit la berge, que je n'osais affronter à cause de la terre glaise, et il l'arrêta au tournant.

J'avais fait un coup de fusil inattendu, et ma journée n'était point perdue. J'allais enfin m'en aller, quand je pensai qu'en remontant plus avant le cours de la rivière je pourrais en rencontrer quelque autre.

Qu'il pleuve, qu'il vente, qu'il neige ou qu'il fasse un soleil de canicule, un chasseur heureux ne s'inquiète de rien, et j'étais ce chasseur. Ruisselant de sueur de mes allées et venues en plein soleil, je partis d'un pied léger pour explorer la rivière.

Au quatrième tournant, j'aperçus encore un héron. Il était seul et sur le bord de la berge opposée, ce qui rendait l'approche difficile, car son œil vigilant pouvait me signaler de fort loin. Ayant bien remarqué la place, j'exécutai la manœuvre qui m'avait déjà réussi.

Je devais avoir du bonheur jusqu'au bout.

J'arrivais à l'escarpement, quand il se leva à soixante pas de moi. Je l'ajustai, et, lorsque je le tins bien en face de mon fusil, je tirai. Il tomba comme le premier dans la rivière; il avait l'aile cassée. L'embarras était de m'en emparer. Bientôt il gagna la berge sur le haut de laquelle je me tenais, et se mit à courir en poussant de grands cris. Ses longues pattes le servaient bien, car il fit un kilomètre en quelques secondes. Courant sur la terre ferme, je ne pouvais pas le suivre. Enfin, il s'arrêta près du bord, et je l'approchai de nouveau. N'en étant plus qu'à trente pas, je lui envoyai une poste dans le cou. J'avais mes deux hérons.

Assez chargé par ce butin encombrant, je ne songeai plus à chasser, et, mettant mon fusil en bandoulière, je rentrai au Havre, étonnant les passants, qui s'extasiaient sur un résultat si peu ordinaire sur le bord de la mer, surtout à l'époque où nous nous trouvions. Je ne crois pas que beaucoup de chasseurs aient tué en une seule chasse, même l'hiver, et de cette façon, deux hérons.

En mémoire de cette journée, j'ai voulu conserver l'un d'eux, que j'ai livré au procédé Gannal. Quant à l'autre, qui était jeune, je me suis souvenu que ce noble gibier avait autrefois paru sur la table des princes et des rois, et je l'ai, en conséquence, livré à la cuisinière, qui en a fait une broche exquise ; c'était la première fois que je mangeais du héron, et je l'ai trouvé fin et savoureux.

A propos des hérons servis sur la table des princes, voici une anecdote qui a trait à cet oiseau et que l'on trouve dans l'*Histoire d'Angleterre*. Les conséquences de ce héron, pris à la chasse en 1338, furent plus funestes que celle des deux tués par moi en 1874, et qui ne m'ont laissé qu'un gai souvenir.

Robert d'Artois, beau-frère de Philippe VI, s'était réfugié en Angleterre; à la cour d'Édouard, au cœur duquel il soufflait constamment le désir de la vengeance et qu'il excitait à prendre les armes contre le roi de France. Dans l'automne de 1338, Robert, chassant au faucon, prit un héron. Humilié de n'avoir pris qu'un si mince gibier, il résolut de le faire servir à sa vengeance. Il retourne donc immédiatement à Londres, fait rôtir le héron, et, l'ayant mis entre deux plats d'argent, il le fait porter en grande pompe au palais, accompagné de deux joueurs de vielle, d'un guitariste et de deux demoiselles d'honneur. Entrant avec tout son cortège dans la salle du festin où était le roi, il s'écrie : « Ouvrez les rangs et laissez passer les preux que l'amour rassemble ici. » Puis, s'adressant aux chevaliers, il ajoute : « Le héron est le plus couard de tous les oiseaux ; il a peur de son ombre, il pousse alors de grands cris, comme s'il allait mourir. Je donnerai le héron à celui d'entre vous qui est le plus poltron. A mon avis, c'est Édouard, déshérité du noble pays de France, dont il était l'héritier légitime ; mais le cœur lui a failli, et

Limier de Saint-Hubert.

pour sa lâcheté, il mourra privé de son royaume. » A ces mots, Édouard rougit, et, se levant, il jura que six mois ne se passeraient point sans que Philippe, défié par lui, le vît sur les terres de France.

Robert sourit et dit : « A présent, mes vœux sont exaucés, et par le héron que j'ai pris aujourd'hui commence une grande guerre. »

Après quoi, il présente le héron au comte de Salisbury et l'invite à jurer sur cet oiseau. Le comte et beaucoup d'autres seigneurs font le serment. Enfin, Robert s'avance avec le héron vers la reine et le lui présente. La reine prononça le serment, fit découper le héron et le mangea.

Le vœu que j'ai fait sur le héron que j'ai mangé, c'est d'en tuer d'autres si saint Hubert me protège !

LES GUILLEMOTS

Si le lecteur veut nous suivre, nous le conduirons à Étretat, petite ville de pêcheurs charmante, devenue depuis quelques années le rendez-vous des baigneurs élégants et des artistes. Elle ne voit pas, il est vrai, les riches équipages de Trouville et de Dieppe, les deux orgueilleuses, mais elle permet au peintre, au poète, à l'artiste fatigué, de quitter la vie énervante de la grande ville, et de pouvoir à peu de frais jouir, lui aussi, de la mer comme thérapeutique et comme agrément.

Un peu avant l'époque des bains, au mois de mai, aux environs de la Pentecôte, les chasseurs viennent aussi vers le charmant port pêcheur, afin d'y chasser un gibier qu'Étretat seul, ou à peu près seul de tous les ports de la côte, possède. Les habitants du Havre, de Dieppe et de plus loin encore, y accourent pour chasser le guillemot.

Le *guillemot* — *uria* — est un oiseau aquatique palmipède, du genre de l'*alque*, un genre pingouin, mais qui cependant diffère beaucoup de ce dernier par ses coutumes et par la manière dont il se fait chasser.

Il arrive sur nos côtes avec les premières hirondelles pour y nicher. Quelques naturalistes prétendent que le nom de guillemot lui vient d'un nom anglais qui signifie imbécile. — Cette hypothèse est tout à fait gratuite et même fort erronée, attendu que cet oiseau n'est rien moins que fort intelligent et fort défiant.

Et, soit dit en passant, il n'existe pas un animal qui, à l'état sauvage, ne soit d'une finesse excessive et puisse laisser dire qu'il est niais.

Les guillemots arrivent donc en bandes de deux ou trois mille et établissent leurs nids à cent mètres du bas de la plaine. Les nids dessinent une ligne d'une régularité parfaite. On dirait des cabanes pour baigneurs alignées.

Il est fort curieux de voir avant le lever du soleil, tous ces oiseaux à ventre argenté, aux ailes couleur de soie former une ligne horizontale d'un kilomètre de long.

Sur les falaises qui les avoisinent se trouvent les cormorans. Quoique aucune limite matérielle n'existe, la démarcation d'instinct est assez forte pour que ces deux genres d'oiseaux ne se confondent jamais. Quand les uns ou les autres prennent leur vol, jamais ils ne remontent que sur leurs falaises respectives, bien que le dernier nid du cormoran soit à une légère distance de celui du premier guillemot.

Pour chasser ces oiseaux on s'embarque à mer montante, dans un canot à voile. Lorsqu'on arrive vis-à-vis le gibier, la mer est haute ou à peu près, et, de la sorte, la distance qui sépare le chasseur de son gibier est diminuée d'un bon tiers.

Toutefois il faut encore un fusil excellent et bien chargé pour les atteindre.

En général, les premiers coups de fusil n'effrayent même pas le gibier. J'ai vu une balle enlever un morceau de pierre calcaire sur laquelle étaient grimpés une douzaine de ces oiseaux, et eux rester impassibles.

C'est, probablement, à cause de cette apparente immobilité stupide qu'on les a appelés guillemots. Je crois, au contraire, que cette tactique est aussi rusée que possible. Ces oiseaux connaissent leur faible et leur fort. Or, à cette hauteur on les atteint rarement ; en outre, un fusil chargé à plomb ne fait aucun effet sur leur poitrine rebondie de duvet, et pour ainsi dire cuirassée.

La chasse commence vraiment dès qu'un oiseau a été atteint. — Alors ils partent en masse et demeurent sur la mer. C'est au moment où ils descendent vers vous, que vous les tirez. Les plumes se trouvent détendues, la distance est raccourcie, en sorte qu'avec bon œil on les tue facilement.

Quand le moment de débandade a sonné, c'est-à-dire lorsqu'ils ont commencé à quitter leur repaire, ils forment comme un nuage sur la mer. — Les coups de fusil se succèdent, on ne sait auquel entendre.

Vous venez de tirer : sur votre tête en passe un. A votre gauche s'en trouve un qui nage. Vous tirez : un troisième plonge à votre nez.

Il faut, pour en tuer beaucoup, être trois ou quatre. Dans l'espace de trois heures que dure la chasse on peut en tuer facilement une trentaine ; et si on voulait, on tirerait pendant ce laps de temps une centaine de coups de fusil.

Seulement tous les coups ne portent pas : on en blesse beaucoup qu'on n'a pas, puis le roulis de l'embarcation rend les coups moins sûrs.

On était au mois de mai. — Vers les deux heures du matin, trois jeunes gens, au nombre desquels se trouvait Boncoupd'œil, armés de pied en cap, descendaient le petit escalier d'un hôtel d'Étretat, dont le propriétaire a été *illustré* par Bertall. — Ils se promenèrent quelque temps sur le rivage où clapotait la vague. Les trois chasseurs attendaient le marinier dont ils avaient loué la barque, et qui devait les conduire en mer à la poursuite des guillemots. Au bout d'un quart d'heure, ne le voyant pas arriver, ils s'engagèrent dans une petite rue tortueuse de la jolie ville de pêcheurs. Ils s'arrêtèrent à une petite porte en bois et se mirent à cogner.

— Père Ménard !

Le nom auquel répondait le marinier ne fit pas d'effet ; car tout demeurait silencieux. Fatigués d'attendre, les jeunes gens s'impatientèrent et Boncoupd'œil donnant le signal, la porte gémit sous le bruit des coups de fusil. Une croisée s'ouvrit et une femme, point mal en vérité, parut en simple appareil de nuit et en se frottant les yeux.

Cette apparition, loin d'effrayer Théodore Boncoupd'œil et ses compagnons, ramena au contraire le sourire sur leurs lèvres. Pour la jeune femme, en voyant, à la lueur de l'aube qui commençait à naître, les auteurs du vacarme, elle crut à une révolution. — On la rassura promptement; — on ne voulait même pas la ravir à son époux qui, du reste, ne devait pas être très attrayant en ce moment, puisqu'il ronflait auprès de sa belle. — Les chasseurs désiraient seulement enlever l'époux.

Elle ne se fit pas tirer l'oreille, et réveilla promptement le trop heureux conjoint; — puis, au bout d'un instant, nous la vîmes reparaître, mais cette fois le sourire sur ses lèvres :

— Ménard s'est couché tard, il a oublié l'heure, mais il arrive.

En effet, quelques minutes après, le marinier, les yeux un peu gonflés, descendait avec nous sur le rivage.

Une brume épaisse, présage d'un beau jour, voilait l'horizon.

— Nous aurons beau temps, dit un des chasseurs en poussant le canot pour le mettre à flot.

— Vous aurez le temps de chasser, répondit le loup de mer, en *guignant* le vent à l'horizon ; mais je ne répondrais pas de la journée entière.

Le canot fut bientôt à l'eau ; comme il y avait un peu de brise, nous mîmes à la voile et nous nous orientâmes vers la terre promise, ou plutôt vers la falaise promise.

Le jour grandissait rapidement. Les mouettes blanches et grises rasaient la surface de l'eau et effleuraient notre embarcation.

Maintes fois nous eûmes la tentation de tonner contre elles.

— Patience, disait le marin, il sera temps plus tard !

Le soleil commençait à paraître dans une nimbe de feu.

— Voici le bon moment, nous dit le père Ménard. En effet quelques guillemots, descendus des falaises, effleuraient les vagues, allant chercher leur pâture.

Nous passâmes devant les cormorans, ces grands oiseaux à l'aile noire qui, gros comme des petits dindes, semblent de noires virgules dans le ciel lorsqu'ils planent. Il y en avait bien cinq cents sur les roches. Nous avions grande envie de les saluer au réveil, bien qu'ils fussent à une portée énorme ; mais cette envie demeura à l'état de désir, d'après les conseils du guide.

Enfin, la ligne argentée des guillemots se dessina nettement sur la falaise. La brise avait cessé. Il régnait un calme plat ; la voile fut amenée, et on se mit à ramer afin d'approcher de la falaise.

Un gloussement semblable à celui des canards nous annonça que le gibier avait vu notre manœuvre. Toutefois rien ne bougea.

Nous mîmes d'abord une balle dans nos fusils, afin d'atteindre les guillemots qui, bien que la mer fût haute, étaient presque hors portée.
— Une triple détonation se fit entendre, répercutée par les cavités des falaises ; à l'endroit où nous nous trouvions, on eût dit qu'elles allaient s'écrouler. — Il n'en fut heureusement rien. Un peu d'argile par-ci, un éclat de pierre par-là, vinrent seuls troubler le calme de l'eau, mais pas un oiseau ne se dérangea. C'était la première fois que nous nous livrions à cette chasse, nous fûmes déconcertés.

— Ça va venir, nous dit le père Ménard ; après une dizaine de coups de fusil, ils s'ébranleront, et alors vous pourrez en tirer, mais il faudrait qu'il y en ait un qui fût chargé à plomb ; quand le feu des autres fera son effet, les guillemots partiront, et alors branle-bas général !

Il va sans dire que nous suivîmes son conseil à la lettre.

Au bout de quelques coups récidivés avec vélocité, un guillemot qui avait senti de près le feu, piqua vers nous comme s'il allait s'abattre sur la barque, puis il passa au-dessus de nos têtes. Son vol rapide nous surprit et il gagna la pleine mer sans avoir entendu les tubes creux résonner.

— Voici le moment, ils vont déguerpir, attention !

Un des chasseurs avait encore une balle dans son fusil ; il visa, le coup partit et un guillemot tomba de soixante pieds dans la mer.

— Victoire ! cria Ménard, tenez-vous prêts.

Ils n'avait pas terminé, qu'une soixantaine de guillemots quittèrent leurs repaires, décrivant tous leur gracieuse courbe ; puis ils passèrent par-dessus notre tête.

Nous les avions vus venir ; mais nous étions encore novices. Nous tirâmes lorsqu'ils venaient à nous. Le plomb s'égrena sur leur épais duvet comme une lame sur le cou d'un cygne.

Aucun ne tomba.

Il fallait les suivre du regard et tirer au moment où ils passaient au-dessus de l'embarcation, ou bien lorsqu'ils étaient passés. Car alors, on les prenait par derrière et le plomb pénétrait sous la plume. Cette simple observation d'un chasseur d'une année, nous échappa à tous. L'abondance de ce gibier nouveau et si beau nous troublait, nous rendait impatients. On en voyait tant, que l'on tirait sans viser.

Le guillemot tué avait été ramassé ; la balle lui avait fracassé la poitrine au joint de l'aile.

Je ne me rappelle pas avoir éprouvé autant de plaisir, en m'emparant du premier canard que j'ai tué, que j'en ressentis en soupesant cet oiseau aussi gros qu'un gros canard de Flandre et, qui plus est, si harmonieux comme couleur.

La vue d'un cadavre influe, dit-on, singulièrement sur l'assassin. Il voit tout en rouge et tue, dans la suite, presque par fatalité. Ce fait, que des médecins légistes ont cherché à prouver et que nous n'admettons certes pas dans toutes ses conséquences déplorables, se produisit en petit dans notre esprit. — Nous avions une victime, il nous en fallait plusieurs.

Un nouveau coup de feu porta l'agitation parmi le gibier et, cette fois, des centaines de guillemots se laissèrent comme tomber de leur retraite et gagnèrent la pleine mer.

— Il nous restait cinq coups chargés. Ils partirent presque en même temps, et deux guillemots vinrent rejoindre leurs camarades. Maintenant il n'était plus nécessaire de tirer pour leur faire évacuer la place. — Ils partaient d'eux-mêmes pour la mer et d'autres revenaient : il ne s'agissait plus que de prendre son poste et de bien tirer.

On avait laissé filer l'ancre afin de donner plus de stabilité au canot. Les mauves se croisaient avec les guillemots qui revenaient du large rapportant la pâture aux petits. J'en avisai un superbe qui arrivait droit vers nous. — Je mis en joue pour le tirer au moment où, sur notre tête, il commençait sa courbe ascendante ; — je lui tenais le col au-dessus de la mire de mon fusil. — Feu ! le pauvre animal tomba en *pagaille*, comme disent les marins, juste au beau milieu de la barque. Un des chasseurs voulut se garer ; mais, perdant l'équilibre, il faillit tomber à l'eau. Le marinier le retint à temps.

La fusillade dura environ une heure, nous en tuâmes une douzaine et en blessâmes davantage.

Enfin nous songions à faire volte-face pour les cormorans, lorsqu'un malencontreux guillemot vint à passer à cinquante pieds de la barque.

Nous tirâmes tous trois. L'oiseau fléchit puis tomba à l'eau. Depuis quelques instants, le vent commençait à s'élever. Nous remîmes la voile et nous louvoyâmes pour nous emparer du blessé.

Seulement à mesure que nous approchions, il semblait s'éloigner. Quoique blessé, il cherchait à plonger.

Enfin, nous nous trouvâmes à portée de le saisir avec la main. Un de mes compagnons voulut le faire : mais un coup de bec crânement donné lui fit retirer sa main aussi vite qu'il l'avait allongée, et ce n'est pas peu dire. — L'animal nous avait fait faire près d'un mille en nageant. Je pensai plus prudent de le tirer de nouveau afin de le tuer.

On s'opposa à mon dessein en disant qu'il fallait le prendre vivant. Je cédai : le batelier voulut l'étourdir d'un coup d'aviron ; mais au moment où la rame s'abattait, l'oiseau avait disparu.

Nous regardâmes tout autour de nous ; rien. — Le guillemot rassemblant toutes ses forces, avait plongé.

Au bout de quelques minutes, il reparut à une ou deux encâblures. Ce que le gibier ne valait pas, la rage, le dépit nous le firent faire, nous nous remîmes à sa poursuite.

— Tu avais raison, Boncoupd'œil, firent mes compagnons, tu aurais dû lui envoyer un second coup.

— Soyez tranquilles! son affaire est bonne, mon fusil porte loin.

J'avais compté sans l'approbation du guillemot.

Il nageait d'une vitesse incroyable. Nous ne pouvions arriver à portée de fusil. Aussitôt, il plongeait et ne reparaissait que pour mettre la même distance entre lui et nous. Quoique cette distance fût énorme, nous ne laissâmes pas que de semer du plomb sur ses traces.

Le père Ménard n'en revenait pas.

— J'ai conduit bien des chasseurs, disait-il, j'ai vu bien des tours de ces mâtins-là, mais je n'en ai jamais vu d'aussi *ostinés*.

Cependant, nous courrions sous le vent, les yeux braqués sur notre proie qui nous échappait comme par enchantement.

Il passait bien quelques goélands; mais ils ne parvinrent pas à nous détourner de notre marche. Le guillemot disparut tout à fait : qu'était-il devenu? avait-il plongé? nous ne l'avons jamais su. Nous avions perdu plomb, poudre et, ce qui plus est, notre temps pour rien.

— Allons aux cormorans!

— Sauvons-nous avec ce que nous avons de poissons pris, répliqua le marin, et dépêchons-nous, car nous sommes loin.

Pour donner plus de poids à ce qu'il disait, le marin hocha la tête en signe de mécontentement et étendit la main vers l'horizon.

Nous suivîmes son regard, le soleil s'était caché, le ciel était chargé de nuages, le vent soulevait la mer qui déjà clapotait bien fort.

Ce changement subit s'était opéré pendant notre course au guillemot. Tout préoccupés que nous étions de notre aventure, nous ne nous étions aperçus de rien.

Mais le marin avait raison. — Le temps devenait bien noir et un violent orage mêlé de bourrasque nous menaçait.

— Nous sommes à deux lieues du bord, répéta le marin en accourant à bâbord.

En peu d'instants, la mer fut couverte de goélands et de cormorans qui rasaient la surface de l'eau en poussant ces cris plaintifs qui présagent la tempête.

En vrais chasseurs, nous nous réjouissions déjà de ce contre temps qui allait amener toutes les mouettes à portée.

Couché dans l'embarcation je passai le canon de mon fusil sous la voile qui se gonflait et j'attendis le moment favorable pour tirer. Il ne tarda pas à arriver, et un superbe goéland à manteau gris tomba à l'eau.

— Par ici, père Ménard!

— Par là, répondit le pêcheur en indiquant au loin un point noir qui n'était autre qu'Étretat.

— Et notre gibier?

— Les cormorans le mangeront.

— Virons de bord, il est bien mort et au moins il ne nous fera pas droguer !

— Pas de ça, mes enfants ! Si vous tenez à être mangés par les poissons, je n'y tiens pas, moi, qu'est-ce que dirait Éléonore? — c'était le nom de sa femme. — Savez-vous que nous n'avançons pas. Le courant nous drosse déjà.

Nous devinmes plus attentifs à ce que disait le pêcheur et nous ne tardâmes pas à être plus effrayés que lui.

La mer moutonnait, comme disent les marins. La rafale augmentait et faisait claquer la voile contre le mât qui craquait violemment.

— Nous ne pourrons pas longtemps supporter la toile si ça continue.

— Nous serions bientôt délestés.

A peine le marin avait-il fini de parler qu'une lame vint frapper l'embarcation par le travers et une quasi-trombe brisa la corne.

— Amenez, cria le batelier, amenez !

La toile tomba dans le fond du bateau. Il était temps ; un grain terrible nous assaillit et sans cette précaution nous chavirions immanquablement.

— Empoignez les rames, dit-il, et du courage.

Il tenait toujours la barre du gouvernail.

Nous ne songions plus à chasser ; les fusils une fois relégués dans le fond du navire ; nous fîmes de notre mieux pour couper la lame à coups d'aviron. L'occasion seule nous rendait marins ; notre éducation n'était pas faite. Un des chasseurs laissa emporter sa rame.

— Mordieu ! ça se complique, exclama le marin. Il y a encore un aviron dans le fond, mais gare si nous le perdons !

La mer embarquait et nous trempait jusqu'aux os. Devant nous les vagues se dressaient comme des montagnes et finissaient par couvrir entièrement l'embarcation. Lorsqu'après avoir passé sous ces voûtes d'eau nous revenions à la surface, nous n'y voyions plus rien, et à peine nos yeux se remettaient-ils qu'une nouvelle lame plus grande encore nous enveloppait en entier.

Pour comble de mésaventure, un des nôtres fut pris du mal de mer.

— Malheur de malheur ! dit Ménard, il ne manquait plus que cela pour nous achever.

La terre avait complètement disparu, et l'orage devenait de plus en plus violent. Le bruit des vagues qui déferlaient les unes sur les autres, comme une foule stupide qui se précipite, les éclats répétés du tonnerre nous avaient étourdis.

Nous ignorions où nous étions, il était deux heures.

— Rentrez les avirons ; à la dérive et à la grâce de Dieu ! cria le matelot.

On ne se fit pas prier; d'ailleurs nous étions à bout de forces, et d'ici à quelques instants, la fatigue nous eût fait faire ce qu'il nous commandait.

Lui seul, assis à l'arrière, cherchait à s'orienter. Il resta assez longtemps sans mot dire. Son silence nous effraya; et nous n'osions le rompre pour l'interroger.

— Nous sommes mal, dit-il d'une voix sombre, au bout d'un instant.

Barbot d'arrêt français.

Une vague gigantesque prit l'embarcation par l'arrière et, la remplissant d'écume, nous jeta les uns contre les autres.

— Je croyais bien que c'était fini, murmura le marin. — Le camarade est heureux au moins, ajouta-t-il en montrant notre troisième compagnon couché sous les bancs. — Il ne s'aperçoit de rien.

Plus encore que les précédentes, cette réponse nous mit à nu le danger d'une situation que les faits matériels prouvaient assez.

Un effrayant coup de tonnerre éclata sur nos têtes, et la foudre en zig-zag rasa la poupe et détacha le gouvernail.

Le marin tomba au milieu de nous. — Nous restions deux; nous nous cramponnions les uns aux autres, attendant le dernier moment.

Ce qui se passa, je n'en sais rien.

Je perdis la vue et le souvenir.

Quand je revins à moi, je crus encore voir les vagues et entendre le sifflement du vent.

Couché sur un lit bien blanc, j'étais dans une petite hutte de pêcheur à Saint-Valery. Dans le même appartement, auquel une terre admirable de propreté servait de plancher, allait et venait un homme avec un bonnet rouge et une vareuse en toile cirée. Il avait de grosses bottes de mer et remaillait un filet.

— Le coup a été rude, chasseur, fit-il.

— Et les autres? demandai-je avec anxiété après avoir repris un peu mes sens.

— Pas trop mal, Dieu merci! mais vous serez debout avant eux.

Je ne questionnai pas davantage; je n'étais point bien sûr de ne pas être encore dans l'eau.

A quelques jours de là, je prenais congé du pêcheur et de sa maisonnée, non sans avoir été visiter mes deux compagnons de chasse qu'une autre bonne famille avait soignés, mais dont l'un surtout n'était pas encore guéri; celui qui avait eu le mal de mer.

Deux jours après, je quittais Saint-Valery et je prenais la route d'Étretat. Ma première visite fut pour le père Ménard. — Il n'était pas chez lui, j'allai sur le rivage.

— Nous l'avons parée belle! s'écriait-il en me tendant la main. Enfin, nous en avons été quitte pour la peur. Toujours est-il que je me rappellerai longtemps cette chasse aux guillemots.

— Vous ne recommenceriez pas? lui dis-je.

— Si, tout de même; mais je prendrais une précaution. D'ailleurs, notre barque est perdue et la nouvelle que j'aurai tiendra bien la mer.

— L'an prochain, si vous revenez, vous m'en direz des nouvelles.

Voici ce qui était arrivé :

Au moment du coup de tonnerre qui fit évanouir le père Ménard, une barque de pêcheurs, bien lestée et bien montée, nous avait aperçus.

— La lame qui nous avait enveloppés nous cacha quelques instants à sa vue; puis, tout à coup, un craquement de planches lui annonça qu'elle nous abordait. On nous hissa à bord, le père Ménard, mes camarades et moi.

Le pêcheur qui nous avait conduits revint bientôt de son étourdissement. Quant à nous, il s'en fallait que nous fussions des loups de mer. Pour celui qu'avait assailli le mal de mer, il fut plus longtemps à se remettre. La barque de pêche qui appartenait au port de Saint-Valery, nous rapatria le soir même.

C'est là que nous nous retrouvâmes entourés de soins par ces bons pêcheurs.

Le père Ménard avait voulu retourner à Étretat afin de rassurer son Éléonore.

Comme il me l'avait dit, nous en fûmes quittes pour la peur.

Nos fusils étaient sauvés. Il n'y eut de perdu que les guillemots.

Mes camarades sont de nouveau retournés à cette chasse aussi intéressante que remplie d'incidents. Jusqu'à présent les circonstances m'ont empêché de me joindre à eux.

J'espère cependant bien me retrouver à même de faire le coup de feu sous la belle falaise d'Étretat ; la seconde partie de la pièce ne m'a pas fait oublier la première partie dans laquelle ma passion de chasseur a si bien trouvé son compte.

J'irai avec bonheur ; mais c'est dans l'espoir que le vaudeville occupera toute la séance sans se faire remplacer par le drame.

Ce serait pour le coup que la gent des guillemots, des cormorans et des mouettes, si elle nous voyait de nouveau maltraités par le vent et la mer, chanterait en chœur :

Fallait pas qu'y aille !

LA CHASSE AU BUTOR

En général, le butor est fort mal connu. Le dirons-nous ? Son nom lui fait tort ! Grammaticalement, ou plutôt humainement parlant, le mot *butor* est synonyme d'homme stupide, grossier. On a adopté cette signification sans contrôle, sans se rendre compte de l'étymologie, et le qualificatif a été admis. Inclinons-nous.

L'oiseau très innocent d'ailleurs de l'influence de son nom, s'en est ressenti. Chasseurs, détrompez-vous et revenez de votre erreur, ou plutôt de vos présomptions au sujet de cet oiseau, qui mérite tout aussi bien que le héron et la cigogne l'objet de votre attention.

Le nom de butor lui vient de son cri, ou mieux de son mugissement qui a quelque analogie avec celui du taureau. Willughby a écrit, à propos du butor : « *Botaurus quod boatum tauri edit* ». Or, comme ce ronflement, qui ressemble au son d'une contre-basse qu'on accorde, est peu divertissant et d'une harmonie tout à fait discutable, on conçoit que le nom de butor soit attribué à des gens mal embouchés et d'un aspect farouche. Certes, le beau sexe, ne se sentira pas entraîné avec l'individu qui, *boatum tauri edit !* Pasiphaë n'existe que dans la mythologie.

Le butor est un oiseau aussi digne d'être chassé que le héron, bien qu'il forme une famille tout à fait distincte. Moins commun que le héron il est par le fait plus enviable, et sa chair est de beaucoup supérieure. J'ajouterai qu'il est moins stupide que le héron, malgré l'insulte attachée à son nom. Au reste, je prétends qu'il n'est pas un seul gibier qui mérite l'épithète de stupide. Chaque gibier a son instinct particulier qui proteste contre les quolibets qu'on vient faire, et tous les chasseurs véritables seront de mon avis ; à savoir que : tout animal (plume ou poil) est suffisamment doué par la nature, aidé par l'instinct conservateur, pour nous en remontrer à tous.

Très sauvage, le butor n'habite en général que les marais d'une certaine étendue, où il y a beaucoup de joncs. Là, il mène une vie excessivement solitaire, se mettant, grâce aux roseaux, à l'abri de la pluie et du vent et attendant sa proie.

Lorsqu'il n'est pas dérangé, il reste des jours entiers dans le même canton. Seulement, il est rare lorsque le chasseur l'a fait lever qu'il y revienne.

Le butor au milieu des roseaux ne se découvre jamais. Il maintient sa tête à la tête des roseaux que le vent agite, et son œil perçant voit venir de loin le chasseur. Alors, immobile, il attend et lorsqu'il voit son ennemi s'avancer dans sa direction, il se baisse insensiblement, courbe la tête, se ramasse et prend son vol : mais toujours il maintient une assez grande distance entre lui et le chasseur, de telle sorte, qu'il est souvent fort difficile de le tirer. Pendant 15 mètres environ, il vole horizontalement, puis pique en l'air et se perd dans les nuages. On rencontre en Picardie, et sur les bords de la mer quelquefois, plusieurs butors dans le même marais ; mais ils ne partent jamais ensemble.

Il est fort difficile de l'aborder, et il ne se lève jamais en plein jour à moins d'y être forcé. Son vol s'effectue le soir au soleil couchant.

Quand le butor prend son essor et que vous êtes à portée, il faut le tirer entre les ailes s'il vous tourne le dos, car alors son cou plonge pour ainsi dire et comme le lièvre *il fait gros dos.* Le coup est alors sûr, ses plumes ne font pas paquet et il reçoit en plein la charge qui le cloue; de côté, il faut le tirer au col, un seul plomb dans le coup l'arrête.

Son œil, beaucoup plus que l'ouïe, l'avertit du danger.

Il m'est arrivé étant à la hutte, après avoir tué des canards, de sortir chercher dans les joncs les blessés et de faire lever un butor que le bruit du fusil n'avait pas effrayé.

J'engage beaucoup les chasseurs à se méfier du butor blessé. Une fois touché, cet oiseau se couche sur le dos et tient tête avec un grand sang-froid aux chiens et même au chasseur. Il s'attaque surtout aux yeux et les jeunes chiens sont souvent victimes de leur ardeur.

Il est rare que les buzards l'attaquent, car ils savent bien à qui ils ont affaire. On a vu des chasseurs qui ont été grièvement atteints par des butors blessés. Il tient peu sous l'arrêt du chien, et il est rare de le tuer au cul levé. La ruse est indispensable pour l'aborder. Si maintenant, il vous advient la bonne chance d'en faire lever un à portée, né vous pressez point pour le tirer; après avoir fait son plongeon le bec en bas, il s'élèvera et vous aurez tout le temps de l'ajuster. S'il vous arrive de tirer bas et de lui casser la patte, suivez-le de l'œil, il ne tardera pas à retomber, et si ce n'est point au milieu de l'eau, vous pouvez aller à lui et vous l'acheverez au posé, vu que ses pattes lui sont d'un aide indispensable pour s'élever.

La chair du butor est d'un manger beaucoup plus délicat qu'on ne se l'imagine généralement. Il est souvent gras, ce qui n'arrive point au héron. Je recommande aux gourmets une poche de graisse qu'il a entre les cuisses et qui est d'un goût excessivement savoureux.

On rencontre sur les rivières plusieurs espèces de butors. Je noterai en particulier le *pouacre*, petit butor, qui forme un mets exquis et qui est beaucoup plus facile à approcher que le butor proprement dit.

J'en ai quelquefois fait lever dans des oseraies de petite dimension sur de petites rivières. Ils perchent souvent dans les saules; et il arrive fréquemment qu'on les tire *branchés*. Beaucoup moins sauvages que le gros butor, on les fait lever, et ils vont se reposer à cent pas plus loin. Il m'est arrivé, étant en barque, sur une petite rivière se jetant dans la Marne, d'en aviser un sur le bord, entre deux iris qui, perché sur une branche, guettait une grenouille. Je donnai un fort coup d'aviron et laissai arriver la barque à deux mètres de lui. L'eau n'était point agitée, il ne bougea point. Je cherchai à l'assommer d'un coup d'aviron; mais il s'enfuit comme un râle et alla se percher sur un saule à cinquante pas. Je fis force de rame, et j'allai prendre mon fusil. A mon retour, je le trouvai encore perché sur le saule. Il me laissa passer sans bouger; après l'avoir dépassé, je revins et je l'ajustai à trente pas. Il tomba, il était fort gras et nous fournit un excellent souper.

Si maintenant vous voulez savoir de quoi se nourrit le butor, je vous dirai qu'il vit de poisson, de grenouilles, et de rats qu'il avale tout vivants, quelle que soit leur dimension. Que ce dernier appoint de sa nourriture ne vous effraye point! le siège de Paris n'a-t-il point démontré que le rat avait sa valeur?

Et pour couper court à vos répugnances, goûtez du butor; je vous garantis que vous y reviendrez. D'ailleurs, tout se transforme dans l'œsophage. Le canard, si succulent, ne boit-il pas de l'eau plus que troublée? La très chère bécasse ne puise-t-elle pas dans la vase sa plus chère nourriture? Rien ne se crée, rien ne se perd; au contraire tout se transforme. Le blé aux épis d'or ne germe-t-il pas au milieu de ce que je ne nommerai point.

Et vous, madame, si jolie aujourd'hui, à la peau si blanche, n'êtes-vous pas née un peu moins attrayante?

Goûtez du butor!

LE RENARD

Les chemins de fer, qui nivellent la vie moderne, nivellent aussi les plaisirs, et en particulier celui de la chasse. Les forêts — grâce à l'industrie — se convertissent en bois, les bois deviennent des boqueteaux et les taillis ne sont plus que des portants de décors d'opéra-comique. Grâce à l'industrie, les usines sillonnent les plus délicieuses vallées, interceptent les cours d'eau, et certains paysages modernes semblent au passant de jolies ébauches brossées à la colle.

Pauvres chasseurs, mieux que personne, nous avons remarqué ces transformations, et plus d'un d'entre nous s'est écrié en pensant aux vieux temps : « Adieu paniers, vendanges sont faites? »

Plus de maisons, plus de villes! plus de bois, plus de gibier! Le déboisement des campagnes est la cause première de la diminution toujours croissante du gibier à poil. Quant à ce que les chasseurs appellent la grosse bête, elle devient rarissime; et on compte les provinces où l'on peut actuellement se donner le plaisir de la chasser. Sensiblement, le nombre se restreint d'une façon telle que de fort bons chasseurs regardent comme une aubaine de tirer un loup ou un sanglier.

Le renard encore nous reste, et, dans une vingtaine d'années si les idées communeuses, ce produit bâtard du communisme et de la tyrannie, progressent, il disparaîtra. Dès aujourd'hui, on peut déjà le classer parmi *la grosse bête*.

Au reste, les Anglais, — qui n'ont pas de loups — le classent depuis longtemps dans cette catégorie. Disons tout de suite que l'animal le mérite. La chasse au renard est une des très intéressantes qui soit encore à notre portée. De plus, cette chasse est fort émouvante et nécessite de grandes connaissances cynégétiques. Le renard ne doit pas seulement être chassé comme une bête nuisible, mais comme un gibier très digne de l'attention des meilleurs chasseurs. Plus intelligent que le loup et le sanglier, il se pose en rival du chasseur lui-même, et joute avec lui d'adresse et de ruses.

Occupons-nous donc de ce madré compère qui détruit, en une année, plus de lièvres, de lapins, de perdrix, etc., que quelques chasseurs, en deux et trois ans. Ne parlons que pour mémoire de la guerre acharnée qu'il fait aux basses-cours et dont il sort toujours victorieux. Son dossier est assez chargé pour lui passer les crimes domestiques. Ne songeons qu'à ses crimes de grands chemins. Sa réputation est faite, son astuce est passée en proverbe, et, si ses méfaits le signalent à notre indignation, son génie *sui generis* le recommande aux amateurs de belles chasses et de chasses savantes.

Les meilleurs mois pour chasser le renard sont janvier, février et mars. A cette époque, les bois étant dénudés, on perd moins les chiens de vue, puis les bouches des terriers se trouvent à découvert. C'est aussi à cette époque que l'animal possède sa belle fourrure. Les *Tueurs* ajoutent une troisième raison, à savoir que, pendant ces trois mois, les femelles étant pleines, on détruit, tout à la fois mère et portée.

Tous les chiens indistinctement chassent le renard avec plaisir, et il arrive parfois qu'en chassant un lièvre les chiens se débandent pour suivre la piste d'un renard, s'ils la rencontrent. Mais le chien par excellence pour cette chasse est celui que les Anglais appellent *fox-hound*, un chien croisé qui a à la fois la patte nerveuse et l'odorat très fin.

Quant à nous, Français, qui chassons peu le renard à courre et ne le chassons généralement qu'au fusil avec des chiens courants, les chiens dont nous devons nous servir de préférence ce sont les briquets. Le briquet a l'odorat moins subtil que le *fox-hound;* mais, l'odeur du renard étant très forte et se développant avec une intensité remarquable après plusieurs heures de chasse, nous n'avons pas à regretter le *fox-hound*, dont le principal mérite est de mener la chasse très vite. Le briquet est vaillant, très sûr et il a un goût très prononcé pour le renard. Donc, avec six briquets, vous pouvez chasser les plus vieux routiers de l'espèce et jouir, dans toutes ses péripéties, d'une des plus intéressantes chasses qui nous reste. Le briquet vous permettra de tirer le renard devant lui au moment où il *perce* ou de le laisser aller en plaine.

Souvent, quand les briquets ne sont pas *très vites*, le renard se laisse longtemps battre dans la même enceinte, reposant plusieurs fois à la même place, se présentant à vingt pas de vous et rentrant au fourré. Un vieux renard ne prend jamais immédiatement son parti, il se fait constamment tourner jusqu'à ce que la meute le presse.

Toutes les chasses se ressemblent, à part les incidents.

Les chasses au renard sont celles où le chasseur trouve le plus d'inattendu; vu que cet animal semble avoir toujours en lui ce que nous appellerons des moyens de réserve. Quelque vieux et expérimenté chasseur que l'on soit, le renard vous causera toujours des surprises. Eminemment tacticien,¹ il *accidente* chaque fois d'une façon imprévue les grandes règles invariables qu'il suit quand on le force. Il est, pour ainsi dire, prime-sautier dans ses décisions.

Deux traits à noter, et, pour ainsi dire, invariables : le renard ne se méjuge jamais : de plus, si la meute mène bien, il maintient toujours sa distance devant les chiens, ne fût-elle que de dix pas. A la sortie du bois, si les chiens se trouvent à dix pas derrière lui, ne croyez donc pas qu'il va être pris ; ces dix pas d'avance, il les conserve avec régularité, soit qu'il aille droit, soit qu'il fasse des zigzags. Dès l'instant que la distance ne s'équilibre plus, vous pouvez présager l'hallali avant un quart d'heure.

Comme toutes les bêtes à poil, le renard ne se chasse bien que le matin. A l'heure où vous vous mettez en chasse, l'animal qui a fait sa nuit est rentré au bois depuis peu de temps. La terre rafraîchie par la rosée de la nuit porte peut-être encore l'empreinte de ses pas et conserve encore les émanations vivaces de son passage. Or, comme par une précaution indispensable et trop élémentaire pour que je m'appesantisse sur son importance, vous avez fait boucher tous les terriers pendant la nuit, il s'est jeté dans un taillis épais, et là, il s'est foulé ou bien même s'est endormi dans quelque cavité, sous une cépée. Ainsi dormant en rouelle comme un chien, si sa nuit a été agitée et l'a fatigué, il vous laissera approcher, vous chasseur, et vous pourrez peut-être le voir un instant dormir. Les gardes, qui connaissent admirablement les bois, en ont quelquefois vu de la sorte, gîtés comme un lièvre. Mais il n'en est pas de même pour les chiens ; à peine découplés, se sont-ils jetés au bois, que le renard le mieux endormi les évente. Alors, d'endormi qu'il était, il est sur pied, ou plutôt foulé, il calcule la distance de l'ennemi d'après les molécules qui lui parviennent que, grâce à son nerf olfactique, d'une sensibilité exquise, il perçoit de très loin. Averti, dès que vous entendez les chiens donner de la voix, vous pouvez être convaincu qu'il est debout. Alors il commence ses ruses, ses marches et contremarches, faisant de petits bonds sans y être contraint, déroutant les chiens par une sagacité inouïe.

Il est bien entendu que les chasseurs entourent le bois, ou du moins gardent les quatre coins. Un des grands talents de cette chasse est de bien se placer! Les meilleures places sont les rencontres de deux voies de communication, les coulées couvertes de ronces et de broussailles, les bords des fossés. La première condition est, en outre, de se mettre au-dessus du vent, de façon à ne point être éventé par l'animal. En outre, vous ferez bien de ne pas vous éloigner de plus de 15 pas du bois, car il peut arriver que le compère, vous voyant de loin dans la direction qu'il va prendre et où vous l'attendez, ne rebrousse subitement son chemin pour se rejeter dans le bois. A quinze pas, — ne vous mettez pas trop contre la lisière, il vous éventerait ; — il n'a pas le temps de prendre un autre parti, et il vous est facile à tirer de flanc et même dans le poitrail.

Un silence absolu est indispensable à ceux qui gardent les voies échappatoires ; de plus ils ne devront pas fumer. J'ai vu un renard traqué par les chiens ne point percer en avant par une voie toute tracée pour lui,

Lévriers.

parce que le chasseur posté en sentinelle, fumait. Voilà de minces détails, mais qui sont d'une importance réelle.

Quand on chasse le renard, on doit se dire : Je chasse un chasseur et je dois rivaliser d'habileté.

Dès que le renard, après avoir rusé, a vu que les terriers sur lesquels il comptait étaient bouchés, il débuche avec une grande rapidité entraînant les chiens à travers les obstacles ; il se jette à l'eau très volontiers, entre dans les villages et grimpe sur le toit en chaume des fermes.

Le renard est ce qu'on appelle un fort beau coup de fusil ! Quant à la chasse en elle-même, elle est, grâce à la sagacité de l'animal et aux péripéties inattendues dont nous parlions plus haut, une grande et belle chasse digne des veneurs et des chasseurs. Elle garde un reflet d'apparat des grandes chasses, et elle donne à tous les chasseurs des chances de succès à peu près égales.

Si vous connaissez la meute dont vous vous servez et que vous suiviez, sans en perdre une note, ses aboiements, vous pouvez, à vingt pas près, signaler la bête. Ne tirez jamais ou presque jamais au juger, laissez plutôt le renard enfiler la plaine, la chasse se compliquera et vous n'y perdrez rien.

Quelques chasseurs ont l'habitude de suivre les chiens. S'ils sont munis de fusils courts, il leur sera facile de tirer la bête au lancé. Mais pour cela, il faut un bon tireur qui ait le coup de fusil rapide et qui sache jeter son coup avec précision entre deux halliers.

Nous aimons mieux courir la chance de ne pas voir le renard déboucher de notre côté; mais, s'il y débuche, le coup est plus beau et plus digne d'un tireur. Sans compter le plaisir inouï pour tout vrai chasseur de suivre les péripéties de la chasse, de calculer la distance d'après la voix des chiens, de spéculer sur le vent, sur la conformation du terrain, sur la disposition des sentiers et sur la nature des taillis qui font la lisière du bois. Ce sont toutes choses que les véritables chasseurs apprécieront et sur lesquelles il est inutile d'insister. On naît chasseur, et ceux qui sont nés tels me comprendront.

Quelquefois pour prendre le renard — nous ne disons point chasser — on *enferme le renard.* Pour cela, on bouche hermétiquement toutes les issues des terriers, à l'exception d'une seule, au bord de laquelle on fait brûler du soufre; quand le soufre est bien allumé, on y amasse des feuilles sèches. Après quoi on bouche la dernière gueule. Le lendemain on trouve le renard asphyxié à l'une des entrées.

L'affût au renard demande des précautions infinies. On y va le soir ou le matin. Autant que possible il vous faut monter sur un arbre et vous mettre, ainsi que dans la battue, contre le vent. A l'affût, on peut dire que le renard jouit de tous ses moyens et, comme il est chez lui, en dehors de toute préoccupation vis-à-vis des chiens, il vous rend dix points sur trente.

Un jour, je m'étais résolu à aller à l'affût dans un petit bois rempli de lapins, et où se trouvaient plusieurs terriers de renards. Un petit pré, entouré de larges haies, longeait le bois. Dans ce pré débouchaient plusieurs gueules de terrier, à droite de renards, à gauche de lapins.

Vers les 6 heures, au mois de septembre, je me rendis au susdit pré. Un lapin mangeait de l'herbe devant son terrier. J'armai mon fusil avec bruit, il rentra. Aussitôt je me dirigeai vers un pommier qui faisait face à la demeure des renards. Je grimpai et m'installai dans le pommier; là, le doigt sur la détente, j'attendis.

Une demi-heure ne s'était point écoulée que je vis les lapins déboucher et venir, à vingt pas de moi, s'ébaudir et faire leur toilette. Ils étaient sept. Malgré mon envie de les saluer d'un coup de fusil, j'attendis. Tout à coup, je n'avais remué en aucune façon, je vis toute la bande se culbuter et rentrer pêle-mêle au plus vite dans les terriers. Quelle mouche donc les piquait? Les lapins ne voient point en l'air ; ce n'était donc pas moi qui les avais effrayés ; d'ailleurs les feuilles me cachaient. Je jetai un coup d'œil autour de moi, et je vis, campé à la brèche par laquelle j'étais parti, compère le renard qui jetait le nez à tous les vents et humait la trace de mes pas. Les lapins l'avaient vu. Quant à lui, il m'avait éventé ! Il avança de quelques pas, flaira la terre toujours dans la direction de mes pas, et disparut comme un éclair. La partie était manquée pour ce soir-là. Je partis. Le lendemain je revins, mais j'eus la précaution de faire un long circuit, de sauter de place en place, après, toutefois, avoir frotté la semelle de mes souliers avec un morceau de viande dont je jetai le reste non loin de son terrier. De nouveau, je m'installai dans mon pommier.

A la même heure que la veille, je vis les lapins sortir. Une heure environ se passa de la sorte lorsque j'aperçus, flamboyants comme des éclairs, deux yeux dans *la maire* des terriers à renard ; *la maire* est, on le sait, comme l'antichambre de la *fosse*, qui elle-même est le couloir conduisant à *l'accul*. Il était là en observation, guettant sa proie. Les lapins ne se doutaient de rien. J'hésitais à le tirer ainsi posé, vu que dans sa situation il pouvait, s'il n'était pas tué raide, se glisser dans la fosse, lorsqu'avec une agilité merveilleuse il bondit au milieu des lapins et en saisit un qui se trouvait à 25 pas vis-à-vis de mon arbre. Je l'ajustai pendant qu'il cassait les reins au pauvre hère. Les autres lapins fuyaient en se bousculant. Le coup partit! mon renard se traîna dix pas ; il était mort. C'était un beau renard fauve : le lapin se débattait encore lorsque je le ramassai.

Cette fois le rusé compère avait chassé pour moi.

Souvent les pies et les geais signalent, par un cri particulier, la présence du renard. Guidé par ces cris, un jour, je lançai mon chien sur le bord d'un bouquet de bois. Mon chien tomba en arrêt : le renard était là, mais il se déroba du côté opposé, et je ne pus le tirer, car, lorsque j'eus franchi le hallier, ma chienne le couvrait. Il gagna promptement des bois voisins ; et je le perdis.

Les renards dressent leurs petits à la chasse dès qu'ils vont devenir adultes ; la mère les porte dans les endroits où les lièvres ou les levrauts doivent passer, et le père va faire lever le gibier. Alors, quand il passe par l'endroit prévu, la mère avec les petits se précipitent dessus. Ils les manquent rarement. Le renard s'apprivoise, et l'on pourrait, avec du soin, s'en servir comme chien de chasse. Il n'a point la vitesse ni la vaillance d'un chien, mais son flair est incomparablement supérieur. Son odorat et son instinct lui donnent un immense avantage. Seulement, il faut avoir grand soin de le museler.

Son concours est très bon dans les marais desséchés dont les herbes hautes deviennent la remise des perdrix, lièvres et même de ses congénères. Pour la chasse aux canards et aux poules d'eau, il est excellent, d'autant plus que l'eau ne l'inquiète guère, et souvent on a vu, l'hiver, dans les marais, les renards aller chercher les appelants que l'on avait piqués dans les mares.

La chasse au renard est de droit celle des véritables chasseurs. En France, il ne manque point encore : profitons-en. Qui sait si, dans une vingtaine d'années, il sera encore aussi commun qu'aujourd'hui. Alors si, l'industrie aidant, le plaisir n'existe plus, nous l'avons au moins connu dans toutes ses jouissances ; et nous nous consolerons qui en racontant à leurs neveux, qui en écrivant les plaisirs de la chasse au renard.

ENCORE LE RENARD

Nous chassions avec des chiens d'arrêt. Un seul de nos amis avait un *corniau*, ce croisé de braque et de chien courant. Cet animal, qui *broussaille* sans arrêter, qui marche à deux pas du chasseur, quête pour ainsi dire sous le canon du fusil, donnant de la voix comme un chien courant et ramenant un lièvre dans les jambes de son maître, éventa un lièvre. La plaine était découverte et unie, si l'on excepte un monticule d'un mètre environ qui formait plateau à cent pas d'un petit bois sur la gauche.

La constatation de cette petite butte, qu'en toute autre circonstance on n'eût pas remarquée, est nécessaire pour expliquer le fait véridique que je raconte.

Ce corniau avait donc éventé un lièvre, mais nous ne découvrîmes rien. Peut-être l'animal s'était-il déjà dérobé et avait-il gagné le bois.

Nous allions prendre cette direction, lorsque nous vîmes un renard qui se tirait à petits pas dudit bois. Nous étions encore loin ; mais cependant il devait nous voir.

Nous ne pouvions aller droit à lui. Qu'allait-il faire ?

Nous nous assîmes et retînmes les chiens. Une minute après, un autre renard à poil roux, un peu moins fort, vint trouver le premier. Ils marchèrent ensemble quelques pas. Le plus fort se posta à dix mètres du bois et il s'accroupit, la tête basse, très tendue en avant.

Son compagnon se dirigea vers la montée et s'installa à plat sur la petite butte, prêt à s'élancer.

— Voilà, dit un des nôtres, qui est bien audacieux de la part de nos compères les renards !

A peine avait-il fini sa réflexion que nous vîmes, à l'autre extrémité de la plaine, un lièvre, celui que le corniau avait éventé, et qui s'était dérobé, faire un circuit et prendre la direction du bois.

Le mot compère avait été bien choisi... Ces deux renards chassaient, absolument comme s'ils eussent obtenu une permission de la préfecture.

Nous ne songeâmes pas à les troubler; nous étions très curieux de connaître l'issue de ce manège.

Le lièvre gagnait du terrain. Il devait nécessairement passer à deux pas de la butte sur laquelle était couché le premier renard.

Plus l'animal avançait, plus ce dernier se faisait petit à son poste. On ne l'aurait pas vu prendre son point de surveillance, qu'on ne l'eût plus distingué de la terre, jaune comme lui.

Le lièvre allait arriver, le renard souleva son dos comme un chat qui va s'élancer.

Ce fut un éclair !

Au moment où le lièvre passait, le renard bondit.

Mais...

Le saut qu'il fit était trop grand ! il manqua sa proie, et le pauvre lièvre, effrayé de ce coup inattendu, coucha les oreilles, fit un circuit et partit affolé d'un autre côté.

Les deux renards ne songèrent point à le poursuivre. — Ils savaient qu'ils en auraient été pour leurs peines.

Leur combinaison avait échoué. Celui de l'avant-poste, qui avait raté son coup, était bête comme si on lui eût coupé la queue. Il regardait de tous côtés comme un abruti.

Quant à l'autre maître renard qui, par la faute de son camarade, avait perdu un friand dîner, il vint rapidement trouver son compagnon. Quand il fut auprès de lui, il l'attaqua et lui donna une roulée pour se venger.

On eût dit un chasseur qui châtiait un chien.

L'autre aboyait de ce petit aboiement sec et nerveux qui ressemble à une toux.

Quand le gros renard l'eut assez roulé, il reprit tranquillement la direction du bois.

L'autre, une fois remis de la volée qu'il avait reçue, se mit à flairer la terre à l'endroit où le lièvre avait passé. Puis, il remonta sur la petite éminence, et cinq fois de suite il se mit à sauter, calculant son élan.

Il était évident qu'il ne pouvait se pardonner d'avoir été aussi maladroit, et qu'il ne comprenait pas lui-même sa maladresse.

Lorsqu'il eut fini, il s'en retourna la queue basse, non cependant sans regarder encore deux ou trois fois l'endroit fatal où sa réputation venait d'être si hautement compromise. Puis, reprenant la piste du lièvre, il la suivit.

Ce petit spectacle inattendu nous divertit excessivement.

C'était à notre tour, à présent, de nous montrer moins maladroits que compère renard. Nous allâmes vers le bois et nous lançâmes les chiens.

Le premier renard s'y était gîté. Le corniau le fit sortir, et il reçut un coup de fusil en pleine poitrine.

CHASSEUR AFFAMÉ N'A PAS DE NEZ

C'était un soir d'ouverture. La journée avait été meurtrière, tous ou à peu près tous étaient revenus le carnier plus que plein. Deux de la joyeuse bande de Saint-Hubert avaient, qui rapporté un lièvre en sautoir, qui un bouquet de perdreaux aux filets de sa carnassière. On avait copieusement dîné comme il arrive en pareil cas. Je n'ai pas besoin de dire qu'une fois le premier service passé, les langues avaient marché.

C'était un feu croisé de *racontars* sur les événements du jour.

— Je lui tenais les oreilles au bout de mon fusil; je l'aurais vendu avant de le tirer...

— Vous avez manqué un perdreau dans vos jambes!

— Sans mon affreux chien, j'aurais fait coup double.

— *Black!* à bas les pattes!

Etc. Vous voyez cela d'ici.

On allait chercher des histoires dans le passé : histoires incroyables et cependant très souvent vraies, comme en savent les chasseurs.

On ne s'entendait plus.

J'en demande pardon aux dames; mais, en fait de verbiage, elles ne sont que de toutes petites filles en comparaison de chasseurs racontant leurs exploits.

Le café était servi.

Boncoupd'œil, qui n'était pas resté en arrière d'anecdotes et avait écouté scrupuleusement les confrères, se leva.

— Messieurs, dit-il, vous me permettrez, pour finir, d'en raconter *une bonne!*

Boncoupd'œil faisait autorité; les chasseurs se turent comme par enchantement. Un seul, éreinté, fourbu, qui s'était mis dans un fauteuil, dormait.

— Surtout ne le réveillez pas, dit le caustique Boncoupd'œil : il rirait trop !

Puis il se rassit.

— Il n'y a pas de dames, donc je commence :

Notre excellent ami de Courtecuisse, que vous voyez ici dans un fauteuil, rêvant à ses exploits, partit un jour en chasse avec ses deux chiens.

De Courtecuisse est, comme vous le savez tous, un bon chasseur ; il tire généralement bien, et il est infatigable.

Donc, de Courtecuisse partit en chasse comme le sire de Framboisy partit en guerre.

Il était, comme toujours, fort bien équipé, guêtres jaunes, habit de velours, petit chapeau rond.

Après deux heures de marche, les chiens lèvent un lièvre.

Notre ami le vise, fait feu, mais le manque. C'est ce qui peut arriver à tout le monde.

Comme de raison, les deux briquets suivirent la piste. Onésime de Courtecuisse, avec le doux espoir que conserve en général tout chasseur que ses chiens finiront ce qu'il a commencé, suivit en troisième.

Cependant le lièvre et les chiens disparurent. Or, notre chasseur se fit cette judicieuse réflexion : mes chiens sont nerveux, remplis de fonds, ils ramèneront la bête au lancer. Il rétrograda et revint à l'endroit d'où le lièvre était parti.

Un bon quart d'heure se passa, il ne vit rien venir ; mais, s'il n'entendait plus la voix des briquets, il ne tarda pas à entendre la voix de son estomac qui réclamait impérieusement une trêve à cette course par monts et par vaux qu'il avait entreprise depuis le matin.

Que faire? Onésime n'avait point de vivres, et il se trouvait au milieu d'une campagne qu'il ne connaissait point.

Pas une hutte à l'horizon, il était las et mourait de soif.

Enfin, il aperçut ses chiens, la queue basse, langue pendante, qui revenaient exténués.

Hommes et bêtes n'en pouvaient mais. Cependant, il fallait prendre une décision.

La soif et la faim ne faisaient qu'augmenter. Onésime, son fusil en bandoulière, se mit à marcher à l'aventure ; à leur tour, les pauvres chiens le suivirent.

Il marcha bien une heure sans voir d'habitation, lorsque, à bout de forces et disposé à s'asseoir sur place, remettant son sort dans les mains de notre glorieux patron, il aperçut une petite chaumière à trois portées de fusil environ.

— Sauvé ! se dit-il à lui-même.

Il appela ses toutous, les caressa de la main et leur indiqua le petit toit de chaume qui découpait sa silhouette à l'horizon.

Cette chaumière était à elle seule tout un poème de bonheur : cidre et pain pour le moins.

J'ai la conviction que les bêtes comprirent, car elles prirent les devants.

De Courtecuisse était arrivé au terme de ses peines. Une petite fille de huit à dix ans vint lui ouvrir. Le chasseur entra et s'assit sans façon aucune tandis que les briquets inspectaient la maison.

Puis :

— Vous êtes seule, mon enfant ?
— Oui, monsieur.
— Où est votre maman ?
— Elle est à travailler aux champs.
— Quand rentrera-t-elle ?
— Ce soir, à six heures.

De Courtecuisse regarda à sa montre, il était midi.

— Et votre père ?
— Je n'en ai pas.
— Comment cela ?
— Il est mort.
— Écoutez, ma chère enfant, j'ai chassé toute la matinée, je n'ai ni mangé ni bu et je suis éreinté, pouvez-vous me donner quelque chose ?
— Il n'y a rien à la maison.
— Oh ! soyez tranquille, je ne serai pas bien difficile : une croûte à casser, du cidre et des œufs !
— Des œufs ? j'avons pas de poules.
— Voici de l'argent, allez en chercher, il doit y avoir une ferme voisine où vous en trouverez.
— Je ne peux pas sortir, ma mère me l'a défendu et je dois lui faire de la soupe pour à ce soir.
— Oui, mais d'ici là je vais mourir de faim.
— Monsieur, j'ai rien.
— Et des pommes de terre ?
— Non, monsieur.

De Courtecuisse ne pouvant venir à bout de l'obstination de la petite fille à lui refuser tout, se leva pour visiter lui-même tout l'appartement. Dans la huche, il trouva une demi-tourte de pain bis.

Ouvrant l'armoire, il découvrit un broc en grès rempli de cidre, puis, sur une assiette, un morceau de lard assez épais.

— Mais voici qui est parfait, s'écria-t-il en montrant sa trouvaille à la petite fille. Je n'ai plus besoin de rien.

— Maman ne sera pas contente, dit piteusement l'enfant.

— Bah! répondit de Courtecuisse, ta mère doit savoir ce que c'est qu'un chasseur qui meurt de faim et de soif, d'ailleurs, voici vingt sous que tu lui donneras pour son lard. C'est, je crois, bien payé.

La petite fille prit le franc et le mit à sa poche.

Un reste de feu éclairait le fond de l'âtre. Notre ami attisa les bois épars et fit un petit brasier: ensuite prenant le lard, cette manne des cieux dans l'état où il se trouvait, il le fit griller en le mettant sur les deux branches des pincettes.

Quelques minutes après, entouré de ses deux chiens, il faisait le meilleur déjeuner du monde. Il mangea les trois quarts de la miche et but tout le cidre ; quant au lard il n'en resta pas un iota, il ne fit même pas grâce à la couenne.

Ce déjeuner, presque frugal, comptera dans la vie de notre ami... Pendant tout ce temps, la fillette le regardait avec anxiété.

Alors qu'il eut bien fini, donné de l'eau à ses chiens, il appela l'enfant.

— Tiens, voici encore dix sous, ma petite, tu m'as sauvé la vie.

De Courtecuisse s'aperçut que la petite fille pleurait.

— Mais qu'as-tu donc? lui demanda-t-il.

— Maman me grondera, elle me battra peut-être bien itou.

— Pourquoi cela?

— Parce que vous lui avez mangé son lard.

— Tu lui donneras tes trente sous et elle ne dira rien.

— Si fait! parce que c'est son lard à elle?

— Comment son lard à elle?

— Oui dà, c'est avec ce morceau-là qu'elle se frotte tous les soirs!... vous savez bien! c'est son remède à elle.

A ce mot de la fin, un rire fou, insensé, partit comme une fusée et réveilla Onésime de Courtecuisse.

— Ah! dit-il en se frottant les yeux, Boncoupd'œil doit vous en avoir conté une bien bonne; en sait-il?

Jamais on ne voit de Courtecuisse sans songer que : *chasseur affamé n'a pas de nez!*

TROIS CHASSES A LA GOUADELOUPE

Crabe, Tourlourou, Soldat.

Bien que dénommé, avec raison, par les naturalistes un crustacé amphibie, le crabe n'est en général connu sur notre continent que comme un hôte de la mer que l'on se procure par la pêche. Il est peu de personnes qui n'aient assisté dans nos ports pêcheurs du littoral à cette pêche pittoresque, la joie de tous ceux qui y prennent part. Pour beaucoup, il semble donc hors de conteste que le crabe est un coquillage de la grande famille des poissons qui n'habite que l'Océan ou les anfractuosités des rochers.

Or, pour faire revenir quelques-uns de nos lecteurs sur cette opinion erronée, et pour prouver que ce crustacé est réellement amphibie, c'est-à-dire vit aussi bien sur la terre que dans l'eau, nous allons dire quelques mots de la chasse aux crabes à la Guadeloupe.

Donc, que ce mot chasse ne déroute point trop le lecteur. Il n'y est fait usage ni de fusil ni de limiers. Il s'agit simplement d'aller dépister dans sa course à travers champs ce gibier à carapace. Ni plus ni moins qu'un humble lapin, le crabe dont nous parlons se gît dans des terriers dont il est assez difficile de le faire sortir. Conformé absolument comme nos crabes de mer, mais d'un volume beaucoup plus gros, ce crabe, — de la grosseur d'une grosse huître, dite pied-de-cheval, ou d'un petit tourtau — ne sort de son trou que la nuit ou dans les temps pluvieux. C'est pourquoi, l'on choisit pour cette sorte de chasse très prisée des colons l'époque de l'hivernage, c'est-à-dire la saison des pluies torrentielles : juin, juillet, août et septembre. Les pluies torrentielles survenues à la suite des orages ont rempli d'eau les retraits ; en sorte qu'on les voit sortir en bandes et chercher les broussailles pour s'abriter. Munis de grands sacs, les nègres se mettent à leur poursuite et avec une prestesse surprenante, ils les prennent par la carapace de façon à n'être point pincés. Quelques uns d'entre eux se postent pour surveiller les trous tandis que les autres se mettent à la poursuite des fuyards qui déploient une vélocité très remarquable. Lorsque la provision est bonne on les attache dix ou douze ensemble et on va les vendre. Quelques particuliers possèdent des crabières. Ces petits parcs réservés ont le double avantage de conserver sous la main et de rendre meilleurs ces crustacés qui, d'abord une ressource, deviennent un mets prisé. On les engraisse avec des fruits : tels que goyaves, mangots, patates. On les laisse environ 15 jours dans ces petits baraquements construits *ad hoc*. C'est avec la chair de ces crabes qu'on confectionne le plat de cuisine appelé *Calalou*. Souvent aussi on les mange à l'huile et au vinaigre. La chair de ces coquillages étant beaucoup plus fade que celle de leurs congénères européens, il leur faut un puissant assaisonnement.

Parlons à présent du crabe nommé *tourlourou*.

Plus petit que le précédent, il fait son trou dans les terrains sablonneux qui avoisinent la mer. Sa carapace est rouge-lisse. Pour l'avoir, il faut labourer le sable à l'aide de petites houes. On estime beaucoup sa chair. C'est surtout à l'île de la Désirade que se trouvent en abondance ces crustacés dont le nom seul fait sourire : L'île en est littéralement peuplée. J'étonnerai peut-être mes lecteurs en leur disant que le sobriquet de *tourlourou* jeté à la tête de nos jeunes soldats, vient en ligne directe de la Désirade et a pour origine le nom même des crabes dont nous venons de parler.

A ce sujet, voici ce qu'on raconte dans le pays. Lorsque Christophe Colomb, à la recherche d'un nouveau continent, aperçut la Désirade, il remarqua une montagne en partie couverte de rouge et dont les tâches rouges semblaient s'agiter. L'examinant attentivement, il crut reconnaître des soldats. Or, la Désirade était inhabitée à cette époque ; et ce qu'il prenait pour une armée humaine était tout simplement une armée de *tourlourous* qui avait établi ses quartiers sur une montagne sablonneuse à proximité de la mer. Nous avons dit que le *tourlourou* avait sa carapace rouge-lisse — de là l'illusion d'optique. — Tant à cause de la couleur qu'à cause de la manière peu gracieuse de marcher de nos jeunes conscrits, on les a, non sans quelque raison, comparés aux crustacés de la Désirade et le sobriquet leur est resté.

Du *tourlourou* au *soldat* il n'y a qu'un pas.

Le *soldat* est une espèce d'écrevisse à coquille en forme de cône verticalement posé. Les pattes et les pinces sortent avec la moitié du corps. Mais, dès qu'on veut les saisir, ils rentrent dans cette maison pyramidale. Ce coquillage se trouve également dans le sable au bord de la mer. C'est la nuit que se fait cette chasse, fort plaisante du reste, et qu'on offre en guise de distraction aux invités après dîner. Des nègres munis de torches précèdent la caravane et éclairent le rivage, alors on surprend les *soldats* qui, dès qu'ils vous voient, se hâtent de gagner les broussailles.

On fouille les buissons avec des bâtons et les *soldats* se mettent à déguerpir de tous côtés. Rien de plaisant comme de voir ces cônes fuir en tous sens se bousculant pour chercher un abri. Les chasseurs les arrêtent, qui avec des bâtons, qui à la main, et reviennent chargés de butin.

A BON CHAT BON RAT

En ce temps-là, les gardes particuliers n'avaient point encore le droit de demander le port d'armes aux chasseurs. Leurs fonctions se bornaient à protéger quelques centaines d'arpents de terre contre les investigations souvent indiscrètes de ces derniers. Payés par un simple particulier, ils n'avaient nulle mission pour faire respecter la loi.

C'était en Anjou.

Un de ces messieurs, qui m'en voulait sans doute parce que je guerroyais avec trop de succès contre les lièvres et les perdrix rouges qui peuplaient la contrée, m'obsédait de ses attentions délicates en épiant mes pas et démarches. Il était toujours sur mes talons.

Par une belle journée extrêmement chaude, je poursuivais une volée de douze perdrix rouges que j'avais déjà fait lever deux fois... On sait que les perdrix rouges levées une fois ou deux, se remisent à peu de distance et se laissent aisément tirer une à une. J'arrivai donc dans un champ qui bordait la route au milieu duquel les susdites perdrix s'étaient foulées. Cette pièce de terre se trouvait couverte ainsi qu'il suit : à droite, cinq ou six plants de pommes de terre, au milieu un acre environ de sainfoin, et à gauche, la continuation des plants de pommes de terre.

Comme je l'avais prévu, les perdrix se levaient une à une, et dans l'espace de trente pas j'en tuai sept.

La septième tombait lorsque je m'entendis appeler par le garde.

— Où allez-vous ? Votre permis ?

— Je vais où bon me semble : quant au permis, si j'en ai un, c'est mon affaire.

— Vous n'en avez pas.

— Peu vous importe.

— Je vous arrête.

Et je vis ce monsieur tout disposé à m'appréhender au collet.

La plaisanterie allait trop loin, et j'avertis ce zélé particulier qu'il ferait bien de s'en tenir à l'essai. Et pour lui couper court, je lui montrai mon permis.

— Il est faux ! dit-il.

J'eus un instant l'idée de lui donner une secouée, afin de le punir de son insolence ; puis me ravisant, je lui repris mon port d'armes dont il prétendait ne pas se dessaisir, et je lui tournai les talons.

— Je vous déclare procès-verbal pour chasser sur une terre gardée.

— Je croyais être parfaitement dans mon droit en chassant dans ce champ.

« Le nom du propriétaire ? lui demandais-je.

— M. X...

— Fort bien ! dites-lui mon nom.

— Il le saura, et vous aussi vous aurez de mes nouvelles.

Je passerai les détails qui suivirent. Il voulait garder mon chien, me prendre mon fusil, etc. Il en fut quitte, en mettant une corde autour du cou de mon chien, pour une bousculade qui lui fit prendre sa longueur au milieu du sainfoin.

— Tout cela sera consigné, ajouta-t-il.

Je sortis du champ par l'endroit où j'étais entré, c'est-à-dire par le milieu planté de sainfoin.

Quelques jours après je reçus une assignation, alors je retournai au champ témoin de mes exploits et de mon malheur.

Un homme était là dans le sainfoin.

— A qui ce champ ? lui demandai-je.

— A M. B.

— En êtes-vous sûr ?

— Comment si j'en suis sûr ! je suis son fermier.

— C'est qu'on m'avait dit qu'il appartenait à M. X

— Les pommes de terre à droite et à gauche, oui ; mais pas le sainfoin. Au reste, voici les devises qui séparent les lots.

— Bon ! pensai-je en moi-même, le garde rira.

Le sainfoin appartenait à une personne que je connaissais très bien et n'était nullement gardé.

Le jour de l'assignation arriva.

Le garde lut son procès-verbal et fit sa déposition.

Je l'interrompis pour faire remarquer au tribunal que la déclaration du garde ainsi que son procès-verbal constataient que j'étais bien au milieu du champ.

— Sans doute, exclama le garde ; car si vous n'aviez été que sur le bord, je vous aurais prié de vous retirer, et je n'aurai pas poussé l'affaire si loin.

Il faisait le bon apôtre !

Quand la déposition fut terminée, je priai le président d'entendre la déposition du fermier que j'avais fait citer.

Le président y consentit.

Alors, celui-ci déclara que le champ dans lequel on m'avait trouvé, n'appartenait pas, comme le portait le procès-verbal, à M. X. mais bien à M. B. dont lui était le fermier.

Il n'y avait donc pas délit ! c'est ce que constata le tribunal.

Le garde se mordait les lèvres et ne savait plus où se mettre ; il reçut une mercuriale du procureur impérial qui le débouta de sa demande, et, de plus, le condamna aux frais et aux dépens. En outre, il lui dit que c'était à moi de le poursuivre pour diffamation, pour avoir dit que mon permis était faux, etc.

Je n'avais pas certes l'intention de le poursuivre ; je déteste les procès ; puis cette leçon devait lui suffire. Le propriétaire ne la trouva pas suffisante, car le lendemain même, il le destitua de ses fonctions de garde.

Avis à messieurs les gardes qui s'imaginent trop souvent qu'ils ont gagné d'avance.

AVENTURE QUI PEUT SERVIR D'EXEMPLE

Il est une vieille chanson qui dit : « L'amour est de toutes les saisons. » On peut appliquer ce dicton à la chasse et ajouter que pour un chasseur, il n'y a ni heure, ni pays, ni saison, ni... terre gardée.

C'est un grand malheur ; mais enfin, il faut l'avouer, un chaseur enragé a peu de respect pour la propriété privée.

Il est de beaucoup plus facile à Dieu qui dit à la mer : « Tu n'iras pas plus loin, » de se faire obéir, qu'à un propriétaire de faire respecter l'écriteau qui avertit un chasseur de modérer son ardeur. En cela, l'élément inintelligent l'emporte de beaucoup sur la créature sensée et raisonnable.

J'avais été invité par un ancien ami qui, comme moi, fait de la chasse son plaisir le plus doux. J'étais depuis huit jours avec lui. Pendant ce temps, nous avions chassé du matin au soir, sabrant perdrix et lièvres à qui mieux mieux.

Un matin, tout le monde dormait encore, j'allai déchaîner Love et prenant mon fusil, je partis à l'aventure. J'avais l'intention bien modeste de tuer deux perdrix avant le déjeuner. En passant d'un champ dans un autre, j'arrivai près d'une chasse réservée. — Il y a des fatalités pour les chasseurs comme pour les jeunes filles ! Pour celles-ci, il suffit d'un beau jour de printemps, d'un air tiède, d'un chemin ombreux, de deux oiseaux qui se becquètent ; à ceux-là, pour les rendre coupables, il suffit d'une perdrix imprudente ou narquoise qui trop peu charmante pour se laisser prendre sur une terre libre, va se reposer sur une propriété gardée.

C'est ce qui arriva.

Elles étaient deux, le cas était donc plus grave ou plutôt plus tentant. A mon nez, à ma barbe, elles quittèrent la terre libre pour le domaine seigneurial. Sans préméditation aucune, je les suivis, bien disposé à leur faire payer cher l'infraction qu'elles me faisaient commettre. Quelques minutes après, l'une tombait frappée par une juste vengeance.

Je la ramassai, et, je dois le dire, je ne songeai point à courir après sa compagne qui était allée plus loin. J'avais à peine remis une cartouche dans mon fusil que je vis arriver vers moi le garde particulier.

J'étais pris en flagrant délit, pourquoi fuir ? D'ailleurs, l'eussé-je désiré que je n'en avais plus la possibilité.

Le garde était déjà près de moi.

Il m'aborda d'une façon fort courtoise.

— Monsieur, me dit-il, est sans doute autorisé à chasser sur cette terre ?

J'évitai le mensonge; mais sachant le nom du propriétaire, je lui répondis :

— Madame de V. se porte bien ?

Le garde ôta sa casquette, et me prenant pour un ami de sa maîtresse :

— Très bien, monsieur, dit-il, n'êtes-vous pas la personne que l'on attend?

Je ne pouvais plus éviter le mensonge.

— Sans doute, lui dis-je.

— Ah! madame de V. sera très charmée, car on vous attend depuis deux jours.

« Si vous voulez, je vais vous conduire.

— Oui, certes, mais je ne veux me présenter au château que le carnier bien garni.

— Monsieur n'aura pas grand'peine s'il consent à me suivre.

Je mis une pièce dans la main de l'honnête garde, et d'un pas résolu, je le suivis. Il me conduisit dans la *réserve*.

A ce mot, j'entends déjà mes confrères chasseurs frissonner d'aise. Une *réserve* pour un chasseur qui n'a qu'une perdrix dans son carnier!

Le garde fit de son mieux, et moi aussi, je vous prie de le croire.

Au bout d'une heure j'avais deux lièvres et huit perdrix.

— Ça dit-il, voici onze heures, c'est l'heure du déjeuner, si monsieur le veut nous allons rentrer.

— Je suis de votre avis.

— Par ici...

— Fort bien, repris-je, mais allez devant au château prévenir madame de V. que j'arrive. Je vais marauder encore un peu, et descendre une perdrix si cela est possible. Vous savez les chasseurs sont des gens terribles.

Le garde sourit en homme qui comprend les passions et comme un chasseur qu'il était.

— Je vous précède, ajouta-t-il, je cours au château.

Là dessus, il s'éloigna.

Ouf! le quart d'heure de Rabelais était passé.

Quand j'eus perdu de vue mon brave cicerone dans le pays des lièvres et des perdrix, je sifflai *Love* qui s'en revint à regret, et je me hâtai de quitter cette terre bénie qui finissait par me brûler les pieds.

Comme bien vous devez le penser, je ne me rendis pas au déjeuner de la comtesse. Mais je regagnai le logis de mon hôte avec mon carnier rebondi, et je lui contai l'aventure. Nous déjeunâmes tous les deux tandis que la pauvre dame attendait toujours son invité mal appris. J'espère pour elle que le monsieur sera arrivé le lendemain.

Pour moi, je restai encore deux jours dans le pays. Mais je me gardai bien de me retrouver sur les pas du garde.

La bécassine

UN CHASSEUR BIEN MÉRITANT

La bécasse offre au chasseur une chasse des plus charmantes. L'oiseau est magnifique, la mise en scène a toute la poésie de l'automne et le coup de fusil est superbe. Cependant ne tue point des bécasses qui veut ! J'ai connu des chasseurs pour lesquels la chasse au lièvre n'avait point de secrets et qui enviaient le bonheur de tuer une bécasse. Aussi, à peine le mois d'octobre a-t-il commencé, à peine les premiers froids vêtus de brouillards ont-ils rendu les perdrix plus farouches, que l'on songe à cet oiseau nomade.

La lune de la Toussaint est vulgairement appelée la lune des bécasses. C'est en effet, à cette époque de l'année qu'on en rencontre le plus grand nombre dans nos bois de l'est, de l'ouest et du nord.

Chacun connaît, du moins pour l'avoir vu aux étals, ce bel oiseau de passage aux formes magnifiques, à l'œil noir et large et à la vestiture couleur feuille morte et tachetée de noir.

Les bécasses affectionnent tout particulièrement les sentiers ombreux jonchés de feuilles. Elles recherchent aussi de préférence les clairières et les petits bois renfermant une mare ou que traversent de petits filets d'eau courante.

Elles ont des prédilections. Il y a dans telle campagne, tel bois qu'elles ne fréquenteront jamais ; tandis que le chasseur les rencontrera dans un bois voisin dont la situation cependant lui paraissait plus défavorable. On pourrait dire que le choix qu'elles font de leur station hivernale est de tradition. Aussi les chasseurs qui habitent la campagne savent-ils de père en fils où les trouver. Toutefois la bécasse ne séjourne guère plus d'une huitaine de jours dans la même futaie ou le long de la même haie. Elle change de quartiers, quitte à y revenir plus tard.

On en rencontre souvent dans les oseraies, parce qu'elles y trouvent la vie facile, le terrain étant humide, perméable et fécond en vers.

Il faut la voir ainsi *pietter* et chercher sa nourriture. Elle sonde la terre de son long bec et retourne les feuilles pour découvrir un vermisseau qu'elle secoue crânement en battant l'air de ses ailes relevés. Puis, elle descend au bord de l'eau, se lave le bec et les pattes.

Le coup de fusil est superbe. Part-elle sous le nez d'un chien d'arrêt, elle file horizontalement, puis s'élève et poursuit son vol dans les futaies se protégeant constamment le corps par le tronc des arbres. Un seul plomb l'arrête, elle tombe lourdement. Lorsque vous la ramassez, elle a encore ses grands yeux ouverts et humides.

Il y a des endroits, même en Bretagne, où dans un hiver l'on ne rencontre pas plus d'une quinzaine de bécasses. Aussi, dès que la première a été signalée, grands et petits chasseurs se mettent en campagne.

La présence de ce fin et luxueux gibier se trahit immédiatement.

Or, c'était dans les premiers jours de novembre. Nous chassions depuis une quinzaine de jours en nombreuse compagnie dans un château situé dans la Manche.

Il y avait avec nous quelques dames au nombre desquelles il s'en trouvait une du nom de Diane. En pareille compagnie, à la campagne, les soirées sont peu longues ; mais elles sont fort gaies.

Il était quatre heures du soir ; la chasse terminée, nous rentrâmes.

Le temps était magnifique, le soleil avait empourpré l'horizon en se couchant. Je proposai une promenade à notre Diane — Nous la nommions ainsi en petit comité. — Elle accepta. Nous partîmes seuls ce dont je ne fus pas fâché. La compagnie d'une femme est toujours aimable quand on a passé une journée avec ses semblables. Puis, je dois l'avouer, j'avais mon idée. Vous pourrez vous en convaincre tout à l'heure.

Je ne vous ferai point le portrait de la jeune femme, ce qui importe peu.

Qu'il vous suffise de savoir qu'elle était charmante, enjouée, vive d'esprit et d'allures, en un mot parisienne.

A la campagne, j'ai toujours l'habitude de ne jamais sortir sans mon fusil. Je le mis donc en bandoulière et j'offris mon bras à madame Diane.

Nous prîmes le chemin communal : à une centaine de pas, je lui demandai :

— Avez-vous de bonnes bottines ?
— Pourquoi ? fit-elle.
— C'est que nous allons aller à travers champs.

La nuit s'avançait rapidement et la lune n'était pas encore levée. Elle me regarda avec ses grands yeux étonnés.

— Vous avez peur ?

Elle sourit malignement.

— Peur ! avec un cavalier armé ? allons donc !

« Jamais, ajouta-t-elle d'un petit air crâne !

— Très bien ! mais, j'en reviens à vos bottines.

Elle releva le bord de sa robe et me montra de petites bottes assez minces.

— Voulez-vous les risquer ?
— Si cela peut vous être agréable ; mais enfin, où allons-nous ?
— Vous le saurez !

Nous sautâmes prestement dans un champ que fermait une haie. La soirée était superbe.

Je vous ménage une surprise.

— Laquelle ? demanda-t-elle à mi-voix en me caressant du regard ainsi qu'un enfant qui attend une gâterie.

— J'ai, en chassant ce matin, découvert le *cantonné* d'une bécasse.
— Et je vais la voir ?
— Je l'espère.

Elle eût presque battu les mains de contentement. Au bout du pré se trouvait un petit sentier rocailleux qui aboutissait à un petit bois.

Tout à coup :

— Est-ce que vous allez la tuer ?
— Comme il vous plaira !
— Oh ! non, fit-elle, de sa mignonne voix.

Elle serra mon bras. Son cher cœur aurait souffert de voir tuer traîtreusement une bête inoffensive et elle se fût fait reproche d'être venue assister à ce qu'elle appelait un assassinat.

— Mais, lui dis-je, silence !

Nous arrivâmes à la lisière du bois. La lune argentée brillait magnifiquement et donnait au paysage un cachet poétique ravissant.

La tenant par la main afin de la guider, je contournai le bois à droite. Enfin, après cinq minutes de marche silencieuse, nous prîmes un sentier plus étroit. Les feuilles sèches craquaient sous nos pas. Instinctivement la jeune femme se cramponna à mon bras.

La nuit avec ses silences imposants est effrayante pour les femmes, surtout pour celles qui ont l'imagination vive.

Nous marchions sans mot dire. Si je n'eusse pas été préoccupé du but de notre promenade, j'eusse certainement senti les battement précipités du cœur de Diane.

Elle se liait à moi.

La lune argentait le sommet des arbres et ses rayons blanchissaient çà et là les troncs des hêtres et des chênes. Un jour se fit devant nous.

Deux grands chênes profilaient dans l'ombre leurs silhouettes de squelettes dénudés. A leurs pieds les rayons de la lune blanchissaient le terrain.

Il y avait encore une petite montée; arrivé au sommet, je pris sans mot dire le bras de madame Diane et je lui indiquai une clairière à dix mètres au-dessous de nous.

On n'entendait que le cours d'eau coulant mélancoliquement.

Au bord du ruisselet, sur la terre, il n'y avait rien que les feuilles mortes, éclairées par la lune, dont la clarté argentait le courant de l'eau.

— J'ai peur, murmura Diane.

Je la rassurai et lui imposai un silence absolu.

La lune que nous avions derrière nous nous empêchait d'être vus, quand même nous n'eussions pas été protégés par le bouquet de chênes. L'astre nocturne éclairait à giorno le paysage qui nous faisait face.

Nous attendîmes.

Cinq minutes environ après, j'entendis un bruit pareil à celui du vent qui dérange les feuilles, et je vis le noble oiseau; il *piettait*. Je l'indiquai à la jeune femme qui tressaillit. Alors, elle fut absorbée par le spectacle qu'elle avait devant les yeux. La bécasse, arrivée au bord de la clairière, tourna sa tête carrée de façon que son grand œil rond regardât la lune. Ensuite elle baissa la tête et se mit à frapper la terre du pied, et nous entendîmes le remuement des feuilles qu'elle retournait pour fouiller la terre. De temps à autre nous la voyions tirer un long vers et le secouer. Il s'entortillait autour de son bec, puis il disparaissait. Alors ses plumes se gonflaient, elle semblait doubler de volume, puis elle recommençait sa chasse.

— Est-elle mignonne! hasarda à mon oreille, madame Diane.

— Si nous la rapportions à la maison?

Et je glissai doucement mon fusil entre les deux chênes. Je n'avais nulle intention d'assassiner la jolie vagabonde. Mais je voulais voir l'effet de ces paroles brutales. Ma compagne me mit la main sur la bouche avec un air suppliant qui eût désarmé un bourreau assermenté.

Elle ajouta :

— Vous avez trop de cœur !

Certes non! je n'aurais pas voulu la tuer ainsi par surprise

Nous demeurâmes encore quelques instants à la contempler, mais le froid de la nuit descendait, et les cheveux de Diane étaient humides.

— Allons-nous-en, lui dis-je tout bas.

— Encore un peu !

— Non, il fait froid et vos épaules sont déjà humides !

Lorsque nous fûmes hors du bois :

— Comme je suis contente, dit-elle ; pour un chasseur vous êtes bien méritant.

Et elle me serra la main. Elle ajouta :

— Nous ne le dirons à personne, car on pourrait venir et ne point faire comme nous ! Comment peut-on tuer d'aussi jolies petites bêtes ! Nous la protégerons !

— C'est cela !

Une demi-heure après nous étions à la maison où nous attendaient un bon feu clair et un bon souper.

Madame Diane avait eu une émotion douce et elle paraissait heureuse. Elle paraissait plus charmante que jamais. De temps à autre pendant le souper je rencontrai ses grands yeux babillards. Je comprenais ce regard.

Le souper allait être terminé quand on frappa à la porte de la salle.

— On peut entrer ?... bonsoir la compagnie.

Celui qui prononçait ces mots était un paysan dont notre Diane chasseresse avait plus d'une fois fait son porte-carnier.

Il s'assit au coin de la cheminée.

— Jean, veux-tu prendre un verre de cidre ?

— Pas de refus, répondit-il ; je venais vous annoncer que les bécasses sont arrivées !

Madame Diane eut un soubresaut et nos regards se croisèrent.

— Oui, il y en a une dans le bois des Aunais ; je l'ai vue ce soir, elle est superbe !

Nous avions entendu un bruit dans le chemin longeant le bois, c'était donc lui.

La jeune femme qui m'avait accompagné ne mangeait plus.

— Si vous vouliez, interrompit Jean, nous irions au petit jour, et il faudrait bien qu'elle nous *cause*.

— Adopté ! s'écrièrent les chasseurs.

— Pour une bécasse, je donnerais deux lièvres, ajouta l'un.

— Coup royal, mes amis, répliqua un autre.

— A quelle heure partons-nous?

— Ah! dame, il serait bon d'être là de bonne heure, repartit Jean, quand elle aura patiné elle se remettra au taillis et nous la tuerons au lever du soleil.

A ce mot de tuer, Diane eut un frisson.

— Pourquoi la tuer? demanda-t-elle anxieusement.

— Pourquoi? répétèrent les chasseurs stupéfaits; parce que c'est un bon morceau à prendre, parce qu'une bécasse est une excellente aubaine et que nous ne sommes pas gâtés.

— Allons! pas un ne manquera à l'appel. Jean, tu me réveilleras et je me charge de la compagnie.

Jean salua et se retira en assurant qu'il serait exact au rendez-vous.

Quand il fut parti, Diane, un peu dépitée, nous dit à tous d'un ton railleur :

— Ne dirait-on pas que vous allez faire une expédition. Y aura-t-il des fusils de rechange?

On se prit à rire de la boutade de la jeune femme, après quoi on se sépara.

A la campagne on s'inquiète peu des allées et venues, et tout est prétexte pour se voir.

Diane redescendit aussitôt et vint me trouver. J'étais en train de graisser les pattes de mon chien.

— Que faire?

— Je n'irai point.

— Au contraire, reprit-elle, vous vous arrangerez pour la lever et..... vous la manquerez.

— Mais, il y a d'autres fusils et de bons tireurs.

— Pauvre petite! à la grâce! vous ferez ce que vous pourrez pour lui sauver la vie.

Le lendemain, bien avant l'heure fixée, tout le monde était sur pied. On eût dit une affaire d'État. On prenait parti pour ou contre. Enfin, on eût dit que l'on allait voir débucher un loup. Le temps était superbe : un brouillard de bon augure voilait l'horizon. Le froid vous piquait les mains.

Nous suivîmes à peu près le même chemin que nous avions suivi la veille au soir ma compagne et moi. Comme vous devez le penser, je ne marchais pas avec la même gaieté de cœur que la veille. Je pensais que la bécasse se lèverait et qu'on la tuerait. Comment empêcher cela? je ne savais de quelle façon m'y prendre. De fait, je me trouvais être de service pour assister à une exécution! Nous avions des chiens d'arrêt aux colliers desquels étaient attachés des grelots.

Les chiens entrèrent au bois.

Tous nous avions l'arme au bras, prêts à faire feu : La chasse était commencée. Je tenais de près la haie, tandis que mon compagnon allait de ci de là frappant le buisson avec le canon de son fusil.

Au nombre des chiens que nous avions, il s'en trouvait un qui menait la bécasse absolument comme s'il se fût agi d'un lièvre.

Cinq ou huit minutes s'étaient à peine écoulées que nous entendîmes gnaff! gnaff.

Je ne pus me défendre d'une certaine émotion. Elle avait pietté là. A chaque instant, je m'attendais à entendre le bruit de ses ailes et à la voir tomber sous le plomb.

Les grelots des chiens s'arrêtèrent. Sans doute l'un d'eux était en arrêt sur la malheureuse bête. Je me portai vers l'endroit où les clochettes avaient raisonné en dernier lieu. A vingt pas de moi s'échappa sans bruit aucun, du trou d'un vieux chêne, un hibou. Pour obéir aux désirs de madame Diane je cherchai à donner le change, j'ajustai l'oiseau et je pressai la détente.

A la détonation, les chiens qui, ainsi que nous l'avions préjugé, en n'entendant plus le grelot, étaient fermes, forcèrent l'arrêt.

J'entends encore le bruit des ailes de la bécasse. Elle pointa en se jetant dans le gaulis et ne fila horizontalement que lorsqu'elle fut de mon côté. Les autres chasseurs, que mon coup de fusil avait déroutés, n'eurent pas le temps de la tirer au cul levé, en sorte que je la laissai gagner un taillis qui se trouvait à deux cents mètres de nous.

Mes amis me demandèrent pourquoi je m'amusais à tirer les chouettes pour troubler les chiens. Un d'eux qui, sans ce contretemps, eût peut-être démonté l'oiseau, m'appela maladroit. J'endurai leurs quolibets car tout était pour le mieux pour le moment. Mais la pauvrette n'était point sauvée, et on n'avait point envie de rester en si beau chemin.

On l'avait vue se remiser, il fallait la suivre.

En peu de temps nous arrivâmes au bord de la futaie. C'était à qui serait le premier au poste d'honneur.

La pauvre bête n'ayant point encore été chassée, et manquant peut-être un peu d'expérience, n'avait pas marché, de sorte que les chiens eurent du mal à la retrouver. La quête était difficile ; autour d'elle point de sentiment qui la révélât.

Le soleil dorait le bord du bois, le brouillard tombait.

Enfin les chiens l'éventèrent. J'aurais voulu pour ce moment suprême avoir avec moi des chasseurs novices.

La bête ne tint pas l'arrêt aussi longtemps que la première fois.

— Marche, Black !

Ainsi pressée, la malheureuse partit comme une explosion.
Pan! Pan!
Rien!
Elle pointa et fit son crochet pour gagner le bois par le haut des arbres.
Pan! Pan!
Encore rien.
Dois-je l'avouer, je mis aussi en joue et je pressai presque la détente de mon fusil.
Elle allait disparaître.
Je la vise... les plumes volent, elle culbute sur elle-même!
J'avais eu le résultat avant d'entendre la détonation.
La protégée de notre Diane avait cessé de vivre.
Je regardai mon fusil, il était encore chargé.
C'était mon voisin de gauche qui, comptant sur la précipitation de ses camarades, avait attendu le moment favorable afin que le coup ne pût être contesté, et l'avait tuée!
Notre bécasse n'était plus!
Ce coup de fusil me fit de la peine : c'était peut-être autant à cause de la protectrice que par intérêt réel pour la protégée.
En tout cas, j'avais fait de mon mieux. Mon confrère en saint Hubert était ravi et il avait raison.
Je proposai de continuer la chasse espérant qu'il y en avait encore d'autres. Mon raisonnement était celui-ci : Si nous avons le bonheur d'en tuer une ou deux encore, le petit cœur tendre, resté au logis, n'aura pas de raison de se lamenter, car rien ne lui prouvera que, parmi les victimes, se trouve sa protégée de la veille.
Hélas! je ne fus pas servi à souhait, et il nous fallut rentrer avec la bécasse désignée par le sort pour faire de la peine au petit cœur.
Madame Diane nous attendait impatiemment.
Je fermais la marche.
— Victoire! s'écria le chasseur heureux en apercevant notre amie, et il lui présenta sa victime. La jeune femme regarda ces grands yeux qu'un brutal coup de fusil avait déjà ternis.
Elle ne pleura point, mais elle n'en fut pas bien loin.
Ainsi que certaines natures délicates qui éprouvent un âcre plaisir à sonder leurs infortunes et à retourner le fer dans la plaie, elle se fit raconter toutes les péripéties de la chasse.
Quand, plus tard, on servit la bécasse bardée, appétissante de son délicieux fumet, elle n'en mangea point.

Le rale de genêt

Alors je racontai notre promenade du soir, et combien vite cette petite bête avait été adoptée. On plaisanta un peu la trop sensible Diane et le surlendemain, quand, pour sortir, elle prit son petit chapeau tyrolien en feutre couleur gros vert, elle y trouva attachée une plume de sa regrettée bécasse.

Mais les grandes douleurs ont une fin.

Je crois qu'à l'heure présente, notre Diane n'a plus le cœur gros en pensant à cette protégée d'un jour; mais je n'affirme pas qu'elle n'en ait encore les plumes.

Pour moi, je ne veux plus me faire le champion des bécasses. Cette protection, accordée sans réflexion, m'a fait perdre un trop beau coup de fusil !

CINQUIÈME PARTIE

LÉGISLATION. — JURISPRUDENCE

Loi du 3 mai 1844 sur la police de la chasse.

SECTION PREMIÈRE

De l'exercice du droit de chasse

Article 1er. — Nul ne pourra chasser, sauf les exceptions ci-après, si la chasse n'est pas ouverte, et s'il ne lui a pas été délivré un permis de chasse par l'autorité compétente.

Nul n'aura la faculté de chasser sur la propriété d'autrui sans le consentement du propriétaire ou de ses ayants droit.

2. — Le propriétaire ou possesseur peut chasser ou faire chasser en tout temps, sans permis de chasse, dans ses possessions attenant à une habitation et entourées d'une clôture continue faisant obstacle à toute communication avec les héritages voisins.

3. — Les préfets détermineront, par des arrêtés publiés au moins dix jours à l'avance, l'époque de l'ouverture et de la clôture de la chasse, dans chaque département.

4. — Dans chaque département il est interdit de mettre en vente, de vendre, d'acheter, de transporter et de colporter du gibier pendant le temps où la chasse n'est pas permise.

En cas d'infraction à cette disposition, le gibier sera saisi, et immédiatement livré à l'établissement de bienfaisance le plus voisin, en vertu soit d'une ordonnance du juge de paix, si la saisie a lieu au chef-lieu du canton, soit d'une autorisation du maire, si le juge de paix est absent ou si la saisie a été faite dans une commune autre que celle du chef-lieu. Cette ordonnance ou cette autorisation sera délivrée sur la requête des agents ou gardes qui auront opéré la saisie, et sur la présentation du procès-verbal régulièrement dressé

La recherche du gibier ne pourra être faite à domicile que chez les aubergistes, chez les marchands de comestibles et dans les lieux ouverts au public.

Il est interdit de prendre ou de détruire, sur le terrain d'autrui, des œufs ou des couvées de faisans, de perdrix et de cailles.

5. — Les permis de chasse seront délivrés, sur l'avis du maire et du sous-préfet, par le préfet du département dans lequel celui qui en fera la demande aura sa résidence ou son domicile.

La délivrance des permis de chasse donnera lieu au payement d'un droit de quinze francs (15 fr.) au profit de l'État, et de dix francs (10 fr.) au profit de la commune dont le maire aura donné l'avis énoncé au paragraphe précédent.

Les permis de chasse seront personnels ; ils seront valables pour tout le royaume, et pour un an seulement.

6. — Le préfet pourra refuser le permis de chasse :

1° A tout individu majeur qui ne sera point personnellement inscrit, ou dont le père ou la mère ne serait pas inscrit au rôle des contributions ;

2° A tout individu qui, par une condamnation judiciaire, a été privé de l'un ou de plusieurs des droits énumérés dans l'art. 42 du Code pénal, autres que le droit de port d'armes ;

3° A tout condamné à un emprisonnement de plus de six mois, pour rébellion ou violence envers les agents de l'autorité publique ;

4° A tout condamné pour délit d'association illicite, de fabrication, débit, distribution de poudre, armes ou autres munitions de guerre ; pour menaces écrites ou menaces verbales, avec ordre ou sous condition ; pour entraves à la circulation des grains, dévastations d'arbres ou de récoltes sur pied, de plants venus naturellement ou faits de main d'homme ;

5° A ceux qui auront été condamnés pour vagabondage, mendicité, vol, escroquerie ou abus de confiance.

La faculté de refuser le permis de chasse aux condamnés dont il est question dans les paragraphes 3, 4 et 5 cessera cinq ans après l'expiration de la peine.

7. — Le permis de chasse ne sera pas délivré :

1° Aux mineurs qui n'auront pas seize ans accomplis ;

2° Aux mineurs de seize à vingt et un ans, à moins que le permis ne soit demandé pour eux par leur père, mère, tuteur ou curateur, porté au rôle des contributions ;

3° Aux interdits ;

4° Aux gardes champêtres ou forestiers des communes et établissements publics, ainsi qu'aux gardes forestiers de l'État et aux gardes-pêche ;

8. — Le permis de chasse ne sera pas accordé :

1° A ceux qui, par suite de condamnations, sont privés du droit de port d'armes ;

2° A ceux qui n'auront pas exécuté les condamnations prononcées contre eux pour l'un des délits prévus par la présente loi ;

3° A tout condamné placé sous la surveillance de la haute police.

9. — Dans le temps où la chasse est ouverte, le permis donne, à celui qui l'a obtenu, le droit de chasser de jour, de tir et à courre, sur ses propres terres et sur les terres d'autrui avec le consentement de celui à qui le droit de chasse appartient.

Tous autres moyens de chasse, à l'exception des furets et des bourses destinés à prendre le lapin, sont formellement prohibés.

Néanmoins les préfets des départements, sur l'avis des conseils généraux, prendront des arrêtés pour déterminer :

1° L'époque de la chasse des oiseaux de passage autres que la caille, et les modes et procédés de cette chasse ;

2° Le temps pendant lequel il sera permis de chasser le gibier d'eau, dans les marais, sur les étangs, fleuves et rivières ;

3° Les espèces d'animaux malfaisants ou nuisibles que le propriétaire, possesseur ou fermier, pourra en tout temps détruire sur ses terres, et les conditions de l'exercice de ce droit, sans préjudice du droit appartenant au propriétaire ou au fermier de repousser ou de détruire, même avec les armes à feu, les bêtes fauves qui porteraient dommage à ses propriétés.

Ils pourront prendre également des arrêtés :

1° Pour prévenir la destruction des oiseaux ;

2° Pour autoriser l'emploi des chiens lévriers pour la destruction des animaux malfaisants ou nuisibles ;

3° Pour interdire la chasse pendant les temps de neige.

10. — Des ordonnances royales détermineront la gratification qui sera accordée aux gardes et gendarmes rédacteurs des procès-verbaux ayant pour objet de constater les délits.

SECTION II

Des peines

Article 11. — Seront punis d'une amende de seize à cent francs :

1° Ceux qui auront chassé sans permis de chasse ;

2° Ceux qui auront chassé sur le terrain d'autrui sans le consentement du propriétaire.

L'amende pourra être portée au double si le délit a été commis sur des terres non dépouillées de leurs fruits, ou s'il a été commis sur un terrain entouré d'une clôture continue, faisant obstacle à toute communication avec les héritages voisins, mais non attenant à une habitation.

Pourra ne pas être considéré comme délit de chasse le fait du passage des chiens courants sur l'héritage d'autrui, lorsque ces chiens seront à la suite d'un gibier lancé sur la propriété de leurs maîtres, sauf l'action civile, s'il y a lieu, en cas de dommage;

3° Ceux qui auront contrevenu aux arrêtés des préfets concernant les oiseaux de passage, le gibier d'eau, la chasse en temps de neige, l'emploi des chiens lévriers, ou aux arrêtés concernant la destruction des oiseaux et celle des animaux nuisibles ou malfaisants;

4° Ceux qui auront pris ou détruit, sur le terrain d'autrui, des œufs ou couvées de faisans, de perdrix ou de cailles;

5° Les fermiers de la chasse, soit dans les bois soumis au régime forestier, soit sur les propriétés dont la chasse est louée au profit des communes ou établissements publics qui auront régime forestier, soit sur les propriétés dont la chasse est louée au profit des communes ou établissements publics, qui auront contrevenu aux clauses et conditions de leurs cahiers de charges relatives à la chasse.

12. — Seront punis d'une amende de cinquante à deux cents francs, et pourront, en outre, l'être d'un emprisonnement de six jours à deux mois :

1° Ceux qui auront chassé en temps prohibé;

2° Ceux qui auront chassé pendant la nuit, ou à l'aide d'engins et instruments prohibés, ou par d'autres moyens que ceux qui sont autorisés par l'article 9;

3° Ceux qui seront détenteurs ou ceux qui seront trouvés munis ou porteurs, hors de leur domicile, de filets, engins ou autres instruments de chasse prohibés;

4° Ceux qui, en temps où la chasse est prohibée, auront mis en vente, vendu, acheté, transporté ou colporté du gibier;

5° Ceux qui auront employé des drogues ou appâts qui sont de nature à enivrer le gibier ou à le détruire;

6° Ceux qui auront chassé avec appeaux, appelants ou chanterelles.

Les peines déterminées par le présent article pourront être portées au double contre ceux qui auront chassé pendant la nuit sur le terrain d'autrui, et par l'un des moyens spécifiés au paragraphe 2, si les chasseurs étaient munis d'une arme apparente ou cachée.

Les peines déterminées par l'article 11 et par le présent article seront toujours portées au maximum, lorsque les délits auront été commis par les gardes champêtres ou forestiers des communes; ainsi que par des gardes forestiers de l'État et des établissement publics.

13. — Celui qui aura chassé sur le terrain d'autrui, sans son consen-

tement, si ce terrain est attenant à une maison habitée ou servant à l'habitation, et s'il est entouré d'une clôture continue faisant obstacle à toute communication avec les héritages voisins, sera puni d'une amende de cinquante à trois cents francs et pourra l'être d'un emprisonnement de six jours à trois mois.

Si le délit a été commis dans la nuit, le délinquant sera puni d'une amende de cent francs à mille francs, et pourra l'être d'un emprisonnement de trois mois à deux ans, sans préjudice, dans l'un ou l'autre cas, s'il y a lieu, de plus fortes peines prononcées par le Code pénal

14. — Les peines déterminées par les trois articles qui précèdent pourront être portées au double, si le délinquant était en état de récidive, s'il était déguisé ou masqué, s'il a pris un faux nom, s'il a usé des violences envers les personnes, ou s'il a fait des menaces, sans préjudice, s'il y a lieu, de plus fortes peines prononcées par la loi.

Lorsqu'il y aura récidive dans les cas prévus par l'article 11, la peine de l'emprisonnement de six jours à trois mois pourra être appliquée, et si le délinquant n'a pas satisfait aux condamnations précédentes.

15. — Il y a récidive lorsque, dans les douze mois qui ont précédé l'infraction, le délinquant a été condamné en vertu de la présente loi.

16. — Tout jugement de condamnation prononcera la confiscation des filets, engins et autres instruments de chasse; il prononcera, en outre, la destruction des instruments de chasse prohibés.

Il prononcera également la confiscation d'armes, excepté dans le cas où le délit aura été commis par un individu muni d'un permis de chasse dans le temps où la chasse est autorisée.

Si les armes, filets, engins ou autres instruments de chasse n'ont pas été saisis, le délinquant sera condamné à les représenter ou à en payer la valeur, suivant la fixation qui en sera faite par le jugement, sans qu'elle puisse être au-dessous de cinquante francs.

Les armes, engins ou autres instruments de chasse, abandonnés par les délinquants restés inconnus, seront saisis et déposés au greffe du tribunal compétent; la confiscation, et, s'il y a lieu, la destruction, en seront ordonnées sur le vu du procès-verbal.

Dans tous les cas, la quotité des dommages-intérêts est laissée à l'appréciation des tribunaux.

17. — En cas de conviction de plusieurs délits prévus par la présente loi, par le Code pénal ordinaire ou par les lois spéciales, la peine la plus forte sera seule prononcée.

Les peines encourues pour des faits postérieurs à la déclaration du procès-verbal de contravention pourront être cumulées, s'il y a lieu, sans préjudice des peines de la récidive.

18. — En cas de condamnation pour délits prévus par la présente loi,

les tribunaux pourront priver le délinquant du droit d'obtenir un permis de chasse pour un temps qui n'excédera pas cinq ans.

19. — La gratification mentionnée en l'article 10 sera prélevée sur le produit des amendes.

Le surplus desdites amendes sera attribué aux communes sur le territoire desquelles les infractions auront été commises.

20. — L'article 463 du Code pénal ne sera pas applicable aux délits prévus par la présente loi.

SECTION III

De la poursuite et du jugement

ARTICLE 21. — Les délits prévus par la présente loi seront prouvés, soit par procès-verbaux ou rapports, soit par témoins, à défaut de rapports et procès-verbaux, ou à leur appui.

22. — Les procès-verbaux des maires et adjoints, commissaires de police, officier, maréchal des logis ou brigadier de gendarmerie, gendarmes, gardes forestiers, gardes-pêche, gardes champêtres ou gardes assermentés des particuliers, feront foi jusqu'à preuve contraire.

23. — Les procès-verbaux des employés des contributions indirectes et des octrois feront également foi jusqu'à preuve contraire, lorsque, dans la limite de leurs attributions respectives, ces agents rechercheront et constateront les délits prévus par le paragraphe 1er de l'article 4.

24. — Dans les vingt-quatre heures du délit, les procès-verbaux des gardes seront, à peine de nullité, affirmés par les rédacteurs devant le juge de paix ou l'un de ses suppléants, ou devant le maire et l'adjoint soit de la commune de leur résidence, soit de celle où le délit aura été commis.

25. — Les délinquants ne pourront être saisis ni désarmés; néanmoins, s'ils sont déguisés ou masqués, s'ils refusent de faire connaître leurs noms, ou s'ils n'ont pas de domicile connu, ils seront conduits immédiatement devant le maire ou le juge de paix, lequel s'assurera de leur individualité.

26. — Tous les délits prévus par la présente loi seront poursuivis d'office par le ministère public, sans préjudice du droit conféré aux parties lésées, par l'article 182 du Code d'instruction criminelle.

Néanmoins, dans le cas de chasse sur le terrain d'autrui sans le consentement du propriétaire, la poursuite d'office ne pourra être exercée par le ministère public, sans une plainte de la partie intéressée, qu'autant que le délit aura été commis dans un terrain clos, suivant les termes de l'article 2, et attenant à une habitation, ou sur des terres non encore dépouillées de leurs fruits.

27. — Ceux qui auront commis conjointement les délits de chasse seront condamnés solidairement aux amendes, dommages-intérêts et frais.

28. — Le père, la mère, le tuteur, les maîtres et commettants sont civilement responsables des délits de chasse commis par leurs enfants mineurs non mariés, pupilles demeurant avec eux, domestiques ou préposés, sauf tout recours de droit.

Cette responsabilité sera réglée conformément à l'article 1384 du Code civil, et ne s'appliquera qu'aux dommages-intérêts et frais, sans pouvoir toutefois donner lieu à la contrainte par corps.

29. — Toute action relative aux délits prévus par la présente loi sera prescrite par le laps de trois mois, à compter du jour du délit

SECTION IV

Dispositions générales

ARTICLE 30. — Les dispositions de la présente loi relatives à l'exercice du droit de chasse ne sont pas applicables aux propriétés de la Couronne ; ceux qui commettraient les délits de chasse dans ces propriétés seront poursuivis et punis conformément aux sections II et III.

31. — Le décret du 4 mai 1812 et la loi du 30 avril 1790 sont abrogés.

Sont et demeurent également abrogés, les lois, arrêtés, décrets et ordonnances intervenus sur les matières réglées par la présente loi, en tout ce qui est contraire à ses dispositions.

Donné au palais des Tuileries, le 3° jour de mai 1844.

LOUIS PHILIPPE Ier

Tel est le dispositif de la loi.

Quant à l'application, dans certain cas elle a donné souvent lieu à des controverses et tel arrêt de tribunal n'a pas été regardé comme chose jugée par tel autre. Ainsi, un arrêt de tribunal de Saint-Brieuc, confirmé par la cour de Rennes, a été rejeté par la cour des cassation. Comment alors le chasseur de bonne foi pourra-t-il être à l'abri des pénalités édictées par la loi, si cette loi qu'on invoque contre lui donne lieu à des interprétations différentes ?

L'énorme quantité de procès faits depuis la promulgation de la loi qui nous régit aurait déjà dû avoir pour résultat une révision bien entendue de cette loi.

Château de Chambord.

Nous l'appelons de tous nos vœux !

Actuellement, les uns s'en tiennent à la lettre, et la lettre tue ; d'autres cherchent à en apprécier l'esprit et interprètent faussement la pensée du législateur.

Il serait urgent d'en finir une bonne fois avec toutes ces équivoques.

Pour l'instant, et pour longtemps encore peut-être, il faut s'en tenir à la loi de 1844 et nous efforcer de l'interpréter conformément aux tendances de la jurisprudence.

Je ne puis mieux faire, avant d'examiner ce qui peut intéresser les chasseurs au point de vue du droit, que de recommander tout spécialement à mes lecteurs un petit livre de M. Lucien Jullemier, docteur en droit, avocat à la cour d'appel de Paris, et qui a pour titre *des Procès de chasse*. Ce petit livre sera d'une utilité incontestable pour tous mes confrères en saint Hubert. Il donne une notion exacte du pur droit auquel les tribunaux ont souvent recours et fait justice de bien des préjugés dont sont imbus les gens du monde.

L'auteur a étudié à fond la question et l'a traitée avec une grande clarté. C'est un livre précieux.

Je lui ferai moi-même de nombreux emprunts dans la suite de ces chapitres consacrés tout particulièrement à la jurisprudence; ils formeront avec la loi de police sur la chasse transcrite plus haute le complément obligé de mon livre.

Parlons d'abord du gibier.

Suivant les principes rigoureux du droit, le *gibier est la propriété de celui qui le tue, en quelque lieu qu'il l'ait tué!*

Ainsi, vous avez tué un lièvre sur le terrain d'autrui, le terrain est même chargé de récoltes : votre délit est grave, vous pouvez être condamné à une forte amende, à des dommages-intérêts peut-être ; mais le lièvre *vous appartient*. On n'a pas le droit de vous l'enlever.

La Cour de cassation elle-même qui, le 22 juin 1843, avait motivé un arrêt : « Considérant que le propriétaire de tout animal tué dans sa forêt, » a fait retour sur sa doctrine dans son arrêt du 22 avril 1862.

Il y a donc le délit de chasse proprement dit, et la contravention, ce qui n'est point du tout la même chose. Les contraventions de simple police et les délits correctionnels diffèrent essentiellement en ce que l'intention nécessaire à l'existence du délit n'est pas nécessaire à l'existence de la contravention.

Donc, résumant brièvement l'esprit de la loi, nous disons que le chasseur doit se pénétrer des trois points suivants :

1° Que le gibier est *res nullius*, appartenant en quelque lieu qu'il soit pris au premier occupant;

2° Que la loi sur la chasse n'est qu'une loi de police et qu'elle laisse subsister les principes généraux du code civil;

3° Que l'intention n'est pas un élément constitutif du délit de chasse, et qu'un jugement se fondant sur un manque d'intention pour prononcer un acquittement, serait inévitablement cassé en cas de pourvoi, soit de la part du ministère public, soit de celle de la partie civile.

Quels faits sont réputés faits de chasse.

Voilà une question des plus importantes pour le chasseur.

M. Jullemier, dont j'ai parlé plus haut, a traité ce chapitre d'une façon fort complète ; aussi le citerai-je textuellement.

Un point doit d'abord nous préoccuper : Qu'est-ce que chasser ? Ou, en d'autres termes, qu'est-ce qu'un fait de chasse, quel acte le constitue et oblige, par suite, celui qui l'accomplit à se conformer aux lois sur la matière ? Rien de plus simple en apparence. Chasser, nous dira-t-on, c'est chasser ; cela va de soi. Rien cependant, en réalité, de plus délicat, de plus difficile à définir ; et les décisions nombreuses, quelquefois contradictoires, que les tribunaux ont été appelés à rendre sur ce sujet, en sont la preuve. Pensiez-vous chasser, lorsque vous envoyiez un coup de fusil à la pie bavarde qui agaçait dans votre avenue ? Pensiez-vous que votre petit garçon chassait, lorsque, armé d'une carabine de salon, il faisait siffler un plomb inoffensif aux oreilles du rouge-gorge ou de la bergeronnette ? Chasse-t-il, le gamin de Paris, qui, avec une sarbacane, lance des balles de terre glaise aux moineaux de nos rues ? Autant de faits de chasse, cependant. La jurisprudence l'a décidé, irrévocablement décidé. Définissons donc ainsi le fait de chasse : L'acte qui consiste à chercher ou à poursuivre tout animal non domestique, dans le but de s'en emparer, quel que soit le procédé mis en usage pour y parvenir.

Partant de cette définition, doit-on décider que celui qui parcourt les champs avant que la chasse soit ouverte, accompagné de son chien qui quête devant lui, dans le but, soit de reconnaître la demeure des compagnies de perdreaux, soit d'exercer son futur auxiliaire, accomplit un fait de chasse ?

La cour de Douai, appelée à statuer sur ce point, par un arrêt du 28 décembre 1852, se fondant sur ce « que la chasse est l'action non seulement de rechercher le gibier, mais aussi de le poursuivre pour le tuer ou le prendre vivant, » déclara qu'il n'y avait point là fait de chasse. La Cour de cassation fut saisie de cet arrêt et l'infirma. Sa décision était ainsi motivée : « Considérant que la loi a voulu veiller à la protection des récoltes, en prenant des précautions contre l'entraînement du chasseur exposé à se laisser aller à fouler soit par lui-même, soit par les chiens, les récoltes sur pied; qu'elle a voulu, en outre, pourvoir dans certaines limites et surtout pendant le temps de la reproduction à la conservation du gibier. » Quel que doive être notre respect pour les décisions de la cour suprême, nous n'hésiterons pas à penser qu'elle a ici complètement méconnu les principes du droit très bien dégagés au contraire par la cour de Douai.

Que la loi de 1844, en fixant une époque pour l'ouverture de la chasse, ait eu en vue et l'intérêt des récoltes et la conservation du gibier, c'est chose incontestable assurément. Que prouve cela pour le sujet qui nous occupe? L'intérêt des récoltes? Mais si vous foulez les récoltes sur pied, que la chasse soit ouverte ou non, vous commettez un délit rural, et vous êtes passible des peines de simple police. Dans la plupart de nos départements, au moment de l'ouverture, les avoines, les sarrasins, sont encore debout, les regains de trèfle et de luzerne dans toute leur vigueur. Ils n'en sont pas moins protégés. L'intérêt de la reproduction du gibier? Cela ne serait vrai que si vous meniez votre chien quêter en plaine à l'époque de la couvée, ou lorsque les petits sont encore incapables de voler; car alors, le chien pourrait s'en *emparer* et les deux conditions substantielles que nous avons indiquées seraient remplies. Autrement, non, il n'y a pas fait de chasse. Et si la Cour de cassation eût envisagé toutes les conséquences qui devraient découler de son arrêt, sans doute elle n'eût point rendu la décision que nous critiquons. En effet, un fait est le lendemain ce qu'il était la veille; licite aujourd'hui, il ne pouvait être délictueux hier (bien entendu, nous ne parlons pas politique). La circonstance qu'un arrêté préfectoral a déclaré la chasse ouverte ne peut modifier la nature même du fait. Or, qui oserait dire que celui qui, le jour où la chasse est ouverte, va dans les champs avec un chien, commet un délit, alors même qu'il n'a pas de permis de chasse? Condamnez donc les bergers, vachers et les gardeuses de dindons! Eux aussi, en ce cas, compromettent l'intérêt des récoltes et celui du gibier. Condamnez tous ces gardes, particuliers, champêtres ou forestiers, qui élèvent et dressent nos chiens; quand le temps ou la patience nous manquent pour le faire nous-mêmes!

Disons donc que la Cour de cassation, partant d'une idée juste, en a tiré des conséquences fausses.

Il y a là recherche, mais non poursuite du gibier et volonté de s'en emparer. Un des deux éléments constitutifs du droit de chasse manque, il n'y a pas fait de chasse. Vous tous, chasseurs qui me lisez, êtes partis, la veille de l'ouverture, à la recherche des remises de perdreaux; vous l'avez fait et le ferez encore, et je le ferai dans un mois, et soyez sûrs qu'ici vous ni moi n'aurons violé le texte ni l'esprit de la loi sur la chasse.

Au contraire, s'agit-il de chiens courants que le maître a fait sortir, et lâchés sous prétexte de les exercer? Ici point de difficulté ; d'accord avec une doctrine et une jurisprudence unanimes, nous dirons qu'il y a fait de chasse, lors même que les chiens n'auraient réussi à lever aucun gibier. En effet, s'il est vrai de dire que bien rarement les chiens parviennent à prendre l'animal chassé sans le concours de leur maître, ce fait, cependant, arrive quelquefois, et peut toujours se reproduire, et cela suffit pour faire concourir les deux circonstances constitutives du fait de chasse.

En sera-t-il de même s'il est prouvé que les chiens, sortis seuls par la suite d'un accident quelconque, ont chassé sans être appuyés de leur maître?

Un savant auteur, M. Pelet, proposait une distinction : si ce sont des chiens de chasse, le maître est responsable d'un fait qu'il devait prévenir ; si ce sont des chiens de garde ou de luxe, il n'y a pas de fait de chasse.

Nous ne saurions, pour notre part, admettre cette distinction ; elle a été également repoussée par la Cour de cassation qui, par plusieurs arrêts, dont le plus récent est du 21 juillet 1855, a décidé qu'il n'y a pas lieu de condamner celui dont le chien a été trouvé poursuivant le gibier, s'il est établi qu'il n'a pas concouru à la poursuite, soit en mettant le chien en chasse, soit en l'appuyant ; coupable du seul défaut de surveillance, il n'encourrait qu'une simple responsabilité civile, à raison des dommages causés. Néanmoins, si ce fait se répétait, si le défaut de surveillance était de chaque jour, nous pensons qu'une condamnation interviendrait, et à juste titre, cette négligence persévérante devant évidemment équivaloir à la volonté de laisser ou de faire chasser les chiens. Par les mêmes raisons, il faut décider qu'il y a fait de chasse de la part de celui qui, allant au rendez-vous de chasse en voiture, laisse ses chiens suivre librement la voiture, alors que ceux-ci, à la traversée d'un bois, se sont écartés, et ont fait un lancer. Souvent, en effet, ce pourrait être une manœuvre destinée à envoyer dans la division de forêt où l'on aurait le droit de chasser, les animaux qui se trouveraient sur le territoire du voisin. A l'appui de notre opinion, citons un arrêt de la cour de Nancy du 4 décembre 1844, lequel a déclaré coupable de fait de chasse un individu qui, suivant une route en voiture, avait laissé chasser dans la plaine un chien lévrier dont il était accompagné.

Par tous les exemples que nous venons de donner, on voit que la question d'armes n'est rien pour établir le fait de chasse; que l'on peut ne pas être armé et cependant chasser. Examinons maintenant, à côté du *fait de chasse* et pour le compléter, ce qu'on appelle *l'action de chasse;* tout à l'heure nous nous sommes principalement attaché à la volonté ou à l'intention présumable ; c'est surtout du fait matériel, au contraire, que nous devons nous préoccuper ici.

A l'exception des cas que nous venons de citer et des cas analogues qui peuvent s'y rattacher, l'on ne peut, en général, être considéré comme chassant, que si l'on est en action, ou, pour nous servir d'un terme qui précisera mieux notre pensée, en attitude de chasse. Autrement dit, il faut se trouver en un lieu où la recherche du gibier soit présumable, et en même temps être soi-même en mesure d'atteindre le gibier qui pourrait partir. Ainsi, vous sortez de chez vous armé de toutes pièces, sac au dos, entouré de vos chiens, vous suivez une route, ou même un sentier à travers champs, mais vos chiens ne battent pas la plaine, votre fusil est en bandoulière, et non armé.

Ou bien encore, après une matinée laborieuse, vous êtes étendu sous un arbre, mangeant sur le pouce le frugal déjeuner du chasseur ; à côté de vous, votre carnier déjà à demi plein : vous n'êtes point en action de chasse, car une pièce de gibier partirait alors à côté de vous que vous ne seriez point en mesure de faire feu sur elle.

Non seulement personne ne pourrait vous dresser procès-verbal, mais personne n'aurait le droit de vous demander votre permis de chasse.

Car, si votre intention de chasser tout à l'heure est évidente, le commencement d'exécution indispensable pour constituer le fait de chasse, n'existe pas encore. De même, pour les actes préparatoires, comme, par exemple, faire le bois, sans armes, avec un limier attaché au cordeau. (Cour de Dijon, 19 novembre 1862.)

De même encore des traqueurs : simples auxiliaires de la chasse, la jurisprudence les assimile (en tout bien tout honneur) aux chiens courants : il n'est pas besoin qu'ils soient munis de permis de chasse. N'allez pas trop loin cependant dans cette assimilation ; c'est ainsi qu'un arrêt qui avait déclaré que le traqueur ne pouvait *jamais* être considéré comme responsable des faits par lui commis en cette qualité, a été, à bon droit, annulé par la Cour de cassation, laquelle, tout en admettant son rôle secondaire, décida qu'il n'était pas affranchi des dispositions générales de police qui réglementent la chasse. (Arrêt du 15 décembre 1870.)

Au contraire, et par les raisons que nous avons données plus haut, c'est être en action de chasse, ainsi que nous l'avons dit, que regarder chasser ses chiens (Cour de Rouen et cassation). Les piqueurs, les valets de chiens, qui prennent une part active à la chasse, rompent les changes, relèvent les défauts, remettent sur la voie, font acte de chasse et sont assujettis à la formalité du permis ; on ne saurait les mettre au rang des simples traqueurs. Les invités qui suivront, même à cheval, mais comme simples spectateurs ne prenant part à aucun des actes spéciaux de la poursuite, en seront, par contre, affranchis.

En un mot, et pour nous résumer en un utile conseil, toutes ces questions sont questions de fait : il pourra arriver qu'un agent, garde ou gendarme, trop zélé et moins au courant que le chasseur de la jurisprudence, dresse un procès-verbal dans un cas qui ne le comporterait pas.

Que le chasseur ait soin alors de faire constater au procès-verbal toutes les circonstances, si minimes qu'elles soient, quelque peu importantes qu'elles puissent paraître ; souvent ce seront celles-ci qui permettront au juge de qualifier exactement le fait, de lui attribuer son véritable caractère et de décider si, effectivement, il y a eu ou non fait de chasse, recherche et poursuite du gibier.

Terrains clos attenant à l'habitation.

Les mots *clôture continue* peuvent donner lieu à des interprétations différentes. Ainsi des fossés plus ou moins profonds, des haies plus ou moins bien entretenues, sont ou ne sont pas des clôtures suffisantes ; la loi a dû laisser aux tribunaux le soin de décider la question après vérification des lieux, car souvent un mur très bas ou en mauvais état ne vaut pas un bon fossé ou une haie bien fournie.

On ne peut considérer comme un terrain clos attenant à une habitation, dans lequel le propriétaire peut chasser sans permis, le terrain dans lequel se trouverait une construction pouvant servir à l'habitation.

Il faut, pour accomplir la condition de l'exception posée par l'art. 2 de la loi de 1844, que cette construction soit destinée à l'habitation. (Arrêt de la Cour de cassation du 16 août 1844.)

Qu'entend-on par habitation ? Dans un jugement du 27 décembre 1866, rendu par le tribunal correctionnel de Carpentras, nous trouvons qu'il ne suffit pas que, dans le terrain clos où a lieu le fait de chasse, il se trouve une construction quelconque plus ou moins propre à l'habitation ; qu'il est indispensable que cette construction soit, sinon constamment habitée, du moins destinée à l'être à certaines époques plus ou moins rapprochées, par la famille du propriétaire ou du possesseur ; qu'on ne peut regarder comme une habitation, dans le sens de la loi de 1844, ni un simple pavillon d'agrément, ni une cabane destinée à servir d'affût au chasseur, ni la plupart de ces bâtiments étrangers à la résidence habituelle de leurs propriétaires qui sont désignés dans le pays sous le nom de *grangeons*.

Ce jugement s'appuyait sur deux arrêts de la Cour de cassation, l'un du 3 mai 1845, l'autre du 29 avril 1858.

Qu'entend-on par clôture ?

L'enclos, en matière de chasse, est considéré comme une dépendance de l'habitation et se confondant avec elle ; il est nécessaire qu'il ne présente aucune solution de continuité et forme, pour les personnes du dehors, un obstacle sérieux et permanent. Il n'est point nécessaire que la clôture soit homogène : un terrain peut être parfaitement clos, moitié par un mur, moitié par une haie vive ; la cour de Marseille a rendu un jugement dans ce sens le 17 septembre 1844.

Le propriétaire peut non seulement chasser, mais encore faire chasser dans sa propriété close.

Il a été jugé, en 1867, que celui qui blesse une pièce dans *son clos*, en *temps prohibé*, ne peut l'aller chercher chez le voisin.

Plusieurs pensent cependant que, si la pièce est *mortellement* blessée, on peut aller la ramasser sans délit.

On demande à présent si, dans un terrain enclos dans lequel on peut *en tout temps et sans permis* chasser, on demande, disons-nous, si on peut se servir d'engins prohibés ?

Encore sur ce point, la jurisprudence n'est pas irrévocablement fixée puisque, sur ce fait, des arrêts contradictoires ont été rendus.

Au reste, il est bien difficile aux agents compétents de constater les délits de chasse qui peuvent être commis dans une propriété close. Car il est interdit aux autorités d'y pénétrer pour verbaliser, ou de monter sur un mur, ou même d'écarter les branches de la haie pour se rendre compte de ce qui s'y passe. Ce fait est considéré comme une violation de domicile, qui entache de nullité un procès-verbal.

Bois communal. — Un particulier qui chasse en temps non prohibé, mais sans autorisation, dans un bois communal dont la chasse est affermée, commet un délit qui peut être poursuivi par l'administration forestière, encore que le fermier ne se soit pas plaint. (Arr. cass., 21 février 1844. — Arr. cass., 16 août 1844.)

Bois soumis au régime forestier. — Les délits de chasse commis dans les bois soumis au régime forestier, constituent des délits forestiers que les gardes doivent constater.

Du permis de chasse.

Le permis de chasse est indispensable pour pouvoir accomplir tous les faits qualifiés faits de chasse. Ainsi, pour chasser les oiseaux tels que l'alouette autrement qu'avec des armes, il faut un permis. (Cour de cassation, 18 avril 1845.)

La bécasse.

Celui qui se livre à la chasse aux petits oiseaux avec pièges, raquettes et sauterelles, peut se faire aider par un nombre indéterminé d'auxiliaires sans que la participation de ces derniers à la chasse constitue un délit. Cette jurisprudence des cours de Nancy et d'Agen a été confirmée par la Cour de cassation. Toutefois le préfet, qui peut prohiber ce genre de chasse, peut aussi fixer le nombre d'auxiliaires à employer.

Les traqueurs n'ont pas besoin de permis de chasse. (Cour de Paris du 26 avril 1845.)

Il n'en est pas de même du piqueur. La Cour de cassation (18 juillet 1846) a décidé qu'il est soumis à toutes les obligations du chasseur, et que si, lors d'une chasse organisée par son maître, il viole la propriété d'autrui en suivant ses chiens poursuivant le gibier, il commet un délit de chasse, et doit être condamné à ce titre, sans préjudice des dommages-intérêts dus par le propriétaire des chiens.

Le permis est valable pour un an; s'il a été délivré le 1er septembre, ou, pour être mieux compris, s'il porte la date du 1er septembre 1881 il sera valable jusqu'au 2 septembre 1882 exclusivement.

En effet, celui qui a obtenu le permis de chasse, conserve le droit de chasse pendant une année, sans qu'il puisse en être retranché un temps quelconque. On le priverait de ce droit si l'on comprenait dans l'année le jour de la délivrance, puisque ce jour n'est pas entier au moment de la signature du permis, et qu'il serait même possible que cette signature n'eût été donnée qu'à la dernière heure de cette journée. Il serait tout au moins nécessaire d'accorder le droit de chasser jusqu'à l'heure correspondante à celle où la délivrance a été opérée; mais les heures n'étant pas constatées dans le permis, il serait impossible de savoir si la chasse a eu lieu dans le délai ou en dehors de sa durée. D'ailleurs, d'après le droit commun, les délais se comptent par jours et non par heures.

Nous trouvons de nombreux arrêts dans ce sens; le dernier a été rendu par la cour de Montpellier le 24 janvier 1865; il n'a, croyons-nous, jamais été statué dans le sens contraire.

La quittance des droits du permis ne peut en aucun cas tenir lieu de permis, elle ne prouve que de l'intention d'en demander un, ce qui n'est d'aucune valeur devant les tribunaux.

L'oubli de son permis de chasse n'entraîne pas la contrainte de ne pas chasser. Si vous vous trouvez dans une localité où vous ne connaissiez personne et que vous n'ayez pas votre permis, *chassez*. Si après avoir expliqué votre situation, on vous dressait néanmoins procès-verbal, faites venir votre permis avant l'audience et cela suffira pour arrêter les poursuites.

Les préfets doivent publier leurs arrêtés dix jours avant celui indiqué pour l'ouverture ou la clôture de la chasse.

L'arrêté préfectoral qui déclare la chasse ouverte ne fait pas d'exception pour les récoltes qui pourraient être sur pied non plus que pour les vignes. Mais, dans le premier cas, si vous causez dommage au voisin, vous pouvez être condamné en vertu de l'article 11, qui permet le délit de chasse sur le terrain d'autrui, mais non en vertu de l'article 12, qui ne vise que le cas de chasse en temps prohibé. Quant aux vignes, afin de ne plus endommager les grappes de raisin et aussi pour éviter les accidents, les maires ont le droit de prendre des arrêtés pour interdire jusqu'à une certaine époque la chasse dans les vignes. Quant à l'infraction à un tel arrêté, elle ne *constitue point un délit de chasse*, ce n'est qu'une contravention de la compétence des tribunaux de simple police.

De la chasse des oiseaux de mer sur les grèves ou en bateaux.

Autrefois, dans l'ancien droit, la chasse des oiseaux de mer n'était soumise à aucune réglementation préventive ; la loi de 1844 n'en a pas parlé, elle n'a donc pas eu la pensée d'innover. D'ailleurs, l'esprit de la loi de 1844 est la conservation du gibier et le respect des récoltes, deux choses qui ne regardent nullement la chasse du gibier de mer. Les dispositions mêmes de cette loi prouvent implicitement que le législateur n'a pas voulu réglementer la chasse du gibier de mer, car, dans l'énumération des autorités compétentes pour dresser procès-verbal, nous ne voyons pas figurer les agents ou employés de la marine, qui auraient été les premiers désignés. Enfin, l'art. 9, § 2, donne aux préfets le droit de prendre des arrêtés pour autoriser la chasse du gibier d'eau sur les *étangs, fleuves* et *rivières*. N'en devons-nous pas conclure que la chasse est entièrement libre sur les bords de la mer comme elle l'était avant la loi de 1844 ?

Néanmoins, la Cour de cassation a rendu, le 20 janvier 1860, un arrêt qui assimile complètement la chasse des oiseaux de mer sur les bords de la mer à la chasse ordinaire, annulant ainsi un arrêt de la cour de Saint-Brieuc, du 4 octobre 1859, et un arrêt du 15 novembre 1859 de la cour de Rennes, qui avaient acquitté deux individus prévenus d'avoir chassé avant l'ouverture de la chasse sur les grèves de Paimpol.

Selon nous, la jurisprudence suivie par les cours de Saint-Brieuc et de Rennes est la bonne et nous ne doutons point qu'elle ne soit, par la suite, adoptée partout et que la Cour de cassation ne revienne sur son arrêt.

J'ai depuis mon enfance chassé et vu chasser en tout temps le long des rivages de la mer, et jamais ce fait de chasse avant l'ouverture n'a été apprécié comme délit. Au *mois de juin* j'ai une fois même été rencontré par les gendarmes en tournée ; ils m'ont demandé à voir mon permis, après quoi j'ai continué à chasser avec une sécurité absolue.

Dans certains départements, la chasse au bord de la mer est permise en tout temps.

Il est donc bon de s'informer des coutumes de la localité.

L'opinion de la Cour de cassation est que le préfet, qui a pleine autorité pour ouvrir et fermer la chasse, ne peut restreindre les moyens de chasse et interdire la chasse à tir alors qu'il autorise la chasse à courre.

S'il y a quelque ambiguité dans la rédaction d'un arrêté, cette ambiguité doit s'interpréter dans le sens favorable au prévenu, auquel le doute doit toujours bénéficier.

L'opinion de la Cour de cassation et de la plupart des jurisconsultes est que le droit de chasse n'appartient au fermier que lorsqu'il y a eu stipulations formelles.

Quand un propriétaire loue sa chasse, en se réservant l'autorisation de chasser pour lui-même, il ne peut sous aucun prétexte céder à un tiers ce droit, qui lui est essentiellement personnel, ni faire chasser d'autres personnes avec lui ; il a aliéné son droit de chasse, et n'est qu'un permissionnaire ordinaire.

En rédigeant l'article 11 de la loi sur la police de la chasse, le législateur a abandonné la solution de la question à l'arbitraire du juge ; mais il a indiqué sa pensée ; il veut que le chasseur rompe les chiens ; ou, comme c'est la plupart du temps impossible, qu'il évite de les exciter à la poursuite du gibier sur des terres qui ne lui appartiennent pas.

On accorde généralement au chasseur le droit de pénétrer chez le voisin, pourvu qu'il ne soit *pas en attitude de chasse* et qu'il ne s'y introduise pas dans le but de relever un défaut ou d'exciter la meute par un simple bien-aller.

La Cour de cassation, dans un arrêt du 15 décembre 1866, déclare punissable toute personne qui, omettant de rappeler les chiens, attend sur ses propres terres en attitude de chasse, qu'ils lui ramènent le gibier poursuivi.

On ne peut, à moins qu'un arrêté préfectoral ne l'ait momentanément autorisé, chasser en s'aidant de pièges, de filets, de glu, de paniers, d'appeaux d'appelants ou de chanterelles.

Ne sont pas considérés comme engins prohibés, les banderolles et les miroirs.

Chasses de nuit et en temps de neige.

La chasse est interdite en temps de nuit.

Mais à quel moment le jour fait-il place à la nuit ?

Prendra-t-on le temps vrai ou le temps horaire ? L'un et l'autre sont faux en fait de chasse. Quand la loi fut discutée, on demanda si la chasse à l'affût, permise sous l'empire de la loi de 1790, allait être interdite.

Voici la réponse que fit à l'interpellation le rapporteur, M. de Boissy.

« La commission a entendu prohiber d'une manière absolue la chasse
« pendant la nuit ; mais elle a compris que très souvent la chasse à l'affût
« avait lieu dans un temps très rapproché de la nuit, soit le matin, soit le
« soir, mais qui n'est pas la nuit. Vouloir aller plus loin, et définir ce
« qui est la nuit, a paru impossible à la commission ; elle a cru qu'il
« fallait, en posant le principe de l'interdiction de la chasse pendant la
« nuit, laisser les appréciations de fait aux tribunaux. C'est ce qui se
« pratique dans toutes les matières de fait, et notamment dans tous les
« cas où la circonstance de nuit est considérée comme aggravante. »

L'affût est donc permis !

Mais l'affût ne peut avoir lieu qu'au crépuscule du matin ou du soir.

Il y a entre le jour qui fuit et la nuit qui va commencer un espace de temps qui n'est ni l'un ni l'autre. Ce temps est le temps crépusculaire et il ne saurait y avoir délit de chasse.

Toutes ces raisons ont entraîné la conviction de la cour de Lyon qui, le 24 janvier 1801, rendit un excellent arrêt sur cette matière. Elle a renvoyé des fins des poursuites un individu surpris chassant le 2 décembre, à 5 heures du soir. Il est défendu de chasser pendant la nuit, mais non pendant le crépuscule.

M. Lucien Jullemier, que j'ai déjà cité, répond ainsi :

« Il y a deux sortes de crépuscules : le crépuscule vrai ou astrono-
« mique, et le crépuscule civil. Le premier est l'espace de temps pendant
« lequel le soleil, placé à moins de 18 degrés au-dessous de notre horizon,
« l'éclaire encore plus ou moins de ses rayons réfractés, crépuscule qui
« dure jusqu'à la nuit noire ; le second n'est à proprement parler qu'un
« crépuscule conventionnel, c'est celui dont on place la fin au moment
« où cessent les travaux en plein air.

« De ces deux acceptions, c'est la première qui doit être adoptée ; le
« juge doit la préférer, parce que c'est elle la plus favorable au prévenu
« et parce que c'est elle qui répond à la réalité, les dernières lumières
« du jour ne s'éloignant qu'à la fin du crépuscule vrai. Au 2 décembre,
« le crépuscule vrai a une durée d'une heure trente-cinq minutes ; en
« ajoutant ce temps à l'heure du coucher du soleil, 4 heures 4 minutes, on
« trouve que c'est à 5 heures 39 minutes que se plaçait ce jour-là la
« limite extrême de la nuit commencée.

« On peut donc, sans craindre de commettre un délit, attendre la
« bécasse à la passe ; ce n'est pas autre chose que la chasse à l'affût. »

Les préfets seuls interdisent la chasse en temps de neige.

Les tribunaux apprécieront ce que l'on peut appeler en *temps de neige*.

Quel est le but du législateur en rédigeant l'article 9 ?

C'est d'empêcher une destruction trop facile du gibier. Il faut donc, pour que la prohibition soit légale, que la terre soit couverte de façon à permettre de suivre aisément à la piste les traces du gibier.

Une légère couche de neige tombée le matin, qui se fond vers les dix heures, ne peut empêcher la chasse, quand même en certains endroits on constaterait l'existence de couches persistantes.

Le transport de gibier en temps de neige est permis et cela se conçoit. Telle commune peut être tellement couverte de neige que la chasse soit interdite, tandis que telle autre peut en être privée. Or, le chasseur de la commune privilégiée peut tuer du gibier et regagner avec son butin la commune couverte de neige.

Trois arrêts de cassation de 1845, et un arrêt de la cour de Rennes de 1850, établissent que le transport du gibier en temps de neige est licite, et que la loi n'a eu en vue que le temps qui sépare l'époque de la clôture de celle de l'ouverture de la chasse. Nous pensons que ces décisions ont sagement interprété la loi ; en effet, une personne peut avoir tué beaucoup de gibier avec l'intention de l'expédier le lendemain : la neige vient à tomber, on ne saurait la forcer à garder pour elle seule le produit de sa chasse.

Pendant les temps de neige, nous recevons d'Écosse des envois importants de grousses.

Nous le répétons donc, la loi qui régit la chasse n'a qu'un but : c'est de réprimer le braconnage et d'empêcher la destruction du gibier en France.

Dès que la chasse est close, le transport du gibier est interdit.

Et cependant !

Allez dans les cabarets à la mode, on vous donnera perdrix, lièvres, cailles, etc.

Ouvrez les pâtés chez les traiteurs !

La loi, si sévère quelquefois pour les pauvres chasseurs, est infiniment tolérante pour les marchands de gibier, sous quelque forme qu'ils se présentent, et pour... les braconniers, dont ils ne sont en résumé que les receleurs.

Une controverse s'est élevée sur le point de savoir s'il était permis, en temps prohibé, d'acheter, vendre, transporter des conserves de salaisons de gibier tué avant la clôture de la chasse.

On répond généralement affirmativement à cette question qui a même été tranchée dans ce sens par un arrêt de la Cour de cassation du 21 décembre 1844. C'est ouvrir la porte à la fraude, car il sera le plus souvent impossible aux agents de l'administration d'avoir la preuve que le gibier qu'ils veulent saisir a été tué depuis la clôture de la chasse.

Les conserves ont bon dos ! et le braconnage n'est malheureusement pas près de s'éteindre.

N'est-il pas, comme je l'ai dit ailleurs, protégé par les hauts et puissants seigneurs du jour, les gourmands ?

Le gibier d'eau n'est point assimilé aux oiseaux de passage.

Toutefois, par arrêt du préfet, les oiseaux d'eau peuvent être regardés comme oiseaux de passage.

Les arrêtés préfectoraux indiqueront les filets, lacets et autres engins habituellement prohibés dont ils autorisent l'usage. Mais si les préfets ont le droit, dans les arrêtés qu'ils prennent pour permettre la chasse aux oiseaux de passage, d'ajouter aux modes de chasse ordinaires, ils ne peuvent rien y retrancher et ne pourraient par exemple, interdire l'usage du fusil.

Quand, dans un département, la chasse aux oiseaux de passage est permise, il faut, en conséquence, permettre aussi le transport de ces oiseaux et leur mise en vente.

Du droit de destruction des bêtes fauves, animaux malfaisants et nuisibles.

Je transcrirai en entier l'intéressant chapitre que M. Jullemier, dans son livre des *procès de chasse*, a consacré à ce sujet.

« L'exercice du droit de chasse a été très justement réglementé
« par la loi de 1844 dans l'intérêt de la conservation des récoltes et du
« gibier ; mais la sévérité même de cette loi, qui considère comme fait de
« chasse la recherche et la poursuite de tout animal sauvage, aurait porté
« atteinte au droit de légitime défense, si un article spécial n'avait auto-
« risé les propriétaires, fermiers et possesseurs à protéger leurs personnes
« et leurs biens contre le fauve et les animaux nuisibles.

« Cet article mérite toute l'attention du lecteur ; il est ainsi conçu :
« Les préfets des départements, sur l'avis des conseils généraux, pren-
« dront des arrêtés pour déterminer : 1°; 2°; 3° les espèces d'animaux
« malfaisants ou nuisibles que le propriétaire, possesseur ou fermier
« pourra en tout temps détruire sur ses terres, et les conditions de
« l'exercice de ce droit, sans préjudice du droit appartenant au propriétaire
« ou au fermier de repousser ou de détruire, même avec des armes à
« feu, les bêtes fauves qui porteraient dommage à ses propriétés.

« Nous allons nous efforcer de commenter ce texte, dont chaque mot
« renferme des difficultés réelles.
« Prenons d'abord la seconde partie, celle qui a trait à la destruction
« des bêtes fauves.
« C'est à proprement parler le droit de légitime défense, que notre
« article 9 a consacré. Mais qu'est-ce que la loi appelle bêtes fauves?
« Qui a le droit de les détruire ou repousser ? Quand ce droit peut-il
« s'exercer?
« En termes de vénerie, on appelle bêtes fauves : les cerfs, chevreuils
« et daims ; bêtes noires : les sangliers, et bêtes rousses : les loups,
« renards, blaireaux, fouines, putois, etc. Cette définition ne peut pas
« être celle de la loi ; il résulte des documents législatifs qu'on doit com-
« prendre sous le nom de bêtes fauves *tous les animaux sauvages qui
« portent dommage aux propriétés.*
« Prendre ces expressions dans le sens le plus étendu, c'est anéantir la
« loi ; car tous les animaux mangent, et en mangeant portent une atteinte
« plus ou moins grave à la propriété. Personne ne pense, néanmoins que
« sous ce prétexte, les propriétaires ou fermiers puissent en tout temps,
« sans permis de chasse, poursuivre et détruire les animaux sauvages.
« La pensée du législateur nous paraît fidèlement reproduite par cette
« définition, que nous empruntons à M. de Neyremand : « Le mot bêtes
« fauves comprend, non seulement ce qu'on appelle ainsi dans la langue
« cynégétique, c'est-à-dire les cerfs, daims, chevreuils et chamois, mais
« tous les animaux sauvages, *feræ bestiæ*, quadrupèdes et volatiles, qui,
« par leur nature ou par leur nombre, sont considérablement nuisibles
« à la propriété. »

C'est ainsi qu'ont pu être considérés comme bêtes fauves : des chevreuils par la cour d'Orléans et de Rouen ; des pinsons par la cour
d'Agen ; des pigeons ramiers par le tribunal de Clermont, et enfin les
pigeons domestiques par un récent arrêt de la cour de cassation de
Bruxelles.

Une chasse au moyen-âge.

Il y aura toujours une question de fait à examiner, question très grave : le dommage est-il actuel ou imminent? le fardeau de la preuve incombera au propriétaire, possesseur ou fermier qui prétendra avoir usé de son droit.

Assurément, il n'est pas nécessaire d'attendre que le dommage ait été accompli pour tuer l'animal qui l'a occasionné; mais si ce dommage n'est pas imminent, la destruction d'un animal sauvage est un simple fait de chasse.

Quelques exemples tirés des arrêts rendus diront mieux notre pensée et feront mieux comprendre la loi que tous les commentaires. Une buse traverse ma propriété, je la tue : c'est un délit de chasse; elle plane sur ma basse-cour, ce n'est que la destruction d'une bête fauve.

Quelques oiseaux s'abaissent dans mon jardin, je n'ai pas le droit de les tuer sans permis de chasse ou après la clôture, une nuée de pinsons s'abat sur mes récoltes, je puis les repousser même à l'aide d'un fusil.

Des chevreuils, des sangliers, des cerfs viennent chaque nuit ravager mes champs de blé ou de pommes de terre, j'ai le droit soit seul, soit en me faisant aider par des étrangers, de protéger contre eux ma propriété et de les tuer ou de les faire tuer.

Un loup rôde autour de ma bergerie, un renard autour de mon poulailler, il est bien juste que je puisse me débarrasser de ce dangereux voisin.

Mais nous ne saurions trop insister sur l'importance de la question de fait et engager nos lecteurs à n'user de ce droit de légitime défense qu'avec la plus grande modération : il ne faut pas qu'il puisse servir de prétexte à une chasse illicite.

Si l'on n'établit pas clairement qu'on était sous la menace d'un dommage sérieux et que c'est pour l'éviter qu'on a pris son fusil, les juges seront fort enclins à voir un simple fait de chasse dans l'acte accompli.

Nous ne saurions mieux faire que de demander à un des magistrats les plus éclairés et les plus experts en la matière, les circonstances qui peuvent servir à éclairer le juge sur la véritable intention de l'inculpé.

Est-il notoire, dit M. de Neyremand, que sa propriété a été considérablement endommagée et se trouve exposée à de nouveaux dégâts?

Est-ce un propriétaire peu ou point adonné à la chasse ou un amateur passionné de ce plaisir et peu soucieux des exigences de la loi? Qu'en dit le casier judiciaire? Était-il en attitude de chasse et prêt à tirer lorsqu'il a été rencontré?

Était-il accompagné d'un chien?

Les bêtes fauves, à l'exception des lapins, sont d'ordinaire de grosses bêtes, pour lesquelles il faut des balles ou des plombs de fort calibre. Son fusil contenait-il des projectiles de ce genre?

Le premier venu ne peut par philanthropie, poursuivre les animaux sauvages qui causent un dommage à quelqu'un. Les seules personnes autorisées à repousser les attaques du fauve sont les propriétaires et les fermiers. Nous devons comprendre dans cette définition trop restreinte, toutes les personnes qui subissent le dommage ou en sont menacées d'une façon imminente. Mais comme il arrive souvent que ces personnes ne connaissent pas le maniement des armes et seraient incapables d'atteindre un animal, elles peuvent déléguer à d'autres plus habiles l'exercice de leur droit.

Nous croyons qu'il vaut mieux s'attacher à l'esprit de la loi qu'à son texte, et qu'il ne faut pas reconnaître d'une façon générale aux propriétaires, fermiers et possesseurs, simultanément, le droit de tirer des bêtes fauves occasionnant des dommages. Ce droit appartiendra à celui qui sera lésé. Le propriétaire qui a loué la chasse et affermé ses terres ne peut détruire les bêtes nuisibles que par délégation des droits de son fermier.

Tous les moyens sont bons pour détruire ou repousser les bêtes fauves; l'article 9, paragraphe 3, que nous avons transcrit plus haut, parle de repousser les bêtes fauves, *même avec des armes à feu;* il résulte implicitement de ces mots que les autres modes de destruction que le tir sont autorisés.

M. Villequez, avec une grande logique, trop de logique peut-être, ne croit pas qu'on puisse employer d'engins habituellement prohibés. En effet, dit-il, la simple détention de ces engins constitue un délit, peu importe l'usage auquel ils sont destinés!

La conséquence de ce raisonnement, c'est qu'une condamnation correctionnelle serait inévitable, sinon pour l'emploi, au moins pour détention d'engins prohibés.

Mais il faut prendre garde d'abuser du droit théorique, on se trouverait fatalement entraîné à l'absurde. Prendre des souris dans une souricière serait donc un délit, et nous aurions pu dire, dans notre chapitre des faits de chasse, que le papillon est un animal sauvage, et que c'est chasser que de le poursuivre! On peut, avec des pièges, détruire les bêtes fauves; les documents législatifs le prouvent surabondamment. On a répété plusieurs fois, et il a été parfaitement entendu au Corps législatif que les principes de la loi de 1790 étaient maintenus dans leur intégralité; or, l'article 15 permettait expressément l'emploi des « filets ou autres engins. »

Assurément, beaucoup de braconniers, quand on saisira chez eux des engins prohibés, allégueront qu'ils les destinaient à la prise des bêtes fauves et se retrancheront derrière l'article 9.

Cet article leur assure-t-il l'impunité? Non, car ici comme pour la distinction à établir entre le fait de chasse et celui de simple destruction, les circonstances joueront un grand rôle, et les magistrats se renseigneront sur la moralité et les habitudes du prévenu ; ils examineront l'engin saisi.

La Cour de cassation a rendu, le 15 octobre 1844, un arrêt fort bref que nous rapportons :

« La Cour, attendu qu'il a été déclaré par le jugement attaqué que le piège saisi ne paraissait pas, d'après sa structure, destiné à la capture du gibier mais bien à des animaux tels que fouines et belettes qui dévastent les dépendances des habitations rurales ; que, dans l'état des faits ainsi constatés et en l'absence de tout arrêté du préfet du département, ayant pour objet de déterminer les conditions du droit appartenant au propriétaire de détruire sur ses terres les animaux malfaisants ou nuisibles, conformément à l'article 9 de la loi du 3 mai 1844, le jugement n'a pas violé les dispositions de l'article 9, rejette le pourvoi. »

Mais, nous ne pensons pas qu'on puisse attendre à l'affût, sur la propriété d'un voisin, le retour des bêtes fauves, bien que certains tribunaux l'aient admis en principe.

Quand la bête tuée n'est pas un animal mangeable et ne rentre point dans la catégorie du gibier, celui qui l'a détruite a incontestablement le droit de la transporter ou de l'envoyer où bon lui semble ; mais, que déciderons-nous, si cette bête rentre dans la classe du gibier ?

Il serait déraisonnable d'exiger que cet animal légalement tué, fût perdu pour l'amour du droit. La cour de Rouen, dans un arrêt du 22 juin 1865, décide qu'en pareil cas le chasseur, ou plutôt le propriétaire, ayant usé du droit reconnu par l'article 9, peut, sans commettre un délit, rapporter cette pièce de gibier à son domicile.

Ce que nous avons dit des bêtes fauves facilite l'explication du droit donné aux préfets de prendre des arrêtés pour la destruction des animaux malfaisants et nuisibles.

Certains animaux sont incapables par eux-mêmes d'occasionner un dommage réel à la propriété, mais leur multiplicité devient un véritable fléau : si l'on attendait, pour les détruire, qu'ils causassent un préjudice sérieux et actuel au propriétaire ou fermier, le remède serait peu efficace. C'est pourquoi des préfets sont autorisés à prendre des arrêtés déterminant : 1° les espèces d'animaux reconnus malfaisants et nuisibles ; 2° les moyens à employer pour leur destruction.

Quand les animaux sauvages auront été classés par le préfet, on n'aura pas besoin de permis de chasse pour les détruire ; leur destruction ne sera que l'accomplissement d'un droit naturel ; mais alors on devra se conformer aux modes indiqués par l'arrêt préfectoral. On n'a plus, comme pour les bêtes fauves occasionnant un dommage, le droit d'employer tous les moyens possibles, même l'usage du fusil ; il faut obéir aux prescriptions administratives; mais il n'est pas nécessaire d'attendre que ces animaux commettent ou menacent de commettre un dommage.

La plupart du temps les préfets décident que ces animaux pourront être détruits à l'aide de pièges ou de filets, mais n'autorisent pas l'emploi des armes à feu, pour enlever toute prise au braconnage.

Les tribunaux n'ont pas le pouvoir de combler les lacunes d'un arrêt préfectoral et de décider que l'omission de certains animaux est un oubli. L'arrêté est incontestablement limitatif.

Les animaux classés *généralement* comme nuisibles sont : le renard, le loup, le sanglier, le lapin, la fouine, le putois, la belette, la buse, le faucon, l'épervier, etc.

Les moyens de destruction sont les pièges, les filets, le poison, quelquefois le fusil; mais il faut prendre des renseignements exacts et se procurer le texte de l'arrêté en vigueur dans le département.

Dans certains pays, on peut se servir de fusil à la condition de prévenir les autorités administratives vingt-quatre heures à l'avance ; c'est une mesure très sage que les préfets ont le droit de prendre : leur pouvoir est absolu.

Que les animaux classés comme nuisibles ou malfaisants soient ou non du gibier, les propriétaires, fermiers ou possesseurs ont le droit de les détruire sur leurs terres; et nous répétons ici ce que nous avons dit plus haut au sujet des bêtes fauves, c'est celui auquel le préjudice est causé qui a le droit de destruction, droit susceptible d'ailleurs de délégation.

Si un propriétaire-cultivateur a loué sa chasse, c'est lui qui a le droit de détruire les lapins quand ils ont été classés comme nuisibles, et le locataire de la chasse, s'il n'y est autorisé par son propriétaire, ne saurait se prévaloir de son bail pour user de ce droit, car ce n'est pas à lui que le dommage est causé. Mais si le propriétaire refuse de lui déléguer son droit de destruction, le locataire de la chasse répondra par une fin de non-recevoir aux demandes de dommages-intérêts qu'il exercera contre lui.

Le préfet peut encore, en vertu des pouvoirs qui lui sont conférés par l'arrêté du 19 pluviôse an V, ordonner, par des arrêtés spéciaux, des chasses ou battues dans les communes particulièrement exposées aux ravages. Ces battues sont exécutées sous la surveillance et la direction des agents forestiers, qui règlent, de concert avec les maires, les jours où elles doivent se faire et le nombre d'hommes qui y sont appelés.

Les habitants régulièrement appelés qui refusent de s'y rendre sont punis d'une amende de dix francs.

L'animal tué dans ces battues appartient à celui qui l'a tué : cela soulèvera souvent une question de fait fort difficile à résoudre, mais nous ne parlons que de la question de droit.

Quand des animaux malfaisants ou nuisibles, faisant partie du gibier, ont été tués, celui qui les a tués a le droit de les rapporter à son domicile; et comme il serait impossible d'en exiger la consommation à domicile, des mesures administratives ont pallié la rigueur de l'article 4 relatif au transport et colportage du gibier en temps prohibé. Les préfets autorisent le transport de ces animaux, soit dans une partie du département soit dans le département entier.

Nous regrettons que la loi n'ait pas, par un article spécial, facilité le colportage des ces animaux légalement tués; mais nous ne pouvons nous empêcher de trouver ces mesures prises par les préfets, quelque utiles qu'elles soient, parfaitement illégales.

Les pigeons sont quelquefois classés par les préfets parmi les animaux malfaisants et nuisibles. Dans ce cas on peut les détruire comme les animaux sauvages dont nous avons parlé. Mais si l'arrêt préfectoral passe les pigeons sous silence, doit-on les considérer comme gibier? Peut-on les détruire s'ils causent des ravages?

Nous allons nous efforcer d'exposer d'une façon succincte l'état de la législation. Pour résoudre toutes les questions qui peuvent se présenter, nous avons trois textes de lois :

1° L'article 2 du décret du 4 août 1789 qui, après avoir aboli le droit exclusif de colombiers, dispose : « Les pigeons seront renfermés aux
« époques fixées par les communautés, durant lequel temps ils seront
« regardés comme gibier, et chacun aura le droit de les tuer sur son
« terrain. »

2° La loi du 6 octobre 1791 portant, titre II, article 12, que « si des
« volailles de quelque espèce que ce soit, causent du dommage, le proprié-
« taire, le détenteur ou le fermier qui l'éprouvera, pourra les tuer, mais
« seulement sur le lieu, au moment du dégât. »

3° L'article 479, § 1er, du Code pénal, qui punit d'une amende de 11 à 15 francs ceux qui auront porté du dommage aux propriétés mobilières d'autrui.

Nous trouvons donc d'abord une division naturelle, et une différence très nettement tranchée.

Si la clôture des colombiers n'a pas été ordonnée, les pigeons sont des animaux domestiques, et doivent être assimilés aux simples volailles.

Si la clôture des colombiers a été ordonnée, les pigeons deviennent gibier comme les perdrix.

Supposons d'abord qu'aucun arrêté de la municipalité n'enjoigne de fermer les colombiers; les pigeons de mon voisin me causent un préjudice sérieux, ils ravagent mes récoltes; s'ils étaient considérés comme des animaux sauvages, je pourrais les détruire même à l'aide d'un fusil et les transporter à mon domicile, mais je ne puis, dans notre hypothèse, que les tuer, en vertu de la loi de 1791 dont nous avons reproduit le texte, et les envoyer au voisin ou les laisser dans le champ; les emporter chez moi à titre d'indemnité du dommage qu'ils m'ont occasionné pourrait être considéré comme un vol. La Cour de cassation l'a jugé ainsi dans un arrêt du 9 février 1868 contrairement à la jurisprudence de certains tribunaux.

Si les pigeons ne causent aucun dommage, en les tuant, je me rends passible des peines prononcées par l'article 479, § 1, du Code pénal, et je ne puis, sans commettre un vol me les approprier.

Plaçons-nous maintenant dans l'hypothèse où le maire a ordonné la clôture des colombiers. Les pigeons sont alors assimilés au gibier; s'ils me causent un dommage, je puis sans permis de chasse les tuer et les emporter comme je pourrais tuer et emporter le renard qui menace mon poulailler, le sanglier qui laboure mon champ de pommes de terre.

Ne causent-ils aucun dommage actuel, j'ai sur eux le même droit que sur les perdrix; pour que je puisse les chasser il me faut un permis de chasse et l'autorisation du propriétaire du terrain sur lequel je veux les tirer, je ne puis, pour m'en emparer, faire usage d'engins prohibés.

Tel est, à l'égard des pigeons, l'état de la jurisprudence et de la doctrine; jurisprudence confirmée par un arrêt de cassation du 9 janvier 1868.

Une condamnation pour vol peut paraître bien sévère dans les cas que nous venons d'énumérer, mais nous ferons remarquer que pour motiver une pareille condamnation le simple fait ne suffira pas comme en matière de chasse : il faudra que les circonstances et la moralité du délinquant établissent l'intention frauduleuse; si cette intention n'existe pas, il pourra y avoir délit de chasse, délit rural, réparations civiles suivant l'article 1382 du Code civil, mais il n'y aura pas vol.

Dommages causés aux champs par le gibier.

On sera responsable quand on aura fait peupler de gibier les bois et quand on y aura laissé multiplier d'une façon préjudiciable au voisin les animaux sauvages dont on se réserve la chasse.

Bien qu'en droit le propriétaire d'un bois dont les lapins ravagent les récoltes voisines doive réparation de ces dégâts, le cultivateur lésé doit toujours commencer par avertir le propriétaire, afin de le mettre sur ses gardes et de lui donner le temps de détruire les lapins ou d'opposer une barrière à leurs excursions. — En deux mots, le propriétaire des lapins n'est tenu de réparer le dommage que quand il est convaincu de *négligence*.

Le cultivateur doit donc l'avertir d'abord, sinon par huissier, au moins par une lettre *chargée* et *déclarée*, dans laquelle il le met en demeure de déclarer par écrit s'il entend se charger de détruire ou contenir lui-même ses lapins, ou s'il laisse au plaignant la liberté de détruire ces animaux dans son bois, par les moyens qu'il lui conviendra d'employer. — Ces voies de droit sont un préliminaire indispensable et surtout un moyen pratique d'éviter des procès presque aussi fâcheux pour ceux qui les gagnent que pour ceux qui les perdent.

La Gazette des tribunaux a, sous ce titre : *Dégâts aux champs, lapins*, consigné les importantes décisions judiciaires qui suivent :

Le propriétaire d'un bois n'est responsable des dégâts causés par les lapins qui en proviennent que s'il a laissé les animaux se multiplier par son fait et sa négligence.

Il est affranchi de toute responsabilité lorsqu'il a employé des moyens sérieux pour les détruire, alors même qu'il n'a pas fait publier ni afficher dans les communes environnantes qu'il invitait les riverains à participer à ses chasses de destruction.

La destruction totale des lapins est d'ailleurs impossible, et les dégâts survenus, malgré les moyens employés par le propriétaire, sont la conséquence naturelle du voisinage des bois.

Dans l'affaire qui a motivé ce jugement, il avait été constaté par les experts que le cultivateur qui se plaignait de la médiocrité de sa récolte, en l'attribuant aux dégâts causés par les lapins des bois voisins, n'avait pas fumé ses terres. C'est là un fait qui se produit très fréquemment. Les riverains des bois ne fument pas leurs terres ou n'y mettent qu'une semence insuffisante, et ils réclament ensuite des indemnités, en faisant remarquer la maigreur des récoltes.

Aussi, dans les affaires de ce genre, les experts doivent-ils rechercher avec soin si la culture a été bien faite.

C'est devant le juge de paix que doit être portée la demande en dommages et intérêts.

La loi de 1838, article 5, porte :

« Les juges de paix connaissent, sans appel, jusqu'à la valeur de 100 francs, et à charge d'appel, à quelque valeur que la demande puisse s'élever : des actions sur dommages faits aux champs, fruits et récoltes, soit par l'homme, soit par les animaux, etc.... »

Les locataires de chasses seront responsables comme le propriétaire qui n'aurait pas loué sa chasse. Mais le locataire d'une chasse ne devra

Chasse en mer.

à son propriétaire, à moins de clause expresse contenue dans le bail, aucune indemnité pour les dégâts causés par le gibier.

Il y a entre eux un lien de droit : c'est le bail auquel l'un et l'autre sont tenus de se conformer.

La multiplicité des cerfs et des biches dans une forêt peut causer de réels préjudices aux riverains. Aussi est-on en droit d'exiger des battues pour les détruire.

Toutefois, il y a loin des dégâts sur lesquels on se base pour obtenir des battues, aux dégâts réels.

Bien souvent la jalousie est le point de départ de ces battues si fréquemment sollicitées depuis quelques années auprès des préfets.

Sur les instances des riverains d'une forêt du département de l'Eure, le maire d'une petite commune avoisinant ladite forêt, obtint du préfet l'autorisation de faire une battue pour les biches et les sangliers.

La chasse était fermée, on était au mois de juillet.

Le lieutenant de louveterie du département empêché délégua pour le remplacer et organiser la battue demandée à tous les échos d'alentour un sien ami M. le vicomte D...

Celui-ci qui fait valoir et se trouvait en pleine moisson, quitta ses travaux et se rendit, le vendredi fixé pour la battue, à la forêt. Il avait, par lettre spéciale, convoqué les gardes des environs et la gendarmerie.

Arriva aussi au lieu du rendez-vous le maire de la commune que la pensée des biches peuplant les bois empêchait de dormir et qui avait été lui-même trouver le préfet, lui signalant les forfaits scandaleux des pauvres animaux !

Dans un accès de philanthropie le susdit maire avait juré que tant que lui serait maire il ne resterait pas une biche ni un cerf dans la forêt de B...

Il avait en vérité un cœur de père pour ses administrés !

Le marquis du L..., propriétaire de la forêt, avait commis le crime de posséder de grands biens, de faire du bien à tous, d'aimer la chasse à courre et de faire vivre tout un village pendant la saison des chasses ! C'en était trop, il fallait envahir, sous un prétexte légal, sa propriété et ne pas lui laisser un cerf à courir ni une biche à forcer !

Nous vîmes paraître un petit homme glabre, un peu tortu, coiffé sur le côté, un bâton noueux à la main. On eût dit Brasseur dans le rôle de *Tricoche et Cacolet*.

Il représentait l'autorité paternelle et vigilante.

L'accompagnaient deux administrés avec un fusil.

— Avez-vous amené des rabatteurs, lui demanda M. le vicomte D...

— J'ai fait tambouriner la battue et il en viendra, je pense.

— C'est que, repartit M. D..., il appartient au maire qui sollicite la battue de se munir de rabatteurs. Ma mission est seulement d'organiser la battue et de placer les tireurs.

Ce bon maire, qui connaissait si bien la loi des délits, n'avait, paraît-il, pas une connaissance bien approfondie de la police sur la chasse.

Les rabatteurs lui importaient peu, il fallait détruire les biches.

Puis pour confirmer ses paroles par une voix plus solennelle encore que la sienne, il tira de sa poche une lettre qu'il s'était fait écrire dans les bureaux de la préfecture.

Cette lettre portait que l'on devait occire tous les animaux nuisibles :

Cerfs, biches, sangliers et *chevreuils*.

Le représentant du lieutenant de louveterie lui fit observer que jamais, ce qui est absolument vrai, les chevreuils n'ont été *considérés comme animaux nuisibles*.

Le petit homme glabre insista en montrant de nouveau sa lettre.

— Les chevreuils ! les chevreuils !

M. D..., qui se possède admirablement, qui connaît son code de chasse ainsi que le code civil car il est maire de sa commune, — mais un maire nommé par ses administrés, — voyant cet entêtement de Quasimodo, lui déclare qu'en sa qualité de lieutenant de louveterie il requerrait le brigadier de gendarmerie présent pour dresser procès-verbal contre celui qui s'aviserait de tuer un chevreuil.

L'homme glabre, battu par la loi, finit par avouer qu'il ne tenait pas en résumé aux chevreuils ; mais qu'il fallait tuer les biches !

— Mais, monsieur le maire, nous sommes ici pour cela et nous allons commencer, seulement je ne vois pas de rabatteurs ! et, vous comprenez, c'est indispensable.

Le maire, ennemi des biches, se rendit à ce raisonnement.

Pendant ce colloque, qui dura assez longtemps, étaient arrivés quelques paysans, mais presque tous s'étaient munis de fusils. Enfin, en rassemblant les gardes de la forêt, des passants et deux ou trois individus venus sur l'appel du maire on réunit huit ou dix rabatteurs ; c'était peu, mais il fallait bien donner satisfaction à ces pauvres affamés du sang des biches.

M. D... fit l'appel des tireurs et des rabatteurs. Remarquez que parmi ces tireurs farouches et ces rabatteurs plaintifs il n'y avait pas deux riverains de cette forêt d'où le fléau s'abattait chaque nuit sur la campagne désolée !

Le maire déclara qu'il se mettrait à la tête des rabatteurs.

Enfin on allait procéder à l'extermination ; les ordres étaient donnés ; on se mettait en route. Au lieu d'onze heures, heure fixée par les lettres de convocation, il allait sonner une heure.

Le maire glabre, après avoir conféré avec ses rabatteurs dont il s'était fait le chef, s'approcha du vicomte D...

— Monsieur, les hommes ne veulent pas marcher si on ne les paye point d'avance !

— La paye des rabatteurs ne me regarde nullement, mais bien vous, monsieur le maire, qui avez exigé la battue ! vous vous arrangerez avec eux. — Mais dépêchons, il est tard et je ne suis pas venu pour mon plaisir.

Le maire glabre se gratta l'oreille ; c'était contrariant ; mais là encore la loi élevait la voix.

Que faire ?

Il retourna vers la bande armée de bâtons, qui lui faisait l'office de gardes du corps et parlementa. Nous pensions que cette grave affaire était arrangée et nous nous disposions à aller entourer l'enceinte désignée lorsque nous fûmes arrêtés par la voix de M. D...

— Messieurs, M. le maire déclare que les rabatteurs ne marcheront point si on ne leur abandonne pas les animaux tués.

Le maire glabre, qui était si savant en délits commis par le gibier, ignorait encore que le gibier, de quelque espèce qu'il soit, appartient à celui qui l'a tué.

M. le vicomte D... vissa encore dans la cervelle du maire glabre cette question de droit. Mais celui-ci ne voulut pas en démordre, si bien que tous nous convînmes qu'on abandonnerait à cette meute affamée le gibier qui tomberait pendant la battue.

On avait hâte d'en finir.

La battue dura jusqu'à cinq heures du soir ; les traqueurs ne firent lever que quatre biches et un faon.

La curée ne fut pas longue pour la meute affamée car on tira seulement trois coups de fusil et les biches eurent la bonne fortune d'échapper à cette armée si féroce en paroles.

On comptait sur une hécatombe ! néant.

Il faut avouer que biches et cerfs ont eu bien de l'esprit ce jour-là !

N'importe ! c'était la première fois que j'assistais en forêt à la représentation d'un vaudeville de Palais-Royal.

Si le maire glabre a oublié cette scène comique dans laquelle il a joué le grand premier rôle, et, s'il lit ce livre, qu'il apprenne pour l'avenir :

1° Que c'est au maire qui fait décider une battue de fournir les rabatteurs et de les payer.

2° Que les habitants régulièrement appelés et qui s'étant plaints de dégâts refusent de se rendre à la convocation sont punis d'une amende de 10 francs.

3° Que l'animal tué dans ces battues appartient à celui qui l'a tué.

4° Que le chevreuil n'a jamais, dans aucun arrêté, été considéré comme un animal nuisible, puisqu'il ne va point au gagnage en plaine.

Quant à l'excellent employé de préfecture, j'aime à croire que ce n'est pas le préfet qui avait ajouté sur la liste des proscrits le chevreuil et avait omis d'inscrire le renard, il se peut qu'il ait un lieu de parenté avec ce savant préfet Jules... qui, ainsi que je l'ai signalé plus haut, avait classé l'alouette parmi les animaux nuisibles.

Quelle est la juridiction compétente en matière de délits de chasse.

Quelle est la juridiction compétente en matière de délits de chasse ?
Tous les délits de chasse seront jugés à la requête du ministère public ; c'est le procureur de la République du lieu où le délit a été commis qui traduit en justice le délinquant.

Il faut cependant distinguer le fait de chasse sur le terrain d'autrui, sans autorisation du propriétaire, des autres délits. L'article 11, § 2, de la loi de 1844, ne permet, dans ce cas, au ministère public d'exercer des poursuites que si le propriétaire lésé a déposé une plainte.

Aucune formalité n'est exigée pour la plainte ; elle peut être rédigée sur papier libre, mais il faut qu'elle soit signée par le propriétaire ou locataire de la chasse, en un mot, par celui dont l'autorisation était nécessaire pour empêcher au fait incriminé d'être délictueux.

Quand la plainte a été déposée, le désistement ne saurait empêcher l'action du ministère public ; en fait, il arrive souvent qu'un arrangement intervient entre l'accusé et le plaignant, ce dernier retire sa plainte, et le parquet ne poursuit pas ; mais en droit, il pourrait poursuivre.

Le locataire du droit de chasse prend la place du propriétaire ; c'est à son préjudice que les délits de chasse sont commis. Lui seul peut porter plainte.

La compétence en matière de chasse est attribuée aux tribunaux correctionnels. La procédure est celle des délits ordinaires.

En cas de délit, trois tribunaux peuvent être appelés à statuer (art. 23 du Code d'instruction criminelle) : celui du lieu où il a été commis, celui de la résidence de la personne qui en est l'auteur, enfin celui du lieu où l'arrestation a été opérée. De ces trois tribunaux, c'est celui qui a été le premier saisi de la plainte qui jugera ; ce sera le plus souvent le tribunal dans le ressort duquel l'acte délictueux aura été accompli. L'inculpé doit avoir été touché par la citation trois jours francs avant l'audience.

On ne peut se porter partie civile qu'à la condition de demander des dommages-intérêts, quelque minimes qu'ils soient; et la partie civile est responsable, vis-à-vis du Trésor, des frais du procès. Une condamnation est prononcée, le condamné est-il insolvable, les frais ne restent pas à la charge de l'Etat, c'est la partie civile qui les payera. Cette mesure rigoureuse a pour résultat de laisser impunis bien des délits de chasse; les braconniers sont généralement peu solvables, et la crainte des frais paralyse souvent les poursuites.

Si la personne touchée par la citation ne se présente pas, elle est condamnée par défaut; ce jugement lui est signifié, et, si elle a laissé passer cinq jours après la signification sans former opposition, ce jugement est irrévocable, susceptible seulement d'être réformé par la voie d'appel.

L'opposition à un jugement par défaut remet toutes choses en l'état où elles étaient auparavant.

On a dix jours pour interjeter appel d'un jugement contradictoire; il n'est pas question ici de signification de jugement; le délai court du jour où le jugement a été prononcé.

L'appel se forme par une simple déclaration au greffe, déclaration qui sera faite par le délinquant ou par son mandataire.

Le procès après appel ne peut plus être déféré qu'à la Cour de cassation, dans les *trois jours* qui suivent l'arrêt. La Cour de cassation n'a pas à examiner le fait, elle ne juge que la question de droit.

Contrairement à ce qui se passe en matière civile, en matière correctionnelle le pourvoi en cassation suspend l'exécution de l'arrêt prononcé par la Cour d'appel.

Des procès-verbaux.

Les délits prévus par la loi du 3 mai 1844 sont prouvés, dit l'article 21, soit par procès-verbaux ou rapports, soit par témoins, à défaut de rapports et procès-verbaux, ou à leur appui.

Tous les moyens de preuve sont admis et la conviction du juge peut être entraînée autrement que par les procès-verbaux, rapports ou dépositions de témoins.

La Cour de cassation a jugé que l'aveu d'un seul prévenu, en dehors de toute preuve, pouvait motiver une condamnation.

Aux termes des articles 22 et 23, les procès-verbaux régulièrement dressés par les agents compétents font foi en justice jusqu'à preuve du contraire. C'est-à-dire que tout ce qu'ils énoncent comme ayant été dit ou entendu par celui qui a verbalisé est, dès à présent, réputé vrai. Les dénégations du prévenu, ses antécédents, le peu de probabilité du fait rapporté, les bons certificats, sont impuissants à renverser cette preuve. Il faudra, pour la combattre, des témoignages déposés sous la foi du serment.

Les simples témoignages, au contraire, ne lient pas le juge, quelque précis, quelque affirmatifs qu'ils soient.

Un seul témoin suffit pour établir la preuve d'un délit. Ce point est aujourd'hui indiscutable en droit.

Nous venons de dire que ce que les procès-verbaux énoncent comme ayant été dit ou entendu par celui qui a verbalisé est, dès à présent, *réputé vrai*.

Voilà qui est très grave pour les chasseurs, et beaucoup ont été victimes de la mauvaise foi des gardes.

Ceux qui emploient des gardes ont donc pour devoir de bien les choisir et de ne point confier cette mission officielle à des gens de sac et de corde, comme il arrive parfois.

Les procès-verbaux doivent contenir la désignation de l'individu poursuivi, par son nom, prénom ou surnom. Ce qu'il faut, c'est que la désignation soit précise et ne permette pas d'erreur sur la personne.

La date est essentielle, parce qu'elle peut servir à établir la preuve contraire. Si elle n'existait pas, son absence entraînerait *la nullité de l'acte*.

Le procès-verbal dressé par un garde doit être rédigé sur papier timbré et soumis à l'enregistrement.

Formalité essentielle pour la validité d'un procès-verbal :

Article 4 : « Dans les vingt-quatre heures du délit, les procès-verbaux « des gardes seront, à peine de nullité, affirmés par les rédacteurs de- « vant le juge de paix ou l'un de ses suppléants, ou devant le maire ou « l'adjoint, soit de la commune de leur résidence, soit de celle où le délit « aura été commis. »

Les procès-verbaux dressés par les maires ou gendarmes n'ont pas besoin d'être affirmés.

Des peines.

Tous les délits ne sont pas punis de la même manière. Les peines sont proportionnées à la gravité du délit.

Lire attentivement les articles 11, 12, 13, 14 et 15 précités.

Dans l'intérêt de la conservation du gibier, la loi punit l'enlèvement des œufs et couvées de faisans, perdrix et cailles; mais elle ne le prohibe que sur le terrain d'autrui, et le propriétaire a le droit, sur ses terres, d'enlever ou de faire enlever les œufs et couvées de toute sorte. Néanmoins, les préfets sont autorisés à prendre les mesures qu'ils croient utiles pour empêcher la destruction des oiseaux, et souvent un arrêté préfectoral défend d'enlever certains nids.

La mesure est alors générale et s'applique au propriétaire lui-même.

L'amende seule est la véritable peine; l'emprisonnement est facultatif et les juges auront le droit d'infliger le maximum de l'amende sans condamner à l'emprisonnement.

L'amnistie a pour effet de faire disparaître la condamnation; par conséquent, si, dans l'intervalle de douze mois, une amnistie avait été prononcée en faveur des délits de chasse, un second délit ne constituerait pas un cas de récidive.

Le produit des amendes est affecté aux communes sur le territoire desquelles les délits ont été commis. On prélève une certaine somme en faveur des gardes ou gendarmes qui ont verbalisé. Cette somme a été fixée par une ordonnance du 5 mai 1845, rendue à la suite de la promulgation. La voici :

Art. 1er. La gratification accordée aux gendarmes, gardes forestiers, gardes champêtres, gardes-pêche et gardes assermentés des particuliers qui constateront des infractions à la loi du 3 mai 1844 sur la police de la chasse, est fixée ainsi qu'il suit :

8 fr. pour les délits prévus par l'article 11 ;

15 fr. pour les délits prévus par l'article 12 et l'article 13, § 1er;

25 fr. pour les délits prévus par l'article 13, § 2.

Art. 2. La gratification est due pour chaque amende prononcée; elle sera acquittée par les receveurs de l'enregistrement, suivant le mode actuel et les règles de la comptabilité ordinaire.

Art. 3. Il sera tenu un compte spécial, par commune, du recouvrement des amendes. Ce compte sera réglé chaque année; après prélèvement des gratifications et de 5 0/0 pour frais de régie, le produit restant des amendes recouvrées sera compté à la commune sur le territoire de laquelle l'infraction aura été commise.

En cas d'insuffisance de l'amende pour le payement de la gratification, il ne sera, pour cet excédant, exercé aucun recours contre la commune.

Les frais de poursuites tombés en non-valeurs seront remboursés conformément à l'article 6 de l'ordonnance du 30 décembre 1823.

Art. 4. Il ne pourra être alloué qu'une seule gratification, lors même que plusieurs agents auraient concouru à la rédaction du procès-verbal constatant le délit.

Nous rappelons, à la suite de cette ordonnance, l'article 177 du Code pénal, qui punit de la dégradation civique et d'une amende double de la

Hure de sanglier.

valeur des choses reçues ou seulement agréées, sans que cette amende puisse être inférieure à 200 francs, tout fonctionnaire qui agrée des offres ou promesses, ou qui reçoit des dons ou présents pour faire un acte de ses fonctions non sujet à salaire, ou pour ne pas faire un acte qui entre dans l'ordre de ses devoirs.

Ainsi toute transaction entre un délinquant et un garde, ou un maire, ou un agent quelconque de l'autorité, pour éviter un procès-verbal, un rapport, une poursuite, tombe sous le coup de l'article 177 du Code pénal.

Quand plusieurs personnes ont été surprises se livrant ensemble à une chasse illicite, elles sont solidairement responsables ; si l'une d'elles n'est pas assez riche pour payer l'amende ou les frais, ou les dommages-intérêts, les autres payeront pour elle, sauf leur recours contre elle.

Le père, la mère, le tuteur, les maîtres et commettants sont civilement responsables des délits de chasse commis par leurs enfants mineurs non mariés, pupilles demeurant avec eux, domestiques ou préposés, sauf tout recours de droit.

Cette responsabilité est réglée conformément à l'article 1384 du Code civil, et ne s'applique qu'aux dommages-intérêts et frais.

Toutefois, il peut y avoir des cas où les père, mère, tuteurs, maîtres peuvent prouver que le fait incriminé ne peut être imputé à leur négligence.

C'est ainsi que la cour de Caen, dans son arrêt du 1er février 1865, a écarté la responsabilité d'un maître dont le domestique, à huit heures du soir, pendant l'hiver, n'ayant plus aucun service à faire, était allé chasser.

« Toute action relative aux délits prévus par la loi du 3 mai 1844 est prescrite par le laps de trois mois, à compter du jour du délit. » (Art. 29.)

Cette prescription peut être interrompue par des poursuites ; elle ne le serait point par le simple dépôt d'une plainte. Mais quand des poursuites ont eu lieu, les délits de chasse, comme les autres délits, ne se prescrivent plus que par trois ans.

UN MOT ENCORE

Ne dirait-on pas quelquefois que la loi, en certains cas si sévère pour le chasseur, donne carte blanche au braconnier ?

Je n'en veux pour preuve que certains arrêts préfectoraux.

Il est bien évident que les dates d'ouverture et de fermeture de la chasse sont, la plupart du temps, fixées à contre-sens. Elles deviennent si fantaisistes qu'on peut se demander si les chasseurs soumis et respectueux de la loi auront, dans quelques années, plus de deux mois de chasse ?

Sans motif aucun, on ouvre de plus en plus tard et on ferme de plus en plus tôt !

En 1879, on a laissé la chasse ouverte tout le temps de la longue période de neige que nous avons traversée, puis, dès que cette affreuse saison a été finie, les préfets se sont hâtés de la fermer.

Qui a bénéficié de cette mesure insensée ? A coup sûr, ce n'est pas le gibier !

Qui donc ?

Le braconnier !

En l'année 1880, on a clos la chasse, dans le département de la Seine, le 16 janvier ! Encore, la date de la fermeture avait-elle été primitivement fixée au 2 ; elle n'a été reportée au 16 que sur de pressantes réclamations. Nous avons eu trois mois de chasse. Qui encore en a profité ?

Le braconnier et nul autre !

Et il en sera toujours ainsi tant que les préfets, du fond de leurs cabinets, ou en mangeant un bon perdreau truffé, lanceront ainsi leurs décisions sans réflexion. Qu'ils soient bien convaincus une bonne fois que les ouvertures tardives et les ouvertures trop hâtives font le jeu des braconniers !

En vérité, en voyant ce qui se passe, on serait tenté de penser qu'on protège d'une façon occulte cet ennemi du chasseur.

Et cependant, qui loue des chasses très cher ? qui a intérêt à la conservation du gibier ? qui rapporte le plus à l'État et à la commune ? Le chasseur ! et c'est celui-là qui toujours est lésé et c'est celui-là même que la loi traque de tous côtés.

Il serait temps d'en finir !

Pourquoi les chasseurs qui possèdent de grandes chasses, *le Cercle de la chasse*, ne réclameraient-ils pas, au moyen de la presse et par des pétitions sans nombre, jusqu'à ce qu'on leur fasse droit ?

Nous payons, il est bien juste que nous ayons voix au chapitre.

Eh ! croyez-vous que les propriétaires ou locataires de chasses n'aient pas intérêt à conserver le gibier ? Beaucoup n'attendent pas que le décret préfectoral soit lancé pour interdire la destruction de tel ou tel gibier quand ils voient qu'il diminue par trop. Nous en avons eu la preuve cette année, car, dans plusieurs chasses, le tir de la perdrix a été absolument interdit.

Il n'y a donc pas de plus grand conservateur de gibier que le chasseur.

Qu'on le consulte donc un peu, ce contribuable important, qui ne peut plus faire un pas sans payer très cher et qu'on traite en ennemi.

Mais, dit-on, on n'ouvre et on ne ferme la chasse que sur les rapports des maires et des gardes champêtres.

Eh bien, je n'hésite pas à le dire, dans bien des communes les honorables représentants de la loi ont des tendresses pour le braconnier.

Cet état de choses ne saurait durer et c'est aux chasseurs, qui n'ont aucun appui contre le braconnier, à réclamer auprès de nos gouvernants jusqu'à ce qu'ils aient obtenu satisfaction.

La chose en vaut la peine !

Cuisine.

LA CUISINE DU CHASSEUR

Recettes culinaires

Le véritable chasseur n'est pas toujours ce qu'un vain peuple pense, c'est-à-dire un homme des bois, à demi sauvage, *hirsutus, contemptor omnium !* Le chasseur le plus endurci à courir les guérets et les rouciers sait le soir, au veston substituer l'habit noir, faire bonne et aimable figure à table. Car, comme je l'ai dit plus haut du chasseur, *mens sana in corpore sano*, ce qui constitue toujours la gaieté. Or, la gaieté est l'assaisonnement indispensable d'un bon repas.

C'est à table que le chasseur rend palpables pour ceux qui l'entourent les plaisirs qu'il a éprouvés pendant les longues heures d'absence du logis. Il les prolonge ainsi pour lui.

En voyant sur la table ces belles bécasses dont le fumet dilate les narines de tous les convives, il se remémore les péripéties si douces à son cœur de la chasse heureuse.

Ce lièvre, piqué de fins lardons, lui rappelle, le fond, la vitesse, la sagacité et la vaillance de ses bons chiens courants.

Ce salmis de bécassines lui représente son tir sûr et précis sous l'arrêt de son chien.

Enfin, la table est son triomphe *coram populo*.

En face de toutes ces viandes de venaison, les gourmands et les gourmets s'étonnent un peu moins de cette passion des fils de saint Hubert et les dames elles-mêmes comprennent les absences prolongées du sexe vagabond.

Mais si le chasseur aime à parler de ses exploits, il sait aussi, le cas échéant, donner un conseil culinaire à la maîtresse de maison et lui inspirer un plat de son métier qui perpétuera sa mémoire dans le souvenir de ses hôtes.

Les meilleures recettes de venaison ont été léguées par des chasseurs.

Tout chasseur est de par nécessité un peu cuisinier. Il doit, le cas échéant savoir dresser son dîner. Quant aux chasseurs gourmets c'est autre chose. Il semblerait, lorsqu'ils parlent d'arranger un plat de venaison, qu'ils pontifient.

Ils se rappellent que le divin Cadmus, l'aïeul de Bacchus, était le premier cuisinier du roi de Sidon avant de fonder la ville aux cent portes et de lui donner son nom.

Il est défendu d'être gourmand mais on peut être gourmet.

C'est à ces derniers, chasseurs, que j'emprunterai les principales recettes qui doivent compléter *le Livre du chasseur*.

C'est donc un plat de friande venaison après la théorie et la pratique !

Les gourmets reconnaîtront leurs plats de prédilection et les novices y apprendront la manière de couronner leurs exploits et de prolonger leurs triomphes.

Le gibier est une si excellente chose, non seulement pour les gourmets, mais encore pour l'hygiène, que l'on comprendra le soin que nous avons apporté dans les recherches qui composeront cette partie, et cependant nous ne nous rangeons pas parmi les gourmands.

Point d'excellent dîner sans plat de venaison, de même qu'un dîner de chasseur ne pourrait se passer de gibier.

Je transcrirai ici, comme modèle du genre, et à titre de curiosité, le menu du dîner qui inaugura les dîners mensuels de la *Chasse illustrée*.

MENU

Potages { Saint-Hubert.
{ au prince de Condé.

HORS-D'ŒUVRE

Barbue à la Mornay.
Cuissot de chevreuil, sauce poivrade.
Quenelles de lapereaux à la d'Orléans.
Suprêmes de perdreaux au grand veneur.

SORBETS AU KIRSCH

ROTS DE GIBIER

Canguas de la Sierra-Nevada.
Gelinottes de Russie.
Bartavelles du mont Cenis.
Merles de la Corse.
Faisans dorés de Bohême.

ASPIC DE BECASSES AUX TRUFFES

Salade de saison.

Céleri à l'espagnole.
Cèpes à la bordelaise. — Pailles au parmesan.
Glacé à la Nesselrode.
Brioche mousseline.

DESSERTS

VINS

Thorins.   Ponte-Canet.
Cos-Laborie.   Volnay.
Xérès blanc.   Champagne Piper.

On distingue sous le nom de gibier : 1° la *venaison* ou viande noire, qui comprend le sanglier, le marcassin, le chevreuil, le daim, le faon, le cerf et la biche ; 2° le *gibier à poil*, sous ce nom on désigne les lièvres, les levrauts, les lapins et les lapereaux ; 3° le *gibier à plumes,* qui comprend le faisan, les faisandeaux, les canards sauvages, les poules d'eau, les sarcelles, les rouges, les halbrans, les alouettes ou mauviettes, les perdrix, les perdreaux, les bécasses, les cailles et cailletaux, les grives, les ortolans, les merles, les gélinottes, les pluviers, les ramiers et les vanneaux, etc.

Il ne s'agit plus ici de conseils sur les habitudes du gibier, sur la manière de tenir son fusil, de mettre en joue, de diriger son chien, du choix des armes, etc. Nous allons nous occuper de faire figurer dignement sur la table ce gibier acquis à force de labeurs et d'adresse.

Ceux mêmes qui ne chassent qu'à l'aide d'une pièce de cent sous, y trouveront leur compte.

Oyez ! et retenez.

Du Sanglier

Le sanglier et le marcassin subissent à peu près les mêmes préparations que le cochon domestique et le cochon de lait. — La différence consiste en ce qu'on marine seulement le sanglier. La chair de ce dernier est très nourrissante et échauffante. Les quartiers du devant, la hure et les filets sont les morceaux les plus honorables de la bête.

Côtelettes de sanglier à la Saint-Hubert. — Coupez, parez, sautez vos cotelettes avec sel, poivre, sur un feu très vif ; lorsqu'elles sont cuites des deux côtés, vous les dressez en couronne, puis vous mettez dans le plat à sauter un verre de vin blanc autant de sauce espagnole ; vous ferez réduire et verserez cette sauce sur vos côtelettes. La sauce espagnole peut se remplacer par la sauce Robert, ou par un roux mouillé avec du consommé.

Quartier de sanglier à la royale. — Echaudez, flambez une cuisse de laie, désossez-la jusqu'à la jointure du manche, lardez-la avec épices et aromates pilés ; mettez-la ensuite dans une terrine avec beaucoup de sel, de poivre, génièvre, thym, laurier, basilic, oignons, ciboules. Vous laisserez mariner cette cuisse cinq jours. Lorsque vous voudrez la faire cuire, vous ôterez de l'intérieur de ladite cuisse les aromates qui y seront, vous l'envelopperez dans un linge blanc, vous la ficellerez comme une pièce de bœuf, vous la mettrez dans une brasière avec la marinade et en plus trois bouteilles de vin blanc, autant d'eau, six carottes, six oignons, quatre clous de girofle, un fort bouquet de persil et de ciboule, et la ferez mijoter pendant six heures. Ensuite vous la sondez afin de vous assurer qu'elle est cuite. Sinon vous la laissez une heure de plus. Laissez-la une demi-heure dans la cuisson et en la retirant, vous la dressez avec sa couenne.

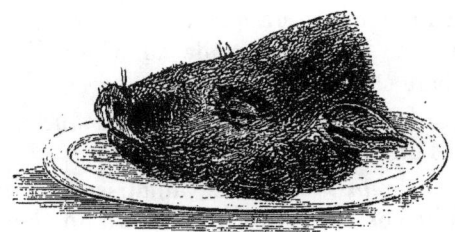

Hure du marcassin.

La hure. — On la prépare comme la tête de cochon ; il faut qu'elle cuise au moins 8 heures.

Les pieds. — Se cuisent à la Sainte-Menehould.

Le marcassin est tendre et délicat selon son degré de jeunesse, il se sert comme un petit cochon de lait piqué et fournit un beau plat de rôti.

Du Chevreuil

La chair du chevreuil est exquise depuis dix-huit mois jusqu'à trois ans. Elle est très nourrissante et d'une digestion facile.

La femelle est plus tendre que le mâle et le chevreuil à poil brun est plus estimé que le roux. Les meilleurs, nous l'avons dit à l'article *Chevreuil*, sont ceux des Cévennes, des Ardennes et du Morvan.

En cuisine, le chevreuil ne s'emploie généralement que mariné.

Mais, c'est un abus de le laisser mariner une semaine entière : 2 jours, 4 jours au plus l'été et 6 l'hiver suffisent.

Marinade. — La meilleure marinade, celle qui convient à tous les gibiers : chevreuils, sangliers, lièvres, biches, etc., se fait ainsi : Bon vinaigre et deux cuillers de bon vin de Bordeaux afin d'adoucir l'aigreur du vinaigre, pointe d'ail, pincée de persil, thym, laurier, oignons coupés par tranches, carottes en rouelles : ajoutez sel, poivre frais moulu et grains de poivre, clous de girofle et des quatre épices.

Ayez soin de retourner de temps en temps la pièce que vous faites mariner, afin qu'elle prenne bien le goût.

Gigot de chevreuil. — Faites-le mariner comme ci-dessus, piquez-le de lard fin, mettez une heure un quart à la broche en l'arrosant avec la marinade. Faites une bonne poivrade dans laquelle vous emploierez un peu de sa marinade et servez.

Si on veut, on conserve le pied avec sa peau, en l'enveloppant d'un papier huilé que l'on retire pour le servir.

Côtelettes de chevreuil. — Levez, aplatissez, marinez un jour, faites revenir dans l'huile vos côtelettes. Cuites et d'une belle couleur, égouttez et servez avec une poivrade.

Civet de chevreuil. — On met en civet les épaules et la poitrine marinées, coupées en morceaux. Servez en couronne, la sauce noire et adoucie de sucre, gros comme une aveline.

Crépinettes de chevreuil. — Joignez à des chairs de chevreuil rôties, des truffes, des champignons, de la tétine de veau ; faites réduire dans une bonne sauce, laissez refroidir le tout et amalgamez avec du beurre pour partager en portions à peu près égales que vous envelopperez de crépines, mettez ensuite vos crépinettes sur un plafond beurré, faites prendre couleur, versez en les servant une ravigote d'anchois.

Chevreuil en daube. — Si on l'aime mariné, il ne faut le laisser que vingt-quatre heures et le faire cuire dans une braise environ cinq heures. Faites réduire la sauce et passez-la au tamis.

Le *cerf* la *biche* et le *faon* se préparent comme le chevreuil. Leur chair est de beaucoup moins fine que celle du chevreuil, elle est longue et plus coriace ; toutefois, bien préparée, elle forme un bon plat de venaison.

Du Daim

Les parties du daim les plus estimées, sont le train et les pieds de derrière, parce qu'elles sont les plus charnues.

Daim rôti à la broche. — Lardez-le de gros lard assaisonné de sel, poivre, clous de girofle, mettez-le tremper dans le vinaigre avec laurier, sel, tranches d'oignons et de citron, faites-le rôtir à petit feu en l'arrosant de marinade. Faites ensuite une sauce avec anchois, échalottes hachées, citron vert et farine frite, liez le tout avec un coulis et versez sur votre quartier de daim.

De l'Ours

L'ours est peu délicat et graisseux. On le met à la daube après l'avoir fait bien mariner. Si on mange un bifteck d'ours, c'est simplement pour dire j'ai mangé de l'ours.

Du Lièvre

On distingue le levraut du lièvre par une petite éminence que l'on sent en tâtant sur le dehors des pattes de devant au-dessus du joint; si l'on y trouve cette petite grosseur, c'est signe que c'est un levraut. On le connaît aussi par la tête; le levraut a le nez plus pointu et l'oreille plus tendre. Le fumet se flaire au ventre.

Les lièvres des montagnes et des plaines sèches sont les meilleurs.

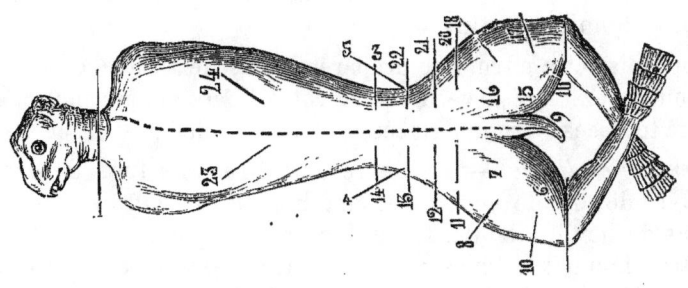

Dissection du lièvre.

Lièvre à la broche. — Dépouillez et videz-le, réservez le sang et le foie. Faites mariner un jour et demi, deux jours au plus.

Egouttez-le, enlevez la seconde peau de dessus les filets et les cuisses ; piquez-le de lard fin et, après l'avoir frotté de son sang avec votre main afin de lui donner une belle couleur, embrochez. Arrosez-le pendant la cuisson avec la marinade. Le feu doit être vif. Faites un petit roux que vous mouillez avec le restant de la marinade et ce qui est dans la lèchefrite. Faites un peu frire le foie dans la poêle avec un peu de beurre, écrasez-le, et le délayez avec le sang du lièvre ; au moment de servir vous liez la sauce avec ce mélange, posez le tout, faites chauffer votre sauce, goûtez si elle est bien agoûtée, dressez et servez-le avec la sauce dans une saucière.

Il n'y a que les levrauts que l'on met en entier à la broche. Dans les lièvres un peu forts de six à sept livres, on ne met que la culotte et le râble.

Un lièvre qui vient d'être tué, encore chaud si c'est possible, est excellent à la broche, il n'a pas besoin d'être mariné.

Si vous ne mangez pas votre lièvre immédiatement, il est bon qu'il passe un jour dans sa peau.

Civet de lièvre. — Dépouillez et videz un lièvre, coupez-le par morceaux, en ayant soin de conserver le sang dans un endroit frais. Faites un roux avec un peu de farine et de beurre ; faites revenir dans ce roux quelques morceaux de petit salé ou de lard. Mettez-y votre lièvre et mouillez-le quand il sera chaud, avec moitié bouillon, moitié vin rouge. Ajoutez-y sel et poivre, bouquet garni, une gousse d'ail, un oignon piqué de plusieurs clous de girofle et un peu de muscade. A moitié de la cuisson vous jetterez dans la casserole le foie et le poumon. Faites cuire à grand feu jusqu'à réduction des trois quarts. Ayez alors une douzaine de petits oignons que vous glacez dans une casserole avec un peu de beurre, un demi-verre de vin blanc, jusqu'à qu'ils aient pris une belle couleur blonde. Ajoutez, si vous en avez, champignons et fonds d'artichauts et croûtons de mie de pain.

Une fois cette garniture préparée, vous liez votre civet avec le sang que vous avez en réserve. Dressez votre lièvre sur un plat et couronnez-le avec tous ces oignons glacés, versez la sauce dessus et servez chaud.

Terrine de lièvre. — Le lièvre doit être frais tué. Désossez-le, ayez une livre de rouelle de veau et une livre de lard frais maigre et un peu de gras de bœuf, ciboule, thym, laurier, ail, poivre et girofle. Hachez le tout très menu : garnissez votre terrine dont le couvercle ferme bien avec des bardes de lard qui la couvrent entièrement ; placez-y votre hachis avec 250 grammes de lard en morceaux, versez dessus un verre d'eau-de-vie, couvrez de bardes de lard, mettez le couvercle que vous garnissez en dehors de pâte afin qu'il ferme hermétiquement et faites cuire 4 heures au four.

Pâté de lièvre à la bourgeoise. — On coupe le lièvre par membres et on met le sang à part, on larde les différents morceaux avec de gros lardons roulés dans du sel, poivre, persil, ciboule, ail; le tout haché. Le lièvre, ainsi préparé, se met dans une marmite avec de l'eau-de-vie et du beurre. Il faut le laiser cuire à petit feu. Lorsqu'il ne reste plus de sauce, on ajoute le sang que l'on a mis à part, en ayant soin de ne plus laisser bouillir; on dresse le lièvre de manière qu'il paraisse ne faire qu'un seul morceau, et on le sert froid.

Levraut sauté. — Dépouillez, videz et coupez un levraut par morceaux, faites-le sauter au beurre sur un bon feu; lorsqu'il sera cuit à moitié, saupoudrez de farine et d'herbes fines hachées fin, mouillez avec vin blanc et consommé, par moitié, laissez bouillir jusqu'à ce qu'il soit cuit, dressez, versez dessus la sauce réduite.

Du Lapin

Lapin ou lapereau rôti. — Procédez comme pour le lièvre.

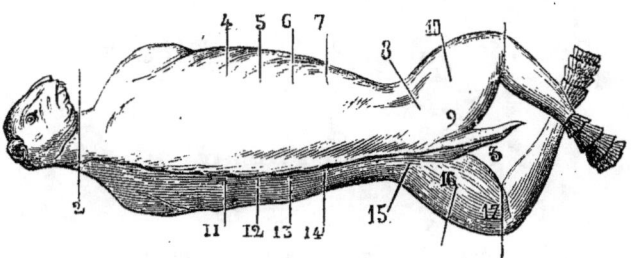

Dissection du Lapin.

Gibelotte de lapin. — Faites comme pour un civet, mais n'employez que vin blanc ou bouillon, ajoutez selon votre goût champignons ou fonds d'artichauts.

Fricassée de lapereau à la Saint-Lambert. — Coupez-le en morceaux; mettez-le cuire dans du bouillon, qu'il baigne; assaisonnez-le de sel, poivre, muscade et épices; garnissez-le de 2 carottes, 4 oignons, 2 navets,

3 pieds de céleri et un bouquet garni ; les légumes étant cuits, retirez-les, passez-les en purée ; quand le lapereau est cuit, passez le fond au tamis, faites-en une sauce un peu épaisse et mouillez votre purée de cette sauce : dressez votre lapereau et le masquez avec la purée.

Lapereau sauté. — Coupez-le par morceaux ; sautez-le dans le beurre ; ajoutez épices, persil, ciboule, échalottes hachées et pincée de farine, mouillez de vin de madère et avec un peu de glace ; faites cuire vivement.

Quenelles de lapins. — Pilez dans un mortier des filets et des cuisses de lapin ; ajoutez-y, sans cesser de piler, de la mie de pain détrempée dans du lait bouillant ; ajoutez en outre, toujours en pilant, une quantité de viande, sel, poivre, muscade, aromates pilés, jaunes d'œufs, blancs d'œufs battus en neige. Remuez le tout avec une cuiller de bois, et retirez du mortier cette préparation dont vous ferez des quenelles longues de deux pouces et trois fois grosses comme un tuyau de plume d'oie. Ces quenelles peuvent être employées dans une foule de ragoûts.

GIBIER A PLUMES

Du Faisan

Prise à point, écrit Brillat-Savarin, la chair du faisan est tendre, *sublime* et de haut goût ; car il tient à la fois de la volaille et de la venaison.

Pour être ainsi, le faisan doit demeurer au crochet 5 ou 6 jours, c'est alors que son ventre commence à se marbrer. Il est à point. Il y a loin de cet état, dans lequel son arôme se développe, à la décomposition prêchée par quelques fanatiques.

Arrivé à ce point, on le plume, et *non plus tôt*. Le faisan qui conserve sa plume jusqu'au dernier moment est bien plus parfumé. Puis on le pique avec soin en choisissant le lard le plus frais et le plus ferme.

La femelle est meilleure que le coq, pourvu toutefois qu'elle n'ait pas le croupion mou.

Faisan rôti. — Ici encore j'emprunterai à Brillat-Savarin une recette qui, bien qu'elle ne soit pas à la portée de tous, n'en est pas moins le sublime de la cuisine. L'éminent gourmet avait pour cet oiseau un culte, ainsi que vous allez le voir.

« Le faisan ainsi préparé, (c'est-à-dire piqué ou lardé), il s'agit de l'*étoffer*, ce qui se fait de la manière suivante :

« Ayez deux bécasses, désossez-les, videz-les de manière à en faire deux lots : le premier, de la chair, le second des entrailles et des foies.

« Vous prenez la chair et vous en faites une farce en la hachant avec de la moelle de bœuf cuite à la vapeur, un peu de lard râpé, poivre, sel, fines herbes et la quantité de bonnes truffes suffisantes pour remplir la capacité intérieure du faisan.

« Vous aurez soin de fixer cette farce de manière qu'elle ne se répande pas en dehors, ce qui est quelquefois un peu difficile quand l'oiseau est un peu avancé. Cependant on y parvient par divers moyens, et, entre autres, en taillant une croûte de pain qu'on attache avec un ruban de fil et qui fait l'office d'obturateur.

« Préparez une tranche de pain qui dépasse de deux pouces de chaque côté le faisan couché dans sa longueur, prenez alors les foies, les entrailles de bécasses et pilez-les avec deux grosses truffes, un anchois, un peu de lard râpé et un morceau convenable de bon beurre frais.

« Vous étendez avec égalité cette pâte sur le rôti et vous la placez sous le faisan préparé comme dessus, de manière à être arrosé en entier de tout le jus qui en découle pendant qu'il rôtit.

« Quand le faisan est cuit, servez-le, couché avec grâce sur sa rôtie; environnez-le d'oranges amères et soyez tranquille sur l'événement.

« Ce mets de haute saveur doit être arrosé par préférence de vin du crû de la haute Bourgogne; j'ai dégagé cette vérité d'une suite d'observations qui m'ont coûté plus de travail qu'une table de logarithmes.

« Un faisan ainsi préparé serait digne d'être servi à la table des anges, s'ils voyageaient encore sur la terre comme du temps de Loth. »

Eh bien, lecteur, n'avez-vous pas lu un poème, et si vous êtes gourmet, ne doit-il pas vous faire rêver?

Retombons un peu dans l'ordinaire.

Faisan rôti. — Pour le commun des martyrs.

Plumez votre faisan par tout le corps, excepté à la queue et à la tête, en prenant garde de le déchirer; l'ayant vidé, flambé, épluché, bridez-le, bardez-le ou piquez-le, enveloppez-lui la tête et la queue de papier, retroussez-lui la queue le long des reins, embrochez-le, enveloppez-le

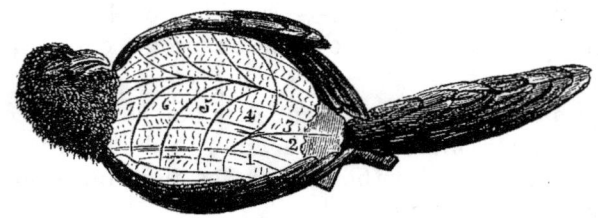

Faisan rôti

entièrement de papier beurré, faites-le cuire, déballez-le ainsi que sa tête et sa queue et servez-le.

Faisan farci. — Hachez menu le foie de votre faisan avec du lard râpé, persil et ciboules, sel, gros poivre; faites avec cela une farce que vous mettez dans le ventre du faisan; enveloppez-le de bardes de lard et de papier beurré, puis mettez à la broche. Servez avec une sauce poivrade.

Salmis de faisans. — Vous laissez refroidir deux faisans cuits à la broche, vous les dépecez et préparez proprement en supprimant les peaux; arrangez-les dans une casserole, mouillez-les avec du consommé et faites-les chauffer sur des cendres chaudes. Mettez dans une casserole un bon verre de vin rouge ou blanc. Ajoutez-y trois ou quatre échalotes hachées, un zeste de bigarade, trois cuillerées à dégraisser d'espagnole réduite, gros comme une muscade de glace ou de réduction de veau; faites réduire le tout; pilez les peaux et les pannés de vos faisans, mettez-les dans votre réduction, délayez-les sans les faire bouillir, passez-les à l'étamine comme une purée, mettez cette espèce de purée ou de sauce de salmis dans une casserole et tenez la chaudement au bain-marie. Au moment de servir égouttez vos membres de faisan, dressez-les sur le plat en mettant les inférieurs les premiers, conséquemment vos ailes et vos cuisses tout autour, le tout entremêlé de croûtons soit de mie soit de croûte de pain, passés dans le beurre. Exprimez dans votre salmis le jus d'une ou deux bigarrades, saucez et servez.

Le coq de bruyère, les tetras, la gelinote se servent comme le faisan.

De la Perdrix

La perdrix grise, et surtout le perdreau, a beaucoup plus de saveur et est d'un goût plus fin que la perdrix rouge.

Les perdreaux gris se connaissent d'avec la perdrix ; quand ils ont la première plume de l'aile pointue, le bec noir et les pattes noires, vous êtes sûr qu'ils sont jeunes ; pour la bonté, il faut distinguer la fraîcheur et le bon fumet. Les perdreaux rouges se distinguent à la première plume de l'aile ; il faut qu'elles soient pointues et qu'elles aient tant soit peu de blanc au bout.

Perdrix rôtie.

Perdreaux rôtis. — Flambez légèrement vos perdreaux, troussez les pattes sur les cuisses, enveloppez-les par devant d'une feuille de vigne enduite de beurre demi-sel, faites cuire sur un feu modéré. Il est important de saisir le degré de cuisson, car un perdreau trop cuit n'a plus de saveur. Servez avec une bigarrade à sec.

Perdrix aux choux. — J'emprunte à *la Cuisinière de la campagne* cette recette qui m'a paru excellente. Habillez et troussez les pattes dans le

Le rêve du chasseur.

corps de deux perdrix; fourrez une casserole de carottes, oignons, bouquet garni, les deux perdrix, un morceau de lard de poitrine, un petit cervelas, un bon chou de Milan qui aura été blanchi à l'eau bouillante avec sel, bien égoutté et un peu haché; mouillez d'un peu de jus de bouillon, muscade; que les perdrix et leur garniture soient placées au milieu des choux. Faites cuire 3¼ heures feu dessus et dessous, si les perdrix sont vieilles, et 1 heure et demie si elles sont jeunes; dressez les choux sur le plat, les perdrix sur le lard et le cervelas coupé et arrangé symétriquement autour des perdrix. Servez à courte sauce.

Perdrix à la purée en terrine. — Lardez trois perdrix avec sel, poivre, épices fines, aromates pilés et tamisés, persil et ciboule hachés. Faites-les cuire dans ce même assaisonnement et servez avec pois, lentilles ou marrons; garnissez de saucisses et de petit lard coupé par tranches, ainsi que de croûtons.

Salmis de perdreaux. — Alexandre Dumas, qui a touché si heureusement à tout, nous donne la recette suivante dans son *Dictionnaire de cuisine:* Vous préparez trois perdreaux que vous bardez et que vous faites très peu cuire à la broche; laissez-les refroidir, levez-en les membres, ôtez-en la peau, parez-les, rangez-les dans une casserole avec un peu de consommé, posez-les sur une cendre chaude de manière qu'ils ne bouillent pas de suite; coupez six échalottes, ajoutez un zeste de citron, mettez le tout dans une casserole avec un peu de vin champagne et faites-le bouillir; concassez vos carcasses de perdreaux et mettez-les dans la même casserole, ajoutez-y quatre cuillerées à dégraisser de blanc de veau ou d'espagnole réduite, faites réduire le tout à moitié, passez cette sauce à l'étamine, égouttez les membres de perdreaux, dressez-les; mettez entre ces membres des croûtons de pain, passés dans le beurre et versez la sauce citronnée sur les perdreaux.

De la Caille

La caille est par excellence le gibier des dames. Comme il est tendre et de fin goût, comme elles, il demande à être savouré frais.

Le parfum de la caille est très fugace et on ne doit la servir que rôtie ou en papillote.

Selon moi, la meilleure manière, je dirai même l'unique manière de la manger dans toute sa gloire, est celle-ci :

Plumez avec grand soin de peur de la déchirer, flambez-la légèrement et mettez-la à la broche, enveloppée d'une feuille de vigne graissée de beurre frais sur lequel vous mettez une pincée de sel et de poivre frais moulu. En dessous de la caille, mettez une rôtie de mie de pain d'environ 6 centimètres d'épaisseur que vous avez, au préalable, beurrée en dessus et en dessous. Faites cuire et servez de belle couleur sur la rôtie.

Cailles au laurier. — Après avoir vidé et flambé des cailles, on en hache les foies que l'on mêle avec du beurre, du persil, de la ciboule, du sel et du gros poivre; on garnit l'intérieur des cailles de ce mélange, on les enveloppe de papier et on les met à la broche. D'autre part, après avoir fait bouillir dans de l'eau quelques feuilles de laurier pendant dix minutes, on les met dans un blond de veau où on les laisse bouillir quelques secondes. Les cailles étant cuites, dressez-les sur cette sauce.

Le râle de genêt se sert rôti entouré d'une feuille de vigne, sans lardons ni bardes de lard à cause de sa graisse. Il suffit d'une demi-heure pour qu'il soit cuit à point.

De la Bécasse, de la Bécassine, du Bécasseau

La bécasse est le premier des oiseaux noirs et la reine des marais.
Les véritables gourmets la révèrent à l'égal du faisan.

Bécasse à la broche. — Flambez, épluchez-la et retirez la peau de la tête, retroussez les pattes et percez-les avec son propre bec. Piquez les maigres, bardez les grasses, traversez-la d'un hâtelet fixé des deux bouts. Disposez sous la broche d'épaisses rôties de pain, qui recevront la graisse et devront être assaisonnées avec mignonnette, huile verte et citron; la cuisson d'une bécasse est d'une demi-heure. Une bécasse trop cuite ne vaut rien. Dressez votre bécasse sur sa rôtie.

Les raffinés déclarent qu'on ne doit point vider une bécasse.

Une bécasse est à point pour être mangée lorsque vous apercevez une goutte de sang au bout du bec.

Salmis de bécasses. — J'ai demandé à un chasseur à ses heures, mais encore plus gourmet, mien ami, une recette de salmis de bécasses. Voici la recette que M. Charles Hamon Descours a bien voulu écrire sur ma demande. Elle est parfaite et je suis heureux d'en donner la primeur aux lecteurs du *Livre du chasseur*.

Prenez quatre bécasses — bien grasses dodues — bien à point — 15 jours d'office ne sont pas de trop pour atteindre cet heureux résultat.

Une fois débarrassées de leurs plumes et troussées selon la méthode de la *Cuisinière bourgeoise*, vous les embrochez par le travers, sans les vider et c'est là le point important.— Vous devez savoir, vous, disciple de saint Hubert, que la bécasse, au moment où elle prend son vol, laisse échapper tout ce que son corps renferme d'impur.

Voici donc nos bécasses embrochées : vous prenez alors quatre belles rondelles de pain grillé que vous trempez rapidement dans du madère sec et que vous posez dans la cuisinière au-dessous de chaque bécasse pour en recevoir tout ce que, en cuisant, elle laissera dégoutter.

N. B. Il est indispensable que les bécasses soient embrochées à une broche tournante.

Une fois cuites, ce que vous jugez au moment où le tube digestif de la bête tombe sur la rôtie de pain, vous enlevez le pain qui rendrait votre salmi amer et vous commencez :

Vous désossez rapidement deux des bécasses, les mettez dans un mortier avec le jus que les quatre auront rendu pendant la cuisson. Vous écrasez jusqu'à complète émulsion en mouillant petit à petit avec un peu d'eau tiède et du madère ; très peu de madère le trop donnerait un goût âcre. Sel et poivre, de suite bien entendu. — Vous arrivez à faire une bouillie claire ; vous versez dans une bassine de cuivre bien étamée, vous découpez proprement vos deux autres bécasses et vous sautez légèrement le tout sur un feu vif jusqu'à ce que cela jette quelque fumée.

Et vous servez ! ! !

Un autre ami, le docteur Pauchet, m'a aussi envoyé la recette suivante :

Dans une petite casserole d'argent ou de faïence qui aille au feu mettez :

Gros comme un œuf de pigeon de beurre très frais et très bon.

3 cuillerées à bouche d'huile d'olive fine.

2 cuillerées idem de vin de Bordeaux.

Une pincée de sel.

Une forte pincée des quatre épices.

Le jus de la moitié d'un citron ordinaire. Recueillir avec le plus grand soin dans la lèche-frite, tout ce que la bécasse aura laissé échapper de ses cavités thoracique et abdominale.

Déposez dans ladite casserole les morceaux découpés de votre bécasse, mettez au feu. Au troisième bouillon, servez et vous m'en direz des nouvelles.

La bécasse, la poitrine recouverte d'une très mince barde de lard frais, doit-être exposée à un feu très vif sans fumée et arrosée de beurre frais tout le temps qu'elle reste à la broche, 12 à 15 minutes suffisent pour qu'elle soit rôtie à point.

Inutile d'ajouter que bécasse et salmis ne doivent pas être transvasés, mais servis dans la petite casserole.

Les bécassines. — Se servent comme les bécasses ou en rôt sur des rôties, ou en salmis.

I

Croûtons à la purée de bécasses. — Vous faites rôtir pendant vingt minutes quatre bécasses et vous les laissez refroidir. Puis vous en prenez les chairs et les intestins, et vous mettez à part les débris, carcasses, cous, têtes, pattes, etc.

II

Les débris sont placés dans une casserolle, avec un verre de sauterne, deux verres de consommé, du persil, du laurier et autres aromates. Cette sauce doit être poussée jusqu'à réduction de moitié, après quoi vous la passez en la pressant et la laissez refroidir.

III

Alors vous pilez les chairs et les intestins de vos bécasses ; vous y mêlez la sauce réduite ci-dessus et vous obtenez une purée que vous passez et que vous mouillez encore avec du consommé, si elle est trop épaisse. Une fois que vous l'avez passée, vous la tenez au chaud, en évitant qu'elle bouille.

IV

Bon ! Maintenant vous taillez des croûtons de pain de quatre centimètres d'épaisseur ; vous les beurrez et leur faites prendre couleur à un feu vif ; puis vous pratiquez dans chaque croûton une savante concavité que vous remplissez avec la délicieuse farce, tenue au chaud.

V

Vous servez comme hors-d'œuvre. L'opération est faite en quatre temps et cinq mouvements. Essayez !

De l'Alouette

Les alouettes se mettent à la broche bardées après avoir ôté le gésier. Dessous on met des rôties de pain.

Des grives et des merles, petits oiseaux. — Plumez vos grives ou merles et faites les refaire, puis faites les cuire à la broche enveloppés dans des feuilles de vigne avec d'épaisses rôties dessous.

Grives, sansonnets, merles en ragoût. — Accommodez proprement vos oiseaux, passez-les à la casserole avec du lard fondu, un peu de farine — pour bien lier la sauce, un verre de vin blanc, sel, poivre, bouquet garni, laissez mitonner un peu le tout et servez avec un peu de citron.

Les petits oiseaux. — Sont excellents à la broche. On les enfile dans de petites brochettes plates de fer. Tous sont bardés. On prend d'abord la barde que l'on enfile par son bord dans la brochette, puis, on enfile l'oiseau en travers; on le recouvre de la barde que l'on enfile de l'autre bord, et ainsi de suite. On passe deux fils dans la longueur pour les empêcher de tourner et tenir les bardes et de six en six un fil en travers. On les arrose en cuisant de beurre ou de lard fondu et on les sert avec un filet de citron après 15 minutes de broche.

Un ragoût de différents oiseaux depuis la mauviette, le merle jusqu'au moineau est un bon plat pour l'hiver à la portée des jeunes chasseurs.

Les ortolans. — Les ortolans sont de petits oiseaux très délicats et fournissent un mets excellent. Ces oiseaux sont peu communs à Paris. Après les avoir lardés, embrochez-les avec des hatelets d'argent ; faites-les cuire à un feu très ardent : dix minutes suffisent. Dressez-les sur des mies de pain taillées et rôties que vous aurez eu soin de laisser sous les ortolans pendant leur cuisson.

Pâté de gibier aux truffes. — Un excellent chef de bouche, poète à ses heures, qui a donné tant de charmants menus à divers journaux parisiens et auquel Alexandre Dumas a fait bon nombre d'emprunts dans son *grand dictionnaire de cuisine*, J. Rouyer mort hélas pendant le siège, alors qu'on ne mangeait point d'ortolans, en parle ainsi.

L'une des jouissances du chasseur doit être de dignement présenter, sur la table, le gibier qu'il a abattu. C'est pourquoi, en ma qualité de chef de bouche, je crois devoir venir exécuter, sous les yeux des gourmets amphitryons, un *pâté de gibier aux truffes*, comme étant la meilleure manière de rehausser encore les précieux produits de leur adresse à la chasse. Un pâté bien corsé, bien cuit à point, permet au chasseur de prolonger, au moins durant plusieurs repas, le souvenir palpable de ses exploits cynégétiques. — J'opère donc *ex professo*, pour le plus grand plaisir des gourmands.

Ayant déplumé, vidé, flambé *un faisan, deux perdreaux*, quelques *grives* et même des *mauviettes*, je les désosse attentivement en les ouvrant le long de l'échine et en détachant toute la chair autour de la carcasse, à l'aide d'une petite lame ; j'extrais ensuite les os des cuisses et des ailerons, sans y laisser la moindre fibre. — Ces diverses pièces restent entières.

Après avoir dépouillé et vidé, avec soin, un *lièvre* et un *lapin de garenne*, je leur enlève les filets du râble et les filets mignons de l'intestin ainsi que la chair des cuisses, desquelles j'ôte les fibres et les pellicules. — Je garde les filets précieusement.

La chair des cuisses, que je hache avec autant de lard frais, un peu de noix de veau, du foie gras et quelques truffes, forme une farce. assaisonnée de sel fin, muscade, poivre, laurier, clou de girofle en poudre, et dans laquelle, bien pilée au mortier, je mêle un ou deux œufs frais (*blanc et jaune*). Je quitte la farce pour m'en servir au besoin.

Dès que j'ai rassemblé dans une casserole tous les os et carcasses, j'en tire *une essence* en les faisant cuire avec un ou deux pieds de veau, un verre de vin de Madère, bouquet de persil, oignon, deux carottes, gousse d'ail ; je mouille le tout ensemble abondamment avec de bon bouillon peu salé, et je laisse réduire sur le feu jusqu'à diminution de moitié du liquide. — Venons au corps du pâté.

Je détaille les filets de lièvre et de lapin, de la longueur d'un doigt ; j'y joins, en égale grosseur, quelques lardons de jambon rose et de lard blanc ; j'y mêle beaucoup d'excellentes truffes noires du Périgord, préalablement brossées et pelées ; j'assaisonne le tout avec de fines épices comme celles ci-dessus énoncées, et un peu de persil haché menu. Mélangeant délicatement le tout, y compris faisan, etc., j'y verse deux ou trois petits verres de vieux cognac, quelques cuillerées d'huile d'olive pure. — J'étale alors chacune des pièces désossées et les remplis des divers *filets*, en entremêlant de *truffes* et de *farce*. Je redonne au *gibier* une forme rebondie, et, lui refermant l'ouverture de l'échine, en le collant sur un lit de *farce* disposé au fond du pâté, en moule ovale, ou dans une terrine *ad hoc*, je place le *faisan* au milieu, les *perdreaux* de chaque côté, et les *grives* et *mauviettes* en cordon à l'entour. Le reste de la *farce* et des *truffes* me sert à boucher les interstices entre les *pièces*, de façon que cela ne fasse qu'une masse. Le pâté, dûment fermé par son couvercle obligé, ou de pâte ou de porcelaine, et légèrement percé au milieu, le pâté, dis-je, est mis dans un four très chauffé, et y reste à cuire deux heures environ.

Aussitôt que le pâté est tiré du four et que je me suis bien assuré de son entière cuisson, je fais couler par l'ouverture du couvercle autant d'*essence de gibier* que le récipient peut en contenir ; je rebouche le trou avec un peu de pâte crue, et je dépose la pièce en un lieu frais, jusqu'au lendemain. — Laissons aux appréciateurs gourmets le soin de déguster cet ensemble succulent, onctueux, et qui, mangé froid, s'est condensé en un indescriptible parfum, dont pas un atome ne s'est évaporé et duquel le palais seul est appelé à jouir.

De l'Outarde

L'outarde et la canepetière est un gibier malheureusement fo rt rare mais excellent.

Les gourmets prétendent que l'outarde renferme à elle seule tous les goûts des divers gibiers à plume.

On la mange rôtie ou à la daube ; mais, il faut avoir soin de la laisser mortifier plusieurs jours. Elle se cuit comme la dinde.

Du Cygne

Le cygne, à moins d'être jeune, n'est bon qu'à faire des pâtés dans le mode de ceux appelés patés d'Amiens.

Du Canard

Ce gibier de haut goût, aux propriétés nutritives remarquables, mérite toute notre attention.

Dussions-nous faire jeter les hauts cris aux fanatiques, quand même, disons qu'à Paris même, à Paris où se fait la meilleure cuisine et en un mot, tout ce qu'il y a de beau et de bon, on ne sait pas manger un bon canard. — J'en excepte le canard aux olives.

Pourquoi ?

Parce qu'un canard à la broche ne peut être bon que s'il a conservé son sang ; or, à Paris et dans quelques provinces, on saigne le canard au lieu de le tuer de façon à ce qu'il n'en perde pas une gouttelette.

Nous allons voir tout à l'heure que le sang est si indispensable qu'on doit recueillir jusqu'à la moindre goutte.

Dissection du Canard rôti.

Et pour cela, si c'est un canard domestique procédez pour le tuer de la manière suivante.

Creusez en terre un trou de 50 centimètres de profondeur sur 40 centimètres de largeur.

Prenez votre canard, pliez-lui le cou sous l'aile, et, en le maintenant déposez le *sur le dos* dans le trou. Puis, toujours en le tenant dans la position que vous lui aurez donnée, de la main droite faites rapidement tomber sur lui la terre projetée sur les bords de la cavité. Remplissez-la vivement et faites un tumulus ; après quoi appuyez — mais légèrement de peur de lui casser le bateau. — Indiquez avec un petit morceau de bois le milieu de la fosse.

Vingt minutes après, retirez votre canard vous le trouverez parfaitement étouffé et la tête sous l'aile. — Il n'aura pas fait un mouvement et n'aura même pas le bec ouvert, la mort aura été si rapide que possible ; et là est le point important ! Vu que les animaux ayant été créés pour notre usage, il ne s'en suit pas de là que nous devions les faire souffrir. Or, ce procédé, que j'ai maintes fois expérimenté m'a convaincu que la pauvre bête mourait très rapidement et qu'en quelques secondes les souffrances avaient cessé.

N'imitez pas ces montrueuses cuisinières qui pour tuer un canard sans qu'il perde de sang, lui enfoncent une épingle dans la tête et le jettent à terre pantelant. Le procédé est des plus barbares et mérite d'être abandonné aux sauvages. J'ai vu des canards ainsi traités dont l'agonie durait de 25 à 30 minutes.

Tuez les animaux pour votre usage, mais ne les faites point souffrir.

C'est une loi d'humanité.

Le canard domestique et le canard sauvage s'apprêtent de la même manière.

Toutefois, ce dernier étant tué d'un coup de fusil, la question du sang est résolue. A part les graves blessures qui donnent un peu de déperdition, il n'a pas été saigné, par conséquent il conserve assez de sang pour que l'on puisse en tirer profit.

Commençons par le *canard à la Diguet*.

Canard à la Diguet. — Oui, vous avez bien lu. Tel est en effet la dénomination que le très savant maître queux, J. Rouyer, que j'ai déjà cité, a donné à un apprêt de canard que l'auteur de ce livre a inventé et qu'il a reconnu être le suprême du genre.

M'ayant vu lui-même apprêter ce mets délicat, il en a rédigé la recette ainsi qu'il suit et l'a donnée aux lecteurs de ses recettes culinaires.

— « Le canard à la Diguet, c'est le rôti à la normande, auquel un poète, notre ami Nemrod et gourmet, a cru devoir apporter son grain de sel. Citons *exprofesso* :

Étant donné un canard tué par le procédé ci-dessus indiqué, ou un canard sauvage, on le déplume vivement et l'on recueille dans une assiette tout le sang le cœur et le foie dont on enlève l'amer.

A l'aide d'une fourchette en fer, on écrase le foie et le cœur au milieu du sang, ensuite on émiette plein les deux mains de mie de pain rassis dans ce sang épaissi par le foie et le cœur haché. On pétrit de nouveau avec la fourchette. Lorsque cette farce est bien homogène, on hache un ou deux oignons rouges que l'on mêle avec, puis on pétrit cette farce avec un gros morceau de beurre frais ; on assaisonne ensuite avec du sel, du poivre frais moulu, et une pincée de muscade ; enfin, versant une cuiller à bouche de bon vinaigre, on pétrit de nouveau.

Puis on met cette farce dans l'intérieur du canard dont on coud les extrémités.

Surtout, ayez grand soin de ne pas perdre une goutte de sang de la victime.

Après avoir troussé la bête et avoir mis gros comme une grosse noix de beurre dans la lèchefrite avec une cuillerée de bon vinaigre, vous l'arrosez pendant la cuisson avec ce mélange qui s'assaisonne à chaque tour de broche du jus de l'animal.

Vingt minutes devant un feu vif suffisent pour le cuire.

Il est à point, lorsque piquant avec une fourchette la poitrine, des gouttelettes rosées se font jour.

La farce se délaye dans l'intérieur de la bête, sur la table avec une cuillerée d'eau chaude que l'on apporte au moment de la servir.

Ce mets que je recommande, mérite toute l'attention des gourmets.

Je n'apprécie que cette seule manière de manger le canard !

De la Sarcelle

La sarcelle peut s'arranger de même que ci-dessus et c'est encore la meilleure manière.

Toutefois ce gibier peut être mis à la broche de la façon suivante :

Videz, flambez, troussez, bridez des sarcelles; hachez un peu d'écorce de citron, que vous mêlerez avec un morceau de beurre, du sel, du gros poivre et le jus du citron; vous insérerez cet assaisonnement dans le corps de vos sarcelles; vous les mettez à la broche couvertes de tranches de citron, enveloppées de bardes de lard et de papiers beurré. Trois quarts d'heure suffisent pour leur cuisson; au moment de servir, débridez-les; faites sortir le beurre de leurs corps, et ôtez les tranches qui sont dessus; vous les dresserez sur votre plat, vous verserez trois cuillerées d'espagnole travaillée, une cuillerée de consommé, le reste d'un quart de citron, un peu de gros poivre; faites jeter un bouillon à cette sauce, et mettez-là sous les sarcelles.

De l'Oie

Oie rôtie de la Saint-Martin. — Désossez et farcissez avec une purée d'oignons cuits à la graisse de lèchefrite ajoutez à cette farce d'oignons le foie de votre volaille haché, douze chipolata et 40 ou 50 marrons grillés bien épluchés et assaisonnés de sel et de quatre épices ; servez-la sur une longue et large rôtie, bien imbibée de son rôtissage et légèrement assaisonnée de gros poivre et de citron.

Vous pouvez aussi accommoder l'oie à la manière du canard.

On peut encore en faire des boudins, des civets à l'ancienne mode et des escalopes au sang.

Pluviers

Le pluvier excite l'appétit et se digère facilement.
Le pluvier doré est le plus délicat.
Flambez et videz. Faites une farce avec les intestins, du lard rapé, sel, poivre, persil échalottes. Remplissez l'intérieur des oiseaux, bardez-les de lard et faites-les cuire à la broche avec des rôties épaisses. Il leur faut 20 à 25 minutes de broche. Servez-les sur les roties.

Vanneau

Comme je l'ai dit en parlant de ce bel oiseau en tant que chasseur, sa chair est d'une exquise finesse. On peut le préparer comme le pluvier ainsi que je l'ai indiqué ci-dessus, ou comme la bécasse.

Le Râle d'eau

La chair du râle d'eau étant inférieure à celle du râle de genêt et plus sèche, doit être enveloppée d'une mince barde de lard. Embrochez-le avec un hatelet et faites-le cuir sur des rôties beurrées, avec sel, poivre et quatre épices.

La Marouette

Extrêmement gras, cet oiseau d'un goût exquis doit être apprêté et servi comme la caille, il mérite la même attention.

La Poule d'eau

La poule d'eau et le plongeon s'écorchent. On les barde de lard frais et on les met à la broche en ayant soin de faire avec le foie et le sang, un demi-oignon, du sel, du poivre, et de la mie de pain, une farce dont on remplit l'intérieur. Servez sur des rôties.

La Macreuse

Après avoir plumé, vidé et fait revenir votre macreuse, vous la mettez à la broche et l'arrosez en cuisant avec du beurre, du poivre, du sel, et du vinaigre, puis quand elle est cuite servez-la avec une sauce Robert, ou bien en ragoût avec le foie haché bien menu, des champignons, sel poivre et muscade; faites cuire le tout ensemble, ajoutez-y un jus d'orange et servez chaudement.

Ramiers et Tourterelles

Jeune, un ramier ne peut se manger qu'à la broche, bien bardé, avec des rôties sur lesquelles on a écrasé le foie ; arrosez avec le jus.

La tourterelle s'enveloppe de feuilles de vigne par-dessus lesquelles on met une bande de lard frais et se sert à la broche sur une rôtie.

Du Courlis.

Le courlis ou carlieu s'apprête absolument comme le faisan. Il n'en a point le fumet, mais il est agréable au goût et mérite les honneurs de la broche, sa chair est fortifiante.

Nous allons compléter les recettes culinaires par un tableau comparatif du temps que chaque pièce doit rester au feu en supposant un feu vif de bois ou de charbon.

Venaison.	pesant de huit à dix livres, deux heures.	*Perdrix grise*. . .	vingt-cinq minutes.
		Bartavelle.	vingt-cinq minutes.
Idem.	pesant quatre livres, une heure à une heure et demie.	*Outarde*.	une heure un quart.
		Coq de bruyère. .	une heure un quart.
		Poule de bruyère.	trois quarts d'heure.
Lièvre gros. . . .	une heure et demie.	*Gélinotte*.	une demi-heure.
Levraut.	trois quarts d'heure.	*Bécasse*.	une demi-heure.
Lapin gros. . . .	trois quarts d'heure.	*Bécassine*.	vingt minutes.
Lapereau.	une demi-heure.	*Bécasseau*.	un quart d'heure.
Oie.	une heure.	*Pluvier*.	vingt minutes.
Canard.	vingt à vingt-cinq minutes ; s'il est très gros trente, jamais plus.	*Rouge de rivière*. .	vingt-cinq minutes.
		Poule d'eau. . . .	vingt minutes.
		Macreuse.	vingt-cinq minutes.
		Râle de genêt. . .	une demi-heure.
Sarcelle.	un quart d'heure.	*Caille*.	vingt-minutes.
Faisan.	trois quarts d'heure.	*Guignard*.	un quart d'heure.
Poule faisane. . .	quarante minutes.	*Alouettes bardées et petits oiseaux*, de 10 à 15 minutes.
Faisandeau. . . .	vingt cinq minutes.		
Perdrix rouge. . .	une demi-heure.		

Pour la cuisson à la casserole, il faut plus de temps.

Tableau sur lequel on peut se baser pour connaître l'espace de temps que la venaison peut rester exposée dans un endroit frais, sans se gâter.

	L'ÉTÉ	L'HIVER		L'ÉTÉ	L'HIVER
Cerf et bêtes fauves.	4 jours	8	Coq de bruyère.	6 —	14
Sangliers.	6 —	10	Perdrix.	2 —	6
Lièvre.	3 —	6	Caille.	2 —	4
Lapin.	2 —	4	Canard.	3 —	6
Faisan.	4 —	10	Ramier.	3 —	5
Gélinotte. . , ...	4 —	10			

Conservation du gibier.

Pendant les chaleurs, il n'est pas un chasseur qui n'ait eu le réel chagrin de voir en revenant au logis qu'au lieu d'un perdreau bien dodu, d'une caille rondelette et à la graisse dorée qu'il apportait avec un légitime orgueil, il n'avait à présenter qu'un malheureux oiseau, dont le ventre bleu, les cuisses sanguinolentes, exhalait un fumet des plus prononcés, et qu'en deux heures de chasse son gibier était devenu par trop *avancé*.

Il est un moyen bien simple, sinon d'empêcher complètement, du moins d'atténuer d'une façon satisfaisante ce déplorable effet de la chaleur : c'est de vider l'oiseau aussitôt qu'il vient d'être tué, et l'opération est bien facile à l'aide d'un petit bâton pointu, à l'extrémité duquel on a laissé un petit crochet provenant de l'une des branchettes retranchées au couteau. On introduit le bout pointu et le crochet dans le *rectum*, on donne un demi-tour et l'on tire à soi doucement et sans saccades. Tout ce que contenait l'abdomen est enlevé sans que l'oiseau porte des traces extérieures et le principal foyer d'infection rapide a disparu. On emporte dans l'une des poches du carnier des morceaux de charbon de bois long et gros comme le petit doigt ; on les brosse bien avant le départ pour ne pas avoir un sac de charbonnier sur le dos, et on remplace les boyaux enlevés par un morceau de charbon introduit tout entier dans le corps de l'oiseau.

Pour le lièvre, le lapin, après avoir eu la précaution de lui faire opérer cette fonction naturelle que je n'ai pas besoin de nommer et sans le vider, on introduit sous la queue un morceau de charbon, ce qui suffit pour qu'il arrive à la maison sans la moindre odeur ; mais il n'en sera pas de même du charbon, qui aura absorbé tous les gaz délétères et arrêté la décomposition.

Voici encore un autre moyen pratique et plus simple pour conserver le gibier. Il ne s'agit simplement que de l'enfouir dans un tas de blé ou de seigle. L'essentiel est qu'il soit recouvert d'une certaine quantité de grains. On le retire au bout de quelques jours aussi frais que s'il venait d'être tué.

CONCLUSION

Cy finit le *livre du chasseur*.

Aura-t-il fait quelques prosélytes? Si oui, j'en serai heureux car la chasse est le plus noble, le plus moral des délassements, et le premier des plaisirs donnés à l'homme!

Aura-t-il contenté ceux qui savent?

Je l'espère.

On aime à lire et à relire les choses pour lesquelles on a du goût.

Et le chasseur peut dire avec le poète :

Dulces moriens reminiscitur Argos.

Le jeune chasseur, ainsi que nous le disions au début de ce livre, y aura appris les rudiments de ce grand art de la chasse; et la pratique aidée de l'expérience fera le reste.

Résumons ici nettement et comme memento les conditions principales qui font le bon chasseur.

D'abord, il lui faut une connaissance approfondie du gibier, plume et poil. — Il doit être identifié de telle sorte avec ses mœurs et sa routine, qu'il lui faut le reconnaître sans l'avoir vu à la manière dont les chiens le chassent, et même à l'arrêt du chien.

Aucun animal du pays ne doit lui être étranger!

Qu'il soit donc naturaliste pratique!

Les *fumées*, *les laissées*, *le pied* ne peuvent lui laisser aucun doute ni sur le sexe ni sur l'âge de l'animal.

Le gibier étant essentiellement nomade, il est urgent qu'il connaisse mois par mois, heure par heure, et suivant les différentes variations atmosphériques l'endroit où il trouvera celui qu'il cherche.

Ne pas oublier que le gibier a la faculté de savoir le temps qu'il fera vingt-quatre heures à l'avance. Jamais il ne se trompe!

Ce qui prouve que la science est toujours en défaut devant l'instinct!

Du chien. — J'ai préconisé à juste titre ces chiens de sang; mais je dis au chasseur qui veut tuer, — notez bien ce mot, — et qui ne chasse pas pour la galerie, choisissez le chien que comporte la chasse dont vous jouissez, qu'il ne soit ni à l'étroit ni perdu dans votre chasse; en un mot, qu'il la remplisse. De plus, qu'il ait votre tempérament.

Cet aphorisme peut au premier abord sembler un paradoxe! détrompez-vous! Le chien le meilleur est celui qui participe de votre nature, ou bouillante ou flegmatique!

Parfois un chien qui n'a pas de *pédigree* fera mieux l'affaire de tel chasseur qu'un chien dont la noble liste des ancêtres remplit quatre pages du *stud book*. Avec ce sang-mêlé, le chasseur que j'ai en vue tuera plus de gibier qu'avec un pointer.

Avant tout, que le chien ait bon nez et qu'il soit docile : ce sont là les deux grandes vertus à rechercher dans votre compagnon.

Choisissez-le donc approprié à vos goûts, au genre de chasse que vous préférez, au pays que vous habitez.

En tout cas, qu'il soit votre coadjuteur, votre ami, je tiens essentiellement à ce titre! car, s'il en a le titre, vous aurez pour lui des déférences et c'est grâce à ces déférences et à ce tact que vous en ferez une bête hors ligne, n'eût-elle pas douze quartiers de noblesse.

En ce qui concerne le *fusil*, j'ai dit, dans la troisième partie, au chapitre des armes, ce que j'entendais par un bon fusil et du soin minutieux que le chasseur doué devait mettre à le choisir.

Le meilleur fusil est celui que le tireur *met le plus facilement en couche et* qui, une fois à l'épaule, conduit sans tâtonnements l'œil sur le gibier en suivant le guidon.

Et, je n'hésite pas à l'écrire, un fusil de cent cinquante francs l'emporte quelquefois à ce point de vue sur un fusil de vingt-cinq louis!

Le fusil doit être avant tout *modelé sur la conformation physique de celui qui le possède et veut s'en servir avec succès.*

Qu'il ne soit ni trop lourd ni trop léger!

Trois kilos environ!

Le fusil est pour le chasseur ce que la plume est pour l'écrivain! Qu'elle soit de fer ou arrachée à l'aile d'un oiseau, qu'importe! pourvu qu'elle transmette sa pensée nette et précise.

Le Tir. — Pour bien tirer, il faut se posséder, là gît le point capital.

Les coups rapides viendront ensuite.

Que les munitions soient toujours de premier ordre; si vous faites vous-même vos cartouches, ce que je vous recommande d'une façon absolue, à part les cas assez rares de nécessité réelle, ne prenez jamais, sous prétexte d'économie, de douilles inférieures. Les ratés, le manque de portée et la mauvaise distribution des coups sont les conséquences d'une lésinerie mal placée. Relativement au *vêtement*, je n'ajouterai qu'un mot. Choisissez-le à votre fantaisie, mais qu'il soit ample et aussi simple que possible : de toile pour l'été et de laine pour l'hiver et l'arrière-saison.

La question de la chaussure est fort importante !

Qu'elle soit de bon cuir et *faite sur mesure*.

Entretenez-la avec un corps gras et songez qu'il n'est pas, pour un chasseur, de pire malechance que d'être pris par le pied.

Pour l'hygiène, elle est de toute simplicité : usage fréquent des ablutions d'eau froide et les bains. Un verre d'eau froide avant de se coucher et en se levant entretient la santé d'une manière merveilleuse en rafraîchissant le sang.

Pour article dernier de ce *memorandum* succinct n'oublions pas la *prudence!*

Cette recommandation prime toutes les autres.

La prudence est la qualité supérieure du chasseur ! elle passe avant toutes les autres. Trop rare, hélas ! elle doit être regardée comme un brevet de capacité.

Cela dit, qu'est le véritable chasseur?

Au physique, un homme sain de corps, dont la passion même entretient la santé ; un homme de sang vif et calme d'esprit, sobre, vivant de cette vie pleine et abondante, toujours active, jamais surexcitée, de cette bonne vie insoucieuse des vilenies humaines, la seule enviable. Un homme en voie de vivre longtemps, si Dieu écarte de lui les accidents imprévus.

Au moral, un homme de bonnes vie et mœurs, loyal, le cœur sur la main, l'âme ardente, gai, de commerce facile, inaccessible aux hypocrisies sociales, tout d'une pièce quelquefois, mais serviable, en un mot, heureux de se sentir vivre.

Exempt des ennuis meurtriers qui usent l'âme, il n'a que faire de chercher à bien discipliner son cœur, son âme et sa volonté, il reste lui, c'est-à-dire un homme fort, incapable de s'abandonner aux *joies bêtes*.

Le chasseur est le seul homme qui aime réellement la campagne et la comprenne dans tout ce qu'elle a de charmant et de salutaire. Songeur parfois, il se mêle à ses rêveries tout un charme poétique. Intérieurement il s'attendrit en contemplant les tableaux inattendus que la nature brosse en prodigue à chaque pas.

Content de peu ; le fusil sur l'épaule son chien sous la main, aspirant le grand air à pleins poumons, voilà qui lui suffit aujourd'hui, demain et encore après. C'est à lui que l'on peut appliquer ces mots : « A chaque jour suffit sa peine ! »

S'il est avéré que les plaisirs sensuels détournent l'homme des hautes pensées et énervent sa volonté, il est incontestable que la chasse élève le sens moral. Elle refait l'homme débile au moral comme au physique, elle maintient l'homme complet dans la voie droite pour laquelle la Providence l'a créé.

La devise du chasseur est : *au droit chemin*.

A tous les dévoyés, à tous les déclassés et les déraillés qui ont usé la vie jusqu'en ses dernières fibres, aux désillusionnés, je dis : fuyez la ville et sans vous charger d'un grand bagage, avec votre fusil et votre chien, campez votre tente des derniers jours, soit au bord d'un bois de quelques arpents, soit à quelques stades des bords de l'Océan.

C'est là que vous aurez vécu les seules bonnes heures de votre vie !

J'espère bien un jour faire ainsi !

Que m'importeront les batailles de la vie où j'aurai peut-être laissé le meilleur de mon être ? Que me feront les factices plaisirs qui brûlent le sang, affadissent la volonté ? J'aurai rompu avec toutes ces orgueilleuses aspirations au fond desquelles il n'y a que le néant. Insoucieux des agitations fébriles que vous donne cette sotte soif, des hypocrites adhésions d'un monde égoïste, ayant pris pleinement possession de moi-même, je choisirai le coin dernier avec transport !

Dès l'aube jusqu'au soir, mon fusil et mon chien ; le soir, un bon livre, poète ou philosophe, ces vrais amis : telle sera ma vie. Et puisse-t-elle, ainsi réglée, se prolonger le plus tard possible !

Les bruits du dehors m'arriveront peu ou point, et ils seront couverts par la voix de la mer ou par les gémissements du vent agitant les arbres des bois ! L'hiver avec sa rude poésie, les belles journées avec leurs strophes joyeuses seront pour moi le livre nouveau, sans fautes typographiques, à la lecture vivifiante.

Chaque page aura mon sourire et l'éditeur responsable mes hommages !

Ainsi soit-il fait un jour, et pour vous, mes chers confrères en saint Hubert, et pour moi.

FIN

TABLE DES MATIÈRES

Aux chasseurs 1

PREMIÈRE PARTIE

La chasse. 3	La perdrix rouge. 77
Nomenclature du gibier à poil. . . . 7	La bartavelle. 78
Nomenclature du gibier à plumes . 7	La caille. 79
Gibier à poil. 11	Le râle de gênet. 82
Le cerf. 11	La bécasse. 83
Le daim. 16	Le pigeon. 86
Le chevreuil. 19	Le ramier. 86
Le chamois Izard. 22	Le bizet. 87
Le bouquetin. 26	La tourterelle. 88
Le sanglier. 27	Le héron. 88
L'ours. 31	Le butor.. 90
Le loup. 32	La cigogne. 91
Le renard. 37	La grue. 92
Le blaireau. 40	Le cygne. 93
La loutre. 43	L'oie. 94
Le lynx. 44	Le canard. 95
Le chat sauvage. 45	La chasse à la hutte. 98
La martre. 46	Le canard franc. 100
La fouine. 47	Le pilet. 100
Le putois. 47	Le pilet agacé. 100
La belette. 48	Le souchet. 100
L'écureuil. 50	Le garrot. 101
Le lièvre. 51	Le milouin. 101
Le lapin. 59	Le morillon. 101
Usage du furet. 62	Le canard siffleur, ou oignard, ou
Gibier à plumes. 63	encore vingeon. 101
Le faisan. 63	La tadorne. 101
Le coq de bruyère. 67	La bernache. 101
La gélinotte. 69	La macreuse. 101
L'outarde. 69	La ridenne. 102
La canepetière. 70	L'eider. 102
La perdrix. 71	La sarcelle 102
La perdrix grise. 73	La bécassine. 103

La bécassine double.	104	Le pic-vert.	122
La bécassine sourde ou bécot.	104	Le geai.	123
Le bécasseau.	106	Oiseaux de proie.	124
Le pluvier.	107	L'aigle.	124
Le vanneau.	108	Le vautour.	125
Le râle d'eau.	109	Le gypaète.	126
La marouette.	110	L'autour.	127
La poule d'eau	110	Le faucon.	128
Plongeon de rivière.	111	L'épervier.	130
Le courlis.	112	Le milan.	131
Les chevaliers.	113	La buse.	131
Le martin pêcheur.	114	Corbeaux et corneilles	132
L'alouette.	115	Cornet englué.	133
La grive.	117	La pie.	134
Chasse au poste.	118	Oiseaux classés comme nuisibles par les arrêts préfectoraux, avec les dénominations en usage dans chaque département.	135
Le merle.	118		
L'étourneau.	119		
Le loriot.	120		
La huppe.	120		

DEUXIÈME PARTIE

La chasse au chien d'arrêt.	139	Le harle.	192
L'ouverture.	144	Le cormoran.	193
La chasse au chien courant.	146	Petites chasses dans les terrains enclos.	196
Signaux usités pour la corne de chasse.	149	Des gluaux.	197
La chasse à courre.	154	L'arbret.	198
Les principales variétés de chiens pour la chasse à courre.	156	La trappe.	199
		Le quatre en chiffre.	199
Vocabulaire des principaux termes employés dans la chasse au chien courant et dans la chasse à courre.	156	La mésangette.	199
		Le trébuchet.	200
		Le panneau à filet.	200
Battues.	162	Le lacet.	200
L'affût.	166	Le braconnage.	203
La chasse au marais.	168	Le garde.	207
Un drame dans la neige.	170	Prix à allouer au garde.	210
Chasses de rivière.	179	Destruction des animaux nuisibles.	211
Les chasses de mer.	181	Poisons.	212
Principaux gibiers que fournit l'océan.	183	Repeuplement et élevage.	215
		Variétés de faisans.	218
Le goéland.	184	Réduit à couver.	220
Les mouettes.	185	Élevage des perdrix.	223
L'oiseau des tempêtes.	187	Repeuplement des lièvres.	224
L'hirondelle de mer.	187	Élevage du lapin.	227
L'huitier.	188	Société d'acclimatation.	229
La frégate.	188	Du choix d'une chasse.	230
Le cat marin.	190	Des rapports du chasseur avec les sociétés reconnues d'utilité publique.	234
Le grèbe.	190		
Le guillemot.	191		

TROISIÈME PARTIE

Le chasseur.	236
Pharmacie de poche.	238
Vêtement.	239
Chaussures.	243
Équipement.	244
Le fusil.	247
Nomenclature des pièces qui constituent un fusil.	250
Modèle de fusil.	254
Entretien des armes.	255
De la poudre.	259
Du plomb.	260
Culots rayés pour balles.	261
Cartouches..	262
Douilles.	262
Cartouches grillées.	264
Le tir	265
Deux méthodes d'épauler.	266
Des portées de fusil.	269
Appréciation des distances.	270
Des différentes manières de tirer le gibier suivant sa position. . . .	270
Les chiens..	271
Chiens d'arrêt.	276
Braque français.	276
Épagneul français.	277
Le griffon.	278
Le barbet.	278
Le cornian.	279
Chiens anglais.	279
Le pointer.	279
Le pointer dit Saint-Germain. . . .	280
Le pointer espagnol.	281
Le setter.	282
Le springer.	282
Le cocker.	283
Le retriever.	283
Chiens courants français.	283
Le chien normand.	284
Le vendéen.	284
Le chien de Poitou.	285
Le chien de Bresse.	285
Le chien de Saintonge.	285
Le chien de Gascogne.	285
Le Briquet ou chien d'Artois. . . .	286
Le Basset.	287
Le lévrier.	287
Chiens courants anglais.	288
Du chien courant.	290
Le chenil.	292
De l'élevage du chien.	295
La nourriture.	299
Maladies des chiens.	300
Des expositions de chiens.	311
Du choix d'un chien d'arrêt. . . .	312
Dressage du chien d'arrêt.	315

QUATRIÈME PARTIE

Accidents de chasse	325
Anecdotes.	335
Bon coup d'œil bredouille.	335
Un vol de hérons.	339
Les guillemots.	346
La chasse au butor.	355
Le renard.	358
Encore le renard.	364
Chasseur affamé n'a pas de nez. . .	366
Trois chasses à la Guadeloupe. . .	370
A bon chat bon rat.	372
Aventure qui peut servir d'exemple.	375
Un chasseur bien méritant.	377

CINQUIÈME PARTIE

Législation. — Jurisprudence. . .	386
De l'exercice du droit de chasse. . .	386
Des peines..	388
De la poursuite et du jugement. . .	391
Quels faits sont réputés faits de chasse	395
Terrains clos attenant à l'habitation	399
Du permis de chasse.	400
De la chasse des oiseaux de mer sur les grèves ou en bateaux.	403
Chasses de nuit et en temps de neige	404

Le gibier d'eau n'est point assimilé aux oiseaux de passage.		du merle.	443
		Du sansonnet et autres petits oiseaux	446
Du droit de destruction des bêtes fauves, animaux malfaisants et nuisibles.	407	Pâté de gibier aux truffes.	447
		De l'outarde.	448
		Du cygne.	448
Dommages causés aux champs par le gibier.	415	Du canard.	448
		Canard à la Diguet.	450
Quelle est la juridiction compétente en matière de délit de chasse	421	De la sarcelle.	451
		De l'oie.	451
Des procès verbaux.	422	Du pluvier.	452
Des amendes.	424	Du vanneau.	452
Un mot encore.	426	Du râle d'eau.	452
La cuisine du chasseur.	429	De la marouette.	452
Recettes culinaires.	431	De la poule d'eau.	453
Du sanglier.	431	De la macreuse.	453
Du chevreuil.	432	Des ramiers et tourterelles.	453
Marinade.	432	Du courlis.	453
Du daim.	433	Tableau comparatif du temps que chaque pièce de venaison doit rester au feu.	454
De l'ours.	434		
Du lièvre.	434		
Du lapin.	436	Tableau indiquant l'espace de temps que la venaison peut rester dans un endroit frais sans se gâter.	454
Du faisan.	437		
De la perdrix.	440		
De la caille.	442	Conservation du gibier.	455
De la bécasse, de la bécassine, du bécasseau, de l'alouette, de la grive,		Conclusion.	456
		Table des matières.	460

FIN DE LA TABLE

www.ingramcontent.com/pod-product-compliance
Lightning Source LLC
Chambersburg PA
CBHW050247230426
43664CB00012B/1858